中央编译局文库出版工作领导小组（编委会）

主　　任：贾高建
副 主 任：俞可平　魏海生　陈和平　柴方国　杨金海
委　　员：崔友平　沈红文　杨雪冬　季正聚　陈家刚
　　　　　赖海榕　郗卫东　张文成　刘明清

中央编译局文库出版工作领导小组办公室

主　　任：薛晓源
成　　员：徐向梅　苗永姝

中央编译出版社文库编辑中心编辑小组

刘明清　薛晓源　谭　洁　董　巍　贾宇琰
冯　章　曲建文　苗永姝　邓　彤　杜永明
盛菊艳　李媛媛　薛迎春　董　妍

国家"十二五"重点图书

马克思主义研究资料

第34卷

主　编　杨金海
副主编　冯　雷（常务）　薛晓源

马克思恩格斯列宁生平与事业研究 IV

本卷主编　马京鹏

《马克思主义研究资料》顾问委员会

贾高建　俞可平　宋书声　殷叙彝　詹汝琮　张钟朴

李洙泗　冯文光　赵家祥　严书翰　梁树发　郭建宁

《马克思主义研究资料》编辑委员会

主　编：杨金海

副主编：冯　雷（常务）　薛晓源

编　委（按姓名拼音排序）

陈喜贵　冯　章　黄晓武　江　洋　李百玲　李义天

李媛媛　林进平　刘仁胜　刘　英　刘元琪　吕增奎

马　瑞　苗永姝　彭萍萍　盛菊艳　史清竹　武锡申

姚　颖　苑　洁　郑　锦　郑天喆　周艳辉

参加本卷编辑出版工作的有

杜永明　苗永姝　韩慧强

总　序

呈献给读者的这套《马克思主义研究资料》丛书，旨在服务于我国正在实施的马克思主义理论研究和建设工程，积极吸收和借鉴国外马克思主义研究成果，对改革开放以来中央编译局编译的有关国外学者研究马克思主义的成果，以及少量相关的国内学者的研究成果整理出版，为我国马克思主义研究提供基础性的参考资料。本丛书计划出版37卷，三年内陆续完成编辑和出版工作。

编译国外学者关于马克思主义的研究成果，并对相关问题展开深入探讨，是马克思主义经典著作编译研究的基础性工作。中央编译局作为马克思主义经典著作编译研究的专门机构，历来十分重视这项工作。20世纪50年代以来，特别是改革开放以来，中央编译局的同志们编译了大量国外学者关于马克思主义的研究文献，也发表了不少自己的相关研究成果。这些成果曾经在中央编译局编辑的《马列著作编译资料》、《马列主义研究资料》、《马克思主义与现实》等刊物公开发表，或在内部刊物《马克思恩格斯研究》、《列宁研究》等刊载。这些成果对于推进马克思主义经典著作的编译和研究工作发挥了重要作用，时至今日，一些学者仍然把它们当做研究马克思主义的珍贵资料。

然而，随着近年来中央实施马克思主义理论研究和建设工程的深入推进以及马克思主义学科建设的快速发展，这些研究资料的留存情况已经远远不能适应形势发展的需要了。《马列著作编译资料》和《马列主义研究资料》早已停止出版，很多人难以找到原有资料；《马克思恩格斯研究》等内部刊物刊载的文章没有公开面世，也难以为人们广泛使用；而新编译的文献资料又很零散。因而，希望中央编译局提供马克思主义研究资料的呼声越来越高。

为了继承前辈的事业，适应学界的需要，尽可能全面系统地收集整理中央编译局近几十年来编译的国外学者关于马克思主义的研究成果以及相关的国内学者的研究成果，中央编译局专门成立了《马克思主义研究资料》丛书课题组，并对该项工作提供了基金资助。课题组不仅在局内组织力量进行工作，而且争取到社会力量的支持。经过课题组同仁两年多努力，已经形成一批编辑成果，还将继续补充、完善并陆续推出。这套《马克思主义研究资料》丛书就是这些成果的集中体现。

本丛书力求体现如下四个特点，这也是丛书编辑工作所力求遵循的四条原则：第一，保证文献性。本丛书主要收集改革开放以来中央编译局刊物发表的有关马克思主义理论编译和研究方面的成果，这些刊物包括公开出版的《马列著作编译资料》、《马列主义研究资料》、《马克思主义与现实》、《当代世界与社会主义》、《经济社会体制比较》、《国外理论动态》等，也包括内部刊物《马克思恩格斯研究》、《列宁研究》、《斯大林研究》、《马克思恩格斯列宁斯大林研究》等；少量收集其他杂志发表的中央编译局学者编译或撰写的有关文章；个别收集与中央编译局长期合作的其他学者的相关文章；对所收商榷性文章涉及的其他学者的成果，也作为附文收入，以示对相关学者的尊重，也便于读者在阅读正文时参考。收集整理这些学术成果的目的主要是为学界研究马克思主义提供参考资料，同时帮助人们了解马克思主义研究的历史进程和思想脉络。因此，本丛书所收文献力求保持其历史原貌，包括其中的人名、地名、术语、引文等，都不作改动，以便读者进行文献考证之用，只对个别错漏文字等进行校正，对于文中可能产生歧义的地方，以"本丛书编者注"的方式加以说明。其中读者特别应当留意的是译名、术语的不统一问题，例如关于《马克思恩格斯全集》历史考证版，就有多种表达方式：原文版、国际版和 MEGA 版，其中，往往又以"老"、"新"、"MEGA^1"、"MEGA^2"、"MEGA1"、"MEGA2"等来区分历史考证版第 1 版和第 2 版。第二，突出编译性。本丛书所收文献中，以国外学者的成果为主，包括国外学者关于马克思主义经典作家的著作、思想、生平事业，乃至书信往来、工作生活等方面的研究文献，凡比较有资料价值的，均在收集之列。如上所述，国内学者的相关考证性成果，包括经典著作翻译、版本、传播、重要术语考据等文献，凡具有资料价值的，也一并收入，但这部分内容所占比例较小。第三，力求系统性。上述几十年来形成的这些编译研究资料繁茂芜杂，十分零散，使用起来很不方便，编辑整理就更为困难。为把这些宝贵文献整理面世，使之更好地发挥作用，编辑人员下了很大功夫。在收集整理中，我们力图分门别类，尽可能将同类资料按照一定逻辑顺序编排，使之呈现一定的系统性，以便读者全面掌握有关资料。第四，力争权威性。本丛书力争选编国内外在相关研究领域具有一定权威性的专家学者的具有代表性和影响力的文献。为保证文献的权威性和准确性，我们对文献的引文进行了校订，特别是对有关马克思主义经典著作的引文进行了原版原文核对，并对注释尽可能地作了规范化处理，以便读者更准确地了解引文及其出处。

基于上述考虑，本丛书的编排体系大体分四个部分。第一部分是经典著作研究，包括关于《共产党宣言》、《资本论》等手稿、创作、版本、传播诸方面的研究文献；第二部分是基本理论研究，包括哲学、政治经济学、科学社会主义以及政治学、法学等方面的研究文献；第三部分是版本和传播、编译以及生平事业研究；第四部分是国外马克思主义研究。每一部分包括若干卷。每一卷都有本卷编辑说明，对本卷编辑的思路、内容和有关技术问题作简要交代。各卷内容按照逻辑顺序进行编排，在此基础上再按照时间顺序编排。各卷内容一般要作分类，并加分类标题，以便读者阅读研究。

需要说明的是，由于本丛书是整理编辑已有的文献，而且主要限于整理编辑中央编译局学者编译和研究的部分成果，这就决定了本丛书不可避免地存在一些缺憾。一是这些文献中有的观点不一定正确。选编这些文献并不意味着编者赞同其中的观点，我们的目的仅仅在于为人们研究马克思主义提供参考资料，其中正确的思想成果可以作为我们研究借鉴的思想资源，而错误的观点可以作为我们研究批评的对象。例如，对有关马恩对立论的观点，我们是不赞成的，但为了让研究者了解、研究和批评这种观点，也收入了相关文章。所以，谨请读者在使用这些文献时注意辨别是非。二是这些文献存在质量参差不齐的情况。由于这些文章的作者、译者水平不同，写作时间、背景、针对的问题、产生的影响以及发表的刊物等不同，其质量也就有一定差别。例如，有的概念和译文在今天看来不一定科学、准确，有的文献曾经很有价值而在今天看来最多只有学术史的价值。在选编过程中，我们尽量收入那些分量较重、影响较大的文献，但为了比较全面地反映学术史的原貌并提供尽可能详细的研究参考资料，也收入了一些篇幅较短、影响不大但有一定资料或史料价值的文献。另外，有少量比较重要的文献，由于作者或译者不同意收入，也不得不忍痛割爱。三是这些文献的系统性、规范性不太强。尽管我们努力按照上述编辑原则工作，对这些文献进行了分类整理，力求全面系统地提供给读者相关方面的文献资料，但由于这些资料十分繁杂，彼此之间的关联性不强，有的方面资料较多，有的较少，且发表的刊物、时间等不同，体例也很不统一，整理起来难度极大，加之各位编者的研究角度不同，水平各异，所以，每一卷书的结构、篇章、内容、观点等都不尽相同，其规范程度也不尽一致。对本丛书存在的以上不足或缺憾，谨请读者鉴谅；对其中可能存在的疏漏和错误之处，谨请读者批评指正。

本丛书在编写和出版过程中，得到了各个方面的大力支持。中央编译局对此项工作高度重视，始终给予鼎力支持。国家出版基金将本丛书列入2013年度资助项目。中央编译出版社为本丛书申报国家出版基金项目并最终立项，以及为丛书出版做了大量工作。本丛书所收文献的译者、作者和出版者，凡已联系上的，均给予我们大力支持，同意使用这些文献；对尚未联系上的，我们将尽力联系，也请相关同仁主动联系我们。丛书顾问委员会的专家对丛书的编写工作给予热情指导，编委会成员和课题组同仁为丛书的编写付出了辛勤劳动。在此一并致以衷心的谢意！

《马克思主义研究资料》
编辑委员会
2013 年 12 月 10 日

编辑说明

本卷收录关于马克思和恩格斯生平与事业的研究论文共36篇,分为两个部分。

第一部分"人物关系研究"收入29篇文章,从多方面介绍和研究了马克思和恩格斯与同时代有关人物的交往、通信、论战等,同时收录了两篇关于马克思的女儿爱琳娜的文章。第二部分"遗物与故居"收入七篇文章,主要是对马克思和恩格斯遗物、珍贵文献、故居的介绍和评述,同时收录了两篇回忆马克思和恩格斯的文集出版的有关情况。

为保持文献性,本丛书的注释尽量保持原貌,不作改动;但对原注释有错误或有遗漏的,我们尽可能查阅了有关文献,作了必要的规范和完善;对有些查找不到的,保留原来的内容和格式。

目　录

人物关系研究 ……………………………………………… 1

马克思和约·列列韦尔

　　〔波〕A.格拉布斯基 ……………………………………… 3

关于赫斯和青年恩格斯

　　〔苏〕М.В.谢列布利雅科夫 ……………………………… 19

莫泽斯·赫斯

　　——生平、著作以及和马克思的交往

　　侯　才 …………………………………………………… 32

马克思恩格斯和巴·瓦·安年柯夫

　　〔苏〕И.И.科诺别耶夫斯卡娅　В.А.斯米尔诺娃 ……… 46

马克思恩格斯和巴·瓦·安年柯夫（二）

　　〔苏〕И.И.科诺别耶夫斯卡娅　Б.А.斯米尔诺娃 ……… 70

马克思和罗兰特·丹尼尔斯及其《小宇宙》

　　〔联邦德国〕赫·艾斯纳 ………………………………… 85

威·魏特林的《伦敦回忆》

　　——研究马克思与魏特林关系的一篇新材料

　　胡文建 …………………………………………………… 96

1

马克思恩格斯和艾琳·麦克法林

　　〔二木〕………………………………………………… 104

马克思与弗莱里格拉特的诗《致约瑟夫·魏德迈》的创作、

　　发表和传播

　　〔德〕英格丽特·多内尔 …………………………… 118

彼得·伊曼特——马克思和恩格斯的朋友和战友

　　〔民主德国〕埃·吉恩鲍姆 ………………………… 133

站在马克思和恩格斯一边

　　——恩·德朗克传略

　　〔民主德国〕伊·洪特 ……………………………… 147

布朗基与马克思

　　〔法〕莫里斯·多芒热 ……………………………… 162

阿道夫·克路斯——马克思和恩格斯的战友

　　——1848年革命前夜和革命时期在德国的活动

　　〔苏〕В.И.波斯别洛娃 ……………………………… 166

倍倍尔和李卜克内西在反对普鲁士德国参与镇压巴黎公社的斗争中

　　站在马克思和恩格斯的一边

　　〔德〕埃里希·库恩德尔 …………………………… 191

倍倍尔和李卜克内西在反对普鲁士德国参与镇压巴黎公社的斗争中

　　站在马克思和恩格斯的一边

　　〔德〕埃里希·库恩德尔 …………………………… 238

路·库格曼——马克思在第一国际时期（1864—1874）的朋友和战友

　　〔苏〕Т.Л.阿尔帖米耶娃 …………………………… 261

马克思和威廉·艾希霍夫

　　〔苏〕И.П.奥索勃娃 ………………………………… 283

卡尔·马克思和尼·丹尼尔逊

　　〔苏〕А.И.沃洛金　В.С.伊登别尔格 ⋯⋯⋯⋯⋯⋯⋯⋯ 306

欧仁·杜邦——马克思和恩格斯的朋友（摘译）

　　〔苏〕И.А.巴赫 ⋯⋯⋯⋯⋯⋯⋯⋯⋯⋯⋯⋯⋯⋯⋯⋯⋯⋯ 329

关于马克思和达尔文的关系

　　杜章智 ⋯⋯⋯⋯⋯⋯⋯⋯⋯⋯⋯⋯⋯⋯⋯⋯⋯⋯⋯⋯⋯⋯ 341

达尔文致马克思的信的神话（摘译）

　　〔美〕拉·科尔普 ⋯⋯⋯⋯⋯⋯⋯⋯⋯⋯⋯⋯⋯⋯⋯⋯⋯ 346

一条关于马克思和达尔文的脚注

　　〔以色列〕施·阿温纳里 ⋯⋯⋯⋯⋯⋯⋯⋯⋯⋯⋯⋯⋯⋯ 357

恩格斯和阿基尔·洛里亚的关系和论战

　　〔德〕詹·玛利奥·布拉沃 ⋯⋯⋯⋯⋯⋯⋯⋯⋯⋯⋯⋯⋯ 365

恩格斯和英国工人运动活动家马洪

　　陈慧生 ⋯⋯⋯⋯⋯⋯⋯⋯⋯⋯⋯⋯⋯⋯⋯⋯⋯⋯⋯⋯⋯⋯ 376

格·亚·洛帕廷

　　〔苏〕И.萨莫鲁科夫 ⋯⋯⋯⋯⋯⋯⋯⋯⋯⋯⋯⋯⋯⋯⋯⋯ 384

恩格斯与同时代著名自然科学家的关系（节译）

　　〔民主德国〕马丁·科赫　卡尔·海尼格 ⋯⋯⋯⋯⋯⋯⋯ 418

爱琳娜·马克思

　　〔德〕威廉·李卜克内西 ⋯⋯⋯⋯⋯⋯⋯⋯⋯⋯⋯⋯⋯⋯ 430

卡尔·马克思的女儿爱琳娜

　　〔英〕艾伦·罗斯伯利 ⋯⋯⋯⋯⋯⋯⋯⋯⋯⋯⋯⋯⋯⋯⋯ 438

马克思一家的朋友——卡洛琳·舍勒尔 ⋯⋯⋯⋯⋯⋯⋯⋯⋯⋯ 460

遗物与故居 ··· 463

马克思的怀表——130 年的历程

　　〔德〕海因里希·格姆科夫 ················· 465

轰动一时的发现

　　——20 余件马克思、恩格斯珍贵文献的传奇式经历

　　王栋华 ······································· 472

马克思和恩格斯的俄文藏书

　　梁　明 ······································· 477

马克思和恩格斯故居参观记

　　周亮勋 ······································· 479

恩格斯故居简介

　　卢晓萍 ······································· 486

关于新编的回忆马克思恩格斯文集

　　胡尧之 ······································· 488

《摩尔和将军》一书简介

　　淡　水 ······································· 493

人物关系研究

马克思和约·列列韦尔[*]

〔波〕A.格拉布斯基

1848—1849年革命前夜,著名的波兰历史学家、民主主义者约·列列韦尔曾同一些受以马克思为首的共产主义者同盟影响的国际民主主义者一起工作过。这一事实是值得注意的,因为这是波兰民主主义流亡者的左翼和年轻的国际共产主义运动相互接近的最早的证据。这种接近不是偶然的。它是波兰和国际首先是德国的民主主义者之间较早联系的结果。这种联系早在19世纪30年代就已经开始,并波及共产主义者同盟的前身组织。

马克思和列列韦尔的相互关系,无论波兰的专家还是苏联专家都不止一次地阐述过。本文的任务在于利用过去历史学家不曾利用过的新的事实材料来分析他们之间的相互关系。

在1848年革命爆发之前的一段时期,布鲁塞尔继巴黎和伦敦之后是波兰民主主义流亡者同德国激进派和共产主义者之间相互接近的第三个地方。波兰人在比利时首都组成人数较少的小组:1837年他们

---

[*] 本文选自《马列主义研究资料》1989年第4辑。

原题注:作者是教授,波兰罗兹社会科学院高教所副所长。本文译成中文时作了部分删节。——译者注

将近200人。他们的政治观点五花八门。在波兰侨民区，在1846年克拉柯夫起义的影响下政治分歧加深了。不久前同温和的波兰流亡者联合会有联系的那些人中，有一部分人加入了波兰民主协会。居住在比利时的德国人比波兰人多得多，1830—1848年他们从5000人增到15000人。与波兰侨民区不同，他们当中政治流亡者组成人数较少的小组（1848年占1%—3%），但正是他们首先促进了德国流亡者政治积极性的高涨。

马克思迁到布鲁塞尔后不久（1845年2月初），经常抱有激进主义和共产主义的信念的德国流亡者开始聚集在这里。1846年初，布鲁塞尔共产主义通讯委员会在比利时首都诞生了。它与德语国家和其他国家的共产主义者取得了联系。1847年8月底，在共产主义者倡议下于布鲁塞尔建立了德国工人联合会，印刷工卡·瓦劳任该会主席。11月底参加这个联合会的约有100人。同年7月底至8月初《德意志—布鲁塞尔报》出版者阿·伯恩施太德和马克思签署了协议。结果共产主义者对该报的方针产生了很大影响。

从随同丈夫从巴黎来到布鲁塞尔的燕妮·马克思的回忆中，我们得知，他们夫妇俩迁居比利时首都后，每个晚上都到一家咖啡馆去，在那里结识了"身着蓝色短上衣头发花白的列列韦尔"①。这次偶然相遇之后，必定会很快发展成更为紧密的合作关系，因为德国的活动家们使这位在德国和国际的民主人士中很有声望的波兰历史学家对他们的先进政治观点发生了兴趣。这件事发生在1847年秋天，德国政治侨民利用沙·罗日埃自由派政府获得政权后形成的条件，在其他国家的民主主义者的支持下提出了在比利时首都成立国际民主组织的计划。对共产主义

---

① 《回忆马克思和恩格斯》1956年莫斯科版第224页。

者来说，这一组织的成立是走向国际民主主义者联合的首要阶段；同时也是巩固共产主义者在民主主义者中的政治立场的新措施。

但是，共产主义者及其拥护者们不能不同在伯恩施太德周围形成的、企图把新的组织变成对抗紧密团结的共产主义者的"联盟"发生直接冲突。① 热烈争论一直延续到最后时刻。值得注意的是，列列韦尔对在德意志工人协会的共产主义者影响下举行的会议（9月26日）情况非常清楚。这次会议对预定的第二天的庆祝会进行了辩论。9月27日在法院广场"利日瓦酒店"举行了国际民主主义者宴会，出席宴会的约有120名比利时人、德国人、法国人、波兰人、瑞士人和一名俄国人。恩格斯、瓦劳和格·维尔特对伯恩施太德的"联盟"进行了反击。这次宴会通过了关于11月29日在布鲁塞尔组织1830年波兰起义庆祝会和成立国际民主协会的决议，还成立了协会筹委会。出席宴会的波兰人中有波兰侨民联合会的老活动家、列列韦尔的多年战友克·扎累斯基（扎累夫斯基）。马克思当时不在比利时。恩格斯参加了联合会筹委会，但是9月30日已卸任，并提名马克思代替他。马克思回到布鲁塞尔之前，应由比利时人菲·日果代理。

为了响应组织委员会的号召，11月7日在布鲁塞尔市中心里亚捷特奥尔街一家磨坊里举行了筹建这个组织的"民主事业之友"第一次会议。会议记录有63人签名：33名比利时人，19名德国人，4名法国人，4名波兰人，1名荷兰人，另外两名国籍不明。会议参加者中有左派知识分子的代表，他们抱有从自由主义到社会主义和共产主义各种不同的信仰。德国籍的创始人中有包括马克思在内的共产主义者，也有伯恩施太德的"联盟"会员和独立的民主主义者。在记录上签名的波兰

---

① 《马克思恩格斯全集》第1版第27卷第98—108页。

人有列列韦尔及其当时最亲近的合作者、转入波兰民主协会的波兰流亡者联合会活动家 Я. О. 留勃林涅尔、扎累斯基和刚从波兰来的 Я. М. 科尔达舍夫斯基。11月7日会议上通过了重新建立的组织的章程。决定该组织名叫"民主联合会，其宗旨是各民族的联合和合作"。实际上这个组织的活动家经常又称它为国际民主协会（列列韦尔也是这样称呼）。

在后来11月15日的会议上选举了委员会——联合会的领导机构。法国将军、1830年比利时革命的老战士弗·梅利奈被一致选为名誉主席。布鲁塞尔律师律·列·若特兰是主席，法国激进主义者 Ж. 埃姆贝尔和马克思是副主席，阿·皮卡尔律师是秘书，而司库也是律师，即比利时人 Г. 丰克。此外，还选举了所谓的翻译——列列韦尔，德国独立民主主义者、布鲁塞尔自由大学教授卡·古·迈因茨，来自根特的激进民主主义者沙·路·斯皮特霍恩和德国共产主义者维尔特。维尔特1847年11月28日在布鲁塞尔写给母亲的信中说，他是理事会的成员，梅利奈和1830年在克拉柯夫领导过波兰起义的波兰人列列韦尔，还有拉·埃姆贝尔也是，他还是马克思和迈因茨的同志。列列韦尔1847年11月18日由布鲁塞尔写信给 В. 兹韦尔科夫斯基说："国际民主协会成立了，除我之外，加入协会的还有扎累斯基、留勃林奈尔、科尔达舍夫斯基，我把（Ш. В.——作者）达罗夫斯基带到那里，可是（弗朗齐舍克？——作者）赫扎诺夫斯基想要躲开，不愿意同德国人在一起。"不过，除了上述4个活动家之外，再没有任何一个波兰人参加这个组织。

民主协会的建立为先前分散在比利时的国际民主力量采取共同行动，也为通过它同国外建立更为广泛的联系创立了条件。新组织使列列韦尔周围的波兰民主主义者小组和以马克思为中心的德国共产主义者之间的直接合作成为可能。这种合作很快就超出了协会的范围。

旅居比利时的波兰流亡者每年都纪念11月29日——1830年起义开始的日子。从1838年起通常举行两个庆祝会：前半天是为波兰人举行的，后半天是用法语为外国人举行的。自然，根据1847年9月27日提出的计划，下一个庆祝活动的准备工作转交给民主协会。这必定会因为无理干预波兰流亡者事务而引起他们的不满。然而，这件事以妥协而结束。因此既有民主协会活动家又有波兰流亡者代表参加的11月29日国际庆祝会才得以举行。

预先防止日益激化的冲突，要归功于列列韦尔。他使协会会员相信，他们的方案不是建设性的，并要求由他去帮助扎累斯基准备庆祝活动。后者同团结在B.特施凯维奇周围的和没有参加布鲁塞尔国际组织的波兰人小组保持良好关系。列列韦尔说，他打算消除普遍的"不安和气愤、平息波兰人对德国人的干涉，以及对共产主义的空想"、对在波兰侨民区大喊大叫的某些"比利时煽动者的愤怒和不满"。他终于使敌对方面代表加入了波兰人成立的庆祝活动筹委会。《德意志—布鲁塞尔报》宣布11月21日举行波兰人的庆祝会，而几星期后通知说，预定有11个发言人，其中有列列韦尔。报纸补充说，受邀在11月29日发言的马克思，在11月27日经奥斯坦德到达伦敦，斯·波尔恩将代替他发言。德国工人联合会根据马克思的建议委派他为报告人。

冲突仍未能避免。在布鲁塞尔市政厅的赫利斯特礼堂举行的会议期间，11月29日它突然爆发了。尽管会议主席A.然杰比延预先提出了警告，但是同民主协会有联系的活动家的发言突出表现了社会和政治的激进主义，他们利用纪念日来宣传立即发动民族战争来反对妨碍恢复波兰独立的占统治地位的社会政治秩序。伯恩施太德不再作为自由主义民主主义者一般地谴责那些压迫波兰的大国，而且严厉批判建立在剥削和压迫人民基础上的制度，把实现波兰人的解放愿望同未来整个欧洲革命联系在一起。波尔恩发言中的社会批判的调子更为强烈,他号召推翻资产阶级并预言革命即将开始。列列韦尔在自己的发言中也相信:整个欧洲的各国人民的革命步步迫近,它将消灭神圣同盟的秩序,并使各国人民获得解放;这一革命会支援波兰解放运动,是在波兰已经开始的反对共同敌人的斗争的支柱。

在对欧洲革命性质理解不同的情况下,把波兰问题同欧洲革命前景联系在一起,这在布鲁塞尔11月纪念活动的历史上是无先例的。斯皮特霍恩的声明内容也是新的。他指出,欧洲民主派支持波兰人争取自由的斗争,是因为这一斗争的目的是要在这个获得解放的国家中实行民主制度。这就意味着欧洲民主派的左翼不再从人道主义的温情的动机出发同情波兰人及其事业。在场的思想保守的波兰流亡者对一位根特民主主义者的发言表示不满。

11月29日庆祝会上的激进的发言推动比利时报刊开展原则性争论。这次争论使得政治流亡者右翼和左翼发生两极分化。流亡者中的保守分子把外国的民主主义者,特别是把共产主义者看作是对统治制度的严重威胁,不仅同他们进行公开的斗争,而且还企图从政府那里寻求对付他们的坚决措施。① 团结在民主协会周围的激进派打退了右翼的袭击,并公开宣传革命思想。在这场斗争中,波兰问题被推到次要地位,当双方在论述自己的立场时感到有必要的时候,它们才想到波兰和波兰人的问题。

波兰民主协会机关报《波兰民主主义者》为辩论开了个头。它硬说《白鹰报》没有真实地阐述11月庆祝会的进程,不重视民主派的发

---

① 马克思等人同在《北极星报》上攻击国外的民主主义者的阿·巴泰尔斯进行了论战(《马克思恩格斯全集》第1版第4卷第416—417页)。

言。《白鹰报》对此进行了激烈的反驳。注明1848年11月17日的一份《抗议书》在比利时报刊上的发表起了火上加油的作用。这份《抗议书》是由当时确实已经离开协会的特什凯维奇、扎累斯基、B.特施克和Я.И.姆洛杰茨基等人署名的。这个文件谴责"一伙人"——民主主义者"把波兰问题当作极端学说和个人观点的支点"。《抗议书》的作者们断言,波兰的存在不取决于研究西方社会的学说;根据他们的意见,复兴波兰国家的事业将由对祖国的爱和兄弟情谊以及欧洲的真诚无私援助加以保障。

这一声明受到比利时和国际民主人士的批判。《社会辩论》《解放》《德意志—布鲁塞尔报》和《民主波兰》批驳了它。《解放》发表了卢布林纳的公开信,指出签署《抗议书》的人无权代表整个波兰流亡者。《德意志—布鲁塞尔报》非常重视这一问题,2月3日发表了《答布鲁塞尔的波兰贵族集团的某些攻击》一文,文中附有列列韦尔的政治声明。

列列韦尔的政治立场当时不仅受到民主派的敌人,而且受到某些著名波兰和外国的民主派的批判。我们从列列韦尔1847年12月24日在布鲁塞尔寄给兹维尔科夫斯基的信中得知,由于同具有革命思想的人保持联系,他的收信人波兰民主协会大活动家也像该组织其他成员Ю.维索茨基、斯·沃尔策尔和K.施托尔茨曼一样,受到责难。列列韦尔向扎累斯基解释说,他认为协会是有益的组织,它"甚至能成为许多会见、发言和运动的支点"。他写道:"因为我们的寄信人(马克思——作者)在伦敦会见了沃尔策尔总是称赞的那些激进主义者沃尔策尔、约瑟夫(维索茨基——作者)和卡尔(施托尔茨曼——作者)与之断决关系的一些我不认识的人,我受到约瑟夫的斥责,他说这些激进主义者是共产主义者。但是,要知道正是他们一些人在伦敦尖锐地提出了波兰问题。"

总之，上述的波兰民主主义者谴责了列列韦尔，因为他同持共产主义观点的一些人有接触。问题在于，为什么这一点使激进的社会主义者沃尔策尔和施托尔茨曼感到气愤，后者不久前还是《德意志—布鲁塞尔报》的通讯员。可能是在同布鲁塞尔协会竞争的朱·马志尼创立的国际民族同盟中这两个人的发言对他们当时的立场会产生影响？尽管所提到的对列列韦尔的政治方针的全部批判是来自波兰民主协会，但认为它们反映了它的领导的正式观点，则是没有根据的。当时国外的民主派也指责了列列韦尔。马志尼在1847年12月13日寄自伦敦的一封信中表达了对他的不满。大家也都知道，米·巴枯宁具有类似的意见。

列列韦尔驳斥了自己批评者的指责，指出对于波兰事业的重要声明正是出自国际激进主义人士。在1848年1月1—2日从布鲁塞尔寄给兹维尔科夫斯基的信中，他惋惜不能公开答复对自己信件的责难。列列韦尔的协会的德国同事使他能在《德意志—布鲁塞尔报》上进行答复。编辑部不仅用法文原文和德译文发表他的声明，而且还刊载了针对《抗议书》的作者所作的辩论性说明。

列列韦尔反驳《抗议书》的作者，断然声明："未来的波兰紧密地同震动西方的先进学说联系在一起，希望把波兰同欧洲社会主义运动和民主运动隔离开来——意味着用真正的万里长城把波兰包围起来。"① 不知什么原因，文件的德文译文中"社会主义的"一词被译成"社会的"，从而歪曲了列列韦尔的思想。与自己营垒和其他政治营垒的批评者相对立，他强调指出，波兰获得独立的前景应该不仅同民主主义运动而且同欧洲的社会主义运动的计划联系在一起。正是这种看法使得列列

---

① 《德意志—布鲁塞尔报》第10号，1848年11月3日。

韦尔在1848年革命前夜同少数政治上志同道合者一起站在马克思和其他年轻的共产主义运动活动家方面。但是，这并不意味着他当时完全赞同马克思的观点。

列列韦尔作为民主协会理事会成员参加了该协会出版文件的筹备工作。他签署了协会1847年11月29日《告瑞士人民书》，马克思也签了名。① 列列韦尔11月26日同理事会其他成员一起在协会杂志上签名。该期杂志报道了委派协会副主席马克思参加民主派兄弟协会，以便建立两个组织之间的友好关系。

列列韦尔看了1847年12月9日《德意志—布鲁塞尔报》刊登的马克思和恩格斯的演说之后，了解了11月29日伦敦的庆祝会情况并深表满意。12月5日《北极星报》上刊登的群众大会的消息以及12月12日《德意志—布鲁塞尔报》的纲领性文章也都报道了这一点。12月20日马克思和恩格斯在协会会议上作了关于伦敦之行的详细报告。所以，列列韦尔在年底已经很熟悉伦敦群众大会的进程。他12月24日给兹维科夫斯基寄了信，他不仅知道那里讨论了波兰问题，而且还提到那些在伦敦同马克思有过接触的激进主义者提议9月"召开民主派代表大会"。

列列韦尔受民主协会委托，参加同共产主义者有紧密联系的德国工人联合会1847年1月31日组织的新年庆祝会，就是他同德国共产主义者接近的最好证明。在庆祝会上，马克思和列列韦尔同其他人一起发表了祝词。列列韦尔表示要同德国激进民主派团结一致，支持德国的社会解放和民族统一，他告诉听众，本国美好未来的希望也是与这一点联系在一起的。德国共产主义者组织的新年庆祝会，正如《德意志—布鲁塞

---

① 《马克思恩格斯全集》第1版第42卷第467—469页。

尔报》评论员所指出的那样，是各国民主人士向兄弟般的团结迈进的一步。①

列列韦尔和马克思都在1848年1月17日被选入代表团。这个代表团要在一星期后到达根特出席当地联合会分会的庆祝会开幕式。诚然，他们未能参加代表团。卢布林纳以列列韦尔的名义在那里出席了宴会。在根特庆祝会上人们为列列韦尔的健康举杯祝酒。

根据列列韦尔、卢布林纳和科尔达舍夫斯的倡议，在德国流亡者的积极促进下，协会组织了1846年克拉柯夫起义两周年纪念会。2月22日在斯皮尔霍恩主持下举行了这个纪念会，约有1000人参加。这是列列韦尔及其战友同聚集在协会周围的国际激进主义和共产主义运动的活动家，特别是德国共产主义者合作的高潮时刻。

马克思在这个纪念会上的演说是继1847年11月29日就波兰问题公开发言的伦敦演说之后的第二个演说。他在演说中首先回忆了18世纪末列强瓜分波兰的情况。他认为这次瓜分是以1791年宪法雅各宾原则造成的，虽然实际上这部宪法是温和的，适合当时的自由主义概念。1846年列强把先前断定为雅各宾主义的东西称之为共产主义，尽管克拉柯夫起义不具有共产主义性质，没有提出关于消灭阶级的问题。马克思强调指出，反动派在反对甚至从自由主义立场出发改变所有制关系的任何企图时用共产主义恐惧物来保护自己。他强调说："克拉柯夫革命把民族问题和民主问题以及被压迫阶级的解放看作一回事，这就给整个欧洲作出了光辉榜样。"而尽管反动派胜利了，但是革命在其他国家"现在又以极大的声势风起云涌"。"波兰又重新表现了主动精神，但这已经不是封建的波兰，而是民主的波兰，从此波兰的解放将成为欧洲所

---

① 《德意志—布鲁塞尔报》1848年1月6日第2号。

有民主主义者的光荣事业。"① 马克思发表演说之后，列列韦尔走近他，并同他亲切地拥抱。

恩格斯在自己的演说中表达了对1846年起义的英雄们的敬意，把克拉柯夫起义和1830年11月的起义进行了对比，同时赞同欧洲激进民主主义者对后者所持的批判观点，因为后者拒绝实行激进的社会改革，错过了取得胜利的机会。但是恩格斯相信，当时波兰已存在力图把民族解放运动同争取社会解放的斗争结合起来的力量，同时提到列列韦尔。接着，恩格斯谈到，1846年运动并不是要恢复旧波兰，而是提出在其废墟上建设新波兰，它"可能是捍卫文明的先进战士"。他强调指出，波兰的民族问题，"已变成一切民主主义者关心的问题"。在演说结束时，他谈了关于德国民主主义者对波兰解放运动的态度的思考。②

列列韦尔在自己的演说中捍卫了斯皮尔霍恩所叙述的欧洲民主主义者对待波兰事业的观点。他同意马克思的意见，把1830—1831年的波兰起义同克拉柯夫起义进行对比，认为前者不能发展为革命，后者"是从程度很高的革命活动、从社会活动开始的。它号召人民起义，通过激进的革命恢复自己的权利，完全改变社会秩序"。列列韦尔把1846年运动评价为"波兰的第一个社会革命"，并确信从那时起"任何提出对立口号的革命都是不可能的"。这位历史学家表示："从那时起，波兰的任何起义没有人民的参加是不能实现的；人民本身首创的东西，正是人民给予第一次推动和确定方向的东西，才是真正有成效的东西。"

列列韦尔现在把自己未来的政治希望同欧洲革命所支持的人民起义联系起来。他的演说是他的观点激进化的又一个证明。他摆脱了先前关

---

① 《马克思恩格斯全集》第1版第4卷第537页。
② 《马克思恩格斯全集》第1版第4卷第537—541页。

于由小贵族来领导争取民族和社会解放的幻想，这证明他对革命的人民力量的信赖。

2月22日的群众大会受到布鲁塞尔的绝大多数的波兰政治流亡者的抵制。这一点证明他们不赞成列列韦尔及其少数亲密战友同国际激进主义和共产主义运动的联系。

巴黎革命胜利的消息使民主协会的活动活跃起来。2月27日，民主协会开会期间温和派同激进主义决定的拥护者，即主要是这个组织的德国成员之间发生了冲突。通过了三个重要文件。第一个文件——这就是第二天发出的致法兰西共和国临时政府的信，协会在信中热烈欢迎塞纳河畔革命的胜利。这封信中被比利时当局评价为败坏名声的一些话正是：确信"法国的邻国人民首先将沿着法国踩出来的道路走下去"；其中也表达了在比利时实现共和主义变革的愿望。第二个文件——寄给"民主派兄弟"协会书记朱·哈尼的信。信中通知说，协会为了响应巴黎革命的消息开展了"和平的、但是有力的宣传，以便利用在比利时政治制度下可能的各种条件来取得法国人民刚刚争到的幸福"①。第三个文件是给布鲁塞尔市政会议的信，号召对比利时自由立法进行自由主义改革，把手工业者和工人编入市近卫军，发给他们武器。

寄给新法国政府的信是由协会理事会及其两名成员签名的，他们就是马克思和列列韦尔。后者积极参加致法国政府的信的起草工作。2月29日他为前去巴黎转交这封信的斯皮特霍恩亲自写了给他的朋友临时政府主席雅·沙·杜邦·德·累尔、宗教和文化事务部长伊·卡诺和民主主义记者A.吉奈尔的介绍信。当协会的使者把它的信交给临时政府的消息在报刊上出现时，列列韦尔感到满意。

---

① 《马克思恩格斯全集》第1版第4卷第582页。

当时，乌云笼罩着民主协会。当局早已向它"寻衅"，认为，正如比利时警察局长 A. 奥迪所写的那样："它是用全部力量来推翻君主制。"2月27日布鲁塞尔市长通知当局说，协会成员将要用武力攻打市政厅。晚上在市政厅前驱散共和党人的示威游行之后，在协会的比利时成员和外国成员中间，也在德国工人中间实行第一次逮捕。在后来一些日子里对协会成员继续实行逮捕并将其驱逐出比利时。

3月3—4日夜间，马克思在自己的家里被捕，但过了几天又被释放，他前往巴黎。3月5日列列韦尔从比利时首都写信给兹维尔科夫斯基说："星期天，狂欢，吹吹打打，蹦蹦跳跳，晚上国际民主协会召开群众大会，喧闹，跳舞；我没去，因为我老了，怕出丑。为什么要参加呢？办公室空了，因为艾姆贝尔移居巴黎；马克思被驱逐，等等。你的地址给了马克思，而他的妻子将会把她和日果的情况告诉沃尔策尔。"3月25日列列韦尔对兹维尔科夫斯基说："关于外国人那里发生过的某些离奇故事，有的你会从报纸上知道的，也可能是从波尔恩的讲述中知道的。德国人，更确切地说是马克思的好妻子，在替大家受累。人们想把夸夸其谈的演说家布赖埃尔医生撵走，但是罗日埃首相把他置于自己的保护之下。"

从列列韦尔的信中看出，他不仅知道对马克思及其妻子的迫害，而且他们在布鲁塞尔居住的最后时刻还与其保持联系。他的信也证实，不久前还在对待国外共产主义者的态度问题上向列列韦尔提出意见的兹维科夫斯基和沃尔策尔都不再回避他们，哪怕是他们同马克思及其夫人和波尔恩有所接触。

马克思和多数德国共产主义者离开布鲁塞尔后，列列韦尔及其在政治上志同道合者同他们保持的直接联系中断了，列列韦尔和马克思在关系最好的时候断绝了来往。在1848年那年，列列韦尔交给去科隆的一个波兰人（可能是弗·科斯策尔斯基）一封给马克思的介绍信，马克思收到了此信。后来，1849年2月23日，列列韦尔同卢布林纳一起从布鲁塞尔寄给担任《新莱茵报》编辑的马克思一封信（"周年纪念日前夕"正如信的日期落款下边所写的那样，为的是提醒共同庆祝上一年的克拉柯夫起义周年纪念日的情景），请他在该报上刊载揭露政治密探波兰流亡者Ж·维涅尔的警告。列列韦尔在亲笔写的附言中提出向燕妮·马克思转达问候。同年2月28日在《新莱茵报》发表了这篇警告。

后来，列列韦尔同马克思的联系就很少了，所以后者相信了德国报刊散布的传闻，似乎是这位波兰历史学家1852年到伦敦是为了以波兰民主协会领导的名义同拉·科苏特以及朱·马志尼讨论指靠拿破仑第三支持的完全不切实际的起义计划。但是，无论马克思还是列列韦尔都未忘记他们曾经在布鲁塞尔建立起来的良好关系。马克思由于卡·福格特对他进行谴责而在1860年2月3日寄自伦敦的信中提到先前的联系，请列列韦尔给他寄信，"证实自己的友谊"，"证实他在布鲁塞尔对波兰组织的尊敬"。燕妮·马克思整洁地抄写了丈夫的信并在信上署了名。列列韦尔满足了这种愿望，并在同年2月10日从布鲁塞尔写了回信，信中热烈地问候马克思及其妻子。马克思在他同福格特的辩论中使用了这封信。

作为国际工人协会中央委员会前委员的马克思和恩格斯，保·拉法格和弗·列斯纳在致1880年11月27日于伦敦召开的1830年11月起义50周年纪念大会的一封信中，提到1848年革命前夕列列韦尔及其战友们同共产主义者同盟盟员合作。在这个文件中写道："1847年，在伦敦秘密召开了无产阶级的第一次国际性代表大会，根据大会的决定出版了《共产党宣言》，宣言结尾提出一个新的革命口号：'全世界无产者，联合起来！'在布鲁塞尔召开的公众集会上，著名的列列韦尔和他的同志们表示赞同代表大会的决议。"① 也许正是这封信为所谓列列韦尔在《共产党宣言》上"签了名"的说明提供了根据。这封信也为文献中重复的关于波兰人参加过共产主义者同盟代表大会的观点提供了依据,尽管还没有明显的证据。

1848年2月22日布鲁塞尔的庆祝会可能是信中所说的列列韦尔及其拥护者同德国共产主义者一起参加的群众大会。《共产党宣言》当时还没有发表,但是它可能已经开始付印了。马克思和恩格斯在群众大会上的演说中涉及代表大会上所讨论的问题,当然没有提到代表大会,而列列韦尔在自己的演说中阐发了波兰土地革命的思想,同意了他们的演说。他当众拥抱马克思,表达了对马克思演说内容的态度。所有这一切也能够作为列列韦尔"同意"共产主义者同盟代表大会决议的证明,铭记在1880年这封信的作者们心里。

在《共产党宣言》第四部分中有这样的一段话:"在波兰人中间,共产党人支持把土地革命当作民族解放的条件的政党,即支持曾经发动过1846年克拉柯夫起义的那个政党。"② 如果把上述一段话同列列韦尔1848年2月22日所说的关于波兰土地革命的未来的话加以对照,那么就可以得出结论:《宣言》的作者支持的正是列列韦尔当时叙述的那个纲领,他们能够把他的话理解为支持他们的立场的表现。所以,《宣言》中出现的这段话是和它的作者以及德国革命派的其他活动家同列列韦尔及其周围的人在1847年底所建立的关系有联系的。

以列列韦尔为首的波兰民主主义者小组同国际激进主义和共产主义运动在1848—1849年革命前夜的合作,是波兰人同国际共产主义运动

---

① 《马克思恩格斯全集》第1版第19卷第266页。
② 《马克思恩格斯全集》第1版第4卷第503页。

的关系史以及他们参加这一运动的历史的第一阶段。这一阶段是短暂的,接触的次数也比较少。合作的结果是:波兰民主主义者从共产主义运动的角度来理解波兰问题的重要性。这些接触也对波兰民主主义者观点的激进化产生了影响。列列韦尔的例子是最清楚不过的了。另外一件事是,这种进化是不彻底的:列列韦尔本人很快放弃了1848年革命前夜和头几个星期他的世界观所固有的激进主义。

(原载苏联《历史问题》1988年第5期)

(华明 译 孙魁 校)

关于赫斯和青年恩格斯*

〔苏〕M.B.谢列布利雅科夫

赫斯1812年1月31日出生在波恩。他像马克思一样生于一个犹太人的家庭,他像恩格斯一样是一个工厂主的儿子。他对马克思和恩格斯科学共产主义世界观的形成起过某些作用。赫斯比马克思和恩格斯较早接触了空想社会主义。但他常常为自己制造幻想,正像恩格斯后来说的那样,生活在幻想与想象之中。他幻想未来美好的社会制度,但不能清楚而明确地表达出自己的思想,他看到了遥远的未来,但不能无所畏惧地分析现实,不能系统地进行总结,因而也不能创立科学。有一次他用自己"调和"的性格来对比马克思"分裂"的性格①,这绝不是毫无道理的。

赫斯作为斯宾诺沙的拥护者,试图把他的学说与黑格尔的学说结合起来。在第一部著作中他就同黑格尔的倾向——使自然服从于精神的倾向作斗争。他和青年黑格尔派(包括恩格斯在内)一起,想填满理论与实践、思维与行动之间的深壑,因为他认为"历史首先是一种行动"。

---

* 本文选自《马列主义研究资料》1988年第2辑。

① 赫斯1846年5月29日给马克思的信,见梅林编:《马克思恩格斯和拉萨尔文献遗著集》第2卷第370—371页。——译者注

赫斯不是一个典型的思想家，而是一个精力充沛和喜好活动的人。他完全不想成为一个只系统地观察和解释现实的哲学家。他试图使哲学具有实践的意义，并赞同哲学对历史过程进行决定性的干预。按照他的观点，历史哲学当然不可能成为目的本身。在圣西门之后，赫斯确信，认识历史规律之所以有意义，是因为这种认识超出了过去的界限，而且成为预见未来的指针，根据过去和现在这两个因素对未来作出结论是十分重要的。历史哲学应当转变为"行动哲学"，个人只由于有行动才具有历史意义。历史越"神圣"，也就是人的意识越扩大，人就越能认识历史的进程，并创造性地对历史施加影响。

在第二部长篇著作中赫斯更详细地阐述了这些思想。1841年他又发表了他写的《欧洲三执政》，这是一本经过更加周密思考过的著作。但是其中塞入了许多可笑的观点、臆想的结构、种种幻想，甚至神秘主义的东西。作者的意图是要实现一种"包含一切真理"的哲学。"天"应当把自己的宝藏归还给"地"，哲学应当具有实践或政治的性质，应当使它"政治化"。这个问题使恩格斯和其他左翼黑格尔派非常感兴趣，因为他们也从哲学转向了政治，并按自己的观点提出了"行动的哲学"。

赫斯不仅试图把哲学与政治联系起来，而且与空想社会主义联系起来，并花了不少力气不断在德国宣传空想社会主义。

赫斯无视事实，并把人类的历史塞到预先设计好的框框里。他在自己的《欧洲三执政》中把历史分成三个主要阶段。第一阶段从亚当开始，在这个过程中形成了语言、私有财产和奴隶制度，形成了氏族、民族、国家等。第二阶段以法国革命而告终，它的特征是逐步向中世纪已经有了萌芽的平等过渡。按照赫斯的观点，只是不彻底的宗教改革运动才产生了精神自由，法国大革命则产生了道德自由。以黑格尔为代表达到了最高点的德国哲学实现了精神自由，但只限于在思想方面，而完成宗教改革的法国革命则使道德自由的原则在生活中得到了体现。于是在第三阶段，一开始就出现了下述任务，即把精神自由与真正的、实际的自由联系起来。这也就是为什么德国自由和法国自由的相互联系构成了当代重要趋势的原因。

赫斯相信，随着时间的推移，德、法、英三个大国将结成欧洲的统一联邦。但是，事先"必须用法国去补充德国，而法国也同样需要德国去补充"。为什么呢？根据是：在德国盛行的是社会精神自由，因为德国是精神的王国，在法国盛行的是社会道德自由，因为法国的特点是意志的力量；在"未来的明灯"英国，社会政治自由已出现，因为实际的意义在这里比在其他任何地方都更为发达。这三种自由的统一根本改变了统治阶级和被统治阶级的关系。它终将消除贫穷与金钱贵族之间尚未达到"革命高度"的矛盾。到那时，三国联盟、三政权或"三执政"将实现最高统一、永久和平和国家的理想；将产生一种最高的权力，在那里将不可能有冲突，因为这种权力不是以内部的暴力，而是以精神的力量为基石，同时也将达到一种充分的自由，这种自由将在最高联盟内部把一切相互抵触的利益融为一体，因为只有在最优越的制度中才能有最广泛的自由，反之则不可能。①

现在被完全忘记的《欧洲三执政》，在当时却引起了激进分子的注意，恩格斯对这部著作也十分关注。

资产阶级激进派不可能弄明白，赫斯有什么特别的根据断言英国的社会矛盾不可避免要引起社会革命。他们身处专制制度的沙漠之中，却

---

① 见《欧洲三执政》第52—54、104、114、151、156—163 页。赫斯的"三执政"思想显然是圣西门在1814年就已提出的那种思想。

始终幻想存在着"理性国家"。他们认为,这种国家不可能不通过教育和组织来保护无产阶级的利益。这种对国家的盲目尊崇把赫斯和激进派区分开来。赫斯恰好对国家完全抱怀疑的态度。要克服与国家观念有关的种种幻想,首先需要历史的经验。然而要会利用这些经验,必须具有革命的热情。赫斯的同时代人马克思和恩格斯正是这样的人。赫斯很快结识了他们两人,先认识马克思,后认识恩格斯。

当时所有熟悉马克思的人,都十分惊叹他的非凡才智、坚强意志和其他精神品质。但并不是所有的人都能全面地认识他,例如《哈雷年鉴》的诗人普鲁茨就只把马克思看成是"杰出的天才"。而赫斯在科隆《莱茵报》召开的一次会议上结识了马克思,认为他是"最伟大的"哲学家,不久的将来,当他公开露面时,(不管是发表著作,或是上讲台)他会吸引整个德国的注意力。按照赫斯的观点,在发展倾向和哲学修养方面,马克思不仅超过了施特劳斯,而且也超过了费尔巴哈,他在未来将给予中世纪的宗教和政治以最后的打击;他将把最犀利的讽刺与最深刻的哲学严肃性结合在一起。赫斯说:"如果把卢梭、伏尔泰、霍尔巴赫、莱辛、海涅和黑格尔结合为一个整体,你就会得到马克思博士。"①

恰好在赫斯和马克思第一次会面之前,黑格尔左派中已经有人有了比较清楚的认识,他们对国家历史使命的美妙希望已开始逐渐暗淡了。和平实现"理性和精神的国家"的信念也很快破灭了。而且产生了一个问题:进行暴力变革的力量何在?赫斯写了一篇不长的文章,有意要发表在《雅典尼》杂志上。可能马克思曾给予他帮助。赫斯的文章以

---

① 赫斯1841年9月2日给奥尔巴赫的信,载于《社会主义和工人运动历史年鉴》1922年第10期第412页。

《现代德国哲学的危机》为题发表在1841年10月9日的《雅典尼》杂志上。

在卢格、恩格斯和其他青年黑格尔派之后，赫斯也提出了青年黑格尔派与其导师之间的分歧，按照他的观点，青年黑格尔派已经超出了黑格尔的哲学，决定在生活中实现它的成就，或者更确切地说，按所具有的自我意识精神改造生活。另一方面，他们毫无疑问仍将以黑格尔哲学过去的"思想"基础为依据。

赫斯承认绝对精神是哲学的原则；只有精神，只有自我意识才可能被看成是真理和实践的源泉。不过黑格尔主要是力求解释不同生活形式如何产生了精神。而现代"实践哲学"主要揭示它们消失的必然性，从而阐明它们的暂时性。它否定缺乏精神的、违反理性的神秘生活。它的反对者同样也在否定，并且"无情地"进行论战。但是他们否定的是那种他们认为是用来吓唬人的永恒精神。因为残酷的现实随时都会驳倒他们。

赫斯在发表这篇文章的同时，还参加了出版《莱茵报》的准备工作，当时《莱茵报》被认为是有影响的资产阶级团体。1842年初，该报实际上由赫斯参加的编辑部开始出版。然而报纸的撰稿工作是很困难的。最初，报纸刊载的是十分温和的、纯粹是资产阶级的纲领。报纸对普鲁士无条件地友好，坚持它最初在关税同盟中所占有的领导地位，并倾向于在自由主义的基础上实现德国的统一。同时报纸坚决拒绝了"基督教德意志"国家的浪漫主义的思想，同宗教的偏见作斗争，赞成教会同国家分离。该报要求，普鲁士政治只受国家的意愿指导，承认历史的必然性，并走上资产阶级进步的道路。报纸对法国没有丝毫特殊好感，它是资产阶级含义上的爱国组织。它的创始人和领导者自然根本不愿听到共产主义。

然而赫斯对法国却有强烈的好感，对国家十分怀疑，并且已成为一位空想共产主义者。在这样的条件下要批评甚至否认国家是不容易的，要宣传共产主义思想并证实革命的必然性就更困难了。尽管困难重重，但赫斯总能够成功地利用报纸来阐述自己的观点。8月刊登了他的一篇很有意思的短文——《19世纪之谜》。他在这里没有依靠埃·鲍威尔和其他一些青年黑格尔派，对立宪主义进行了严厉的批判。

像埃·鲍威尔、马克思和其他一些青年黑格尔派一样，赫斯认为君主立宪制仅仅是过渡的形式，指责它是"雌雄同体"。受过教育的德国人认为英国是标准的立宪君主制国家。赫斯同意这种流行的观点。然而，作者认为立宪主义的真正祖国是法国。他认为伟大的法国革命使世界迷惑不解。因为这次革命宣布了自由和平等，却引起了普遍的骚动。要解开这个谜并不像开始所想象的那样容易。在帝国主义产生之后，长裤汉主义这种最初的自发而粗陋的自由和平等，很快就被取消了。赫斯尽管对立宪主义持否定态度，但他承认七月王朝是实现自由和平等的第一次合理的尝试。同时他认为，由于害怕长裤汉主义出现，七月革命进行得十分谨慎，而且过于谨慎。但并不能因此而责备它。如果注意到1830年在法国、英国和德国民族内部发生的变化，那就可能对"进一步解开这个谜"充满了希望。

赫斯采用寓意的方式谈论"19世纪的谜"。不过它的深奥含义却能被研究当代政治的激进人士所理解。这个"谜"的实质在于怎样实现自由和平等而又不给它们带来损害。赫斯不止一次地谈到这个棘手的问题。5月17日《莱茵报》发表的一篇有关在德国和法国实行集权的文章中也谈到这个问题。作者显然受费尔巴哈的影响。他提出疑问，获取个人自由是否应当牺牲整体自由，也就是说，为了个人自由必须牺牲法律或整体自由吗？

赫斯认为，从正确的、"最高的"观点来看，这个问题是臆想出来的。如果"个人符合自己的概念"，换句话说，如果人确实是按其本质而存在，就不能用整体的自由来反对个人的自由；要知道，真正的人只按类生活那样生活，而不把自己个人的单个存在与一般存在相分离；他的自由任何时候都不可能与法律产生冲突，因为法律不是什么外在的东西，而是他本人的意志。这样一来，如果认可人民是由公正的人所组成，那么不可能出现这样的问题：中央政权会存在于所有的肢体中，就像实际上在每一个健康的肌体中那样。但在这样的肌体中，不仅一般外在的法律，以及任何肯定的制度或者宪法，甚至一切中央的或是最高的国家权力，都是多余的。由健康的成员组成的社会，一般不会成为我们所称呼的国家，而会成为人类的理想。国家正是应当教育和培养人民去争取这种理想。

作为教育机关，国家有两项任务：首先，积极促进发展，促进人道主义的教育；其次，清除一切阻碍这一发展的障碍。后一项任务的解决需要法律的帮助，而前一项任务需要自由来帮助。法律是要抵抗反社会的、利己主义的势力；而自由则是生活本身，自我发展本身。为了不使自由变为利己主义的横行专断，不使法律变得与君主专制毫无差别，对国家生活的这两个极端必须严格地加以区分。只有把它们严格区分开来，国家生活才可能达到和谐。如果严格地区分开这两个极端，上面提出的问题就能迎刃而解。

从这一观点出发，集权仅仅是在它超越了自己的领域——政治，或狭义的国家生活，也就是法的范围，并且敢于侵犯个人生活的情况下，才应受到指摘。相反，如果集权在自己的范围内也受到限制，那么法律本身的统治也同时受到限制，因为法律只能产生于中央集权。所以集权并不是个人自由的敌人，而是主观横行专断、利己主义、地方和等级精神,以及一切不法行为的敌人。这样,为什么法国集权体系的祭品是路易十六、贵族、僧侣和一切构成国中之国的团体,就十分清楚了。其实,法国国王们所做的,也正是法国大革命所做的。不过,他们想制造一种例外,即国王个人应当站在法律之上,不像革命那样贯彻始终。路易十六说过:"朕即国家",革命也说过:"法律就是国家"。中央集权、国家的代表是不依赖于个人影响的已经具体化的法律;它是共同自由的最好的、唯一的支柱。法国为集权而战,为法律的统治而战,德国则为精神自由、为人的个性发展而战。所以它们代表着社会生活的两个极端,并互为补充。

这样,赫斯使个人自由与"整体"自由得到调和。显然,由"公正的"人组成并实现"人类理想"的社会是以平等为先决条件的。而实现平等则意味着使国家成为多余,从而解开了19世纪的谜。但在《莱茵报》上撰写这样棘手的文章是完全不合适的。所以赫斯不得不等待外部的借口,以便再回到他最中意的思想上来。有利的机会很快就出现了。正如前面所说的,英国的宪章运动在欧洲大陆也引起了某些骚动。《莱茵报》对这样的重要事件当然不会沉默。为此,赫斯在1842年6月底发表的一篇不长的文章中,空前鲜明地阐述了自己的观点。

他认为,社会灾难的根源不是捐税或谷物法,不是政党间的争斗和政府的缺点,它的根源要深刻得多。

"社会灾难"包括什么呢?赫斯回答说,它的客观原因每一个人都知道。工业从人民的手中转到了资本家的手中。过去由许多小商人从事的商业,现在越来越多地集中到少数大企业主和投机商的手里。由于有继承法,地产也聚集到少数贵族手中。一句话,巨额资本不断增长并集中到个别家族手里。这些非政治的社会条件,普遍地特别是在英国存在着。它们是当前灾难的主要原因。这样一种状况,德国还有时间对它进行平静的思考。热情的法国人受到傅立叶、圣西门和共产主义思想的鼓舞，试图超越历史。而在英国，历史这个"伟大的破坏者和所有社会关系的缔造者"，正在逐渐地掌握当时还未解开的现代之谜。

对德国人来说这种问题的提法是很新颖的。确实，这种提法并没有什么特殊的规定性。要知道，《莱茵报》的撰稿人用一些多少是一般的语言表达了自己的思想："灾难"的根源在于"社会关系"，"历史"本身会解开这个"谜"，革命产生于"金钱贵族与人民贫困化之间的矛盾"，等等。但是，他没有指出，社会革命的内容会是什么，会由什么阶级来进行这一革命。他甚至不用"无产阶级"这个词，而宁肯说"人民"。最后，问题的提法本身是非常抽象的，具有十分幼稚的感伤主义，并纯粹从道德上去认识"社会灾难"。一句话，赫斯的观点有许多缺陷，并且非常混乱。不过他毕竟已经是一位空想社会主义者。他不认为国家是自由和道德的具体表现，越来越远离左翼黑格尔派所固有的资产阶级的观点。例如，1842年9月11日他发表在《莱茵报》上的文章《德国的政党》就证明了这一点。这篇文章引起了包括恩格斯在内的"自由人"的强烈兴趣，而且这篇文章也确实值得他们关注。

作者证明，两次法国大革命完全没有把政权交给全体人民，而只是交给了资产阶级。它们结束了自己的周期；新的时期也要求有新的原则。19世纪的任务就是解放全体人民。只是到现在人们才明白，大多数人的统治还不是人民的统治。迄今为止如此强烈追求的权力平衡到现在仍然还不够。甚至在最高的共和国的机关中，由于贫困，由于剥夺了社会大部分人自由发挥自己力量的可能，自由变成了一句空话。

赫斯把空想共产主义和社会革命不可避免等思想暗中掺和到自己的思想里，这一点同左翼黑格尔派的意愿相去甚远。但恩格斯比其他"自由人"更快地对这些思想产生兴趣，因为那时他已经完全放弃了对黑格尔有关法和国家的学说的盲目崇拜。除此之外，他把对法国大革命和雅各宾主义的迷恋与少年时代关于工场工人非常贫困的记忆结合起来。在赫斯的文章中所找到的论据，对恩格斯来说是很熟悉的，因为他本身就十分同情"被屈辱和被凌辱者"，异常仇视政治特权，并抨击企业主、商人和土地所有者。最后，恩格斯一直对怯懦、半途而废和无原则抱有无法克制的厌恶心理，不论是谁犯了这些致命的毛病（青年德意志人、"自由人"、南方德国自由派或北方普鲁士自由党人），他都非常厌恶。他不顾各种影响而按自己的革命热情坚定地站在最左的一边。就在7月，恩格斯已公开严厉地抨击以亚·荣克为代表的自由主义。当然，恩格斯已经听取了赫斯所宣传的那些新思想。

可惜，恩格斯在柏林最后几个月的准确无误的材料却没有。然而，古·迈耶尔也认为，正好一周之后《莱茵报》发表的有关集权和自由的文章是出自恩格斯的手笔。像赫斯一样，文章的作者批驳了在青年黑格尔派中广泛流行的一种意见，即似乎国家是绝对自由的实现。如果国家甚至实现了客观的自由，那么主观的、真正的自由终究只有在历史中得到体现。主宰的权力只属于历史，因为历史是人类的事，是类生活和绝对的权利。而国家的权力只涉及具有一般意义的东西，而不涉及有关单个人的东西。所以，受饥饿残酷煎熬的英国工人完全有理由抱怨国家制度和罗·皮尔男爵，而不是抱怨历史，因为历史使他们成为"新法律原则的体现者和代表"①。

恩格斯还赞成黑格尔把国家与社会或"历史"对立起来，而费尔巴哈把历史理解为"人类的事"和"类生活"又给他留下了深刻的印象，与此同时，他也和赫斯一样，对国家表现出否定的态度。发表在

---

① 《马克思恩格斯全集》第1版第41卷第392—397页。

《莱茵报》上的另一篇短文也透露出赫斯的微弱影响。这篇短文是专门针对那些反对陪审法庭拼命搜寻"僵死而抽象的法"的人所写的。在这里他谈到,如果法国或英国的陪审员为一名贫穷的无产者辩护,说他因饥饿而拿了几个面包就被宣判有偷窃罪,是不公平的,那么某些律师就要宣称保障一个死者的生命和财产的安全。不言而喻,恩格斯是在嘲笑这一类的惊恐胆怯。①

在此以前,恩格斯的政论性写作活动异常繁忙,但这时这种活动突然停止了。如果不算那些不太重要的短文,那么从1842年7月到12月初,报刊上没有出现过恩格斯写的一行字。难道不能说明这是恩格斯的世界观正处在转变之中?1842年7月27日他给阿·卢格的信对这个不清楚的问题能提供一点点说明。恩格斯失去自己惯有的那种自信,似乎正在进行思考,并准备休息一下。他写道:"我决定在一段时间里完全放弃写作活动,……原因十分明显。我还年轻,又是个哲学的自学者。为了使自己有一个信念,并且在必要时捍卫它,我所学的已经够了,但是要能有效地真正做到这一点,却是不够的。人们将会对我提出更多的要求,这是因为我是一个'兜售哲学的人',不能靠博士文凭取得谈论哲学的权利。"②

难道从这些话里看不出恩格斯遇到了什么绊脚石吗?难道他不像赫斯一样也碰上了斯芬克斯之谜——巨大的"19世纪的谜"吗?有可能就是这个谜促使恩格斯继续深入地进行从反对亚·荣克和"青年德意志"的文章中已经开始的自我批判。至少信的末尾对他的写作活动作了总结。恩格斯把它归结为"纯粹是一些尝试"。显然,他正在探索一条

---

① 《马克思恩格斯全集》第1版第41卷第321—322页。
② 《马克思恩格斯全集》第1版第27卷第431页。

新的道路，以便更积极地投身到争取社会进步的斗争中。他说："迄今为止，我的写作活动，从主观上说纯粹是一些尝试，认为尝试的结果一定能告诉我，我的天赋是否允许我有成效地促进进步事业，是否允许我实际地参加当代的运动。我对尝试的结果已经表示满意了，现在我认为自己的义务是，通过研究（我要以更大的兴趣继续进行研究）去越来越多地掌握那些不是先天赋予一个人的东西。"①

显然，共产主义的思想已经在恩格斯的意识中留下了明显的印迹，并且他以极大的热情注意研究它。恩格斯很快就超过了所有的"自由人"、莫泽斯·赫斯还有其他许多头脑不清的人。

秋季恩格斯服役期满，离开了柏林。在去巴门的路上，他曾在科隆停留，为的是拜访一下《莱茵报》的编译部。10月初马克思还没有加入编辑部，并且一直住在特利尔。所以恩格斯只见到了鲁腾堡和赫斯。恩格斯与《欧洲三执政》的作者进行了热烈的交谈。根据赫斯的回忆，恩格斯在交谈之后"称自己是共产主义的信徒"。至迟在第二年，赫斯谈到恩格斯时曾说，在1842年，当他准备去巴黎的时候，恩格斯从柏林经过科隆："我们讨论了当代的种种问题，他一年前已成为革命者，离开我时，他已是一个热心的共产主义者了。"② 当然，赫斯过分夸大了自己对恩格斯的影响。但他在恩格斯转向共产主义的过程中毕竟意外地起了一定的作用。后来恩格斯自己也间接地承认了这一点。他曾写道："还在1842年秋天，党的某些活动家就已得出结论说，光是实行政治变革是不够的，并且宣称，只有经过以集体所有制为基础的社会革

---

① 《马克思恩格斯全集》第1版第27卷第432页。
② 赫斯1843年6月19日给奥尔巴赫的信，载于《马克思恩格斯和拉萨尔文献遗著集》第2卷第99页。——译者注

命,才能建立符合他们抽象原则的社会制度。可是,当时就连布·鲍威尔博士、费尔巴哈博士和卢格博士这样一些党的领袖,也都没有打算采取这一决定性的步骤。党的政治性刊物《莱茵报》发表了几篇文章来捍卫共产主义,但并没有得到预期的效果,然而共产主义是黑格尔派哲学的必然产物,任何一种抵抗都阻止不住它的发展;今年,第一批拥护共产主义的人就曾满意地指出,共和主义者正在纷纷加入他们的行列。"后来恩格斯证实,赫斯是"该党第一个成为共产主义者的",他把赫斯错当成"博士"。① 甚至当马克思与恩格斯公开与"真正的社会主义"进行斗争时,他们也承认,赫斯的某些非常模糊的和"神秘主义的"思想"最初得到了一定程度的承认",只是后来当这种思想过时的时候,它们才"变成枯燥和反动的了"。②

(原载苏联 M.B.谢列布利雅科夫《青年恩格斯》一书)

(岑川 摘译)

---

① 《马克思恩格斯全集》第 1 版第 1 卷第 590—591 页。
② 《马克思恩格斯全集》第 1 版第 3 卷第 580 页。

莫泽斯·赫斯

——生平、著作以及和马克思的交往*

侯 才

编者按：中外学者一直把赫斯喻为"马克思的影子"，认为他和马克思、马克思主义、国际共运以及犹太复国主义都有一定的联系。因此，为了深入研究马克思主义的发展，有必要熟悉和了解赫斯的主要著作及其生平活动。正是出于这一目的，笔者客观地概述了赫斯的生平、著作及其与马克思的交往，以飨读者。本文是笔者1986年在联邦德国进修期间用德文写成的，本刊登载时作了压缩和修改。

赫斯1812年诞生在波恩的一个虔诚的犹太人家庭里。他的祖父纳坦·大卫是一个殖民商店的老板，兼有犹太法师头衔。他的父亲大卫·赫斯（1790—1851）是一个能干的商人，在19世纪40年代成为科隆犹太人协会主席。

赫斯诞生的时代是法国兼并时代（1795—1815）的末期。这时，莱茵省已经历了一系列深刻的社会变革。1801年奥地利把莱茵河左岸割让给了法国，这给那里的犹太人带来了解放。但是在拿破仑倒台和法国人迁走以后，普鲁士开始着手全面取消和废除拿破仑时期所进行的改

---

* 本文选自《马列主义研究资料》1988年第3辑。

革，犹太人在法国革命后获得的市民权利遭到削减，因而他们不得不重新忍受普鲁士反动措施之苦。

赫斯的童年时代是在他祖父那里度过的。在那里，他受到了严格的犹太宗教教育。对此，赫斯直到50岁时还曾带着激动回忆。

赫斯7岁时，他的母亲去世了。赫斯重新回到了在科隆定居的他的父亲那里。但是严厉的宗教单一教育显然不能满足这个精神迅速发展的孩子的多种需求。出于对犹太教法典的"厌倦"，赫斯开始探寻自我教育的道路。他在帮助父亲营业的同时，利用业余时间阅读哲学、文学等书籍，学习法语、德语、英语、拉丁语以及数学和历史。1832年或1833年，他同父亲发生冲突，从家出走，游历了荷兰、法国和瑞士，或许还到了英国。一年后，他因经济拮据，又回到父亲的商店。直至1837年5月，他才有机会在波恩大学注册，在那里学习了三个学期。

这一时期是赫斯思想发展的重要时期。大约早在1828年，他就抛弃正统的犹太教。他自修了卢梭、黑格尔、斯宾诺莎的著作，受到他们特别是斯宾诺莎的学说的深刻影响。在巴黎居住期间，他有幸直接接触了法国社会主义学说，这无疑对他的思想形成产生了决定性的影响。事实上，在此之前，他已通过德国的手工业者对巴贝夫和傅立叶的学说有所了解。1835和1836年，他开始勤奋研究法国革命，并着手著述。1837年10月，他在斯图加特出版了自己的处女作《人类的圣史》。

这是一部交织着宗教、哲学和空想社会主义学说影响的著作。它分为两部分："过去是将出现的东西的基础"和"未来是已出现的东西的结果"。赫斯试图从人类历史的发展中推导出社会主义的必要性。他把人类历史划为三大主要阶段：古代、中世纪和现代（从斯宾诺莎开始）。它是上帝和人的统一经过分裂达到重新恢复的过程，也是建立在财富共同体上的和谐被私有财产和继承权破坏并重新确立的过程。

尽管赫斯把对现存社会的批判和对未来社会的理解及宗教的救世说融汇在一起，但这部著作无疑属于德国早期空想社会主义重要著作之列，它对德国空想共产主义世界观的发展有一定贡献。同时，它也在多方面预示了赫斯后来的思想发展。

在大学学习的同时，赫斯继续深入思考现实的政治和社会问题。1841年1月底，他在莱比锡出版了第二部著作《欧洲三执政》。这部著作的写作起因于普鲁士政府和科隆大主教之间关于杂婚问题的争论，赫斯想借此阐述和澄清国家和教会之间的关系。

赫斯在这部著作中进一步发展了切什考夫斯基在1838年《历史学导论》中提出的"实践哲学"的思想。他要求哲学的实现，呼吁"建造一座重新由天上返回地面的桥梁"①，指出行动哲学的任务就在于从过去和今天中去理解和把握未来，以指导行动。此外，他还批评了青年黑格尔派哲学，认为它只在宗教方面强调了哲学和现实生活的关系，因而还停留在抽象的现代生活原则上面，没有实现走向行动的积极过渡，不过是"德国哲学"的最后阶段。

《欧洲三执政》是赫斯早期的一部重要著作。该书当时在思想理论界引起了很大反响，作者因此成了知名人物。赫斯后来认为，这部著作的贡献在于，它表达了当时还没有公开和清楚表达出来的社会主义思想。由于该书，人们把赫斯同青年黑格尔派运动联系了起来。然而，该书已清楚地表明赫斯对青年黑格尔派的某种超越：他一开始就以自己的方式接近了社会主义。

在《欧洲三执政》所获成功的鼓舞下，1841年夏，赫斯和他的

---

① 沃·门克：《莫泽斯·赫斯哲学和社会主义文集》（1830—1850）1980年柏林版第77页。

好友、作家贝·奥尔巴赫着手创立《莱茵报》的准备工作。同年的 8 月底或 9 月初，他有机会结识了青年马克思。马克思这时已从柏林来到波恩，试图通过鲍威尔的帮助在大学谋得一个授课职位。结识马克思，赫斯是异常激动的。在致奥尔巴哈的信中，他把马克思称为"一位最伟大的、或许**唯一**现在在世的**真正的哲学家**"，并承认马克思是自己的"偶像"。①

1842 年 1 月 1 日，《莱茵报》在科隆出版。赫斯担任该报的编辑工作。不久，青年黑格尔分子就成了该报的主要撰稿人。马克思也参加了《莱茵报》的工作，并在同年 10 月任该报主编。这时，赫斯也同青年恩格斯结识了。恩格斯服兵役后，想到父亲的工厂里参加工作。在从柏林前往英国的途中，他拜访了《莱茵报》编辑部，并同赫斯进行了长谈。这次会晤对恩格斯社会主义世界观的形成产生了一定影响。

赫斯同马克思一起在《莱茵报》编辑部工作了大约两个月时间。在此期间，他还同报纸出版负责人荣克和奥本海姆共同发起了每周一次的有关社会主义的讨论。同年 11 月下旬或 12 月初，他作为《莱茵报》的通讯员到了巴黎，直到次年 5 月。但实际上，在马克思负责该报不久，普鲁士政府就作出了封闭《莱茵报》的决定。从 1843 年 3 月起，该报就被迫停刊了。

在《莱茵报》存在的短短一年多时间里，赫斯为它撰写了文章、通讯以及评论等大约 150 篇稿件。这些稿件体现了法国社会主义的影响，对社会主义学说在德国的传播起到了不容忽视的作用。它们和作者本人发起的关于社会主义的讨论一起促进了马克思对法国社会主义和共产主义思想的关注。

---

① 埃·西尔伯纳尔：《莫泽斯·赫斯通信集》1959 年蒙同版第 79、80 页。

《莱茵报》关闭后，赫斯继续致力于共产主义的研究，并且把它从哲学领域扩展到经济学领域。该年下半年，他在由诗人格·海尔维格在苏黎世和温特图尔出版的《来自瑞士的二十一印张》上发表了《行动的哲学》《社会主义和共产主义》以及《单一和完整的自由》等几篇重要论文。它们被马克思誉为德国社会主义科学方面"内容丰富而有独创性的著作"①。

　　在《行动的哲学》一文中，赫斯进一步集中阐述和发挥了在《欧洲三执政》中表达的行动哲学的观点。他批判了私有制条件下存在的个体和普遍的对立以及个体自由行动的泯灭，要求使精神哲学成为行动哲学，从而不仅把思维，也把全部人类活动"提高到消除一切对立的水平"②。与此相联系，赫斯还进一步批判了青年黑格尔派一直藏在神学自我意识中的做法。尤为重要的是，在该文中，赫斯已接触到了资本主义条件下人的本质的异化在经济领域中的表现，即人同自己的活动及其产品的异化关系，并把私有制理解为作为人的本质特征的"劳动""制造"和"创造"活动异化的产物③。这实际上是把费尔巴哈的宗教异化批判方法运用到现实经济领域分析的起始。因此，这篇论文曾给马克思以某种启示和影响。

　　因《莱茵报》被禁止，马克思和卢格计划创办一个新杂志来替代

---

① 《马克思恩格斯全集》第 1 版第 42 卷第 46 页。
② 沃·门克：《莫泽斯·赫斯哲学和社会主义文集》（1830—1850）1980 年柏林版第 219 页。
③ 沃·门克：《莫泽斯·赫斯哲学和社会主义文集》（1830—1850）1980 年柏林版第 225 页。遗憾的是人们往往强调《行动的哲学》中的"实践"思想，而把其中的"经济学转向"忽略了。迄今为止几乎还没有人对《行动的哲学》一文的地位和意义从经济学的角度作出正确评价。

该报。为了实现这一计划,赫斯和卢格(赫斯刚和他结识不久)8月初一起来到巴黎。两个月后,马克思也到了那里。他们在巴黎共同工作的成果,体现在《德法年鉴》的出版及其刊载的书信、文章中。

在此期间,赫斯在1844年初为《德法年鉴》撰写了一篇题为《论货币的本质》的文章,该文由于《年鉴》的停刊,一年半以后才发表在由哈·皮特曼编辑的《莱茵社会改革年鉴》上。有理由认为,该文是赫斯撰写的最优秀的著作。在该文中,赫斯沿着《行动的哲学》一文所预示的方向,把费尔巴哈的异化学说彻底运用于资本主义社会经济生活的分析,阐发了许多重要的结论。该文赖以建立的基础和所表达的核心思想是:"金钱不外是非组织化的、因而脱离我们自己理性的意志并因此统治我们的人类社会现代生产方式的幻影。"[①] 该文在人的本质及其社会性、金钱和私有制的本质以及异化的普遍性等一些问题的理解上同马克思《1844年经济学哲学手稿》相吻合,从中可见该文对马克思思想发展的影响。此外,该文也愈益明显地流露出浓厚的伦理主义倾向,这也是后来赫斯遭到马克思恩格斯批判的根本原因。

1844年3月,赫斯返回科隆,并参加了那里的共产主义团体的活动。在此期间他撰写的主要著作有:《谈社会主义运动在德国》(1844年5月)、《人的规定》(1844年6月)、《论我们社会的困境及其补救》

[①] 莫泽斯·赫斯:《格拉齐安诺博士或阿·卢格博士在巴黎》,载于《社会杂志》第8卷1931年第2期第173页。东德学者沃·门克对此断然否认。参看他的《有关研究赫斯的新的原始资料》1964年柏林(东)版第20页;《莫泽斯·赫斯哲学和社会主义文集》(1830—1850)1980年柏林版第IXXI页;《"真正的"社会主义》("博士论文"),打字稿400、402页。奥·科尔纽在《马克思恩格斯传》中也只谈到"可能""发生了某种影响",参看该著作中译本第2卷第139页。事实上,赫斯该文对马克思产生影响是无疑的。对此需专文论述。

(1844年12月)、《共产主义信仰自白》(1844年12月)以及《最近的哲学家们》(1845年6月)。

在《谈社会主义运动在德国》一文中,赫斯进一步发挥了《论货币的本质》一文的思想,依据费尔巴哈人类学观点对社会主义进行了论证。值得注意的是,他明确提出了把费尔巴哈的宗教批判方法运用到政治经济学批判上来的要求,并且以"人类学是社会主义"的命题同费尔巴哈的"神学是人类学"的命题相对立,推进和开始超越费尔巴哈的学说。① 一年后,在《最近的哲学家们》一文里,赫斯则明确地批判了费尔巴哈抽象的人的观点,指出类的人在现实性上只存在于所有的人都能够受到培养、发挥作用以及自我实现的社会中。②

1845年2月,赫斯和恩格斯在爱尔斐尔特作了一次共产主义演讲。这次演讲被视为德国首次有关共产主义的解释性演说。

在布鲁塞尔逗留期间,赫斯在编辑《社会明镜》的同时,和马克思恩格斯合做了两件事:一是他为多卷本的《外国杰出的社会主义者文丛》翻译了两本书,该文丛是他们1845年初就开始计划出版的。二是他参与了《德意志意识形态》的写作工作,为该书撰写了个别章节。其中一章是针对卢格的,题为《格拉齐安诺博士,德国哲学界的小丑》,后可能根据马克思的建议吸收到反对卢格的文章中单独发表。另一章是针对格·库尔曼的,题目叫做《"霍尔施坦的格奥尔格·库尔曼博士"或"真正的社会主义"的预言》,它被部分地吸收到《德意志意

---

① 沃·门克:《莫泽斯·赫斯哲学和社会主义文集》(1830—1850)1980年柏林版第293页。

② 沃·门克:《莫泽斯·赫斯哲学和社会主义文集》(1830—1850)1980年柏林版第384页。

识形态》中。

但是,正是在《德意志意识形态》中,已经暴露了马克思和赫斯思想的根本分歧。在该书中,马克思批评了赫斯理论带有"非常模糊的和神秘主义的性质",认为它"已经陈旧"。[①] 赫斯在《形态》中扮演的双重身份(批判者和被批判者)无疑是马克思和赫斯关系发生转折的一个标志。尽管在马克思和格律恩的争论中,赫斯基本上还是站在前者一方的,并因而结束了他和格律恩的友谊,但赫斯同马克思不久也发生了公开冲突。

在 1846 年 3 月 30 日在布鲁塞尔召开的"共产主义通讯委员会"的会议上,马克思尖锐地批判了魏特林的手工业者的社会主义,并要求通过批判不称职的成员和断绝其资金来源对党进行清洗。赫斯对这种做法,特别是对委员会对魏特林的处理感到不满。他气愤地给马克思写了一封带有"再见吧,党"[②] 字样的信,同"通讯委员会"诀别了。这是赫斯和马克思之间分歧的第一次公开化。尽管赫斯在致马克思的信中也表示他还愿意同马克思在个人关系方面保持惬意的、频繁的交往,并于 8 月 19 日通知恩格斯,他已同党在某种程度上重新和解[③],但无疑此后他同马克思和恩格斯逐渐疏远了。

在"通讯委员会"会议结束后不久,赫斯就离开了布鲁塞尔。但由于生活贫困,一年后他又返回那里。他成为共产主义者同盟的成员。在同年 8 月底于布鲁塞尔召开的德国工人联合会成立大会上,他被任命为该会的副主席。

---

① 《马克思恩格斯全集》第 1 版第 3 卷第 580 页。
② 埃·西尔伯纳尔:《莫泽斯·赫斯通信集》1959 年蒙同版第 156 页。
③ 《马克思恩格斯全集》第 1 版第 27 卷第 49—50 页。

在此期间，赫斯在《德意志—布鲁塞尔报》上发表了他的论文《多托勒·格拉齐安诺的著作。巴黎的两年。阿·卢格的研究和回忆》。这篇论文是对卢格文章《法师莫泽斯和莫泽斯·赫斯》的反击。早在1844年赫斯就已同卢格决裂了，后者把共产主义称为"可怕的犹太人的灵魂"。

1847年10月，赫斯参加了共产主义者同盟在巴黎举行的关于共产主义信条的讨论，并在会上作了发言，恩格斯称其为"绝妙的教义问答修正稿"①。赫斯表述的观点部分地包含在他于10月和11月在《德意志—布鲁塞尔报》上连载的《无产阶级革命的成果》一文中。

在该文中，赫斯表达了无产阶级赢得政权以后"由工人阶级建立权威的集权管理"的思想。② 但赫斯对无产阶级和资产阶级之间的斗争作了不同于马克思的阐述。特别是在无产阶级革命是否在德国提到议事日程问题上，他持同马克思完全相反的态度。赫斯确信，即将到来的德国革命将是无产阶级革命；马克思则认为，德国无产阶级革命暂时还没有提到日程。只有当资本主义经济获得充分发展以后，胜利的无产阶级革命才是有可能的。但是资产阶级革命是无产阶级革命的前提条件，对无产阶级也是有益的。

赫斯这篇文章似乎成了他和马克思决裂的导火线。在文章发表不久，恩格斯就从巴黎写信给马克思，要求他采取行动制止赫斯的"流言"③。

1848年1月14日恩格斯再次致信马克思，希望马克思在《布鲁塞

---

① 《马克思恩格斯全集》第1版第27卷第114页。
② 霍·拉德马赫编：《莫泽斯·赫斯文选》1981年威斯巴登版第25页。
③ 《马克思恩格斯全集》第1版第27卷第120页。

尔报》抨击赫斯。① 在《共产党宣言》中，马克思恩格斯认为赫斯的"真正的"社会主义的根本错误在于，它照搬了法国社会主义的文学表述，却忘记了法国批判赖以建立的具有相应的物质生活条件和政治结构的现代市民社会前提。因此，它是法国批判的可怜回声，代表德国小市民的利益。② 由于他们的批判，赫斯未能进入布鲁塞尔的同盟大会管理机构和参加该同盟的代表大会。

从1850年3月底或4月初，在赫斯致俄国作家亚·赫尔岑的信中，可以看出当时赫斯对马克思所持的看法。赫斯向赫尔岑推荐马克思反对蒲鲁东的论著，并且附加了以下意见："相对您以及我的马克思的这种体现方式像用铁笔在矿石上刻出来的抹不掉的线条，而我们的体现方式至多不过像一幅在羊皮纸上绘出的干净图画……可惜，非常可惜，我们党的这个无可争议的天才人物的自我感情不仅满足于这种承认，而且显得要求一种个人的屈从，对此面对这个唯一者我至少将决不俯就！"③

1850年，共产主义者同盟分裂了。与维利希、沙佩尔及其追随者还坚信一种将迅速临近的革命相反，马克思认为由于1847年经济危机造成的精疲力竭，在最近的时间里不能期望一种新的革命了。因此，维利希、沙佩尔一伙另建了一个同盟。赫斯颠沛流离于巴黎、日内瓦、巴塞尔和斯特拉斯堡等城市之后，又重新回到日内瓦，他加入了维利希—沙佩尔集团。

1852年8月，他被逐出比利时，重新开始流浪生活。他从列日到了荷兰，然后又到了法国南部、马赛，最后又回到巴黎。

---

① 《马克思恩格斯全集》第1版第27卷第129页。
② 《马克思恩格斯选集》第1版第1卷第277—279页。
③ 埃·西尔伯纳尔：《莫泽斯·赫斯通信集》1959年蒙同版第256页。

这种动荡不安的生活并没有中断赫斯的学习和研究。出于一种盲人想见天日般的渴望，他又开始对自然科学进行了探讨。他努力研究数学，潜心研究物理学、化学和地质学，尤其是天文学。1853年到1854年冬，他听取了多学科的自然科学讲座，同时为巴黎和汉堡等地的杂志撰稿。他试图通过这种自然科学的研究，揭示宇宙、社会和有机体内部的共同和谐或规律性。这种学习和研究大约持续了三年之久。

50年代末，赫斯被意大利政局的发展完全吸引了。拿破仑三世支持意大利国家元首反对奥地利旧政权。赫斯看到，被延缓的革命能够以国家统一的民族斗争名义获得发展。意大利战争开始时，他作为巴黎的通讯员写了大量有关意大利的通讯。他甚至还尝试直接同拿破仑三世进行对话。

意大利战争也促使赫斯进一步深入思考民族和种族问题。这个问题是和赫斯有着天然联系而又一直在他头脑中萦绕的。1860年下半年，他开始写作《罗马和耶路撒冷》。这部著作于1862年6月在莱比锡出版。该书大部分由信件组成。在这些书信里，赫斯为犹太人的社会未来图景提供了一个社会民主的框架。统一、解放和自我发展的思想构成了该书的出发点。它们后来被视为具有完整社会民主内容的社会主义犹太复国主义的基础。

《罗马和耶路撒冷》被看作"赫斯的最成熟、最辉煌的著作"①。40年后赫茨尔在他的日记中称赞说："从斯宾诺莎以来犹太民族再没有创造出比这位被忘记的、失去光泽的莫泽斯·赫斯更伟大的英才！"②

---

① 霍·拉德马赫编：《莫泽斯·赫斯》1981年威斯巴登版第38页。
② 《赫茨尔日记》，转引自埃·西尔伯纳尔：《莫泽斯·赫斯。他的生活史》1966年莱顿版第443页注释。

1863年5月23日，拉萨尔的全德工人联合会在莱比锡建立，已返回普鲁士的赫斯被委任为联合会驻科隆的全权代表。他同拉萨尔很可能是两年前在伦敦就结识了。此后，赫斯致力于联合会的宣传活动，并出版了《工作的权力》（1863）和《关于社会经济的改革》（1863）等小册子。

该年年底，他再迁巴黎。次年，他发表了《关于以色列使命的信》，并开始为全德工人联合会机关报《社会民主党人报》撰稿。

但是，赫斯同联合会的关系只维持了四年多。1867年初，由于联合会依附于俾斯麦强加给人们的议会，并且在《通过联合走向自由》（1866年11月）的爱尔福特纲领中放弃了工人运动的国际主义原则，赫斯反转过来反对该联合会主席施魏策尔。1月，他拒绝了作刚组成的北德议会的候选人。一个月后，他发表了《有关德国问题的最后的话》，并退出了联合会。

同施魏策尔决裂后不久，赫斯加入了国际工人协会，并成为该会在瑞士成立的德语区支部的核心成员。

1868年9月，他作为巴塞尔和科隆支部的代表，参加了在布鲁塞尔举行的协会第三次代表大会。在这次会上，他作了反对蒲鲁东主义者的、"最精彩"的演说①，并对施策魏尔进行了抨击。与他早时的看法相反，他现在相信，拉萨尔主义已完全过时。他选择了李卜克内西和倍倍尔的党派——社会民主工党的方向，并把这个党的组成（1869年8月）说成是"欧洲民主的一件幸事"②。

在此期间，马克思的《资本论》第一卷出版了。尽管赫斯曾对马

---

① 见《马克思恩格斯全集》第1版第32卷第143页。
② 赫斯遗稿，转引自《莫泽斯·赫斯。他的生活史》第585页。

克思的《政治经济学批判》进行过指摘，认为它"患了黑格尔哲学的原罪"①，但他对《资本论》却给予很高评价。他认为，这部著作"体现了国民经济学的革命"②，"它是人们想往的一切：一部重要的、革命的、民主和社会主义的，但首先是深刻哲学性的著作"③。在布鲁塞尔代表大会上，他热情地向巴塞尔支部的代表推荐这部著作，甚至还打算承担这部著作的法文本翻译工作。

次年9月，赫斯又作为柏林支部的代表参加了协会的第四次代表大会。他同李卜克内西等人一起被选入大会书记处。在这次代表大会上，赫斯赞同马克思在以总委员会名义提交大会的决议稿中提出的一般地扬弃私有财产因而特殊地废除财产继承权是多余的观点，而反对巴枯宁等人赞同的关于废除财产继承权的要求。

该次代表大会结束后，赫斯开始担任社会民主工党机关报《人民国家报》的通讯员。该报次年3月19日起开始连载他的文章《社会革命》。在这篇文章中，赫斯对无产阶级的任务进行了概括和综述，指出实现这些任务的最重要手段是革命。同时，他还认为，单靠工人阶级自己是不能取得胜利的，他们需要"中间阶级"的援助。赫斯还对马克思的贡献作了这样的评价："达尔文对于自然经济学发现的东西，马克思在社会经济学方面也发现了。揭示自然和历史中的发展规律并把这一规律追溯到生存斗争，是这两位研究者的伟大功绩。借此，人类的大脑被从溺爱人类心愿和错误判断铁的必然性规律的宗教和社会空想中解放

---

① 赫斯遗稿，转引自《莫泽斯·赫斯。他的生活史》第555页。
② 赫斯遗稿，转引自《莫泽斯·赫斯。他的生活史》第564页。
③ 赫斯遗稿，转引自《莫泽斯·赫斯。他的生活史》第564页注释3。

出来了。"①

1870年7月19日德法战争爆发，赫斯被逐出巴黎。他和他的妻子一同来到他所熟悉的布鲁塞尔，直到巴黎公社失败后才重返故地。间断多年以后，他在晚年再次转向了自然科学的研究。

宇宙、社会和有机体的规律性的统一重新成为他的研究课题。与达尔文根据有机体为发展学说提供了科学证明相类似，赫斯想根据宇宙和社会为发展学说提供同样的证据。② 1873年夏，赫斯结束了他的自然科学著作第一卷。他把这部著作冠以《动力的物质学说》的标题。作者逝世后，该书才获出版。马克思就这部著作写信给作者的妻子，认为"这部著作具有很大的科学价值，它给我们党带来了荣誉"③。

赫斯生前最后两年几乎一直患病。他逝世于1875年4月6日。按照死者的生前愿望，他的遗体被安葬在科隆附近多伊茨犹太人公墓他的双亲墓地旁。1961年10月9日其尸骨被移往耶路撒冷。

---

① 载于1870年8月27日《人民国家报》。
② 参看赫斯：《社会人道主义的历史性》，载于沃·门克：《关于赫斯研究的新资料》第80页。
③ 埃·西尔伯纳尔：《莫泽斯·赫斯通信集》1959年蒙同版第642页。

马克思恩格斯和巴·瓦·安年柯夫[*]

〔苏〕И.И.科诺别耶夫斯卡娅　В.А.斯米尔诺娃

一

马克思恩格斯与19世纪40年代俄国先进的政治家和社会活动家的相互关系，科学共产主义奠基人的思想在这个年代渗入俄国的历史，不止一次地成为历史学和文艺学的主要研究对象。马克思同俄国的著名著作家、批评家、普希金著作的俄国第一个科学出版者巴维尔·瓦西里耶维奇·安年柯夫的相互关系的历史，已广为人知。这些材料来源于现存的马克思同安年柯夫的通信和安年柯夫的回忆录《美妙的十年》，它们不止一次地用俄文出版。1846年12月28日马克思的一封关于蒲鲁东的著名的书信正是写给安年柯夫的。这封信早已成为选入的马克思思想宝库的珍品。

19世纪40年代认识马克思或与马克思通信（赫尔岑）的所有活动家中，对马克思个人及其活动评价最客观和最正确的要数安年柯夫。安年柯夫始终把马克思同其他西欧社会思想著名代表人物加以区别。他认

---

[*] 本文选自《马列主义研究资料》1989年第1辑。

为，马克思是"权威的、优秀的和起决定影响的人物"，他是"拉萨尔的老师"和"国际协会的领袖"。①

在谈到马克思和巴枯宁之间的不可调和的敌对关系时，他决不支持巴枯宁，虽然他们是朋友。只是在1848年革命初期，正当无产阶级革命家和小资产阶级民主主义者之间就革命行动的目的和方法问题展开的政治斗争尖锐化的时候，安年柯夫曾经对马克思说过一次非善意的话。他终生怀着对马克思的崇敬心情。这在19世纪40年代他致马克思的信以及70年代的回忆和私人通信中可以明显地看出来。②

在俄国和苏联的著作中，安年柯夫本人，他的政治观点和他同赫尔岑的分歧，不止一次地遭到人们（其中也包括彼·拉·拉甫罗夫③和格·瓦·普列汉诺夫④）严厉的和公正的批评。

无疑，这些批评中的许多意见是公正的，但是人们没有理由不提出关于科学共产主义创始人对安年柯夫及其著作的影响问题。

1912年，Д. B. 梁赞诺夫首先在《卡尔·马克思和40年代的俄国人》一文中谈到安年柯夫和马克思的相互关系。⑤

梁赞诺夫的这篇文章的价值在于，他首先援引了安年柯夫1846—1847年间致马克思的书信并叙述了他们相识的经过。但是，他根据对

---

① 《文学回忆录》1960年莫斯科版第318、301页。

② 见《安年柯夫在致M. M. 斯塔修列维奇的信中对马克思的评述》，载于《M. M. 斯塔修列维奇和他的同时代人之间的通信》1912年圣彼得堡版第3卷第352页。

③ 彼·拉甫罗夫：《40年代的俄国旅行者》，载于《事业》1877年第8期。

④ 《普列汉诺夫哲学著作选集》1958年莫斯科版第4卷第592页。

⑤ 《当代世界》1912年第8—12期。

介绍安年柯夫认识马克思的 Г. М. 托尔斯泰①本人不符合实际的成见，对安年柯夫本人及其活动和他同马克思相互来往的经过作了带有偏见的叙述。

"50 年代的无聊批评者"，在《俄国通报》和《欧洲通报》上发表"温情脉脉的文章"的"软弱的人"的辩护者，值得怀疑的普希金研究者，科学的普希金学早已把他写的有关普希金的著作变成需要验证的"一大堆材料"，他写的回忆录大有问题，其中只有许多"历史学者才感兴趣的鸡毛蒜皮的东西"②——梁赞诺夫就是这样绝对地、毫无根据地、主观地评价安年柯夫的。梁赞诺夫把安年柯夫也看作是俄国思想界"爱吃甜食的人"，他利用安年柯夫致马克思的信只不过是为了作讽刺性的注解。

梁赞诺夫引导读者作出的结论，30 年后 Д. О. 扎斯拉夫斯基在《关于别林斯基的政治遗嘱问题》一文中提出来了："安年柯夫读过马克思著作，给马克思写过信，在马克思家里做过客，——但完全不理解马克思，他对马克思来说完全是格格不入的。"③

梁赞诺夫和扎斯拉夫斯基的判决是有许多理由的，部分理由是安年柯夫本人的言论。他回忆马克思论蒲鲁东的书信给予他的印象时写道："我承认，当时许多人也和我一样，不相信马克思的揭露性的书信，因为我和多数读者一起被蒲鲁东著作的激奋之情和辩证逻辑迷住了。"④

但是，除了梁赞诺夫和扎斯拉夫斯基所持的观点之外，关于马克思

---

① 《文学遗产》第 49—50 期第 365—366 页。

② В. Д. 梁赞诺夫：《卡尔·马克思和 40 年代的俄国人。马克思主义史概论》1928 年莫斯科版第 2 卷第 86—87 页。

③ 《文学遗产》第 55 卷第 66 页。

④ 《文学遗产》第 55 卷第 306 页。

的观点影响安年柯夫的可能性，在苏联著作界还有 П. И. 萨库林所持的另一种看法。

萨库林认真地分析了《国外来信》《巴黎书简》，深思熟虑地考察了作者个人情况，并得出结论说："安年柯夫本人结识马克思，不是单纯由于受了好奇心和虚荣心的影响，而是出于更贴近地考察当时日益具有重大意义的社会运动的愿望，而马克思在这个运动中的作用日益引人注目。"① 他接着指出，马克思和安年柯夫相互来往的经过的全部事实，"能使人们认为，我们的旅行者给马克思留下非常好的印象"②，而且他了解到，"他面对的不单纯是幅员辽阔的俄国，而是一个对西欧生活的社会现象中有真知灼见的俄国知识分子，一个值得推心置腹的人"③。萨库林没有把揭示马克思对安年柯夫观点的影响作为自己的任务，然而他认为，安年柯夫由于了解1848年革命和19世纪40年代欧洲生活现实，完全可能成为马克思的密友。萨库林写道："既不是蒲鲁东主义者又不是马克思主义者的安年柯夫，在40年代对《贫困的哲学》和《哲学的贫困》两位作者的思想极感兴趣。马克思思想的科学的现实主义和严格的历史主义博得他的好感。"④

虽然马克思和安年柯夫的相互关系尚未成为专门的研究对象，但是萨库林的观点是最坚实的，并在20世纪60年代苏联著作研究中得到了发展。

В. И. 库列绍夫高度评价安年柯夫的作用，把他看作是欧洲哲学、

---

① 萨库林：《俄国文学和社会主义》1924年莫斯科版第1册第251页。
② 萨库林：《俄国文学和社会主义》1924年莫斯科版第1册第252页。
③ 萨库林：《俄国文学和社会主义》1924年莫斯科版第1册第254页。
④ 萨库林：《俄国文学和社会主义》1924年莫斯科版第1册第265页。

经济学和美学的一切新思想的"熟练的情报员",他指出,结识马克思使他能够在许多方面提供这样的情报。①

B.C.涅恰耶娃很重视作为《祖国纪事》和《同时代人》的通讯员的安年柯夫。她分析了安年柯夫的《巴黎书简》、1847年他同果戈理的通信、在扎尔茨布龙同别林斯基和屠格涅夫的交往、1847年夏天同别林斯基的欧洲之行、安年柯夫在巴黎发生的关于资产阶级在历史进程的作用的辩论(当时别林斯基在巴黎)中所持的立场,并得出如下的结论:安年柯夫才华出众,他对当时的一切政治和社会问题了如指掌。还应指出,涅恰耶娃首先注意到安年柯夫在《巴黎书简》中所作的个别判断接近于19世纪40年代末恩格斯在文章中提出的论点。②

1968年B.Ф.叶戈洛夫的研究成果《巴·瓦·安年柯夫——19世纪40至50年代的著作家和批评家》问世。作者根据对《巴黎书简》的分析,不仅指出了马克思对安年柯夫关于蒲鲁东:《经济矛盾的体系,或贫困的哲学》一书的观点有影响,而且得出了更为深刻的结论:"人们可以想象,马克思的总的方法论(研究社会运动历史规律把个别事实引入总的社会经济结构和用一般解释个别)对安年柯夫的思维也产生了某些影响。"③

在本书(《巴黎书简》——译者)中发表安年柯夫的著作和手稿,再次使人们有可能回到科学共产主义创始人的观点对安年柯夫的概念和

---

① 库列绍夫:《19世纪(上半期)俄国和西欧的文学联系》1965年莫斯科版第93页。

② B.C.涅恰耶娃:《维·格·别林斯基。生平和创作(1842—1848)》1967年莫斯科版第373页。

③ 《俄国和斯拉夫语文学著作。第11卷。文艺学》1968年塔尔图版第59—60页。

观念的影响这一问题上来。为了研究这个问题，除了《国外来信》《巴黎书简》和本书中第一次发表的《游记》《1848年法国革命札记》和《1848年巴黎的二月和三月》特写以外，马克思和安年柯夫全部保存下来的书信也引人注目。这些书信实际上没有人研究过。①

在研究马克思和恩格斯世界观对安年柯夫关于西欧现实的某些方面的观念的影响时，不能直线式地对待这个问题和在这位俄国作者的著作中寻找真正的马克思思想。马克思和恩格斯的观点不是直接在安年柯夫观念中表现出来，而是在这位作者对他在欧洲所目睹的那些事件的理解上留下极重要的痕迹。同时还应记住，这些观念不仅在马克思和恩格斯观点的作用下，而且也是在各种不同因素的影响下形成的。例如，安年柯夫的同胞，特别是赫尔岑和巴枯宁对他的影响，是不容争辩的。此外，安年柯夫本人在作出自己的结论和判断时有充分的自主性。19世纪50年代俄国革命形势的成熟，围绕废除农奴制的争论，在某种程度上也在他的观点中得到反映。

还必须提到的是，在研究当中要注意的是作者对事件和思想的理解，而不是他同这些事件和思想的关系。后者无疑是非常重要的，而正是这个问题已经不止一次在著作中讨论过，无需赘述。

从该文提出的问题来看，应把安年柯夫的活动分为三个时期来加以考察。

第一个时期是19世纪40年代上半期。当时安年柯夫和马克思恩格

---

① 马克思致安年柯夫的两封信（1846年12月28日和1847年12月9日）保存了下来；此外，据可靠消息，还有3封信（1846年5月27日、9月和10月初），1846—1847年安年柯夫致马克思的6封信收入《卡·马克思弗·恩格斯和革命的俄国》1867年莫斯科版第127—146页。

斯之间没有任何接触。这时安年柯夫是个初出茅庐的著作家,《国外来信》《游记》(未曾发表)的作者,别林斯基的朋友。

第二个时期是19世纪40年代下半期。安年柯夫已是19世纪40年代俄国社会运动和创作运动的积极参加者,不仅是别林斯基的朋友,而且也是赫尔岑和许多西欧主义者的朋友。他是19世纪40年代俄国政论作品中优秀著作之一《巴黎书简》的作者,是不准备出版的《1848年法国革命札记》的作者。正是在这些年里,安年柯夫和马克思恩格斯进行了个人会晤,并和马克思通信。

第三个时期是19世纪50年代末和60年代初,俄国第一次革命高潮时期。在这些年里,安年柯夫积极参加俄国创作运动,写过许多关于俄国当代著作的评论文章,关于俄国作家的出色的研究、著作,《亚·谢·普希金传记资料》。《传记资料》收入《普希金全集》学术第一版第一卷。他就是《普希金全集》学术第一版的出版者。

在这些年里,安年柯夫继续保持同赫尔岑和奥加廖夫的友谊,保持同所有的俄国大作家,特别是屠格涅夫和列·托尔斯泰的友谊;安年柯夫积极为俄国许多主要杂志《同时代人》《阿泰纳奥斯》《读者丛书》撰稿。他是至今存在的著作基金会的组织者和筹备者之一。

二

在考察安年柯夫的政治活动的第一个时期时应着重指出,他的关于西欧现实、社会思想和社会过程的观念形成的条件某种程度上是同科学共产主义创始人的世界观形成的条件相同的。自然,这里无论如何不能画等号。马克思和恩格斯对社会政治现实和先前的人类思想史的因素的理解,甚至在他们当时经历的革命民主主义阶段,也无论如何不能同安年柯夫的知识相比。但是,下述事实值得注意。安年柯夫和恩格斯几乎同时都住在同一些国家和城市。1841年夏天,恩格斯离开故乡巴门,游览了瑞士和伦巴第,9月到柏林服兵役。安年柯夫于1840年10月离开俄国,1841年1月到柏林,3月到维也纳,1841年夏天和恩格斯一样,游览了意大利,1842年到瑞士。

1842年恩格斯去英国,在那里待到1843年。1843年夏天,安年柯夫也到达那里。

在欧洲安年柯夫和恩格斯经常阅读同一些著作,观看同一些戏剧,欣赏同一些音乐家的演出,而他们对欧洲艺术的这些表现的看法有时也是相同的:他们赞美亨·海涅的诗、称赞格利巴策尔的喜剧、Γ·格律恩和弗·吕凯特的诗作。①

关于他旅欧的印象,恩格斯为德国和英国的报纸写了随笔、通讯和书信。安年柯夫也写过同一类作品。恩格斯的《乌培河谷的来信》(1839年)从写作手法和结论来看,同安年柯夫《游记》中的关于欧洲城市札记有某些近似之处。

恩格斯和安年柯夫关于19世纪40年代欧洲社会政治生活的见解也有一些相似。恩格斯在《乌培河谷的来信》中,安年柯夫在《游记》的《柏林》札记中都严厉斥责普鲁士制度。在英国安年柯夫和恩格斯都对深刻的社会矛盾感到吃惊。他们一方面指出英国工业的飞速发展,另一方面指出贫穷阶级的赤贫化。1842年12月,恩格斯为《莱茵报》撰写了《英国工人阶级状况》一文。他在文中谈到英国失业现象的增长和宪章派,而在1843年5—6月为《瑞士共和主义者》杂志撰写了《伦敦来信》一文。他在文中除了其他问题之外还谈到爱尔兰的取消英

---

① 见《马克思恩格斯论艺术》1976年莫斯科版第418、420、432页。

爱合并运动。安年柯夫在自己的札记《在英国》中报道了爱尔兰贫民的状况和丹·奥康埚尔领导下的爱尔兰抗议运动的发展。

1843年秋天，恩格斯在为美国报纸《新道德世界》撰写的《大陆上社会改革运动的进展》一文中写道："……欧洲三个文明大国——英国、法国和德国——都得出了这样的结论：在集体所有制的基础上来改变社会结构的那种急剧的革命，现在已经是急不可待和不可避免的了。"他强调指出上述的每个国家将单独地得出共产主义思想："英国人由于国内贫困和道德败坏的现象的迅速加剧，他们通过实践达到这个学说；法国人是通过政治……德国人则是通过哲学……而成为共产主义者的。"①

安年柯夫的见解是由另一种立场决定的。但是他也像恩格斯一样，在《国外来信》和《游记》中谈到19世纪40年代初席卷法国、德国和英国的解放运动的高涨，他把这个运动称为争取在平等和正义的原则上改造社会的运动。② 同时，他几乎"按照恩格斯的样子"描述了法国、德国和英国的这一运动的民族特点。③

见解之所以如此相似，是因为安年柯夫是一个细心的和善于思索的观察者，他能够看出英国、法国和德国的社会思想发展的主要差别。同时还应指出一个事实：恩格斯的观点直到1844年仍未超出革命民主主义的范围。

但是，关于恩格斯的某些文章，人们有某种理由说，这些文章对安年柯夫的通讯产生了影响。这首先是恩格斯关于谢林的文章。

---

① 《马克思恩格斯全集》第1版第1卷第575—576页。
② 安年柯夫：《巴黎书简》1983年莫斯科版第43、45、73页。
③ 安年柯夫：《巴黎书简》1983年莫斯科版第45、250、450页。

1841年秋天，恩格斯在柏林大学听谢林的讲座。谢林是19世纪40年代初所谓青年黑格尔派所代表的黑格尔哲学进步的一翼的不可调和的敌人。安年柯夫在讲座开始以前离开了柏林，但他已经知道了准备中的谢林讲演。

恩格斯写了三篇文章批评谢林：《谢林论黑格尔》(1841年12月发表于《德意志电讯》，署名弗里德里希·奥斯渥特) 和两篇匿名文章《谢林和启示》(1842年3月) 和《谢林——基督哲学家，或世俗智慧变为上帝智慧》(1843年5月)。他在这三篇文章中把谢林的讲演看成是"反动派扼杀自由哲学的最新企图"①。

В.Ф.奥多耶夫斯基把恩格斯的小册子《谢林和启示》带到俄国。别林斯基小组的人都知道这篇文章，В.П.波特金在1843年1月号《祖国纪事》上发表的德国著作简评中摘录了这个小册子。②

也许是安年柯夫的旅伴М.И.卡特科夫使他对这些问题产生兴趣。卡特科夫像恩格斯一样，1841年11月15日在柏林大学听过谢林的第一次讲座。无论如何，从安年柯夫12封国外来信中可以看出，安年柯夫已经知道了恩格斯的这三篇著作中的一篇，也就是他的小册子《谢林和启示》(见12封国外来信的第21、23、25注)。

还可以假定，他读过恩格斯的文章：《恩斯特·莫里茨·阿伦特》(1841年载于《德意志电讯》) 和《评亚历山大·荣克的〈德国现代文学讲义〉》(1842年7月载于《德国年鉴和艺术年鉴》，署名：奥斯渥

---

① 《马克思恩格斯全集》第41卷第206页。
② В.舒尔金：《40年代至70年代俄国合法报刊上的恩格斯》，载于《历史杂志》1940年8月号第25页；并见А.С.尼丰托夫：《1848年的俄国》1949年莫斯科版第17页。

特)。波特金为了给《祖国纪事》撰写德国著作简评曾很留心德国刊物,他把恩格斯的后一篇文章用于1843年4月号杂志。所以,有一定理由假定,安年柯夫在显然是回国后写的《汉堡》随笔中所谈的关于"青年德意志"的见解,是受了恩格斯的文章的启发。当然,根据恩格斯和安年柯夫的个别观点的相似就说恩格斯对安年柯夫的第一批国外通讯有直接影响,则是没有根据的,虽然可以假定安年柯夫读过恩格斯的某些政论作品,尤其是他特别注意定期刊物,而定期刊物是《国外来信》的资料来源之一。

分析《国外来信》和《游记》后得出的主要结论应当是,1840年至1843年安年柯夫旅居西欧,熟悉欧洲许多国家的经济状况和政治制度、社会思想的基本倾向,特别是空想社会主义和小资产阶级激进主义的思潮,因而大大开阔了安年柯夫的眼界,同时使后来马克思和恩格斯对他的影响成为一种潜在的可能。

三

1846年安年柯夫再次出国。经过Γ.М.托尔斯泰的介绍,1846年3月安年柯夫开始结识马克思。他们在布鲁塞尔结识了。马克思邀请安年柯夫参加布鲁塞尔共产主义通讯委员会的会议。在他出席的这次会议上,对德国空想共产主义者威·魏特林进行了严厉的批判。马克思的论点给安年柯夫留下强烈的印象,尤其是马克思的为人使他倾倒,几十年后他在回忆录中提到这一点。①

马克思和安年柯夫的个人接触继续到1846年4月中旬。马克思把

---

① 《文学回忆录》第302—304页。

安年柯夫介绍给恩格斯。安年柯夫离开布鲁塞尔前往巴黎时,马克思给他写了一封介绍信,让他去见亨·海涅、奥·艾韦贝克和卡·贝尔奈斯。① 1846—1847年安年柯夫和马克思之间经常通信。安年柯夫写信给马克思,报告他在巴黎同马克思恩格斯认识的人相遇的情景,叙说在这些小组中争论的问题。他设法办理马克思委托的一些事情。1846年5月8日,他向布鲁塞尔写信说:"至于艾韦贝克,在这里不论是海尔维格,还是巴枯宁,谁也不知道他的住址,但是我希望很快打听到。近日内我打算去拜会深居简出的贝尔奈斯。"②

1846年6月2日安年柯夫在下面的一封信中向马克思报告说:

亲爱的马克思公民:

  我接到您5月27日的来信,马上通过艾韦贝克给贝尔奈斯寄去140法郎,因为意外的情况妨碍我亲自把钱寄给他。我希望仍有机会去探望沙尔塞利的邻居蒙莫朗西。③

  自然,同马克思和恩格斯的亲密交往对安年柯夫的第二批国外通讯、他的兴趣范围和见解的性质产生了众所周知的影响。

  安年柯夫在《巴黎书简》中描述了处于革命暴风雨前夕的法国首都巴黎的多方面的生活。他作为一个"悠闲的"观察者能够看到法国人民的各个阶层的生活方式和情绪。

  1847—1848年发表在《同时代人》上的《巴黎书简》成为俄国社会中的引人注目的东西。1847年3月20日波特金在寄往巴黎的信中说

---

① 《卡·马克思弗·恩格斯和革命的俄国》1867年莫斯科版第127—128页。
② 《卡·马克思弗·恩格斯和革命的俄国》1867年莫斯科版第128页。
③ 《卡·马克思弗·恩格斯和革命的俄国》1867年莫斯科版第128—129页。

道:"……您的信简直是杂志的珍宝;我认识许多人,他们一收到这本新杂志,首先阅读其中的您的信。"①

这样的证据非常重要,因为1847年3月杂志发行将近2000册。

看来,可以毫不夸张地说,马克思恩格斯使安年柯夫看到了无产阶级在市民社会中的真正地位,使他结识了无产阶级的先进代表。安年柯夫到巴黎后经过马克思的介绍,同一些工人小组,特别是同聚集在《联合会。工人通报》周围的工人建立了联系。②

1846年5月8日,安年柯夫在致马克思的信中说:"不久以前,我出席了《联合会》报工人编辑的会议。他们也交谈和争论,但是他们挤出睡眠时间来沉湎于这样一种智力的享受,而他们编辑的新的一号报纸永远是他们秘密辩论的最终成果。"③

安年柯夫从马克思和恩格斯那里得出一种明确的认识:研究社会必须采取科学的态度,他凭空臆造的改造社会的方案是实现不了的。因此,应注意安年柯夫对1848年革命前夕流行于西欧的社会主义学派的看法。这些流派也出现在《巴黎书简》中(例如,在第一篇文章中就对埃·卡贝和维·孔西得朗进行了严厉的和毫不留情的批判),由于祖国的西欧主义者和斯拉夫主义者在进行斗争,他在《美妙的十年》中关于这个问题谈得特别明确:"那时的欧洲社会主义还没有立足于实践的和科学的土壤,而暂时只是研究它随意描绘的社会生活的未来制度中类似的'幻想'的东西。尖锐地批判所有经济规章和现存的宗教的信仰和信念是这种社会主义内容的重要部分,这个批判成为它在社会思想

---

① 《安年柯夫和他的朋友》1892年圣彼得堡版第532页。
② 《马克思恩格斯全集》原文版第3部分第2卷第203页。
③ 《卡·马克思弗·恩格斯和革命的俄国》1867年莫斯科版第128页。

中为自己夺取地盘的方法,因为这个批判使它具有了明显的标志和战斗的性质。

"而且这种性质是用多么有力的语言表达出来的啊!除了蒲鲁东的臭名远扬的感叹:la propriété c'est le vol(财产就是盗窃——作者)和裁缝魏特林的颇为著名的格言'我们享有的只是自由劳动的一种形式——抢劫!'之外,还有当时年轻的社会主义的许多其他新的同样令人眼花缭乱和震耳欲聋的论题。社会主义的新信徒无须在这些论题上面下工夫。"①

安年柯夫在评价中强调所有这些社会主义的观点和体系的空想性质。把安年柯夫的这段回忆同他在那篇文章中对马克思严厉批判魏特林的1846年3月30日在布鲁塞尔委员会会议的描述加以比较,就能确定安年柯夫根据什么找出了这样的看法:"他尖酸刻薄的演说的实质在于,煽动民众,但并不给他们以任何可靠的、深思熟虑的行动根据,这完全是在欺骗他们。接着,马克思指出,现在所谈的这种激起人们虚幻的希望的做法,只会把受苦受难的人们引向最终的毁灭,而不能拯救他们。特别是在德国,如果不给工人以严格的科学思想和正确的学说,那无异于传教士们空洞而无耻的把戏……"②

安年柯夫在《巴黎书简》中根据法国生活、法国艺术的经验,指出某一社会集团的意识形态和它的经济状况之间的复杂依存关系。不能排除他是在马克思的影响下得出这个观点的。

他在《美妙的十年》中回忆同马克思交往的这一时期时写道:"马克思第一个谈到,国家形式,以及人们的全部社会生活及其道德、哲

---

① 《文学回忆录》1860年莫斯科版第272页。
② 《文学回忆录》1860年莫斯科版第303页。

学、艺术和科学只不过是人们经济关系的直接产物。"① 马克思在1846年12月28日致安年柯夫著名的信中恰恰是阐述了这一思想。

没有马克思的影响,安年柯夫关于法国艺术的见解也可能会改变。正如在《国外来信》中一样,法国文学渴望服务于社会利益并迎合社会情绪,现在已不使他窘迫了。他压制自己内心"对艺术性的追求",认为法国文学的社会性和时代性是法国文学的特殊功绩。并且安年柯夫研究了艺术家的艺术手法和艺术家反映其利益的那个阶级的趣味之间的一定依存关系。他以维·雨果和Γ·别尔利奥兹的作品为例阐述了这个论点。

马克思的影响在安年柯夫对待蒲鲁东的态度上表现得极为明显。蒲鲁东的思想在《经济矛盾的体系,或贫困的哲学》一书出版以后在相当可观的人当中赢得了崇信者。1846年11月1日,安年柯夫读了刚出版的蒲鲁东的著作以后,就写信给住在布鲁塞尔的马克思,信中说:"亲爱的马克思先生,非常抱歉,我几乎一个月没有给您复信。我是那样全神贯注地阅读蒲鲁东的书(《经济矛盾的体系》),以致几乎把自己该做的事全都忽略了。我希望知道您对本书的意见。作者关于神、天命、事实上不存在的那种精神和物质的对抗的思想非常混乱,但经济部分我觉得写得很有分量。从来还没有哪 本书能这样清楚地告诉我:文明不能拒绝它依靠分工、机器、竞争等而获得一切东西——这一切都是人类永远要争取到的东西。我看清了事情恶劣的一面(在蒲鲁东那里,这是很容易的),但因为他反对共产主义的同时又利用它的一个教条来解决困难,所以我不再相信它的药方了……正因如此,我才写信给您,以便弄清他的体系中未被发现的缺陷(如果有这种缺陷的话),总之,

---

① 《文学回忆录》1860年莫斯科版第305页。

希望弄清您对这本书的意见。老实说,在我看来,著作的结构本身只不过是一个观察了德国哲学一个角落的人的幻想的结果,因而并不是研究某一个题目及其逻辑发展的必然结果。"①

安年柯夫在这封信中表现出对蒲鲁东新作远非单一的态度。7天之后,即1846年11月8日安年柯夫寄自巴黎的第一封信中主要对这本著作作了肯定评价。他只顺便提到"作者的宗教动摇"。

安年柯夫的判断立即得到他的志同道合者的响应。波特金11月26日在寄给巴黎安年柯夫的信中写道:"……您的几句话给我指出了这本书的全部合理之处,光荣属于作者,他不再是社会学派的青年宣传者,看问题直率、果断。"②

于是,1846年12月28日马克思给安年柯夫写了著名的信。这封信引起收信人思想的慌乱。马克思的部分批判,安年柯夫是绝对接受的,1847年1月4日写的第二封巴黎书信就是明证。安年柯夫在这封信中的论点直接同马克思信中的如下一段话相呼应:"但是,蒲鲁东先生以其小资产者的温情(我指的是他关于家庭、关于夫妻爱情的空谈及其一切庸俗议论)跟社会主义的温情(这种温情在譬如傅立叶那里要比我们善良的蒲鲁东先生大言不惭的庸俗议论高深得多呢)相对立时,岂不是给自己造成一些奇怪的幻想?他本人感到自己的论据异常空洞,感到完全无力谈论这一切东西,甚至突然忘形地恼怒起来,表示高尚的激愤,嚎叫,发疯发狂,肆口谩骂,指天誓日,赌咒发誓,捶胸拍案,满口吹嘘他没有对社会主义的温情或他所视为温情的东西加以批评。他象一个圣徒,象一个教皇,无情地惩戒可怜的罪人,竭力颂扬小资产阶级以及

---

① 《卡·马克思弗·恩格斯和俄国革命》1867年莫斯科版第130页。
② 《安年柯夫和他的朋友》1892年圣彼得堡版第525页。

那种小气爱情的和宗法的家庭幻想。这并不是偶然的。蒲鲁东先生彻头彻尾是个小资产阶级的哲学家和经济学家。"①

正是马克思信中的这段话以及信中结尾处对蒲鲁东所谈的总的评价和马克思本人发表文章的计划,安年柯夫在自己的回忆文章中完整地加以引用,这不是偶然的。马克思对蒲鲁东的温情批判,在安年柯夫的第五封巴黎书信中得到反映——他对法国写生画的一个纵容资产阶级多愁善感的激情的流派进行了评价。

马克思关于人类社会发展的规律性、生产力和生产关系的相互关系、生产方式随着新的生产力的发展而必然改变、一定时代的生产形式(包括资产阶级生产方式在内)的历史暂时性等的论点,马克思对蒲鲁东经济范畴体系的批判,对蒲鲁东否认群众的革命实践活动的批判,在《巴黎书简》中没有得到直接反映。但是,这些论点和批判决没有被安年柯夫所忽视。1847年1月6日,他在致马克思的信中说道:"您对蒲鲁东著作的意见十分正确,十分鲜明,特别是坚持不脱离现实,因而对我起了真正的鼓舞作用……友好的声音,它使我们回到经济事实和历史**事实**上去,向我们说明了这些**事实**的比纯粹范畴和逻辑矛盾的杜撰的发展有意思得多的**实际**发展。这个友好的声音终于摧毁了脱离生活、历史和真正科学的体系的极端复杂的大厦的基础。这个声音完全值得我们感谢,因为它有治病的疗效。"②

这位俄国政治家面前出现了新问题。他在同一封信中继续写道:"……我承认蒲鲁东对经济进化进行分类是随心所欲的,他用理论压倒实践的方法是毫无根据的,反过来也一样(类似循环论的一种东西,效

---

① 《马克思恩格斯全集》第1版第27卷第487—488页。
② 《卡·马克思弗·恩格斯和俄国革命》1867年莫斯科版第142页。

果不好),但我还是不明白,他的著作的部分是否值得重视。他对官方经济学派的某些论点的严厉批判颇有说服力,凡是受到蒲鲁东攻击的人都十分了解这些论点的意义。例子可以信手拈来。例如,他对路易·勃朗学说的攻击,使人产生很深的印象,毫无疑问,其攻击将有助于使这一学说永远威信扫地。单单这一点就足以说明他的书对法国有用,但依我看来,他的贡献还要多。他敢于向那个在自己的革命理想中不超出1793年和罗伯斯庇尔体制的民族指出,在国家中居于独特地位的任何政府都是不道德的。所有这些和其他一些原因,造成了沉默抵制的受害者……因此,我得出结论,蒲鲁东的书虽然对经济思想的一般发展来说没多大意义,但它对法国资产阶级的政治、教育和倾向的论述仍不失其重要性。"①

接着,安年柯夫请求马克思给他解释共产主义学说某些原理的实质:"事实上,这对我有极重大的意义。"②

在马克思批评以后,与第一封巴黎书信以及1846年11月1日致马克思的信不同,安年柯夫否定了蒲鲁东"寻找财富借以正确地自我发展的规律"的主张,而他对这位法国政论家的书的"经济部分"已不再觉得"很有分量"了。他仍旧认为,该书的批判部分是蒲鲁东著作的优点。这个意见某种程度上是与马克思的话相吻合的。大家知道,马克思曾在致安年柯夫的信中说,他同意蒲鲁东对"社会主义温情"的批判。后来,安年柯夫谈到过蒲鲁东在1848年革命中的作用,他无论在《1848年法国革命纪事》还是在已发表的随笔《1848年巴黎的二月和三月》中都指出,蒲鲁东的《人民代表》一书的特点是:"观点新奇,

---

① 《卡·马克思弗·恩格斯和俄国革命》1867年莫斯科版第142—143页。
② 《卡·马克思弗·恩格斯和俄国革命》1867年莫斯科版第143页。

语言有力",全书"转向对革命的人们、原则和进程本身进行无情的谴责",按照安年柯夫的意见,这本书同时也是法国社会主义经济改造的乌托邦思想的来源之一。①

和马克思的通信,使安年柯夫弄清了蒲鲁东与共产主义思想拥护者分歧的实质。在最后一封巴黎书信中,安年柯夫分析了发表在《两大陆评论》上的沙·鲁安达尔的文章《论法国十五年(1830—1845)以来的精神生产》,批判了鲁安达尔提出的法国作家政治和经济观点分类法。安年柯夫提出了自己的分类法,这个方法反映了马克思对蒲鲁东在法国社会思想中的特殊作用的评价:"……蒲鲁东先生的功绩就在于他作了法国小资产阶级的科学表达者,这是真正的功绩,因为小资产阶级将是未来的一切社会革命的组成部分。"②

安年柯夫直接借用了马克思对蒲鲁东的折衷主义方法所作的批判,例如,他在分析柏纳尔的《十九世纪的民主》时就是如此。安年柯夫还把这一批评运用于许多要求解决社会问题的出版物上,应用于充斥法国和德国的书市和俄国出国旅行者渴望看到的那些小册子和抨击性文章上。

安年柯夫知道马克思在写批评蒲鲁东这本书的著作,该著作出版后他急于从马克思那里弄到一本带有亲笔题字的书。我们从1847年11月1日海尔维格致马克思的信中找到了有趣味的证据:"看来,安年柯夫多少有些不愉快,因为你没有把你的书寄给他。如果你有书,就寄给他,让他高兴。"③

---

① 安年柯夫:《回忆和评论》1877年圣彼得堡版第1部分第319、321页。
② 《马克思恩格斯全集》第1版第27卷第488页。
③ 《马克思恩格斯全集》原文版第3部分第2卷第372页。

根据1846年12月8日安年柯夫致马克思的信来判断，他没有收到所盼望的书。他怀着某种遗憾的心情给布鲁塞尔方面写信说："我手头还没有您写的关于蒲鲁东及其学说的小册子，因为据我所知，巴黎唯有的一本是海尔维格的，正在传阅。轮到我看时，我要很仔细地阅读一遍。"①

后来，安年柯夫在我们都知道的关于蒲鲁东的回忆录中，对蒲鲁东的评价是相当客观的，再也没有达到第一封巴黎书信中所表现的热烈程度。

安年柯夫在《美妙的十年》中对马克思1846年12月28日写给他的信作了最充分的肯定："……关于蒲鲁东的《经济矛盾的体系》这本名著，马克思用法文给我写了一封长信，陈述了他对蒲鲁东理论的看法。这封信写得非常好：

"它以其两个特点超越了写信的时代——一个是对蒲鲁东论点的批判完全预料到了后来对这些论点提出的一切反对意见；另一个是提出了对各国人民的经济史的意义的新观点。马克思第一个指出，国家形式以及各国人民的整个社会生活同他们的道德、哲学、艺术和科学不过是人们之间的经济关系的直接结果，并且随着经济关系的变革而发生变化，甚至完全废除。问题在于：要懂得和把握住那些会引起具有如此巨大后果的人们经济关系变革的规律。蒲鲁东把一些经济现象同另一些彼此任意结合的、根据**历史的证据**根本不是一个从另一个之中产生的经济现象对立起来，在蒲鲁东的自相矛盾中，马克思只看到作者的一种倾向：把资产阶级不喜欢的现代经济制度的事实上升为黑格尔的不得罪人的抽象概念，上升为事物本性似乎所固有的规律，使资产阶级的良心得以解

---

① 《卡·马克思弗·恩格斯和俄国革命》1867年莫斯科版第144—145页。

脱。根据这一点,他把蒲鲁东斥之为彻头彻尾的社会主义神学家和**小资产者**。"①

上面援引的片断使人毫不怀疑,在致安年柯夫的信中对蒲鲁东的批判和所叙述的历史唯物主义的某些论点,一定程度上已被马克思的通信者所理解和掌握。他的手稿《1848年法国革命纪事》也证实了这一点。对这篇手稿将在下面进行分析。

马克思和恩格斯的观点不仅在这位俄国著作家对蒲鲁东的评价上有影响,而且在他对当时现实的比较广泛的看法上也有影响。因此应考察一下恩格斯对安年柯夫的《巴黎书简》的影响问题。安年柯夫住在巴黎时,恩格斯也在那里住过。恩格斯从1846年8月15日至1848年1月底被逐出法国首都为止,断断续续地逗留在巴黎。很难设想,在这个时期里他们既然都有同样的熟人(艾韦贝克、贝尔奈斯、萨宗诺夫、海尔维格以及其他人),竟会彼此未曾见过一面。况且,根据1847年5月20日以后贝尔奈斯从萨塞尔寄给在布鲁塞尔的马克思的信中所间接提到的事情可以断定,这时恩格斯和安年柯夫之间已有了直接的交往。②

安年柯夫可能看到过马克思战友的政论文章。恩格斯当时为巴黎《改革报》、宪章派机关报《北极星报》和《德意志—普鲁士日报》(从1847年9月起马克思实际上是这家报纸的编辑)撰稿。后两种报纸巴黎的正义者同盟组织可以收到。安年柯夫完全能够看到,并且能从英文和德文阅读。看来,恩格斯发表在《北极星报》上的《法国的政府和反对派》《基佐的穷途末日。法国资产阶级的现状》以及其他文章,对他写作《巴黎书简》有所帮助。

---

① 《文学回忆录》1960年莫斯科版第304—305页。
② 《马克思恩格斯全集》原文版第3部分第2卷第337页。

恩格斯关于法国的第一篇文章于1846年9月发表在《北极星报》上，标题是《法国政府和反对派》。该文对由金融生意人组成的新众议院，对由Ж.德恩威尔针对路特希尔德公司抨击性小册子的出版和其他事件而在法国刊物展开的争论作了评价。

两个月以后，安年柯夫于1846年11月4日和波特金同游伦巴第返回巴黎之后写了自己的第一篇文章。有趣的是，他写书信所根据的事实，正是恩格斯《法国的政府和反对派》一文内容所分析和评价的那些事实（见第一封巴黎书信的第1注和第2注）。可以假定，在选择事实方面的这种一致具有偶然性。但是，分析一下安年柯夫下述几封巴黎书信就不得不对此表示怀疑。

安年柯夫在详细研究前面提到的Ш.路安德尔的文章《法国十五年（1830—1845）以来的精神生产》时，揭示了七月王朝近15年来国内政策的性质和特点。安年柯夫在这个问题上的观点同恩格斯所谈的意见是相呼应的。恩格斯写道："1830年革命以后法国资产阶级既已取得完全的统治，这个统治阶级就只有**逐渐地走向灭亡**。它也正是这样做的。资产阶级没有向前进，它不得不倒退了，它限制出版自由，取消集会结社的自由，颁布各种各样的特别法以便压制工人。最近几个星期以来所揭发的丑闻十分明显地证明，在法国，统治的资产阶级已经彻底地老朽'无用'了。"①

看来，安年柯夫也没有对恩格斯为《北极星报》撰写的文章《法国的改革运动》置之不理。该文的影响，不是出现在《巴黎书简》里，而是在随笔《1848年巴黎的二月和三月》里。这篇随笔恰恰是从详细分析这个运动开始的。安年柯夫对运动性质的解释，同恩格斯的解释和

---

① 《马克思恩格斯全集》第1版第4卷第205页。

描述是一致的。

阅读恩格斯的文章，可能帮助安年柯夫更深刻理解了整个七月王朝的性质，承认法国资产阶级内部存在一些社会集团，这一点不只是在《巴黎书简》中，而且在关于资产阶级的争论中都有所反映。这场争论是在1847年8月别林斯基逗留巴黎时由于赫尔岑《马里尼林荫大道来信》的发表而在别林斯基和赫尔岑小组中发生的，后来在私人通信和《同时代人》上继续进行。这场争论和双方的立场在著作界是非常清楚的。

安年柯夫在《纪事》的头几页上对法国工人和他们为争取自己的权利斗争到底的决心所作的评述，同恩格斯在《法国的改革运动》一文中对法国工人的评述几乎一字不差："……一旦人民和政府之间的冲突成为不可避免，他们就会立刻出现在大街和广场上，挖断马路，把公共马车、运货马车和载客马车放倒横在街上，把每一条通路堵死，把每一条小巷变成一座堡垒，并且从巴士底广场突破一切障碍直向杜伊勒里宫前进。"①

在这个时期，安年柯夫的许多见解同恩格斯的某些观点接近，当然是由总的事件进程、所使用的资料决定的；例如，安年柯夫对有关拥护和反对禁止关税争论的蛊惑性质的见解，接近恩格斯1847年6—10月写的《经济学会议》《讨论自由贸易问题的布鲁塞尔会议》《保护关税还是自由贸易制度》等文章，而安年柯夫是1847年1月在第二封信中写到这个问题的，但是仍不应排除恩格斯对安年柯夫的直接影响的事实。

通过全部《巴黎书简》清楚地反映出对社会问题的兴趣，安年柯

---

① 《马克思恩格斯全集》第1版第4卷第402页。

夫特别重视作为独立社会力量的工人阶级。安年柯夫在第四封信中叙述围绕贸易自由问题的争论时谈到无产阶级的独特立场。他认为两家工人报纸《工场报》和《1845年的博爱》在这场争论中反映出对无产阶级的看法。

没有马克思和恩格斯的影响,安年柯夫不可能对无产阶级在现代社会中的社会地位有一定的概念。这一点可以从他后来回忆别林斯基的精彩片断中清楚地看出来。安年柯夫在回忆中把别林斯基的艰难处境同"欧洲当时的工人和无产者"[①]的物质状况进行了比较。

(待续)

(原载《巴黎书简》1983年莫斯科科学出版社版第464—480页)

(楚舒 译 孙魁 校)

---

① 《文学回忆录》1960年莫斯科版第294页。

马克思恩格斯和巴·瓦·安年柯夫（二）*

〔苏〕И. И. 科诺别耶夫斯卡娅　Б. А. 斯米尔诺娃

四

安年柯夫和 И. С. 屠格涅夫、И. И. 萨宗诺夫、А. А. 土奇科夫和 М. А. 巴枯宁一起在巴黎迎接了1848年的二月革命。这群俄国人对这次革命有着满腔的热情。革命最初的两个月住在意大利的 А. И. 赫尔岑，1848年3月5日写信给安年柯夫说："老太婆总算觉醒了，并开始了工作。"①

这些俄国人留心观察巴黎局势的发展，参加群众的示威游行，出席俱乐部的辩论，陶醉于革命气氛之中。1848年8月2—8日赫尔岑在致莫斯科朋友们的信中说："我们实在过得很快活，真的很快活……现在我们扬眉吐气，正像我们当初那样了。"②

3月5日，被驱逐出布鲁塞尔的马克思来到巴黎，3月21日恩格斯

---

* 本文选自《马列主义研究资料》1989年第2辑。
① 《赫尔岑全集》俄文版第23卷第65页。
② 《赫尔岑全集》俄文版第23卷第81页。

和他会合。人们早已从安年柯夫的回忆录中知道,在1848年这一年春天,安年柯夫在巴黎遇见了他们:"1848年,在巴黎我遇见了马克思和同他一起的恩格斯,二月革命以后他们两人立刻来到这里,想要研究现在自由发展的法国社会主义运动。他们很快抛弃了自己的打算,因为支配这个社会主义的完全是当地的政治问题,而他已经有了一个纲领,他不想以此来消遣,这个纲领就是用手中的武器为工人夺取国家的统治地位。"①

但是,只有现已辨认出来的安年柯夫关于法国革命的札记,才使人们弄清他们会晤的时间和谈话的部分内容。在《关于1848年法国革命的札记》中,安年柯夫两次提到马克思和恩格斯。第一次是《1848年3月的巴黎市容》一章中的3月29日记事。这篇记事(《恩格斯在科隆等待马克思》②)中不准确的事实,使人们有理由得出结论:3月29日以前安年柯夫在巴黎没有遇见恩格斯,而如果遇见了马克思,也没有同他详谈。安年柯夫在《四月》③一章中第二次提到马克思和恩格斯,这证明他同科学社会主义创始人有直接接触(一次或多次)。这几次会晤只能是在1848年3月29日以后和1848年4月6日左右马克思和恩格斯离开巴黎到科隆以前的短暂的时间里。

尽管如此,安年柯夫不仅了解他们对所发生事件的态度,而且至少还看过马克思和恩格斯当时起草的共产主义者同盟的纲领性文献中的一个:《共产党宣言》,或《共产党在德国的要求》(关于这一点,上边援引的安年柯夫的回忆录可以证实)。非常令人感兴趣的是,安年柯夫在

---

① 《文学回忆录》1960年莫斯科版第304页。
② 《巴黎书简》1983年莫斯科版第336页。
③ 《巴黎书简》1983年莫斯科版第374页。

《札记》中提到马克思和恩格斯打算"发动"科隆的共产主义者"把这一运动同4月初发生的英国宪章运动结合起来"①。

安年柯夫还听过马克思在巴黎德籍工人会议上的讲话。马克思在讲话中不仅揭露了德国民主协会首领的冒险活动，而且也分析了法国正在发生的事件，并预告工人和资产阶级之间公开的阶级斗争已经开始。②

关于1848年法国革命，在安年柯夫的著作和书信遗产中保存着三种材料：1848年从巴黎寄给兄弟的信、不准备出书的《1848年法国革命的札记》（以下简称《札记》）和已发表的《1848年巴黎的二月和三月》记事。给兄弟的信是一种特殊的史料。发表这些信件的作者（И. Л. 莫罗佐夫）正确地指出，这些信反映了这位俄国著作家害怕自己的信在沙皇俄国受到暗中检查，而指望当时身居高位的亲属具有一定智力和政治水平。③ 对于研究法国事件来说，这是最没有意义的和说明不了多少问题的史料。《巴黎书简》第一次发表的《1848年法国革命的札记》要有意义得多。

不能把这个札记称为革命的历史，虽然安年柯夫在自己的著作中描述了革命的整个过程。《札记》主要写的是事件、人物、他们的行为、情绪和思想。安年柯夫直接描述了资产阶级民主革命的共同规律的具体的实际的表现。安年柯夫的《札记》是革命的日志，并对革命进行了一些分析。在札记中再现了1848年革命引起的政治的、经济的、社会的和美学的思想复杂的综合，描述了革命的热烈气氛。

В. 多罗费耶夫在安年柯夫《著作回忆录》新版前言中根据安年柯

---

① 《巴黎书简》1983年莫斯科版第336页。
② 见《共产主义者同盟——第一国际的先驱者》1964年莫斯科版第184页。
③ 《历史汇编》1935年莫斯科—列宁格勒版第4辑第228—258页。

夫给兄弟的信提出了一个看法，认为马克思的影响不能不反映在安年柯夫对1848年巴黎事件的评价上，因为他认为巴黎事件是"劳动反对资本和建立在资产阶级所有制统治上的整个世界秩序伟大战役的开端"①。可是，这一完全正确的思想没有得到进一步发挥。不过，上述安年柯夫的著作为考察并作出结论提供了比较广泛的可能性。

结识马克思恩格斯和阅读他们的著作，1846—1847年同马克思的个人接触和通信，为安年柯夫领悟1848年巴黎事件作了准备。1843年3—4月初，马克思巴黎之行也对安年柯夫产生了影响。根据《札记》来判断，他知道马克思在革命时所持的立场。②

同马克思和恩格斯的来往帮助安年柯夫在某种程度上开始理解二月革命的阶级性质（他注意的中心是临时政府的社会政策，革命提出的社会问题），而且还帮助他弄清了力量的对比，并理解了工人阶级是二月革命的主要动力。安年柯夫在其《札记》中用许多篇幅描述了工人阶级。

《札记》中对二月革命事件的许多评价接近马克思在《1848年至1850年的法兰西阶级斗争》中对这些事件的评价。

马克思说："无产阶级既强迫临时政府，并通过临时政府强迫全法国实行共和制度，它就立刻以一个独立政党的姿态走上了前台，但是同时它却招致了整个资产阶级的法国来和它作斗争。"③

而安年柯夫写道："人民——征服者没有用自己本身的潜力来产生出临时政府，而是再次从激进的资产阶级那里接受临时政府。由此产生

---

① 《文学回忆录》1960年莫斯科版第11页。
② 《巴黎书简》1983年莫斯科版第336页。
③ 《马克思恩格斯全集》第1版第7卷第18—19页。

出人民政府之间的后来的一切冲突。"①

马克思分析法国革命进程时指出:"……二月共和国首先应该是使**资产阶级的统治成为更加全面的统治**:由于成立这个共和国,**一切有产阶级都跟金融贵族同等获得了参加政权的机会**。共和国使大多数的大土地所有者即正统主义者摆脱了七月王朝使他们陷进去的那种政治地位低微的状态。"② 而安年柯夫写道,临时政府周围聚集了"各种各样的人物"③。

安年柯夫和马克思对临时政府财政政策的评价也是接近的。马克思说:"临时政府本来是有可能不用强力干涉而完全合法地迫使银行宣告**破产**的;它只要保持消极态度,让银行听天由命就得了。"④ 安年柯夫说明政府的全部财政措施失败的原因时指出,一切都是"由于不愿意干脆宣告国家破产"而造成的⑤。

安年柯夫没有忘记马克思在12月28日的信中教授给他的历史唯物主义的课程。在《札记》中可以十分清楚地看出,他跟随马克思把人类的生产活动看作社会的基础,安年柯夫在《卢森堡宫的路易·勃朗》一章中根据马克思的观点写道,生产力是人类先前活动的产品,人们在选择自己的生产力时是不自由的,虽然他没有用简明公式来表达这种思想。

"友谊的声音"当时曾经帮助安年柯夫弄清了他未发现的蒲鲁东体系的缺陷;现在又给他提供了认清路易·勃朗观点的可能性。安年柯夫

---

① 见《巴黎书简》1983年莫斯科版第286页。
② 《马克思恩格斯全集》第1版第7卷第19页。
③ 见《巴黎书简》1983年莫斯科版第291页。
④ 《马克思恩格斯全集》第1版第7卷第26页。
⑤ 见《巴黎书简》1983年莫斯科版第310页。

在分析路易·勃朗的体系时明显地效仿了马克思在1846年12月28日信中对蒲鲁东的批判。安年柯夫在《札记》中对卢森堡委员会的评价在某种程度上同马克思对该委员会的评价相似。①

从4月开始,安年柯夫既看到资产阶级和工人之间日益成熟的冲突,也看到资产阶级控制运动的强烈企图。他抨击了温和共和党人在革命中的叛卖作用,临时政府的阶级组成。显然,同马克思和恩格斯在巴黎的个人会晤大大开阔了他的眼界。

例如,安年柯夫在谈到国民议会的最初措施时着重指出,它顽固地力图消灭二月的全部成果,彻底埋葬关于劳动部的思想。马克思在《法兰西阶级斗争》中谈到:"国民议会立即与二月革命的一切社会幻想实行了决裂,公然宣布了**资产阶级共和国**,并且只是资产阶级共和国。它匆忙地从自己所任命的执行委员会中排除了无产阶级的代表——路易·勃朗和阿尔伯;它否决了设立专门的劳动部的提案……"②

安年柯夫在《札记》中对法国革命的六月事件作了详细评述和充分的史实记述;他注意的中心是国家工厂问题,资产者对工人的公开进攻。马克思评价巴黎六月事件时写道:"从制宪国民议会的讲坛上发出了公开向工人挑衅、侮辱工人和谩骂工人的言论。但是,主要的攻击对象,如我们看到的,还是**国家工厂**。制宪议会饬令执行委员会来对付这些国家工厂,而执行委员会本来是只等候国民议会用命令方式批准它自己定出的计划的。"③

马克思的影响对于安年柯夫关于三月事件和四月部分事件的论述来

---

① 参见《马克思恩格斯全集》第1版第7卷第19—20页。
② 《马克思恩格斯全集》第1版第7卷第33页。
③ 《马克思恩格斯全集》第1版第7卷第34页。

说是完全可以解释的①,但是马克思对安年柯夫描述五月和六月事件的影响乍看起来似乎还是个谜。显然,谜底就在于,马克思和恩格斯离开巴黎之后,安年柯夫继续同与他们保持联系的一些人来往。尤其是,共产主义者同盟盟员斐·沃尔弗、艾韦贝克和贝尔奈斯当了《新莱茵报》的通讯员。该报是马克思和恩格斯从1846年6月1日在科隆创办的,是德国民主派革命无产阶级一翼的刊物。通过艾韦贝克和贝尔奈斯,可能还有斐·沃尔弗,安年柯夫能够定期读到这份报纸。这份报纸上的巴黎通讯员的全部报道都经过马克思编辑加工。把六月号《新莱茵报》同安年柯夫的手稿加以对比,可以证实这样的假设。

1848年整个6月当中,《新莱茵报》系统地阐述了巴黎事件。报上开辟了"法兰西共和国"专栏,刊载巴黎通讯和关于国民议会会议的报道,另外,该报通讯员艾韦贝克提供了巴黎生活大事记,曾作为速记员出席制宪议会会议的共产主义同盟盟员塞·载勒尔寄来速记稿。无疑,安年柯夫也认识他。

《新莱茵报》的通讯员和安年柯夫都把注意力集中在同一些事件上面,把它们从革命巴黎生活如此丰富的其他事件中挑选出来。

从第1号开始到第25号结束,报纸注意的中心是国家工厂和社会财政政策。而这些问题也是安年柯夫注意的中心。

安年柯夫关于1848年5月和6月法兰西事变的叙述,按照他的倾向性来看同《新莱茵报》是一致的,不过,报纸的材料显然比安年柯

---

① 当然,这种影响不应过分夸大。当时安年柯夫还处在巴枯宁和海尔维格的影响之下,他在第二章和第四章对事件的评价接近那些"否认有阶级存在或至多也只认为阶级不过是君主立宪制的产物"的共和派傻瓜(《马克思恩格斯全集》第1版第7卷第22页)。

夫《札记》第六章和第七章中的材料要丰富得多，鲜明得多，而它们的思想倾向具有鲜明的革命性，使安年柯夫的文章为之逊色。

马克思的报纸着力揭露日益厚颜无耻的反动派的诡计。《新莱茵报》第1号评论了5月15—19日的巴黎事件。评论的主题是法国资产阶级对二月成果的进攻和工人对这些行为激烈的回击。这篇评论报道了社会工程部长乌里斯·特列尔的改组国家工厂的方案；揭露了《总汇报》关于政府打算彻底解散国家工厂的供认。通讯对所述事实的反动含义作了评注。报纸第3号谈到工厂主B.格朗登对制宪议会议员布朗基的攻击。

安年柯夫在《札记》第六章中对5月15—28日巴黎事件的叙述中也精辟地谈到这些问题，但不是按题目而是按时间先后顺序撰写的。安年柯夫谈到5月17日制宪议会的会议，会上特列尔提出要改组国家工厂。安年柯夫也像《新莱茵报》通讯员一样，摘引了《通报》上关于格朗丹对布朗基造谣诽谤的报道。

报纸的第3号摘要刊登了5月30—31日制宪议会会议的速记报告。安年柯夫叙述这些会议时摘引了同一些发言，同一些细节。安年柯夫同样详尽地谈到《新莱茵报》第4号、第6号和第7号上披露的追究路易·勃朗的案件。而且，无论该报通讯员，还是安年柯夫都强调马拉斯特在这件案件中的叛卖作用。

报纸的第4、8、10、11、14号报道了由于拟定并在6月7日通过禁止民众集会的法令而在圣丹尼和圣马丁举行的民众集会。安年柯夫在《六月》一章中也叙述了这件事，而且，无论报纸通讯员，还是安年柯夫都用"残酷的"这一个字眼来形容这个法律。

《新莱茵报》的第10号分析了政府的财政政策。安年柯夫也很注意这个问题。

报纸的第12—13号谈到6月4日举行的制宪议会的补选,发表了议员名单并作了相应的评价。安年柯夫也列举了新议员名单,他的评价也接近报纸的评价。

报纸的第16—20号谈到路易·勃朗·波拿巴,他的过去,选举中的表现。而安年柯夫在自己的《札记》第七章中叙述路易·波拿巴时也详细地谈到这些事实。安年柯夫也像报纸通讯员一样,也用"冒险家""他伯父的侄儿"来评述路易·波拿巴,认为他取胜在很大程度上是由于拿破仑第一的感召力,厌恶苛捐杂税的农民和一部分不满制宪议会政策的工人的支持。

《新莱茵报》第20—23号援引了巴黎通讯员关于巴黎民众情绪、政府取缔国家工厂的法律和人民对这些法令的反应的报道。安年柯夫《札记》的最后几页也讲述了那些事实。

《新莱茵报》第25号的紧急补充版谈到六月起义的原因。这首先是解散国家工厂的预备性措施,对在国家工厂就业的工人进行登记,把原籍不在巴黎的人遣返回乡和派到索伦修筑运河,禁止街头聚会的法律,恢复报纸提交保证金的法案,矛头直接针对民主派的报刊。

安年柯夫在《六月》一章中也指出导致起义的正是这些原因。该章和《五月》这章一样,显然是在六月起义之后写的。

我们认为,报纸6月28日的恩格斯通讯《六月二十三日》对安年柯夫《札记》的最后一章具有极大的影响。恩格斯在这篇文章中写道:"六月革命是第一个把整个社会真正分为以巴黎东区和西区为代表的两大敌对阵营的革命。二月革命的团结一致……消失了。"① 安年柯夫也指出,在六月国家似乎解体了,"巴黎和国民议会过着两种不同的生活,

---

① 《马克思恩格斯全集》第1版第5卷第138页。

无疑，为了结束不能维持统治的这种两面性，一方必须扼杀另一方"①。

恩格斯在这篇文章中写道："**六月革命是拼死活的革命**，它是在沉默中，在阴森而绝望的冷静中进行的。"② 安年柯夫也指出了人民当中普遍存在的这种拼死活的情绪，人民开始殊死战斗的悲惨决心，同时指出，"可怕的乌合之众"聚集在自治机关面前，"心情阴郁，好像在想着另外的一首歌"。

恩格斯着重指出，"六月革命和过去一切革命不同的地方，就是**根本没有幻想，没有冲动**"③。安年柯夫也恰恰发现了消除二月革命的一切希望，一切幻想的这种决心："从政府派和市民派在六月事变中夺得胜利的翌日起就可以看出，在一切回到老框框，二月革命的一切最合法的创举被遗忘和用幕布把二月革命所开辟的未来的不安的光芒严严实实地遮掩住之前，这个胜利是不会停顿的。"④

恩格斯把六月革命同莱比锡的伟大会战相比："在巴黎街道上作战的军队和参加莱比锡民族之战的军队一样多。"⑤ 安年柯夫从《札记》第七章开始也作了这样的比较。⑥

当然，《新莱茵报》和安年柯夫的《札记》之间的相近，可以解释为他们所叙述的事件本身的相近，但是重要的不是事实，而是对它们的选择和阐述，在这方面安年柯夫无疑是追随报纸，而在当时的条件下是追随恩格斯。

---

① 见《巴黎书简》1983年莫斯科版第424页。
② 《马克思恩格斯全集》第1版第5卷第137页。
③ 《马克思恩格斯全集》第1版第5卷第137页。
④ 见《巴黎书简》1983年莫斯科版第425页。
⑤ 《马克思恩格斯全集》第1版第5卷第138页。
⑥ 见《巴黎书简》1983年莫斯科版第374页。

关于报纸是《札记》第六章，特别是第七章的资料来源之一的假定有许多旁证。安年柯夫早在3月同马克思的私人谈话中可能了解到出版报纸的想法。① 他可能通过艾韦贝克得悉该报的内容提要，而内容提要肯定是后者从马克思那里得到的。②

关于安年柯夫同艾韦贝克保持经常联系一事的旁证是，1848年4月底至5月初巴黎事件简评显然是艾韦贝克寄到科隆的。③ 这篇简评在许多方面同安年柯夫在《四月》一章的篇末和《五月》一章中对同一些事件的叙述是相似的。

正是同艾韦贝克的接近和阅读《新莱茵报》，可能使安年柯夫对民主俱乐部和工人联合会的活动的消息特别灵通。德国革命活动家、侨居巴黎的政治流亡者海·艾韦贝克，由于从事新闻工作及其同法国政治活动家、报刊编辑的关系而在那里建立了广泛的联系。先是正义者同盟盟员后为共产主义者同盟盟员的艾韦贝克，在侨居巴黎的德国工人中间进行了大量宣传工作和启蒙工作。从1848年5月21日艾韦贝克致马克思的信中可以看出，马克思为出版报纸而去科隆，而让他作为法国工人和共产主义者同盟民主派的代表留在巴黎。④ 安年柯夫具有获得所需消息的特殊才能和热情，他从《国外来信》时起就早已掌握了这种本领和这种热情，他当然就不能不使用艾韦贝克作为消息的来源。

根据第六章和第七章来判断，安年柯夫不仅拥有报刊文件，而且也

---

① 见 C. 列维奥娃：《1848—1849年德国革命中的马克思》1970年莫斯科版第50页。
② 见 C. 列维奥娃：《1848—1849年德国革命中的马克思》1970年莫斯科版第51页。
③ 苏共中央马列主义研究院中央党务档案馆档案，全宗23，第19/12号。
④ 《马克思恩格斯全集》原文版第3部分第2卷第453页。

掌握了他从艾韦贝克、塞·载勒尔和其他参与法国首都政治斗争的人那里得到的消息。由于有了这种特殊的消息，他在第六章中相当明确地暗示，他不准备写共和国议会史，因为为此需要有大家都知道的和都能弄到的所有文件，而将来只谈一谈国民议会的特点和各个派别的行动动机……

上述全部事实可以使人们提出一个假设：安年柯夫曾经了解《新莱茵报》，他读过这家报纸并在它的影响下挑选和阐述他在第六章和第七章《关于1848年法国革命的札记》中所援引的事实。尽管安年柯夫没有描述六月起义本身，但他在这两章中关于它的起因则谈得相当多。

五

50年代末俄国政治局势发生了变化，安年柯夫利用《札记》为报刊撰写了三篇文章：在1859年第12期《阅读丛书》杂志上刊载了安年柯夫的文章《1848年2月底的巴黎》，1862年3月在《俄国通报》杂志上发表了它的续篇《1848年三月巴黎事件》和《巴黎的三月特征》。①

作者是历史事件的目击者，他在这三篇文章中，对这些历史事件得出的结论比追踪事件的发展而撰写的手稿要成熟。安年柯夫认为，参加二月革命的巴黎人决不是统一的人群。他首先强调工人，他认为工人起了主要作用，他们同大学生一起在这些日子里保护了国家财富（包括卢

---

① 这三篇文章后来以《巴黎的1848年二月和三月》为题发表在下述书籍中：《回忆和简评。安年柯夫的文章和札记集。1849—1868年》1877年圣彼得堡版第1部第241—328页。

浮宫）和私人财产，这一点备受作者的赞扬。安年柯夫指出，巴黎的有产阶层在工人取得胜利以后参加了革命，资产阶级和小资产阶级的反对派领袖攫取了革命的果实。

安年柯夫对临时政府作了透彻的评述，指出在它周围不仅有各式各样的共和党人、小资产阶级空想社会主义的拥护者，而且还有君主派的代表——正统派、奥尔良派、波拿巴派。

作者在第一篇文章《1848年二月底的巴黎》的结尾对临时政府作了评述。在《札记》中这一评述写在《四月》一章的开头。我们认为，安年柯夫的评价和马克思《法兰西阶级斗争》中的下述一段话相似并非偶然："在二月街垒战中产生出来的**临时政府**，按其构成成分必然是分享胜利果实的各个不同党派的反映。它只能是**各个不同阶级间的妥协**，这些阶级曾共同努力推翻了七月王朝，但他们的利益是互相敌对的。临时政府中**绝大多数**是资产阶级的代表……工人阶级只有两个代表：路易·勃朗和阿尔伯。"①

安年柯夫在第二篇文章中叙述了临时政府的若干法令以及首都和全国对它们的反应。在这里可以谈一谈马克思对评价这些事件的影响。

由于谈到临时政府3月5日关于实行选举国民议会和实施普选权的法令，安年柯夫公正地指出，《国民报》派特别积极地参加选举运动是因为害怕农民及其保皇情绪。② 这同马克思在《法兰西阶级斗争》中对这一事实的评价是相似的："普选权已把法国的命运交归那些占法国人民绝大多数的名义上的所有主即**农民**掌握。"③

---

① 《马克思恩格斯全集》第1版第7卷第17页。
② 见《巴黎书简》1983年莫斯科版第199页。
③ 《马克思恩格斯全集》第1版第7卷第19页。

安年柯夫和马克思在评价临时政府的财政措施方面有许多共同点。例如，安年柯夫对45生丁的税的看法①同马克思对这一法律的评价非常近似："临时政府对所有4种直接税每法郎加征45生丁的附加税……实则这项税负首先落在**农民**身上，即落在法国绝大多数人民身上。**农民不免要负担二月革命的费用**，于是他们就构成了反革命方面的主力军。45生丁的税，对于法国农民是个生死问题，而法国农民又把它弄成了共和国的生死问题。从这时起，法国农民心目中的**共和国就是45生丁的税**，而巴黎无产阶级在他们看来就是专靠他们出钱来逍遥享乐的浪费者。"②

安年柯夫认为卢森堡委员会的建立是临时政府的极狡猾的一着，临时政府以此扫清了"事件的发展道路……避免了可怕的群众对事件发展的干扰"③。这个评述再一次和马克思接近。

《巴黎的1848年二月和三月》这篇随笔不仅是根据《1948年法国革命的札记》的第一章的材料撰写的，而且还参考了所积累的全部资料。安年柯夫在自己的叙述中对许多事情估计过高，但是马克思的影响不只依然存在，而且还加强了，表现得更为明确和清晰了。由于这个缘故，这位俄国著作家对1848年3月17日和4月16日事件的评价是非常令人感兴趣的。

正如在《札记》中所写的那样，安年柯夫在随笔中把3月17日游行示威看作是巴黎无产阶级保卫赖得律·洛兰的革命法令，反对反革命势力发难的行动，但是在随笔中他已经说明，巴黎无产阶级力量的3月17日大示威暴露了整个法国的深刻的社会分裂：私有者的整个国家反

---

① 见《巴黎书简》1983年莫斯科版第215页。
② 《马克思恩格斯全集》第1版第7卷第27页。
③ 见《巴黎书简》1983年莫斯科版第195页。

对工人阶级。安年柯夫认为以后的整个革命进程都取决于这一事件。①

同马克思的谈话，阅读《新莱茵报》帮助安年柯夫正确地评价了导致巴黎无产阶级六月起义的法国不可逆转的事件进程的真正原因。

安年柯夫在随笔中讽刺了德意志民主协会会议的杂乱无章，一片混乱，革命空谈。在那里扮演主角的是海尔维格和伯恩施太德。在这背后有某种比这位有教养的和有头脑的贵族的讥讽更可贵的东西，这就是他看到了武装入侵德国是枉费心机的，不仅如此，他还了解到妄想抛弃外国工人的临时政府善于利用他们的革命热情。这些看法同马克思和恩格斯对德国的和另外一些小资产阶级民主主义者的冒险计划，对他们的会把流亡工人交到本国的反动军阀手中的危险策略的评价有惊人的相似之处。

分析安年柯夫各个不同时期的著作，就可以确信马克思和恩格斯对其观点的影响。可惜的是，我们没有掌握能够假设安年柯夫阅读过马克思的《法兰西阶级斗争》《路易·波拿巴的雾月十八日》和恩格斯的《法国来信》的资料。但是，安年柯夫的某些论点同马克思和恩格斯这些著作的某些论点相似，可能是由于他们的观点和评价在法国发生的革命事件的最初几个月就完全形成了。

当然，这位俄国著作家无论如何也不是马克思主义者，但是在科学共产主义创始人思想的影响下他的视野确实扩大了，由于他在欧洲目睹了这些事件，所以对这些事件的评价更为深刻和正确。

(原载《巴黎书简》1983年莫斯科版第480—491页)

(楚舒 译 孙魁 校)

---

① 见《巴黎书简》1983年莫斯科版第211页。

马克思和罗兰特·丹尼尔斯及其《小宇宙》*

〔联邦德国〕赫·艾斯纳

1845年,马克思在题为《一、费尔巴哈》的手稿结尾处写下了"自然科学和历史"这条论纲。在《德意志意识形态》这部著作中,马克思在同费尔巴哈、鲍威尔和施蒂纳进行论战时,又对这个问题作了较为详细的论述。而在此之前,恩格斯就涉及了这一问题。1844年8月,他给巴黎《前进报》撰写了《英国状况。十八世纪》一文(载于1844年8月31日该报第70号),在对英国和两个主要的大陆国家——法国和德国的发展进行比较时,他通过介绍当时的"天才"成就,概述了自牛顿以来自然科学的发展状况,并阐述了历史科学的地位。恩格斯写道:"知识变成了科学,各门科学都接近于完成,即一方面和哲学,另一方面和实践结合了起来。"他接着指出:"18世纪科学的最高峰是唯物主义,它是第一个自然哲学体系,是上述各门自然科学形成过程中的产物。"当时百科全书思想在某些领域仍是主导思想。恩格斯说:"历史学的情况也完全一样;这时我们第一次看到世界史方面的卷帙浩繁的

---

* 本文选自《马列主义研究资料》1989年第2辑。

原题注:作者于1988年9月5日应中央编译局的邀请访华。本文是他在编译局所作的学术报告,翻译时略有删节。——译者注

书刊,这些书刊固然还缺乏批判并且完全没有哲学的分析,但这毕竟不是从前那种被时间地点所局限的历史片断,而是通史了。"①

接着恩格斯还指出:"因此,18世纪并没有克服那种自古以来就有并和历史一同发展起来的巨大对立,即客体和主体、自然和精神、必然性和自由的对立;而是使这两个对立面发展到顶点并达到十分尖锐的程度,以致使消灭这种对立成为必不可免的事。"②

19世纪中叶,许多民主主义者、社会主义者和共产主义者都有着和马克思恩格斯相同的想法。他们有的参加了自由主义的和激进民主主义的改革运动,有的参加了正义者同盟和共产主义者同盟,有的则参加了工人兄弟会和1848年革命以后的工人教育协会,罗兰特·丹尼尔斯就是其中的一员。1819年丹尼尔斯出生于莱茵省安格尔斯多夫。他的家族中曾经出过许多法学家。他在科隆长大,同他的终生好友亨·毕尔格尔斯一起在当地读文科中学;然后,他在波恩和柏林攻读医学。1844年,在通过考试并获得博士学位以后,他曾去巴黎进修几个月;在巴黎期间,他结识了正义者同盟的领导成员,并同马克思取得联系,从此,他们建立了深厚的友谊,彼此十分敬重。这时丹尼尔斯也立志以**他自己**的方式为减轻受苦受难的民众的困苦而**尽其所能**,他决心在互助会为劳动阶级谋福利,同时为唯物主义科学取得胜利作出理论上的贡献。自1845年年初起,丹尼尔斯在科隆开业行医。1846年1月,他开始与马克思通信。当时马克思正计划创办一份共产主义杂志以作为《德法年鉴》的续刊。丹尼尔斯为这份筹办中的杂志撰写了一篇60页的书评,评论1845年出版的V.汉森的一本书,该书谈的是,由于1844年在特

---

① 《马克思恩格斯全集》第1版第1卷第657页。
② 《马克思恩格斯全集》第1版第1卷第658页。

利尔大教堂展出"圣衣"而出现的种种"妙手回春的医术"。丹尼尔斯从逻辑学和医学的观点出发,尖锐地批判了那些所谓的医术,批判了书中对事实所作的矛盾百出的叙述和伪科学的阐释,指出科学与宗教是无法相容的;作为一个笃信不移的唯物主义者和无神论者,他指出:"科学既然已经同信仰直接对立,我们也就不可能一仆同时侍奉二主。"在丹尼尔斯的手稿中,马克思和恩格斯加上了许多按语。后来,因为马克思筹办的新刊物未能问世,所以丹尼尔斯的这篇文稿至今也没有发表;但是,我们从研究马克思的苏联学者巴加图利亚对这一手稿的描述中可以看到丹尼尔斯学术研究的倾向。

丹尼尔斯和大多数医生一样,在行医当中看到了人口爆炸、社会分化和城市化所造成的下层民众日益增长的贫困。早在1842年,科隆"医师协会"的一份报告就有这样的记载:"科隆市的人口有75000人,其中20000人因贫穷而不得不依靠社会基金来获得医疗和药品;比这些穷人景况稍好的那个社会阶层虽然自付药费或从某位资助者那里得到药品,但却无力偿付医生的诊费……这一社会阶层包括手工业师傅、低级官员、店员等,其人数绝不少于10000人。"

1830年,科隆济贫医生免费施诊的对象是6584名被官方承认的穷人;到了1846年,这个数字已经超过了21000人。丹尼尔斯为谋求一个济贫医生的职位,通过了一次附加的考试,并于1847年获得了这个职位。其实一个济贫医生每年只有100—200塔勒的低薪。丹尼尔斯从前的导师医学博士奥·菲舍那时是科隆医院的医生,他曾说过,丹尼尔斯是满怀自我牺牲的精神担任这一职务的,特别是在1849年霍乱流行期间,这种自我牺牲的精神就更加明显了。丹尼尔斯在工作之余还抽出时间和精力为马克思筹款,为创办报纸和出版社而尽力,并且继续进行学术研究。他对傅立叶和欧文主张建立的社会制度也有了解,可见他的学术研究是在最广义的层面上进行的。

至于丹尼尔斯为什么去研究"生理学人类学",我们现在还没有证据来加以解释。可以肯定的是,他在大学求学时,曾听过著名医学家克·弗·纳瑟(1778—1851)开设的人类学课程,还听过以撰写《人的生理学手册》(1833—1840)而闻名的德国现代生理学创始人约·弥勒(1801—1858)讲述的有关课程。丹尼尔斯也可能从1842年出版的《生理医学》大纲中受到了启发。这个大纲是卡·奥·翁德里希(1815—1877)、威·格里辛格(1817—1868)和威·罗泽(1817—1888)以很大的革命热情向公众推出的一部著作。他们当时的意图是,摒弃经验论的方法,为科学理论争得应有的权利。他们写道:"我们认为,这就是**生理**医学,它同生理学不可割裂,它以确凿无疑的事实为依据,必然向我们揭示有机体生存和患病、痊愈和死亡的规律。"

1851年2月8日,丹尼尔斯写信给马克思,说他将把刚刚完稿的《小宇宙。生理学人类学概论》一文寄上,请马克思批评指正。丹尼尔斯在信中提醒说,早在1848—1849年,当马克思还在科隆时,他就曾经给马克思看过这篇文章的简要草稿;他说按照马克思当时所提的意见,并且根据自己在1849—1850年的冬季在科隆工人教育协会讲课时所取得的经验,"又将文章改写了一遍",但目前"只能提出这样一个初稿"。他写道:"我最初给自己拟定的任务,是要批判医学,同时还要批判影响现代生活的各种因素。"从这里我们可以看出丹尼尔斯的文章同前述翁德里希等三人合著的《生理医学》大纲之间的联系;我们还看到丹尼尔斯文章的主旨就是"批判影响现代生活的各种因素"。从丹尼尔斯写给马克思的信的几处可以看出,这种批判就寓于一般的叙述之中。

丹尼尔斯的《小宇宙》(即对于人的一切联系的描述)是以一篇导

言开始的。导言论述了自古希腊时代（即哲学家柏拉图和亚里士多德以及科斯的医生普拉克萨格拉生活的时代，这个时代在古典古代以罗马皇帝马尔克·奥列尔的私人医生佩尔加蒙的加仑〔公元131—200年〕的卒年为终点）以来，"对于人的机体的认识史"。他写道："从这时起，各种科学普遍没落了，直到进入16世纪以前，任何对于我们的专门科学有利的事一点都没有做"；教会"对各种科学和自由研究"采取"不宽容和野蛮的态度"，实行"恐怖主义"长达千年之久，虽然在14和15世纪曾经有过寥寥无几的科学改革者试图继承"古人"，"但是只有进入16世纪以后"，才由伟大的解剖学家安·维萨里（1514—1564）和加·法娄皮欧（1523—1562）实现了"我们科学的复兴"。丹尼尔斯认为，在17世纪的种种发现当中，"对于我们的科学"最有价值的是血液循环的发现和显微镜的发明。此外，他还认为，自古典时代结束以来，维鲁拉姆和笛卡儿再次把哲学与自然科学作为自己考察的出发点和对象，这一点也具有极为重大的意义。丹尼尔斯指出，古代无机论观点同近代有机论观点之间真正的转折是18世纪才发生的，即由英国杰出的物理学家牛顿完成的；牛顿"无可争辩地是理性的动力论观点的首创者"，他希望"把他在物理学领域确立的新的观点进一步运用到生理学领域"。

恩格斯在《英国状况》一文中概述了自牛顿以来自然科学和历史科学朝着唯物主义方向发展的进程，同样，丹尼尔斯在他的手稿中也把近代生理学体系的发展概况与这一体系的最后伴随者思辨哲学联系起来。不过，他指出，"本世纪的最后一位思辨哲学家已经在节节胜利的**'生理学人类学'** 面前主动放下了武器"；而仍然具有战斗性的那一部分则被"**现实的人道主义**"无情地扼杀了。丹尼尔斯在两条注释中对这一论断作了明确的解释，他说，他所指的首先是费尔巴哈。他谴责费尔巴哈仅仅把"人类学"这个词当作空洞的辞藻来加以使用;他估计,费尔巴哈"也许会对真正的人类学采取反动立场,就像他目前对真正的社会主义采取敌对态度一样"。其次,丹尼尔斯指的是马克思和恩格斯在1845年发表的《神圣家族,或对批判的批判所做的批判》以及马克思在1847年写的《哲学的贫困》。他大胆地对此提出了批评性的意见,指出"在前一部著作中,唯物主义的发展本身仍然被哲学的或意识形态的种种前提罩上了阴影"。

丹尼尔斯在导言的结尾,探讨了人类机体即社会制度形成和发展的决定性要素——历史。他写道:"人在物质方面的较大的可变性决定了个性具有丰富的多样性;加上人类的各个世代往往存在着很大的差异,要认识这种现象的原因和影响的必然联系是困难的;最后在实验过程中也会遇到困难,这一切都使得改造人类机体所必须遵循的规律无法及时被揭示出来。然而现在我们在科学领域已经达到了这一目标。现在有可能而且也有必要去发现新的方面,去发现更好的生存规律,整个有机的、动物的(如果我可以这样说的话)和精神的物质代谢需要有更为精确的规定,同其他自然科学相比,我们还有多而又多的事要做;不过,就主要方面而言,一切生命现象的基础已被认识,人的生存和发展的规律性条件已经得到研究。从现在起,人,整个人,连同他的一切力量(从物理的到有机体的、灵魂的、还有精神的),都只属于自然科学,并且只能作为感性研究的对象。"

"把个体联合为社会的历史纽带"已被认识,然而只有"把我们的科学所揭示的颠扑不破的规律运用到培养和建立人类机体的过程中去,只有以个体同社会的正确关系为基础,对社会的种种体制进行改造,在我们这一领域中……文明的人类……才会得到拯救"。

在《人类有机体的认识史》这篇导言(在188页手稿中占23页)

之后直到第137页，丹尼尔斯论述了生理学方面的主要问题。他阐述了从无机到有机的发展过程，论述了把有机体区分为植物和动物，并细致地描述了动物躯体和人的躯体的差异，最后，他主要是通过描述人所特有的形成概念的能力来揭示两者的不同特征。在这一部分，丹尼尔斯广泛地汲取了他那个时代的科学成果。他给下一部分所加的标题是"由于概念形成以及思维、语言、科学、历史和社会的出现而产生的种种次生现象"。在这一部分，他试图把他关于人的自然科学的、刺激生理学的描述同按照马克思的观点进行的社会史描述结合起来。而正是在这个问题上，受到了马克思的批判。

马克思给丹尼尔斯的那几封信没有保存下来，这是令人遗憾的事情，因为只有读过这些信，我们才有可能**确切地**了解马克思如何看待丹尼尔斯的研究工作。现在我们只能依据丹尼尔斯在复信中对马克思的批判所作的反应，来了解有关情况。

丹尼尔斯在复信中，就马克思的批判说明了自己的想法，下面摘引几段：

"我的文章有两个方面：一是关于自然史的，二是关于历史和社会的。在这里，**主要的**……是二者的**结合**。""我文章的重点是从**生理学上描述人的行动**。""**只有概念才始终是人和自然界、个人和社会之间的中介环节**。"马克思向丹尼尔斯解释说："要改变社会、关系，就必须改变意识；要改变意识，又必须改变社会、关系。"而在丹尼尔斯看来，"只有当科学迄今在生理学领域所取得的成果有了实践意义时"，才能做到这一点；他和马克思观点的不同之处就在于："我认为，你称之为意识而我称之为**概念**的那个东西，是一种完全不同的东西。历史发展的意识是通过对于大的历史时代进行比较之后产生的。"① 接着丹尼尔斯在另一封信中又谈到了这个问题，他写道：

> 当然，对你来说这是不同的。你是历史学家，你要探索的是不同历史时代的概念的内容……而对于我来说，是要纯粹从生理学方面来考察概念是怎样产生的，我试图把科学从哲学中解放出来。

不过后来丹尼尔斯认识到，在马克思所批判的那些地方，他的阐述是"完全失败的"②，他请求马克思写信告诉他，"怎样才能把科学共产主义更加突出出来"。为此，他附了几条注释（这些注释很可能是丹尼尔斯在马克思把《小宇宙》的手稿寄还之后添加进去的），然后把手稿寄给莱比锡的奥托·维干德付印。此外，丹尼尔斯还写了篇《序》，再次概括地谈了文章的主旨："人类生存的一切条件都是从现实世界产生的，只有明确了这一点，人类学对于生活才具有革命价值。德国哲学固然已经接近'科学'，但尚未能进入科学领域。我们的任务是，用科学的实践的无神论来取代思辨的、毫无意义的无神论。这部书稿就是为完成这一任务而写的。"

他还再次强调指出，他同马克思的观点在原则上是一致的："你在来信中说：'共产主义者应当指出，只有在共产主义关系下，工艺学上已经达到的真理方能得到实际的应用。'在卫生学方面，说得正确些，

---

① 《马列主义研究资料》人民出版社1984年版第4辑（总第34辑）第90、91页。

② 《马列主义研究资料》人民出版社1984年版第4辑（总第34辑）第95、96页。

在人的生产方面，我想要说明的也正是这一点。"①

丹尼尔斯把手稿寄给了马克思，马克思对手稿作了批判，接着丹尼尔斯又进行解释，于是他们在书信往来中展开了一场讨论，以便弄清自然科学的地位，弄清如何从劳动阶级利益出发来普及自然科学。在这场讨论中，丹尼尔斯担当了提出问题和要求回答的角色，这同他在共产主义者同盟内部所从事的政治活动有些相似，在重建科隆支部和大力开展宣传活动时，他也担当了类似的角色。在同马克思讨论的过程中，他同样是从实际出发来考虑问题的，他说："我认为，必须指出各个工业部门（也就是现今进行工业生产的地方）目前生产中的不合理现象，以及在时间和材料方面的浪费现象，因为这些现象使得科学在很多部门无法解决生产中的问题。这种情况在农业方面是十分明显的，而在工业方面也是如此，因为这里所使用的资本对于达到最大的效果来说，还过于微小。"② 他建议编一本应用科学的百科全书，并希望马克思在出版政治经济学著作以后，亲自邀集一些进步的科学家来从事这项工作。

他说："因此，任务看来就在于：

（1）详尽地批判影响现代生活的种种因素，也就是说，必须详细指出，现代生产方式和交往方式以及社会组织是怎样造成各种特殊病症的……

（2）不从利润角度，而纯粹从**科学**观点来证明现代生产的不合理性……

---

① 参看《马列主义研究资料》人民出版社1984年版第4辑（总第34辑）第113页。

② 参看《马列主义研究资料》人民出版社1984年版第4辑（总第34辑）第99页。

这两项工作各不相同。前者需要有医学知识,后者需要有机械、技术方面的知识。这两项工作相辅相成,因为化学家和技术人员总是关心生产者的安全的,也就是说,总是关心实际生产者的安全的。""我想,我们可以这样表述我们的要求:**应当完全着眼于人类机体来进行严格科学的生产。**"

丹尼尔斯出于自然科学工作者的信念,向马克思提出如下建议:"如果你在完成经济学著作以后,完全转向自然科学特别是工艺学的研究,这会是大为有益的。因为,生理学和历史仅仅是由宗教和法学通往工艺学的桥梁。只有自然科学才能解放世界。"①

"只有自然科学才能解放世界",是这位关注自然科学的医生和人道主义者的信条;这种说法在今天听起来虽然有些空想和理想主义的意味,然而在当时进步的自然科学工作者和医生当中却并不鲜见,例如伟大的外科医生和医学改革家鲁·微耳和就持有这样的观点。对于丹尼尔斯来说,坚信自然科学和技术成果的效益,同运用这些成果来提高生产以改善劳苦大众、无产者的生活是密不可分的。马克思与恩格斯对丹尼尔斯评价甚高;丹尼尔斯从学术上对自然科学和工艺学的关注无疑给马克思留下了深刻的印象。实际上自1851年7月起,马克思除了研究经济学,也加强了对各种自然科学领域的研究,并且再次继续他在1845年即已开始的工艺学研究。除历史、政治和经济学以外,自然科学也是他终生研究的一个重要领域。

丹尼尔斯未能继续为共产主义者同盟进行政治工作,也未能继续从事他的学术研究。1851年5月10日,当局开始逮捕共产主义者同盟盟

---

① 参看《马列主义研究资料》人民出版社1984年版第4辑(总第34辑)第103、104页。

员,丹尼尔斯本人在6月13日被拘待审,关押了将近一年半之久。在著名的科隆共产党人案件中,他虽然被宣布无罪释放,但是出狱时,他已经是病入膏肓了,后来他只能时断时续地开业行医。在阴冷潮湿的监狱里,他染上了结核病和风湿病。1855年8月29日,丹尼尔斯病逝于故乡安格尔斯多夫。马克思在给丹尼尔斯遗孀的吊唁信中写道:"惊悉亲爱的、永不能忘却的罗兰特逝世的噩耗,简直无法向您描述我的悲痛……他是一个温和、精细、高尚的人,坚定、才干和外表的美异常和谐地在他身上融为一体……他的早逝,不仅对他的家庭和朋友来说是不可挽回的损失,而且对科学界以及受苦受难的广大群众来说也是一个不可挽回的损失。在科学界,人们对他抱有无限的希望,而受苦受难的群众则把他看成可靠的先进战士。"①

我们根据丹尼尔斯的种种计划和打算可以想象,假如他没有成为"普鲁士警察的无耻行径"的牺牲品,他会取得多么重要的成就。在科隆的共产主义者当中,他不仅是"独一无二的政治家",而且也是一位学识渊博的学者。当然,我们也不会因此而忘记共产主义者同盟和工人教育协会中的其他人所取得的成就。"知识就是力量,而力量就是知识",李卜克内西和倍倍尔的这一格言表明了知识分子在革命工人运动中的推动作用,而这种作用至今未得到充分的研究和论证。

(王宏道　韦建桦 译)

---

① 《马克思恩格斯全集》第1版第28卷第626—627页。

威·魏特林的《伦敦回忆》

——研究马克思与魏特林关系的一篇新材料*

胡文建

1848年革命失败后,魏特林于1849年8月离开汉堡再次移居美国。他在赴美途中,于1849年8月末至9月或10月逗留伦敦,11月上半月抵纽约。魏特林抵纽约后不久,弄了一个笔记本,记有各种文章和声明的草稿、每日杂记、通讯地址等。1850年1月13日,他在这个笔记本的头四页上写了一篇《伦敦回忆。写于1月13日》①,记述了他这次逗留伦敦时的一些活动、有关共产主义者同盟的一些见闻和他与马克思会晤的情况,全文如下:

我听裁缝贝克尔说,同盟②曾发生争吵,普芬德和鲍威尔方面的人求助于造谣诽谤和恶意中伤,企图以此破坏或杜绝别人的影响。我听大家说,这

---

* 本文选自《马列著作编译资料》1981年第17辑。

① 魏特林只注明写于1月13日,未注明写于何年,从这篇回忆写在他抵纽约后立的笔记本的头四页以及记述的人和事印象的清晰具体来看,应是他抵纽约后立即于1850年1月13日写的。

② 指共产主义者同盟。

类斗争现在又在激烈进行,使协会分裂成两个阵营①。有一个巴克豪斯派。据说这个巴克豪斯②曾是维也纳等级议会和国民议会的议员,比普芬德和鲍威尔赢得更多的掌声。

我趁这个机会又看到了这些人在玩弄民主派秘密团体式的阴谋诡计方面有了什么能耐。巴克豪斯上星期天作了讲演,——当时有人跳到桌子和长凳上,为自己争取多数。但看样子他这样做并没有取得多大成效,因为他已表示退出,从而放弃斗争。据说他打算另外建立一个协会。他这一派大约有30人。

---

① 魏特林指伦敦德意志工人教育协会里的一批共产主义者同盟盟员与协会的一些受小资产阶级影响的会员之间在1849年8—9月发生的激烈争论。1849年10—11月,教育协会开除了17名反对共产主义思想的人,他们建立了一个很小的民主主义者协会,主席是卡伦贝尔格,书记是克勒姆默尔。1849年11月1日,当时已在布鲁塞尔的卡尔·布林德在给马克思的一封信中,谈到他从一个名叫弗辽利希的德国工人那里听说"伦敦工人协会在清洗"。布林德写道:"弗辽利希告诉我,路·鲍威尔和巴克豪斯一起领导着一个新的协会。我曾认为,这两位先生蓄意破坏我们协会,为此目的在表演一出滑稽剧。这一看法被证实了"(卡尔·布林德1849年11月1—5日致卡尔·马克思和卡尔·哥林盖尔,《马克思恩格斯全集》国际版第3卷第3册第410页)。

② 威廉·巴克豪斯,生于1808年,德里堡(威斯特华伦)的教师;1849年到伦敦,被马克思和共产主义者同盟其他盟员揭露是普鲁士驻伦敦大使本生的奸细。

亨·鲍威尔派由于马克思和布林德而增强了①，这一派是拿巴克豪斯退出对不对这样的问题发起斗争的。这是个虚伪的问题。这只是装样子，似乎他们对于巴克豪斯的退出根本没有料到，根本不害怕。根据表决的情况来判断，这个严密的同盟派似乎可以指望获得40票。巴克豪斯派是由年青的会员组成的，自然没有组织和准备。表决的结果是36票对26票。

马克思对我是友好的，对载勒尔则不。②他邀我上他那里去。我去找了他，但他不在家里。

马克思几次上客厅来邀我去参加同路·鲍威尔③的辩论。

---

① 马克思1849年8月底同卡尔·布林德和塞巴斯提安·载勒尔一起到达伦敦（《德意志伦敦报》1849年8月31日）。1849年9月3日，《瑞士国民报》伦敦记者报道德意志流亡者当中存在各种不同意见时说："但是，马克思和载勒尔将努力结束这种散漫状态并建立和谐！"（巴塞尔：《瑞士国民报》1849年9月10日第861页）马克思曾是伦敦工人教育协会会员，他到达伦敦后立即对协会的工作以及伦敦全体德意志革命流亡者的活动产生巨大的影响（《马克思恩格斯全集》第1版第7卷595—599、602—604、607—611、623—624页）。

② 塞巴斯提安·载勒尔1849年9月初试图组织对德国政治流亡者的救济。1849年9月6日他写了一个呼吁书，"呼吁建立救济伦敦德国政治流亡者基金"，"只救济政治流亡者。"他建议欧美德国自由派报纸发表这一呼吁书，并开始募捐，把救奇给"伦敦德意志教育协会司库"（《德意志伦敦报》1849年9月7日第1886页）。显然，魏特林这里说的是马克思对载勒尔这一擅自行动的反应。从这一点来看，我们可以估计：魏特林与马克思的会晤是在9月7日后不久。随后载勒尔就同马克思一起参加伦敦救济流亡者的活动了。

③ 指德国医生路易·鲍威尔，他1848年是普鲁士立宪会议议员，1849年流亡伦敦，是德国小资产阶级流亡者的首领之一。他支持伦敦工人教育协会的小资产阶级集团，1849年11月13日"因进行反动勾当"被协会荣誉法庭开除出协会（《西德意志报》1849年11月20日）。1849年11月30日马克思同鲍威尔断绝了私人关系（《马克思恩格斯全集》第1版第27卷537页）。

马克思的意思是对付完鲍威尔之后就立即开始对付我，因为我设计的纸币上印有司徒卢威的名字①，而司徒卢威不是共产主义者。总之，马克思表示始终反对一切制造体系的做法。

我：您一定要对这些人说您要做什么，否则他们不会理解您。

马克思：这都说过了。难道你没有读过《共产主义宣言》？

我：读过。

马克思：那你一定也承认它吧？因为这是整个共产党提出的。

我：这我一点不知道。如果这是整个党提出的，那我也一定知道了。我并没有被邀请参与起草这个宣言，而我自认为无疑也是属于这个党的。但我读过这个宣言，我除了认为它可以更好些外，对它没有更多的意见。

这时马克思脸上出现很不高兴的表情，作了个几乎是要发火的姿态，但很快又克制住了。

赫尔曼·布兰克已收到我的书②。他住市区英王街十八号。

还应记下布兰特的地址：索荷广场海湾街四十一号，这是伦敦最好又最便宜的饭店。

下船③再去吃饭时我遇见我的朋友施拉姆④。老香肠商对我极好，他也没有参加过小集团。音乐教师也是这样。只有小集团的人一贯不怀好意。

1980年，柏林狄茨出版社在《马克思恩格斯年鉴》第三卷中，第一次发表了这一材料。而在此之前，就我们所知，国内外大量有关魏特

---

① 小资产阶级民主主义者古斯达夫·司徒卢威1849年10月上半月到达伦敦（《德意志伦敦报》1849年10月12日）。他在这里成了德国小资产阶级流亡者首领之一。关于所说设计的纸币，进一步的资料不得而知。

② 显然是指魏特林的《和谐与自由的保证》1849年汉堡第3版。

③ 这里说的是船尚未起航时上了船又下船。

④ 肯定是指康拉德·施拉姆，他在1849年9月8日后不久到达伦敦。

林的著作最多只是简单提到过魏特林1849年曾路过伦敦,从未具体谈到过他逗留期间的活动;马克思或魏特林的传记作者们也一直不知道魏特林和马克思1849年曾有过会晤。因此,这篇回忆对于进一步研究魏特林和马克思的生平活动、他们之间的关系以及共产主义者同盟的历史来说,是极有价值的最新材料。

德国工人空想共产主义的典型代表魏特林与科学共产主义创始人马克思之间的关系,一直是国内外工运史和共运史研究者所注意的。因此,这篇回忆记述的魏特林1849年逗留伦敦时与马克思的一次过去未为人所知的会晤,特别令人感兴趣。

他们的这次会晤,应该联系他们之间的整个关系来看。我们知道,马克思恩格斯曾高度评价过魏特林,称他是"德国共产主义创始者",称他的代表作《和谐与自由的保证》是德国工人"史无前例光辉灿烂的处女作"[1],同时也指出他的空想共产主义体系的局限性和不科学性。他们曾想方设法帮助这位工人自己的共产主义理论家摆脱空想,接受辩证唯物主义的世界观。为此,他们在1845年底邀请他到布鲁塞尔参加共产主义通讯委员会的工作。但是当时魏特林已经把共产主义变成了一种宗教,把自己看作是"口袋里装有一个能在地上建成天堂的现成药方"的救世主[2],与辩证唯物主义的世界观格格不入了。因此,在1846年3月30日共产主义通讯委员会的一次会议上,他与科学共产主义创始人发生了激烈的冲突,并于1846年5月11日的会议上反对《反克利盖通告》,随后开始攻击诽谤马克思,同马克思断绝一切关系,不久移居美国。1848年革命爆发后魏特林回德国参加革命,在1848年7—8

---

[1] 《马克思恩格斯全集》第1版第1卷第586、483页。
[2] 《马克思恩格斯选集》第1版第4卷第194页。

月同马克思见过面,过去历史学家们一直认为这是他们最后的见面。那是1848年7月21日在科隆民主协会的一次会议上。会前马克思曾对协会一位领导人海·贝克尔表示反对让魏特林发表演说。马克思对贝克尔说:"难道我们有哥特沙克的谬论还不够,您还要捧个魏特林出来吗?"① 魏特林在会上发表了演说,对无产阶级在德国革命中的任务持宗派主义的看法,马克思没有听完就走了。接着在8月4日,马克思在民主协会开会讨论魏特林的演说时批评魏特林对德国革命的民主任务的无知。②

那么,为什么马克思1849年9月要与魏特林会晤呢?这绝不可能是马克思要改变对魏特林空想共产主义所持态度的一个步骤,因为马克思此后也一直批判魏特林的"温情说教","对未来社会结构的一整套幻想"。③ 当时,马克思竭力集合无产阶级的队伍和重建共产主义者同盟。魏特林虽然是个空想共产主义者,有许多严重的弱点、缺点和谬误,但他不仅是40年代在德国工人运动中起过极大作用的人物,而且一直是坚定地争取工人解放的工人革命家。因此,可以设想马克思是希望通过会晤,看看魏特林是否从1848年革命中吸取一些有益的经验教训,能否最终把他争取过来。

但是,从这篇回忆来看,魏特林依然故我,继续坚持他的空想体系。显然,在这次会晤中,魏特林对于1846年3月30日在布鲁塞尔同

---

① 转引自瓦尔特·屈恩:《青年海尔曼·贝克尔。莱茵普鲁士工人运动史资料汇编》1934年多特蒙德德文版第1卷第108页。

② 瓦尔特·屈恩:《青年海尔曼·贝克尔。莱茵普鲁士工人运动史资料汇编》1934年多特蒙德德文版第1卷第116、123—124页。

③ 《马克思恩格斯全集》第1版第7卷第486页、第14卷第464页和第34卷第281页。

马克思发生激烈冲突的情景记忆犹新。在那次冲突中，马克思激烈反对"荒唐先知"①的空想，魏特林则激烈攻击"反对任何体系的人"②。因此，他在这篇回忆中耿耿于怀地写道："马克思表示始终反对一切制造体系的做法。"魏特林作为空想共产主义者，总是热衷于对未来社会的幻想描绘，总是把空想体系看作是宣传共产主义的唯一基础。正如他1845年9月在一篇文章中说过的："我们必须有体系，好让我们自己和别人都能一目了然；我们想要什么，我们想要的是可能实现的。否则，我们就不能宣传，就不能叫人信服；否则，碰到突然发生的情况，我们就不能立即判断：这对我们的事业会有什么利弊。"③

这篇回忆记述的马克思和魏特林的对话十分重要。马克思特别提起《共产党宣言》，指出这是"整个共产党的"纲领性文件。显然，马克思是要探听魏特林对这一纲领的态度，从而进一步了解魏特林对空想体系的看法有无改变。魏特林回避了对这一纲领进行实质性的讨论，回避了直接回答对它是承认还是不承认。他的态度是矛盾的。"我除了认为它可以更好外，对它没有更多的意见。"他对于宣言第一、二章表达的革命精神、国际主义、无产阶级使命、对资产阶级的批判，的确不会"有更多的意见"，但他由于世界观的局限，不可能接受宣言第三、四章对空想理论的批判和共产党人对各种反对党派的态度。两年后，1851年10—11月，他在他的《工人共和国》周报上转载宣言的情况证明这一点。他只转载了第一章和第二章大部分而没有转载第三、四章。"我

---

① 《回忆马克思恩格斯》，人民出版社1961年版，第311页。
② 《共产主义者同盟——第一国际的前身。文件汇编》1964年莫斯科俄文版第76页。
③ 威纳尔·柯瓦尔斯基编：《从小资产阶级民主主义到共产主义。德国早期工人运动的报刊（1834—1847年）》1967年柏林德文版第377页。

并没有被邀请参与起草""它可以更好些"这类话则鲜明地反映出魏特林这个自以为独占真理的救世主的变态的忌恨恼怒和自负傲慢心理。这段对话实际上等于是魏特林和马克思都重申:他们与当年1846年一样,只能分道扬镳。

从这篇回忆中我们还可以看出魏特林对伦敦德意志工人共产主义教育协会中的共产主义者卡·普芬德和亨·鲍威尔等的敌视态度。这是因为普芬德和鲍威尔等在伦敦德意志共产主义者1845年下半年的讨论中已开始摆脱魏特林主义,逐渐接受科学共产主义,成了马克思的拥护者;同时还因为魏特林常常感到自己是"受忌妒者追逐的大人物,到处都觉得有竞争者、隐蔽的敌人和陷阱"[1],失却冷静公正的观察力,对不同思想的人总是持不相容的态度。尽管如此,这篇回忆提供了有关共产主义者与小资产阶级民主派1849年夏秋在工人教育协会中的辩论的新材料,证明马克思到达伦敦对这次辩论起了决定性影响,马克思拥护者在协会里的胜利,为共产主义者同盟1849—1850年在伦敦的富有成果的活动提供了良好的条件。

---

[1] 《马克思恩格斯选集》第1版第4卷第194页。

马克思恩格斯和艾琳·麦克法林[*]

二 木

英国作家和历史学家托马斯·卡莱尔（1795—1881）反对过庸俗的英国资产阶级，捍卫了1789年的法国资产阶级革命和宪章运动，但是他从1848年起便成了革命和民主的敌对者。马克思和恩格斯针对他的《当代评论》，1850年3—4月在《新莱茵报。政治经济评论》第四期上发表了《评托马斯·卡莱尔〈当代评论〉》一文，尖锐地批评了他的主观唯心主义理论，特别是他所宣扬的"英雄崇拜"。他们在评论中捍卫了唯物史观，强调了人民群众在历史发展中的伟大创造作用，同时揭穿了卡莱尔在崇拜个人、尊敬英雄的幌子下维护资产阶级对人民群众的压迫和奴役的卑鄙行为。

马克思和恩格斯的这篇评论问世以后，在英国宪章派月刊《民主评论》第四、第五和第六期也刊载了一组批判卡莱尔的《当代评论》的文章。作者在这些评论中提出的问题，正是马克思和恩格斯在评价该书时所强调的诸如对1848—1849年革命的态度、对民主的态度、个人和人民群众在历史中的作用等问题。作者批驳了卡莱尔对1848年革命的虚无主义态度，并紧接马克思和恩格斯之后，指出革命在历史过程中的

---

[*] 本文选自《马列主义研究资料》1985年第3辑。

决定性意义，坚信人民革命的胜利的必然性和不可避免性。

作者写道："我公开承认，近来我看到的一切事情当中最高兴的事情是卡莱尔愤怒的抱怨：这就是维也纳的三月革命，即'欺骗的总破产'①。人们所希望的不是生活在谎言之中，而是消灭谎言的任何价值。"②

作者批判卡莱尔的社会历史观时写道："我认为，卡莱尔的抨击性文章中所具有的思想，贯穿在他的所有著作之中，这就是英雄崇拜的思想，他有时把这种思想导致极端，否定个人的权利。"③

作者关于卓越人物的真正作用的思想是颇为有趣的：领导者表达了自己时代的思想，群众就会自愿地跟着他前进；如果领袖的愿望与时代精神相悖，群众就会拒绝跟随他。④

作者在批判卡莱尔的唯心主义观念时，还发表了许多关于英国政治状况、政党、资产阶级民主等很有意思的见解："要谨防所谓政府更迭的无耻的招摇撞骗……一伙骗子就是这样永无休止地被另一伙骗子如托利党人、保守党人、辉格党人等所取代……对于改善受苦群众居住的恶劣条件，哪一伙人都搞不出一点名堂……我认为，辉格党人与托利党人相比，是更有害的畜生。"⑤

这位明显地接受了马克思和恩格斯观点影响的作者是何许人？她是英国新闻工作者艾·麦克法林，笔名"霍华德·摩尔顿"。麦克法林，

---

① 卡莱尔这样评价革命。麦克法林也像马克思和恩格斯一样（《马克思恩格斯全集》第 1 版第 7 卷第 304 页），在对卡莱尔一书的评论中采用了他们的术语。
② 《民主评论》1850 年 4 月第 424 页。
③ 《民主评论》1850 年 4 月第 423 页。
④ 《民主评论》1850 年 4 月第 423 页。
⑤ 《民主评论》1850 年 6 月第 17—18 页。

是宪章主义者,参加过英国和欧洲的革命斗争;第一个把《共产党宣言》译成英文本,并积极宣传马克思和恩格斯的思想。麦克法林熟练地掌握了德语和法语,深入地分析过政治、哲学、文学和艺术问题。她在欧洲大陆住过几年,1845年在伦敦,1848年在维也纳,是三月革命的目击者;1850年初回到英国曼彻斯特,同时又经常待在伦敦。① 她积极为革命宪章派领袖哈尼出版的《民主评论》(1849—1850)和《红色共和党人》(1850)撰稿,赞成男女权利一律平等,坚决支持反对奴隶制运动。她在宪章派刊物上发表了洋溢着革命热情的文章,反映了宪章主义左翼的倾向和要求以及马克思主义思想对宪章主义的影响。

1850年6月以前,宪章派报刊上登载了署名麦克法林的一些文章,而后来她的名字便从报刊上消失了。同年7月,《民主评论》上出现了署名"霍华德·摩尔顿"的文章,就写作风格和论证特点来看,酷似麦克法林的手笔。文章经常引用圣经和文学著作中的人物,有时使用的术语,如"我的无产阶级兄弟"都一样。

据国外有关资料说,1850年恩格斯在曼彻斯特成立了一个《共产党宣言》研究小组,并且根据恩格斯的说法,摩尔顿这位"果敢而性急的年轻人"是积极参加者。宪章运动的地方组织召开的会议,恩格斯和麦克法林都出席过。恩格斯同许多宪章主义者经常交往,并参加他们举行的群众大会和会议。显然,恩格斯对这位马克思主义的宣传者摩尔顿也是熟悉的。麦克法林翻译了《宣言》,了解马克思主义思想,所以,马克思和恩格斯对她的影响,必然在她的文章中表现出来。

---

① 1850年9月,她目睹了海瑙大屠杀。残酷镇压匈牙利和意大利革命运动的奥地利元帅海瑙抵达伦敦期间,巴尔克莱、伯尔肯斯等地啤酒工人把他击毙。麦克法林热烈赞扬说:"勇敢的无产者给予这个流氓应有的惩罚。"

1850年12月30日，马克思偕同夫人和恩格斯参加了民主派兄弟协会举办的除夕晚会。会上哈尼的妻子嘲笑并侮辱了麦克法林。1851年2月23日，马克思在致恩格斯的信中对麦克法林深表同情并给予好评；同时谴责了哈尼同麦克法林这个"难得的人才"的无端决裂，从而使他的杂志《人民之友》失去了一位"唯一真正有思想的撰稿人"。①

霍·摩尔顿同哈尼决裂以前，在《人民之友》杂志上以《时代的象征》为题发表了两篇文章，写得很好。它涉及的问题和同期刊载的其他文章迥然不同。作者在文中宣传了《共产党宣言》中的阶级斗争的思想和工人阶级所负的历史使命。作者得出结论说，现代资产阶级的生产制度和分配制度经常会使小资本家、商人、小店主、小企业主遭到破产，它们把社会分为两大阶级：富翁和穷人、资本家和雇佣奴隶、金融贵族和无产者。当完成这种划分时，奴隶战争便不可避免。两军对垒，进行决战，最后的胜利一定属于革命的无产阶级。他们是改造社会、掌握未来的人。②

麦克法林同哈尼决裂以后，化名摩尔顿在《红色共和党人》上发表了17篇文章。就文章的许多观点来看，是作者早先在《民主评论》上已阐述的思想的继续。这些文章的分析有说服力地证明马克思和恩格斯对作者的思想影响。

1850年9月，在《民主评论》上刊载的《光荣的不列颠宪法》一文中，作者准确地叙述了马克思主义阶级斗争理论的内容，有时还重复了《共产党宣言》中的话："从文明最早产生，对社会进行改造起，除了阶级和等级之间的斗争以外，我们没有发现其他任何东西。在现代文

---

① 《马克思恩格斯全集》第1版第27卷第216页。
② 《人民之友》1850年12月28日第3号第18页。

化的摇篮——印度和埃及，我们找到了作为明显的、感觉得到的和确定无疑的事实而存在的阶级统治。"①

作者列举屈服于统治阶级的居民阶层时说："在文明的、**信奉基督的、有教养的英国**，这些人和现代无产者之间是有差别的。但是，在'光荣的'宪法颁布后处于优越地位的雇佣奴隶的状况，实际上并不比先前的所有其他奴隶的状况好多少。"②

在《红色共和党人》上发表的许多文章中，麦克法林把马克思主义学说的许多重要理论的内容通俗化了。她首先提出的正是对于50年代初宪章运动最有意义的那些问题。例如，在《1850年宪章主义》一文中，麦克法林考察争取人民宪章运动的状况时断言，普选权的宣传应在无产阶级的政治斗争和经济斗争相结合的基础上进行，应在对未来一切社会关系实行改造的要求的基础上进行。

作者认为，1850年的宪章主义和早期的宪章运动的主要差别，在于领袖和斗争的许多参加者"由单纯的政治改良思想转向社会革命的思想"③。

作者在《1850年的红色旗帜》这篇通讯中对社会革命的思想进一步作了发挥："我们希望进行社会革命，为的是作为人而不是作为牲畜活着……我们，真正的人民，无产者，希望社会革命，也就是在我们社会的条件下实行根本的变革……我们是宪章主义者，还有某种更多的要求。**红色旗帜下的宪章主义者**是劳动要求的可靠捍卫者……1850年的宪章主义是英国真正的人民事业、生产者的事业和这一受奴役阶级

---

① 《民主评论》1850年9月第125页。
② 《民主评论》1850年9月第125页。
③ 《红色共和党人》1850年6月22日第1号第2页。

的斗争事业；但是，这一斗争应在红色旗帜下进行，红色旗帜是新时代的象征，未来的旗帜。我们的任务是通过民主的和社会的宣传，即争取'宪章和某种更多的东西'而进行的鼓动，把我们的弟兄联合在这个旗帜之下。"①

文章的内容反映了作者使宪章运动沿着准备无产阶级革命的道路前进的意图；作者把争取宪章和普选权看作团结无产阶级、吸引他们参加政治生活的手段，而不是看作工人运动的最终目的。作者接近的正是马克思和恩格斯发表在《新莱茵报。政治经济评论》上的专门分析英国工人运动的著作中所作的结论。

马克思指出了普选权的口号对于英国的意义，着重指出工人阶级的政治统治是这一口号的必然结果。因为当时在英国，由于它的多数居民是无产阶级，而军事和政治的国家机器还没有得到足够的发展，无产阶级夺取政权的和平道路是有可能的。"普选权在工业无产者占三分之二的英国就意味着工人阶级的单独的政治统治和一切与此密切相联系的社会制度的各种革命变革。"②

麦克法林批判空想社会主义理论时又重新谈到为争取政权而斗争的问题。她问道："尽管花费了时间和金钱，为什么欧文的继承者们任何时候都未能把自己的社会理论付诸实现呢？由于同样的原因，法国圣西门主义者改善社会条件的一切企图，在该国存在君主制的情况下均遭到完全失败。在可能建立民主的和**社会的共和国**之前，构成社会的阶级之间的斗争应该进行到底。应该在奴隶状况下完成第一步：使他们成为自由的人。只有解脱这些绳索，你们才能让他们有饭吃，有衣穿，受到教

---

① 《民主评论》1850年7月13日第4号第26—27页。
② 《马克思恩格斯全集》第1版第7卷第285页。

育，并用其他办法改善他们的状况。"①

因此，作者正确地识破了空想社会主义的根本缺陷，并从另一方面完全无误地拟定了工人阶级的主要任务——为争取政权而斗争。

麦克法林捍卫发展工人运动的革命路线，同时顽强地同当时广为流传的错误的和有害的观念和幻想进行辩论。路易·勃朗超政治的"劳动组织"的思想也未逃过她的注意。作者在《资产阶级的诡计和无产阶级的轻信》一文中写道："劳动组织的内容包括通过普遍废除土地所有制和工业所有制来消灭敌对的等级和阶级，因为土地所有制和工业所有制这两大股份公司剥夺了生产者的公平的劳动报酬。这两个所有制废除的结果，土地是国家的财产，只向国家缴纳地租，银行、铁路以及其他私有财产将被消灭，联合和劳动产品公平分配的原则将到处实行。"②

可见，作者明确并彻底地贯彻了这一思想：只有废除私有制，消灭剥削阶级，才能实现有利于生产者本身的劳动组织。

1850年年中，在《红色共和党人》上就宪章派的新纲领展开了讨论，这个新纲领要在即将召开的宪章主义者大会上通过。拟定纲领草案时，麦克法林又谈到为夺取政权而斗争的问题："我们应该不仅让人民掌握政权，而且**在获得政权后**还要教他们**如何使用它**。"③ 而当人民成为自己国家真正主人的时候，应关心"把一切社会改革同提高我国人民的身体素质和道德水准联系起来"④。作者根据《共产党宣言》（以下简称《宣言》）的精神提出要求：用人的权利和义务的法律来代替政治平

---

① 《红色共和党人》1850年6月22日第1号第3页。
② 《红色共和党人》1850年8月3日第7号第51页。
③ 《红色共和党人》1850年8月17日第9号第68页。
④ 《红色共和党人》1850年8月17日第9号第67页。

等的法律，就是"根据每个人的贡献，满足每个人的愿望"①。作者认为，这一社会主义原则将成为新社会制度的主要法律。

麦克法林援引有利于社会主义原则的论据，批判资产阶级权利的原则，她写道："但是，如果社会不让我有可能行使权利，那么这个权利对我有何益处？我能享受这个权利，只是因为能**自由地使用劳动工具、土地和资本**。这是我的身体存在的、从而使智力增长的条件。土地和资本归国家而不是归个人所有。"②

但是，所有这一切是如何实现的呢？麦克法林认为，为此就必须改变使不列颠生产者陷入贫困境地的永无休止的竞争的现存制度；只有合作的原则代替竞争的原则，最根本的变化才能成为现实。

所以，麦克法林主张把土地和资本变成集体所有并使之用于造福以合作为基础的整个社会，她提议应把这一要求列入即将召开的宪章派大会的纲领。

麦克法林说："根据这两个论点，得出许多重要结论，这些结论在大陆社会主义者③的著作中完全得到发挥。例如，教育是免费的和义务的，诉讼也是免费的。国家赡养因年老多病而丧失劳动能力的公民，而这种赡养不是**慈善行为**，而是公民应享受的权利。国家银行将代替私人银行，国家无息贷款将代替高利贷，纸币将代替现行的金属货币。"④

麦克法林的文章中争取社会主义原则的积极宣传，无疑取得肯定的效果。当然，这一宣传没有也不可能使科学社会主义理论在宪章运动中

---

① 《红色共和党人》1850 年 8 月 17 日第 9 号第 67 页。
② 《红色共和党人》1850 年 8 月 17 日第 9 号第 67 页。
③ 作者首先指的是马克思和恩格斯。
④ 《红色共和党人》1850 年 8 月 17 日第 9 号第 67 页。

取得胜利，但在宪章运动参加者左翼的一些人中间还是促进了它的某些论点的传播。麦克法林所说的社会主义性质的某些思想，在1851年宪章主义者大会的纲领中得到了反映。这个纲领尽管有许多不足之处，但仍不失为当时运动的最革命的文献。要求把人类从资本主义剥削的压榨下解放出来的工人阶级的历史使命的思想是这个文献的基础。

资产阶级报刊《领袖报》的评语"哈尼办的报纸《红色共和党人》上刊载的是一些发疯的、粗俗的和情绪激愤的文章"①，主要出自麦克法林的手笔。

麦克法林后来的活动，我们一无所知。我们如能找到有关她的生平活动的新资料，将会扩大我们对科学社会主义思想在英国传播的视野。

艾·麦克法林是《宣言》第一个英文本的译者。恩格斯在《宣言》1872年德文版和1888年英文版序言中都提到：《宣言》的"第一个英译本是由艾琳·麦克法林女士翻译的，于1850年在伦敦《红色共和党人》杂志上发表"②。然而，恩格斯是通晓英文的，为什么他不亲自翻译呢？

原来，1848年《宣言》问世后不久，恩格斯就打算把它译成欧洲许多国家的文字出版。《共产党宣言》的英文本具有特殊的意义，因为这一科学共产主义的伟大纲领只有通过英文版的出版，才能对当时最为强大的和最有组织的工人运动——宪章运动产生巨大的影响。

1848年4月，恩格斯本人曾想把《宣言》译成英文。关于《宣言》的翻译，他在1848年4月25日的信中对马克思说："我正在搞英译文，

---

① 《领袖报》1850年6月29日第14号第328页。
② 《马克思恩格斯选集》第1版第1卷第228、234页。

这比我原来想象的要困难。但是大半已经弄好了，不久即将全部完成。"① 但是，恩格斯对自己的译稿并不满意，他在1885年回忆这件事时说："说实在的，《宣言》的翻译一直使我害怕，——它使我想起我在一切文献中最不好翻译的文献上所白白耗去的艰苦时刻。"② 他在1883年6月致左尔格的一封信中还警告自己的朋友说，翻译《宣言》是异常困难的。③

1888年，赛·穆尔译的《宣言》英文本出版了。恩格斯亲自校订了该译文，写了序言，并加上了一些附注。这个译文被公认为是"可靠的译本"④。但是，恩格斯在《宣言》1872年德文版和1888年英文版序言中提到的第一个英译本，却往往被人们所忽视。

翻译《宣言》是"异常困难"的。译者只精通英文和德文还搞不出一个"出色的译本"。麦克法林的英文和德文水平虽然很高，但也要从理论上吃透《宣言》的思想和精神，才能准确表达，否则难免要歪曲原文。巴枯宁翻译的《宣言》俄文本上的错误，正是由于他的世界观同马克思是敌对的，不能正确表达原著的理论。所以，恩格斯翻译出版马克思和他本人的著作时，非常重视从理论上正确表达原文，竭力排除质量不高和粗制滥造的译文。

麦克法林的英译本出版时，著名的英国宪章运动活动家乔·哈尼写了序言。他在序言中不仅第一个指出《宣言》的作者是马克思和恩格斯，而且对它的英译文给予很高的评价。他指出《宣言》是迄今最革

---

① 《马克思恩格斯全集》第1版第27卷第143页。
② 《马克思恩格斯全集》第1版第36卷第361页。
③ 《马克思恩格斯全集》第1版第36卷第46页。
④ 《马克思恩格斯选集》第1版第1卷第242页。

命的文献，由于《红色共和党人》登载了它的"出色的译文"，英国读者将能获得关于德国革命者的最先进政党的观点和原则的概念。马克思和恩格斯事先看过哈尼的序言，显然同意对译文的评价。后来，在1851年10月16日，马克思还在信中建议约·魏德迈把《宣言》的"英译本连同哈尼的序言印成小册子"①。

国外学者认为，麦克法林的出色的《宣言》英文本，是在恩格斯帮助下翻译出来的。他们列举的下述事实有一定参考价值。例如：

作者在《宣言》中分析无产阶级的发展过程时写道："工人们开始成立反对资产者的同盟。"②"同盟"这个术语在1850年和1888年的英文版③均译成"工会"（"trades = unions"）。无疑，这样处理对英国读者特别是工人来说，更加亲切、易懂。

在"共产党人是世界各国工人政党中最坚决的、始终鼓舞大家前进的一部分"④这句话中的"最坚决的、始终鼓舞大家前进的"1888年英文版中译为"最先进的和最坚决的"，1850年英文版也作了这样的改动。⑤

确切表达《宣言》的下述用语，具有很大的原则意义："现代资产阶级的私人所有制是建立在一部分人对另一部分人的剥削上。"⑥ 在

---

① 《马克思恩格斯全集》第1版第27卷第606页。
② 《马克思恩格斯全集》第1版第4卷第475页。
③ 见《红色共和党人》1850年第171页；《共产党宣言》1888年英文版第14页。
④ 《马克思恩格斯全集》第1版第4卷第479页。
⑤ 见《共产党宣言》1888年英文版第16页；《红色共和党人》第181页。
⑥ 《马克思恩格斯全集》第1版第4卷第480页。

1850年和1888年英文版中均译为"少数人对多数人的剥削"①。

历史唯物主义的核心概念之一"生产关系",多次在《宣言》中使用。在这两个英文本中的译法相同,有时用"system of production"(生产体系),有时又用"conditions of production"(生产条件)。②《宣言》中的极为重要的概念"生产方式"和"占有方式",这两个版本也作了相同的表达,译者严格按照该术语内容译为"所有制关系""私人所有制"和"个人所有制"。

"Fortschritt"一词的翻译是有特色的(直译是:"进步"),马克思和恩格斯完全未把资产阶级的政治努力所达到的程度视为"进步"。所以,在"资产阶级每这样发展一步,都伴随有相应的政治上的成就"③一句中的"Fortschritt",译为"成就"。在1888年英文版中这个词用的是"advance"("前进","成就")。1850年英文版用的是"development"("发展","推进","成就"),但根本不用"进步"一词。

同样值得注意的是"行会师傅"这个词的译法。恩格斯在1888年英文本中对这个词作了解释性的注释:"行会师傅就是在行会中享有全权的会员,他是行会内部的工匠,而不是行会的首长。"④("that is a full member of a guild, a master within, not a head of a guild")在1850年英文版中,"行会师傅"这个术语译为"members of guilds"。

下述事实有力地证明,恩格斯参加了《宣言》1850年英文本的翻译工作。如《宣言》说明共产主义社会的重要公式:"全部生产都集中

---

① 见《红色共和党人》第181页;《宣言》1888年英文版第17页。
② 《红色共和党人》第162、171、182、183页;《宣言》1888年英文版第10、11、13、18、19、21页。
③ 《马克思恩格斯全集》第1版第4卷第467页。
④ 《马克思恩格斯全集》第1版第4卷第466页。

在各个成员的一个团体手里"① ("…ist alle Production in Den Händen der assoziierten Individuen Konzentriert…"),在第一个英文本中以极大的鲜明性和准确性表达出来。它的译法和恩格斯校订过的1888年英文本的译法许多处逐字逐句都相同:

《红色共和党人》	
1850年版	1888年英文版
"and all production will have been concentrated in the hands of this Association which comprises the whole nation."②	"and all production has been concentrated in the hands of a vast association of the whole nation."③

从上边的对比中可以看出,麦克法林和恩格斯都认为必须对原文作一些改动。明显的是,他们在句中都增加了"the whole nation"一词,从而使公式的表达更准确了。

上述事实能够证实恩格斯参加了《宣言》的英译文工作。这个情况自然重要,它对于我们搜集马克思和恩格斯同宪章运动关系方面的新材料,进一步探讨科学社会主义对英国工人阶级解放斗争的影响,无疑是有益的。

资料来源:

《马克思恩格斯全集》第4、7、27、36卷;М. П. 马林尼切娃:

---

① 《马克思恩格斯全集》第4卷第490—491页。
② 《红色共和党人》1888年英文版第22页。
③ 《红色共和党人》1850年11月第23号第183页。

《再谈恩格斯参加了〈共产党宣言〉第一个英文本的准备工作》,载苏共中央马列主义研究院《马恩室学报》1971年第20期;《〈红色共和党人〉——革命宪章派1850年的机关刊物》,载苏联《马克思主义和国际工人运动史论丛》1964年第522—535页。

马克思与弗莱里格拉特的诗《致约瑟夫·魏德迈》的创作、发表和传播*

〔德〕英格丽特·多内尔

约瑟夫·魏德迈是马克思和恩格斯最忠实的朋友和战友之一，1851年底流亡美国后，千方百计地想在纽约出版革命的杂志。此外，他还坚定地指望马克思恩格斯及其战友的帮助。1851年12月中旬马克思得到魏德迈关于支持他所计划的杂志的请求。马克思于1851年12月17日通过燕妮·马克思给恩格斯的一封信向恩格斯转达了这个请求。燕妮·马克思在信中提到，"根据上司的命令，我还给弗莱里格拉特写了一封敦促信"①。

魏德迈很重视斐迪南·弗莱里格拉特为他的杂志写的一首诗。弗莱里格拉特对此表示赞赏，因此马克思在1851年12月19日给魏德迈写信，说"弗莱里格拉特那里没有什么现成的东西，但是他答应你可以把他的名字列为你的撰稿人之一"②。这样，除了马克思和恩格斯之外，魏德迈还直接把弗莱里格拉特称为他的新杂志《革命》的撰稿人。③

---

* 本文选自《马克思恩格斯研究》1994年总第16辑。
① 《马克思恩格斯全集》第1版第27卷第637、617—618页。
② 《马克思恩格斯全集》第1版第27卷第637、617—618页。
③ 《革命》杂志出版预告，载于《体操报。社会主义体操联合会机关报》1852年1月1日纽约版第3号。

因为直到1851年1月6日《革命》第1期出版时，弗莱里格拉特还没有稿件寄到纽约，魏德迈就把他以前的一首诗《转变。1792年》登在该杂志第2期①的扉页上，因处于逆境，这期杂志同时也是最后一期。

魏德迈因弗莱里格拉特的诗又敦促马克思。1851年12月27日马克思把这些要求转达给诗人，同时试图激励他写一篇新的东西："请你把这放在心上，写一首献给新世界的新年之歌吧！在目前的情况下，我认为不管是悲壮的还是幽默的，写诗确实比写散文容易些。无论什么时候，如果你想要把你这个非洲陛下在私生活中所特有的幽默变成艺术形式，那么我相信你采用这种体裁也会获得成功的。你的夫人就曾经正确地指出，在你身上有许多潜在的机智。"② 马克思在同弗莱里格拉特亲自会面时也同他谈过此事，并于1852年1月1日满怀希望地往纽约写信说：昨天我百般敦促弗莱里格拉特，他终于答应我以最近事件为题写一首诗给你。③

马克思的这次"敲打"成功了。阿道夫·克路斯从美国发来的一些关于哥特弗利德·金克尔旅美期间为所谓德国未来革命公债筹款这一特定事件的一些新消息，也帮助了马克思的敦促。1852年1月7日，弗莱里格拉特就此事写信给马克思说：

> 您随信附寄的克路斯的信退还。金克尔的卑鄙真是无以复加。但是，没有

---

① 载于《革命》杂志1852年1月13日纽约版第2期。
② 《马克思恩格斯全集》第1版第27卷第619—620页。
③ 《马克思恩格斯全集》第1版第28卷470页（从弗莱里格拉特1851年12月31日给马克思的信得知，马克思、弗莱里格拉特和他们的朋友在1851年1月1日进行了会晤。可见，马克思1852年1月1日这封信里关于弗莱里格拉特的附信肯定是在1月2日补上去的）。

什么东西比他自己能成功地榨取黑人这件事使我更觉得有趣了。这是一件与你——黑人——和我——黑人领主——直接有关的事。这是对我们领域的侵犯，我们必须对此严加谴责和反驳。

今晚从2点至6点我一直未能成眠，并用各种各样的思想来消磨时光，这些思想还将（尽管不是为了赶下一班的汽船）组合进一首诗里。我得看看有些什么东西。我希望下星期带几节诗去参加鲜鱼沙拉宴。①

几天后，大约在1852年1月12日，弗莱里格拉特就不怎么有信心了。他写信给马克思说，他毁掉了好些已写好的诗。他的理由是："不久前我对你谈的一些思想还不是独立的整体。也许可以说，我在纸上写了几节八行诗，但是，在审阅时发现，诗中几乎不外乎就是人身攻击，这毕竟不是诗。于是我把这垃圾扔进火里，不再继续编造。整体也许会有一些成绩，诙谐的东西和庄严的东西穿插在一起。如果我抓住这些东西，也许我的脑海就会碰上一组新的构思。就这样吧。"②

但是，弗莱里格拉特的努力并非全都毫无结果，因为在1852年1月16日，即几天后，马克思把弗莱里格拉特的头一篇寄给魏德迈。这是一篇由16节八行诗组成的诗。弗莱里格拉特称之为诗，或如他所表明的那样，是一篇信体诗《致约瑟夫·魏德迈》。马克思在附信里对印刷这首诗向魏德迈作了非常具体的指示。同时还作了如下提示："写一封亲切的信给弗莱里格拉特。别舍不得用恭维话，因为所有的诗人甚至最优秀的诗人多多少少都是喜欢别人奉承的，要给他们说好话，使他们

---

① 曼弗雷德·黑克尔：《弗莱里格拉特与马克思和恩格斯的通信集》1968年柏林版第1部分第32、35页。

② 曼弗雷德·黑克尔：《弗莱里格拉特与马克思和恩格斯的通信集》1968年柏林版第1部分第32、35页。

赋诗吟唱。我们的弗莱里格拉特在私生活上是一个最可爱最朴素的人，在他真诚善良的心灵里隐藏着最灵敏和最善讽刺的才智；他的热情是'真实的'，但这并不使他成为'非批判的'和'迷信的'。他是一个真正的革命者，是一个十分忠诚的人——这是我只能对少数人用的赞语。但是诗人——不管他是一个怎样的人——总是需要赞扬和崇拜的。我想这是他们的天性。我说这些只是要你注意，在同弗莱里格拉特通信时不应忘记'诗人'同'批评家'之间的区别。而他把自己的诗直接寄给你，这是他的好意。我认为这对在纽约的你来说将是一个支持。"①

燕妮·马克思立即把《致约瑟夫·魏德迈》这首诗寄往曼彻斯特给恩格斯，她称这首诗是非常成功的。②

弗莱里格拉特1852年1月24日（所注日期是1月23日）把《致约瑟夫·魏德迈》这首诗的续篇寄往纽约。从弗莱里格拉特1852年1月25日给马克思的信得知，马克思在这首诗寄往美国前已经知道了这首诗的续篇，因为弗莱里格拉特为了说明他在诗寄出后于1月24日写的另一节八行诗，先向马克思介绍了续篇的内容。他引用续篇仅仅是让马克思再次忆及诗的上下篇的关系。③

马克思和弗莱里格拉特之间关于创作《致约瑟夫·魏德迈》这首诗的通信清楚地说明，马克思不仅是这一作品的倡议人，而且也对修改

---

① 《马克思恩格斯全集》第1版第28卷第474页。
② 参看《马克思恩格斯全集》第1版第28卷第642页。
③ 参看黑克尔：《弗莱里格拉特与马克思和恩格斯的通信集》第1部分第36页。

和完成这一作品作出了重要贡献。① 许多年后,威廉·李卜克内西在其《纪念卡尔·马克思。生平简要和回忆》一书中回忆了这段时间。他对马克思如何关心弗莱里格拉特的这首诗的创作记忆犹新。他写道:"一天晚上,我们同'新莱茵报的梯尔泰'(他对可用的评注有很敏锐的感觉,而且往往一看到就立即把它们记入自己的笔记本)坐在一起,趁这个机会说起,在**弗莱里格拉特**《**致魏德迈**》这首名诗里有反对革命预言家的一节,其中几乎字字句句都受到马克思的激励。"②

就这点而言,可惜李卜克内西的这个回忆在几十年后没有能具体地利用,因为他没有明确地指出他所强调的弗莱里格拉特诗里的哪一节。因此可能指的是构成弗莱里格拉特这首诗上篇的主要部分的许多节。

无论如何,可以把马克思1852年1月26日给弗莱里格拉特的关于增补的一节诗的复信看作他积极支持弗莱里格拉特写这首诗的另一个证据,弗莱里格拉特在已提及的1852年1月25日的信中把这节诗送请马克思过目。尽管弗莱里格拉特给马克思的信没有完整保存下来,但他却提供了这样一个印象:他十分关注马克思对这节新写的诗的看法。马克思从总的方面评价了这节新作。他赞扬弗莱里格拉特,并且很谨慎地说了他对增补的这节诗的看法,因为,在他看来"没有任何内在的必要性在这个地方引申到金克尔"③,而它只会给敌人提供口实来"攻击这一

---

① 参看 B.A.莫罗佐娃:《谈谈弗莱里格拉特给约瑟夫·魏德迈的信体诗的写作经过史》,载于《马克思恩格斯著作室科学情报资料汇编》(莫斯科)1963年第10期第59—92页。

② 威廉·李卜克内西:《纪念卡尔·马克思。生平简要和回忆》1896年纽伦堡版第31—32页。

③ 《马克思恩格斯全集》第1版第28卷第483页。

节诗，说它是个人意气或敌对的表现"①。马克思还补充了下面的建议："但是，既然这一节诗写得非常成功，不能不加以利用，那么你——如果你认为我的意见是正确的话——务必找机会将它放到你今后要写的有关别的问题的某一首诗里。的确，素描是好极了。"②

弗莱里格拉特完全接受马克思对他增补的这节诗的看法。③ 然而这节诗没用到另一首诗里，因为弗莱里格拉特没有继续写他的诗《致约瑟夫·魏德迈》。

马克思对弗莱里格拉特是不惜赞扬的。1852年1月26日写信给他说："因为恩格斯和维尔特没有把我给他们寄去的你的第一首诗的抄件寄回来，所以我昨天只能给红色沃尔弗（斐迪南·沃尔弗——编者注）朗诵我记忆中的几个片断。但是，这已经足以使他达到他所特有的那种狂喜的状态。"④

弗莱里格拉特的《致约瑟夫·魏德迈》的两个部分是对共产主义者同盟与德国小资产阶级流亡者论战的一个重要贡献。各个民主派别以极不相同的方式试图通过在普鲁士和德国其他州的秘密结社和密谋活动，引起一场新的革命，这些试图也在思想上还不坚定的工人中引起了一定的反响。马克思和恩格斯领导下的共产主义者同盟不得不把此事视为他们揭露一些主要民主派的所谓革命的但非常危险的阴谋的最重要任务之一。小资产阶级的革命把戏的顶点是金克尔1851年底至1852年初为所谓国家革命公债筹款的美国之行。尤其要指出的，这个借款运动成

---

① 《马克思恩格斯全集》第1版第28卷第483页。
② 《马克思恩格斯全集》第1版第28卷第483页。
③ 参看弗莱里格拉特1月28日给马克思的信，见黑克尔：《弗莱里格拉特与马克思和恩格斯的通信集》第1部分第39页。
④ 《马克思恩格斯全集》第1版第28卷第483—484页。

了下述行动的起点：论证人为地在德国制造革命形势的种种不能实现的小资产阶级观念是荒谬的。

弗莱里格拉特的第一首诗是反对金克尔在美国的这种乞讨行径的。他明确地谴责金克尔的小资产阶级观念和冒险活动。他否认金克尔有权以德意志民族的名义说话，并且支持马克思和恩格斯所阐述的论点：首先只有相应的形势在社会发展中成熟了，才可在德国开始一场新的革命。

弗莱里格拉特以他初次逗留英国期间巧遇诗人汉斯·克里斯提安·安徒生为出发点，在其诗的第二部分里描述了昔日亲密的诗人的不同发展道路。弗莱里格拉特把他的道路即一个革命诗人的道路与迁就保守势力的道路作了对比。此外，他非常严肃地表示反对一些诗人在阶级论战中要求的所谓高瞻远瞩。马克思对弗莱里格拉特的影响在这些见解里是显而易见的。然而，弗莱里格拉特以后的发展使他离这个明确的作为社会论战诗人的党性立场越来越远。例如，这表现在1856年他同金克尔重归于好的态度上。①

《弗莱里格拉特与马克思和恩格斯通信集》的出版者曼弗雷德·黑克尔，在前言中强调说，务必把致魏德迈的两篇诗作视为弗莱里格拉特的最杰出的诗。两篇诗作以其辛辣的笔触，正确的政治方向及其完美的艺术形象而被称为当时最优秀的政治诗作。② 它们对弗莱里格拉特来说可能是在变化了的历史条件下作为政治诗人的进一步发展的一条可行之

---

① 参看黑克尔：《弗莱里格拉特与马克思和恩格斯的通信集》第1部分第78—79、69、79页。

② 参看黑克尔：《弗莱里格拉特与马克思和恩格斯的通信集》第1部分第78—79、69、79页。

路。但是，也由于他对辩证唯物主义和马克思主义政治经济学的基本理论问题缺乏理解，《致约瑟夫·魏德迈》这首诗却成了弗莱里格拉特作为政治诗人、作为一般无产阶级诗人的发展的终点。①

马克思不仅积极参与弗莱里格拉特这首诗的创作，也紧张地为诗的发表而尽心尽力。在《致魏德迈》第一部分于1852年1月16日寄出时，他就十分重视该诗在《革命》杂志上要有印刷精良的外观。马克思要求魏德迈："要精心把诗印好，诗节之间应有适当的间隔，总之，不要吝惜版面。如果间隔小，挤在一起，诗就要受很大影响。"② 但是，在此期间《革命》杂志因经济原因没有出版。只有第1期于1852年1月6日，第2期于1852年1月13日出版。当时，要是马克思和恩格斯能为这家杂志的出版做一些广泛的努力也许会充分起作用。尤其是魏德迈的事业也成了它匆忙出版的牺牲品。肯定是由于这个失败的尝试而引起的烦恼，马克思和恩格斯也没有立即从美国得到失败的消息。

在此期间弗莱里格拉特自己试图在德国登出他的诗。他想把诗的第一部分寄往斯图加特给他的出版人科塔，在《总汇报》（奥格斯堡）或《知识界晨报》（斯图加特）上登出。但是，他觉得有必要给这首诗写一篇适当的序言。他为了这一篇序言在1852年2月20日向马克思求助，并对此作了说明："但愿你不到明天早上就把它赶写出来。首先，由于恩格斯的最新报道，你比我更详细地了解事实，其次（我不得不承认），我没有足够的经验以临时通讯员的身份，把我自己的诗当作别人的诗来介绍。请最迟在明天写几句（关于金克尔、科苏特、《革命》杂

---

① 参看黑克尔：《弗莱里格拉特与马克思和恩格斯的通信集》第1部分第78—79、69、79页。

② 《马克思恩格斯全集》第1版第28卷第473—474页。

志和这首诗），以便我能把它立即寄给科塔，我反正得给他写点东西，他一直最尊重我自己的稿件。"①

科塔利用了寄来的东西，并把附有序言的这首诗发表在1852年3月7日《知识界晨报》第10号上。

作为序言的通讯全文如下：

> 弗莱里格拉特反对金克尔。2月底于利物浦。
>
> 最近的一班美国汽船带来了不久前在纽约新出版的德文杂志《革命》。其中一期有**弗莱里格拉特**反对**金克尔**，或者更确切地说是反对金克尔在美国筹措德国公债的一首诗。诗中不单纯是人身攻击，其中还有派别之争。因此，为了评论流亡者中的分裂和派别之争，我们认为这首诗有充分的根据，能将这些情况详细地告知读者。许多读者会感到惊奇：这个极端革命派是多么率直，它最无情和最坚定地揭露了现在金克尔所热衷采取的措施，而且正是这一派以幽默镇定的态度坐视最近几个月来发生的事件。也许它的想法同基佐一样，大家知道，基佐在12月2日后马上就说："政变，这是社会主义完全而彻底的胜利！"然后，当然可以理解，为什么当民主派阵营里到处是一片哭泣声和悲叹声时，而它表面上装着一筹莫展实际上却在暗中窃笑。
>
> 此外，这首诗尽管有不少地方的（伦敦的和纽约的）暗语，但总的来说是可以理解的。也许唯一得注意的是：金克尔首先在北部诸州扮演废奴派，然后（据最新消息）在南部诸州却不与奴隶制的反对者结盟，他还在底特律和别的地方为他的贷款召集**黑人**大会。
>
> 要是弗莱里格拉特完成了他在第一封信里暗示的计划，要是他给《革命》杂志编辑（如果我没有记错，约瑟夫·魏德迈是美因河畔法兰克福业已寿终正寝的《新德意志报》的前编辑）的后一封信也是为了祖国的共同利

---

① 黑克尔：《弗莱里格拉特与马克思和恩格斯的通信集》第1部分第42页。

益，那我将征得您的同意，一有机会就继续向您全文或摘要报道这些信。这个情景的确是独特的：一位德国诗人被迫远离祖国，但还是想把祖国发生的变化忠实地反映在他的诗里，以便把这些变化传到——不是祖国或准许他避难的国家，不是的——大洋彼岸的新德意志，传到从哈得逊河口到遥远的密歇根的住在杂乱木屋里的同胞。他不仅被否定和干涉，而且也往往被兴高采烈地赞扬，我对这种情况的看法是，就我从他的诗和传闻中所知道的情况而言，我认为这位诗人的本质可以保证他这样做。

曼弗雷德·黑克尔把这篇序言收入他出版的《弗莱里格拉特与马克思和恩格斯的通信集》里[①]，但是，他在《通信集》的前言里指出，不能肯定作者是马克思本人还是马克思的诸好友中的某个人，而且今天也不再有据可查了。[②]

但是，有一些事实以极大的可能性使人得出结论：马克思是这篇序言的作者。这里包括：马克思是思想上的创作者和他对写作这首诗的支持，这些都已得到证实。马克思为该诗在美国发表并支持在德国登出所作的特殊努力是另一个证据。此外，从《晨报》上序言的内容即对前后关系的详细介绍中可以推知，作者是马克思或他的一个最亲密的朋友。但是，从撰写序言的时间极其短促（因为弗莱里格拉特第二天就要这篇序言）这一点也可推知：委托第三者写，这是做不到的。弗莱里格拉特在1852年2月24日把这首附有序言的诗的第一部分寄给科塔，这

---

① 黑克尔：《弗莱里格拉特与马克思和恩格斯的通信集》第2部分第55—56页、第1部分第71—72页。

② 黑克尔：《弗莱里格拉特与马克思和恩格斯的通信集》第2部分第55—56页、第1部分第71—72页。

也得到证实。①从中可以得出结论,这篇通讯肯定写于1852年2月21和24日之间。

根据文风也可以得出作者是马克思的论点:这种文风明确表明是马克思的。马克思不只是在这篇通讯中引用了基佐的话。大家知道,该引文也在他的著作《路易·波拿巴的雾月十八日》中使用过。他在该著作第7篇文章里吸收了这句引文②,并于1852年3月25日把文章寄往纽约给魏德迈③。但是,在他的通信里还用过这一类的名言,它包含在他1852年2月23日给斐迪南·拉萨尔的信里。④这封信的写作时间与作为序言的这篇通讯的写作时间一致。

弗莱里格拉特1852年3月13日给马克思的信应当看作是说明作者是马克思的另一个但并不是次要的证据。弗莱里格拉特在这封信里说:科塔告诉他这首信体诗发表在《晨报》上。"说是发表了!就是说全诗确实与别具一格的序言一起发表了!这确实是在纽约碰钉子后的一种安慰!"⑤科塔给弗莱里格拉特的信的日期是1852年3月8日。由此可见,弗莱里格拉特没有立即把这首有序言的诗的发表告诉马克思。

从所有这些不同的证据中可以相当肯定地确定马克思是这篇作为序言的通讯的作者。

虽然弗莱里格拉特的诗已在《晨报》上发表,但马克思和恩格斯仍然很重视这首诗在美国的登出。他们希望魏德迈的《革命》杂志重

---

① 黑克尔:《弗莱里格拉特与马克思和恩格斯的通信集》第2部分第55页。
② 《马克思恩格斯全集》第1版第8卷第214页。
③ 《马克思恩格斯全集》第1版第28卷第511—514、497页。
④ 《马克思恩格斯全集》第1版第28卷第511—514、497页。
⑤ 参看黑克尔:《弗莱里格拉特与马克思和恩格斯的通信集》第1部分第43页。

新出版。为此,马克思把他的《路易·波拿巴的雾月十八日》的一些续篇寄给魏德迈。当魏德迈克服种种困难,于1852年5月以《革命。不定期刊物》第1期为名,发表马克思的这部著作时,恩格斯征得马克思(他正好在曼彻斯特的恩格斯处)的同意,在1852年7月11日写信给魏德迈说:"亲爱的魏德迈,我们收到了《革命》的第1期,但是我们仍然希望你能设法把弗莱里格拉特关于金克尔的诗也在那里刊登出来,——要知道这不会增加很多费用。"① 在他的信中继续说道:"因为第2期的内容只有弗莱里格拉特的诗,所以大概已经印好了,这些东西,特别是关于金克尔的诗,除非必要,一分钟也不能多耽搁。其实,这些诗在金克尔返回纽约时,就应当以某种形式发表;它们搁得越久,就越失掉现实性,因为甚至对那些为了永世长存而写的多数作品来说,发挥其最大影响和最强时效,也是有一定时限的。"② 马克思也建议克路斯把在美国发表这首诗当作一项重要的政治任务。1852年5月10日左右他写信给他们说:"如果你们不能刊登弗莱里格拉特的诗,那就酌情把它交给某家报纸。我们作为一个政党如果不准备好反击,我们就会经常放马后炮……"③

关于这首反对金克尔的诗的政治意义的指示增强了克路斯的努力。他帮助魏德迈,减轻魏德迈的负担,并让人在华盛顿发表这首诗。1852年底以《革命。不定期刊物》第2期为名发表了这首诗。它成为反对

---

① 《马克思恩格斯全集》第1版第28卷第530—531、532、526页。
② 《马克思恩格斯全集》第1版第28卷第530—531、532、526页。
③ 《马克思恩格斯全集》第1版第28卷第530—531、532、526页。

美国小资产阶级民主派反共产主义企图的一篇重要作品。①

马克思很关注弗莱里格拉特这首诗在英国工人中的传播。因此，他征得弗莱里格拉特的同意②，把这首诗的第一部分交给英国工人运动的坚定的马克思主义领导人厄内斯特·琼斯，在他的《寄语人民》杂志上发表，琼斯亲自翻译了这首诗，并为此写了一个前言。他在其中说，同英国的民主一样，德国的民主也深受一些夸夸其谈的政治家之苦，这些人的行为危害了他们自己的运动。其中一些人在美国以德国的名义挨户兜售，从而使和平事业蒙受耻辱。弗莱里格拉特在他的诗里出色地揭露了这个骗局。琼斯强调说，这些骗人的偶像日益被揭露，并让人们去看看类似的同科苏特和马志尼的论战。③

马克思把载有弗莱里格拉特的诗的译文的一期《寄语人民》杂志寄给美国的克路斯。1852年5月，克路斯为在美国周刊《国民时代》上发表这首诗的英译文而努力。他给这篇英译文写了一个新的前言，他在1852年5月13日给马克思的信中称这篇前言是从琼斯那里抄来的。他改写了琼斯给《国民时代》编辑的一封信的前言。克路斯在前言里

---

① 参看卡尔·奥伯曼：《约瑟夫·魏德迈传》1968年柏林版第264—265页。在《革命。不定期刊物》第2期上发表了弗莱里格拉特《致约瑟夫·魏德迈》这首诗的两个部分。第2部分也在1852年7月4日《知识界晨报》第27号第643—644页上发表。标题为《致约瑟夫·魏德迈（二）》并以下面的短评作序："致《革命》杂志编辑的第二篇信体诗。6月于利物浦。在纽约杂志《革命》出版时稿件中断，这使我今天才可能让人把弗莱里格拉特给那个杂志编辑的第二篇信体诗（第一篇见同年《晨报》第10期）送给您。虽然迟到，但愿您不会不感兴趣。"

② 参看黑克尔：《弗莱里格拉特与马克思和恩格斯的通信集》第1部分第43页。

③ 参看《寄语人民》1852年4月10日伦敦版第50期。

以对该诗来历的阐述为据指出，在美国公众眼里，该诗捍卫了革命的德国，反驳了人们说它同最近在美国出现的那些为金钱而写作的团体是一路货的指控。因此，该诗可能有助于揭露骗人的偶像并拒绝对他们的任何承认。①

还有令人感兴趣的是，马克思和恩格斯利用各种机会将弗莱里格拉特的这首诗告诉金克尔本人。他们这样做得到弗莱里格拉特的充分认可。这一点已为他1852年3月13日给马克思的信所证明。②1852年夏，彼得·伊曼特（金克尔知道他与马克思关系密切）向金克尔询问他对弗莱里格拉特的诗的意见。金克尔答复伊曼特说，他不看这种东西。③1852年秋，金克尔在英国作巡回报告期间曾在曼彻斯特和布莱得弗德逗留，恩格斯和格奥尔格·维尔特不想让金克尔待在那里，为此，恩格斯在1852年11月5—6日的信中要求马克思："别忘了**赶紧**给我寄来几份弗莱里格拉特关于金克尔的诗。在布莱得弗德，我们已经有些人建议把这些诗当众朗诵一番。"④

弗莱里格拉特《致约瑟夫·魏德迈》的诗的意义，产生于它的直接现实性及其特殊语言，但首先产生于它为革命无产阶级政党反对假革命的小资产阶级流亡者的斗争所作的贡献。在全面地考虑这个任务上，诗的作者首先要归功于他的朋友马克思。马克思再三地非常出色地说服

---

① 参看克路斯1852年5月13日给马克思的信（原民主德国中央马列主义研究院中央档案馆）。《国民时代》是一家英美周报，当时的发行量为2000份。这首诗发表在1852年5月27日第282期上。

② 参看黑克尔：《弗莱里格拉特与马克思和恩格斯的通信集》第1部分第43页。

③ 《马克思恩格斯全集》第1版第28卷第78、190页。

④ 《马克思恩格斯全集》第1版第28卷第78、190页。

弗莱里格拉特去写这部作品,并使这首诗在德国、美国和英国工人中家喻户晓。这是弗莱里格拉特在与马克思密切联系中最后一部有价值的作品。在后来几年里如果他们的友谊首先不受他们不同的生活道路的干扰,那么根据弗莱里格拉特进一步的思想发展,最终也不会导致他们相互联系的停止。弗莱里格拉特作为无产阶级诗人的发展以其作品《致约瑟夫·魏德迈》告终。

这里进行的研究是《马克思恩格斯全集》历史考证版第1部分第11卷的筹备工作的一部分。关于把作为序言的这篇通讯收入《马克思恩格斯全集》历史考证版第1部分第11卷的正文部分的建议,是从现有的成果得出的结论。这样,这篇文章首次在《马克思恩格斯全集》中发表。遵照《马克思恩格斯全集》历史考证版的出版方针,将弗莱里格拉特的诗收入该卷附录,因为它证实了马克思直接参与了这首诗的创作。

[原载《马克思恩格斯研究论丛》(柏林)第1辑]

(胡慧琴 译 单志澄 校)

彼得·伊曼特——马克思和恩格斯的朋友和战友[*]

〔民主德国〕埃·吉恩鲍姆

卡尔·马克思在他的著作《福格特先生》中援引了彼得·伊曼特写的一封驳斥福格特对马克思同日内瓦工人协会的关系进行诽谤的信。马克思在这封信之前写了伊曼特的简历，扼要地叙述了他1860年前所走的道路。[①] 在马克思和恩格斯的通信中关于他的经历还有更详细的记述。不过，伊曼特的生平和工作迄今几乎没有被人研究和重视。本文打算根据现有的材料介绍一下他的生平。

伊曼特1823年3月17日生于特利尔专区瓦得恩附近的一个小地方诺斯温德尔，是税务官米夏埃尔·伊曼特和他的妻子玛格丽达的幼子。他的父亲多年当兵，在拿破仑占领期间，为法国人效过力，还当过第二贝尔格宪兵连队长。

伊曼特家可能只在诺斯温德尔住了几年，后来迁到瓦得恩。他的父亲1829年8月去世，他的母亲和六个兄弟失去了生活依靠，从此生活十分艰难，这对伊曼特世界观的形成产生了深刻的影响，也是他接受进

---

[*] 本文选自《马列主义研究资料》1983年第2辑。
原题注：作者埃·吉恩鲍姆系革利夫斯瓦特国营电子通讯厂职业学校教员。
[①]《马克思恩格斯全集》第1版第14卷第419—420页。

步的观点，经过曲折的道路最后找到马克思和恩格斯的原因。

伊曼特12岁前在瓦得恩上小学。1835年随母亲搬到特利尔。当时特利尔居民将近15000人——主要是官员、商人和手工业者。工业尚不发达，但社会矛盾十分尖锐，广大居民阶层非常穷困。伊曼特在这里受到了最初的实际社会教育。1836年秋天，他升入马克思一年前离开的那个中学。他在这个学校学习到1843年。同年秋天，他离开特利尔，到杜塞尔多夫继续读中学。

杜塞尔多夫当时已经是人口两倍于特利尔的城市，而且工业开始有了发展。由于现代无产阶级日益壮大，出现了最初的自发的阶级对抗。在杜塞尔多夫，伊曼特可能第一次接触到资产阶级民主主义反抗运动思潮。他的哥哥卡斯帕尔·伊曼特思想比较进步，在这方面可能起了不小的作用。

1844年夏天，伊曼特通过了中学毕业考试。1845年4月12日，他进入波恩大学攻读神学。第一学期后，伊曼特又改学哲学专业。这可能是因为他加入了由小资产阶级发动的宗教政治反抗运动。他当时已是克雷费尔德"德国天主教或基督教使徒会"的会员。他的哥哥卡斯帕尔是这个团体的理事长。

1847年初，伊曼特发表了一篇文章，指出基督教是过去时代遗留给我们的片面世界观，它阻碍人的身心发展。① 这表明伊曼特同教会的分离已经最后完成。

伊曼特在波恩期间还同手工业者协会保持密切的接触。他在发表在报纸上的一篇文章中试图规定这个协会的立场，并提出了一个正确的观

---

① 彼得·伊曼特：《体育和基督教的身心二元论》，载于《莱茵体育馆》[体育杂志（克雷弗尔德）] 1847年第5期。

点：手工业者协会"就其本质来说代表市民阶级"。不过，他夸大了这个协会的作用，他认为，手工业者协会"在贵族和无产者之间具有举足轻重的作用"，并强调说，"如果它日益发展壮大，那么处于它之外的两个阶层就日益缩小，这个过程的结局将必然是一个统一的强大的国家市民阶级"。①

1846年7月末，伊曼特被波恩大学开除，10月24日他进入革利夫斯瓦特大学攻读哲学。他在这里参加了进步大学生的行列。这样，他同医学院学生威廉（纳美尔的）② 有了密切的联系。威廉到波恩后同威斯特伐里亚社会主义者如吕宁和雷佩尔经常接触，还同莫泽斯·赫斯、亨利希·毕尔格尔斯以及约瑟夫·魏德迈有密切来往。医学院学生海尔曼·耶尼什、莱茵霍尔德·察恩（后来为《新莱茵报》的革利夫斯瓦特通讯员）、海尔曼·海因兹、爱德华·沙伊德和菲力浦·斯佩尔林格都是威廉的好友。1852年科隆共产党人审判案中被起诉的阿伯拉罕·雅科比当时也在革利夫斯瓦特学医，想必他们会有联系。据证实，在1847—1848年冬季学期，伊曼特一伙大学生在市政厅地下室举行酒会，肯定还举行过政治讨论。可见，当三月革命爆发时，这里并不是毫无准备的。

三月革命震动了全德国，也波及到革利夫斯瓦特。3月15日夜晚召开了群众大会，人们群情激昂，反对反动派，会后举行环城游行。伊曼特参加了4月12日成立的市民协会。但是，他在其中活动的时间不

---

① 彼得·伊曼特：《体育和手工业者协会》，载于《莱茵体育馆》［体育杂志（克雷弗尔德）］1847年第4期。

② 威廉·弗里德里希（纳美尔的）1822年10月10日生于哈根，伊曼特的同学，后来不知去向。有资料证明，在40年代中期，他曾经是《爱北斐特报》，可能还是《特利尔报》的通讯员。

长，因为他不久便作为志愿兵前往什列斯维希—霍尔施坦，支持那里争取自由的斗争。

他参与组建志愿兵部队。他同威廉一起在《周报》上发表了致大学生和革利夫斯瓦特居民的呼吁书，要求他们建立义勇兵团。

复活节时，革利夫斯瓦特志愿兵已经离开这个城。伊曼特参加冯·坦恩少校领导的义勇兵团，该团被调到日德兰。他在实践中看清了弗伦兹堡省政府的动摇政策和普鲁士国王的反革命政策。当局为了缔结马尔摩的反动停战协定①竟然促使义勇兵团后撤和解散。当第一批革利夫斯瓦特志愿兵5月底已经返回家乡时，解散坦恩义勇兵团的命令撤销了。志愿兵们决定留下。可是，义勇兵团内部产生了意见分歧。团内的进步分子不同意军官在一切方面仿效正规军队，他们提出一些当选军官必须遵守的条件。结果爆发了激烈的争论，最后导致分裂。进步分子组成第六连队。第六连队被人视为眼中钉，受到种种迫害，最后不得不自动提出解散回乡。在返回莱茵地区的途中，当局又多方刁难。伊曼特为此向《新莱茵报》提出申诉，以公开揭露这种迫害。这家报纸支持这个连队的被迫害的义勇兵，发表了伊曼特的来信。②

这是伊曼特同《新莱茵报》编辑之间可以证实的第一次接触。他什么时候同马克思和恩格斯开始个人交往，到现在为止还没有查明。

马克思1849年2月3日致恩斯特·德朗克的信中最早提到伊曼特的名字。这封信中写道："至于维尔特的评注（不过这涉及的**不是你**，

---

① 丹麦和普鲁士1848年8月26日在马尔摩签订的为期七个月的停战协定。这个协定由于普鲁士的出卖葬送了什列斯维希—霍尔施坦争取和德意志合并的革命民主成果，而实际上保留了丹麦在这两个公国的统治权。

② 载于《新莱茵报》1848年7月7日第37号。

而是不断写信到这里来的**伊曼特**），我现在才听说……我有一次曾以非常激动的语气给你写信，那是……因为**伊曼特**在给弗莱里格拉特的信中肯定地说，你和卡普等人把我骂得十分厉害，而高贵的博伊斯特（如果我没有搞错是**博伊斯特**的话，因为我不确切知道）也寄来了类似的信。"① 这里提到的伊曼特不是彼得·伊曼特，因为他那时根本不在巴黎，同马克思的这封信中提到的那几个人也没有关系——这里只能是彼得·伊曼特的哥哥卡斯帕尔·伊曼特。卡斯帕尔作为克雷弗尔德工人协会的代表出席了1848年8月13日和14日在科隆召开的莱茵地区民主主义者第一次代表大会，在会上认识了马克思和恩格斯。他从1848年底住在巴黎，同博伊斯特、德朗克和卡普有联系。1848年12月31日巴黎《国民报》发表了德国流亡者的一项声明，他们都是这个声明的签名者。② 看来，《马克思恩格斯全集》第27卷把彼得·伊曼特列入人名索引是不适当的。

伊曼特从什列斯维希—霍尔施坦归来后不得不在特利尔落脚。他立即投身于民主运动并加入民主联合会。他同该会的副主席维克多·席利是好朋友。他在这个城市的体操协会里也起过积极作用。他曾经作为体操协会的头头在1848年8月6日的群众集会上发表了一篇演说。③ 这篇演说特别值得注意，因为它反映了他在这个时期世界观所达到的水平。卡尔·格律恩在伊曼特之前讲话，称赞三月革命以来所取得的成就④，而伊曼特则指出人民没有理由感到高兴，因为它"只赢得了不多的东

---

① 《马克思恩格斯全集》第1版第27卷第519页。
② 《致法国民主派》，载于1848年12月31日巴黎《国民报》。
③ 《8月6日》，载于1848年8月9日《人民报》（特利尔）。
④ 《8月6日》，载于1848年8月9日《人民报》（特利尔）。

西，而现在这不多的东西由于反动派的无耻勾当也成了问题"。最后，他号召人民不要半途而废，因为现在应当在"政治和社会领域"争取必须争取到的东西，"以免再搞一次革命"。① 在这里，他显然对格律恩采取了批评的态度。当格律恩沉溺于"真正的"社会主义幻想的时候，伊曼特对形势作了比较现实的估量，而这个估量在基本点上同马克思和恩格斯的分析是相似的。当然，伊曼特和格律恩的关系当时还没有达到决裂的地步。1849年5月审判卜留姆军械库袭击者时，伊曼特还被认为是格律恩的朋友，他们完全决裂是1850年的事情。

伊曼特由于他举足轻重的作用而招致反动派的忌恨。1848年10月15日，他帮助他的因参加沃林根和科隆的群众集会而受到通缉的哥哥卡斯帕尔逃跑，当局借机指控他"犯有鼓动造反罪"，把他关押了好几个星期。伊曼特刚一获释，就在11月22日举行的民主联合会的一次会议上发表讲话。他说，在他被押期间发生了重大的变化，在一向平静的地方武装的危险已经来临；已经开始的革命必须进行到底，必要时，必须"用鲜血争取革命的完成，即自由"②。同时，他接手编辑《民主小报》③。伊曼特担任编辑后，困难重重，因为《民主小报》不断受当局的迫害。1848年11月25日或26日，伊曼特为躲避逮捕逃出德国，在法国境内阿帕赫继续编辑报纸。

伊曼特主编的这个报纸，除了刊登关于德国和邻国当前形势的消息之外，还刊登专门的形势报道和特利尔形势的评述。另外，它还刊登民

---

① 《8月6日》，载于1848年8月9日《人民报》（特利尔）。
② 《11月22日民主联合会会议纪要》，载于1848年11月26日《民主小报》（特利尔）。
③ 《民主小报》是特利尔民主联合会的机关报，最初不定期出版，后来每周出版两三次。

主联合会的会议报道和三月同盟的通讯。报纸上经常发表文章,抨击特利尔地区的反动势力。这个报纸还宣传抗税运动并发表过由马克思签名的民主主义者莱茵区域委员会的号召书。伊曼特像《新莱茵报》的编辑一样,号召人民由消极反抗"普鲁士宫廷奸党的统治"转入积极反抗,因为消极反抗是"自由的死亡",而积极反抗才是"被压迫人民的唯一希望"。① 许多编辑部文章还批判地分析了钦定宪法。伊曼特的立场在一篇以《工人问题》为题的文章中表现得最为坚定。他特别向小资产者、手工业者和工人呼吁,因为他们还没有普遍认清情况的"极端恶化"。他描述了工人和手工业者的苦难。他说,有一个办法可以结束这种苦难:"不是把行会机构,而是把经受住资产阶级工业的竞争所必需的手段交给工人;把工具——资产阶级在非正义的斗争中利用的机器、金钱、贷款、政治影响交给他们,这样,解决无产阶级问题的第一步也就实现了。"他认为:"工人眼下可以通过联合会,通过自己分散的力量的联合为自己锻造一种抵挡资产阶级的金剑武器,在适当的时机暴力推翻现存制度,最后解决问题。"正是这最后一句带有强烈《共产党宣言》色彩的话表明,作者理解了马克思和恩格斯的思想并已经同他们取得一致的认识。这篇文章最后说:"社会世界大战是我们的希望,而政治战争是它的先驱。"②

1849年2月底,伊曼特辞去报纸的编辑工作,他在他编辑的最后一张《民主小报》上说,他"必须在法国内地寻找一个避难所"。实际上,他同彼得·约瑟夫·科布伦茨一起前往比利时。2月24日,他们到达阿尔隆时被逮捕,后被押回法国边境。后来,伊曼特返回德国,参

---

① 《积极反抗》,载于1848年12月7日《民主小报》(特利尔)。
② 《工人问题》,载于1849年2月8日《民主小报》(特利尔)。

加了袭击卜留姆军械库的准备工作。

1849年5月13日,他同卡尔·格律恩一道前往别恩堡,参加讨论袭击卜留姆军械库问题的马里昂堡会议。伊曼特发言要求采取"公开的暴力",最后提出"必须攻打卜留姆军械库"的建议。5月18日5时许,对军械库发起了攻击。伊曼特和维克多·席利领导这次行动。他们把夺得的武器运走,准备第二天用它们在别恩堡发动一次支持帝国宪法的起义。这次起义失败了,席利、伊曼特及其同伙不得不逃到普法尔茨。他们在那里参加了起义。他们同爱北斐特、佐林根和缪尔海姆的工人一起在维利希志愿军团中建立了一个几乎是清一色莱茵省人的连队。伊曼特当了席利的副官,帮助他为格尔海姆兵营招募新兵,参加普法尔茨民军的战斗并同这支军队一道进入瑞士境内。

伊曼特在日内瓦和苏黎世作了短暂的停留,在那里与威廉·沃尔弗相遇。后来他在伯尔尼住下,在伯尔尼附近的瓦贝尔恩当了教师。而他对瑞士无所作为的政治情况非常不满意,所以写信询问马克思是否有希望到英国当德语教师。他写道:"在瑞士生活非常单调,流放在任何地方,人们得到的益处都会比这里多……如果不是法国选举或诸如此类的事情时常向我们提供关于历史的生命的信息,那么我们就可能会相信,随着伟大的德国议会的死亡,复活的想法也烟消云散了。"① 他还在信中批评了小资产阶级民主主义者、"帝国议会骑士",以及卡尔·格律恩之类的"真正的"社会主义者。

1850年底,伊曼特移居日内瓦。恩斯特·德朗克把他引进流亡者圈子。这个圈子里有莫泽斯·赫斯、约翰·菲力浦、埃拉尔德·比斯康普以及其他一些人,他们组成日内瓦支部。1850年9月伦敦中央委员

---

① 1850年5月3日彼得·伊曼特致卡尔·马克思的信。

会内部发生分歧之后，日内瓦支部支持维利希·沙佩尔的路线。

伊曼特同贝克尔、比斯康普、赫斯和席利一起当了金克尔和赖辛巴赫1851年夏天举办的"促进即将发生的共和主义革命的国民公债"，即所谓的德美革命公债的保证人。不过，伊曼特是位实干家。根据弗·阿·左尔格回忆，他在日内瓦"努力宣传共产主义学说并经常作有关这个问题的报告"。左尔格强调说："我很高兴地承认，我有赖于伊曼特才克服了自己思想上的某些狂热性并对无产阶级运动有了一些认识。"①

伊曼特在日内瓦工人协会里起过积极的作用。他一度当过这个协会的主席。他在一封致马克思的信中把这个协会叫作"维利希秘密同盟的苗圃"②。可是，他同协会内外的小资产阶级分子的冲突愈演愈烈。他同可能当过日内瓦单独联盟头目的文人阿布特的一次看来纯粹是个人的争论逐渐发展为日内瓦流亡者当中小资产阶级分子同比较倾向于无产阶级分子之间的争论。

事隔大约十年，马克思也不得不同这伙人打交道，因为卡尔·福格特指责他是"制刷匠帮"（福格特和阿布特这样称日内瓦工人协会）的"著名首领"③。伊曼特支持马克思，为了这次争论对日内瓦的情况作了一番描述。马克思认为这个描述"并不那么坏"④，并在他的著作《福格特先生》中加以援引。伊曼特通过这一表态又一次陷入争论的交火之中，阿布特在一本充满谎言的小册子里试图反驳马克思的小册子中援引的这段描述并把攻击的矛头指向伊曼特和席利。

---

① 弗·阿·左尔格：《一个四八年革命参加者的回忆》。
② 1860年2月5日彼得·伊曼特致卡尔·马克思的信。
③ 《马克思恩格斯全集》第1版第14卷第404页。
④ 《马克思恩格斯全集》第1版第30卷第32页。

大约在逗留瑞士的后期,伊曼特还同莫泽斯·赫斯有过意见分歧。1851年12月底,他同德朗克和比斯康普一起离开日内瓦。他们三人在俾尔全部被捕,被押到伯尔尼。在做了不离开该城的名誉保证之后,三人才获释。德朗克逃往巴黎,伊曼特和比斯康普返回日内瓦。可是,他们一到日内瓦便被扣留并被列入难民名单。1852年3月12日联邦议会通过决议,将他们驱逐出境。

伊曼特到达伦敦不久便继续他的政治活动。最初,他的主要活动地盘是德意志工人教育协会。但是他在那里活动的时间不长,因为他反对维利希的冒险路线。后来他可能自动退出工人协会。

1852年7月,伊曼特成为共产主义者同盟盟员。① 从此,他便在革命公债保证人的会议里充当马克思的内应。他向马克思详细地报告保证人会议的情况和提供内部材料。例如,他在1852年11月27日致马克思的信中附上两个出自小资产阶级民主派圈子的文件。一个文件是"同盟条约的初步协议"。这个条约是在成立所谓的德意志人民协会时通过的,由金克尔、维利希和戈克签名。另一个文件是这三个人给革命公债保证人的通知书。马克思曾经指出,这的确是"两个值得注意的文件"②。他认为伊曼特参与此事具有重大意义,所以对伊曼特在会议上如何行动作了详细的指示。为了不让维利希和金克尔把革命公债的钱挥霍在他们的冒险计划上面,伊曼特提出,这笔钱应当用来创办一家

---

① 他参加同盟的确切日期不详。现有的日期是根据1852年8月6日马克思致恩格斯的信确定的。这封信中说:"我将得到有关今天会议的详细报告,因为伊曼特现在是同盟盟员。"(《马克思恩格斯全集》第1版第28卷第99页)1852年8月初伊曼特致马克思的信也表明,他这时已经是同盟盟员(1852年8月8日前后彼得·伊曼特致马克思的信)。

② 《马克思恩格斯全集》第1版第28卷第547页。

周报。

在科隆共产党人案件问题上,值得加以强调的是,伊曼特同马克思和恩格斯站在一起全力揭露普鲁士警察当局的阴谋。普鲁士警察当局硬说,警探弗略里根据他从伊曼特——大约从1852年10月起教他法语课——和德朗克那里得到的笔记写成"记录本"。伊曼特和德朗克一起找弗略里,指责他的证词并要求加以澄清。弗略里只好发表声明,说"他们两个人谁也没有给我提供过同科隆案件中出现的记录本有关的任何情报"①。这个声明被寄给律师施奈德尔第二。虽然在案件中没有用上,但它对揭露警察的阴谋还是有帮助的。

科隆案件之后,伊曼特是《关于救济科隆被判罪的无产阶级代表及其家属的呼吁书》的签名者之一。马克思在致恩格斯的一封信中指出,呼吁书"我们所有的人都签名了"②。这说明,伊曼特是同像埃卡留斯、弗莱里格拉特、李卜克内西、普芬德、斐迪南·沃尔弗和威廉·沃尔弗这样一些同盟盟员站在一起的。伊曼特在逗留伦敦期间成为马克思和恩格斯的一位亲密战友,这反映在他们对他的评价上面。例如,1852年恩格斯写信指出,伊曼特"看来不错"③,1853年马克思说,"伊曼特和李卜克内西顽强,他们各有各的用处"④。

1855年夏天,伊曼特到苏格兰去拜访他的朋友亨利希·海泽。他计划访问四个星期,他把他在坎伯威尔的小别墅提供给当时居住条件很困难的马克思,而他在苏格兰定居后,又把家具转交给马克思。伊曼特

---

① 查理·弗略里:《致〈科隆日报〉编辑部》,见《马克思恩格斯全集》第1版第8卷第515页。

② 《马克思恩格斯全集》第1版第28卷第197页。

③ 《马克思恩格斯全集》第1版第28卷第107页。

④ 《马克思恩格斯全集》第1版第28卷第227页。

通过老朋友的帮助,在丹第中学当德语教师,不过有时还教法语和拉丁文,可能还教西班牙语。他在丹第生活了将近40年,并没有放弃他在革命时期为之奋斗的理想。他的一位女学生回忆起如下的一件事:"我记得,当伊曼特先生带我们一起朗读德国文学作品时,在斐迪南·弗莱里格拉特的名字前面意味深长地停顿了一下,用深沉的语调说,'你们要非常用心地学习他。他是我的朋友'。"①

1859年,伊曼特在丹第同比他小十岁的安娜·麦肯齐结婚。1860年,她给他生下一个女儿芬尼,两年后又生下两个儿子路德维希和菲力浦。

多年来,他一直从丹第同革命时期和流亡初期的老战友斐迪南·弗莱里格拉特、埃拉尔德和亨利希·海斯保持联系。他还同威廉·李卜克内西保持联系,曾经介绍李卜克内西当《特利尔人民报》的通讯员。他们俩人直到1858年还为这家民主派报纸撰稿。②

他同马克思保持着特别密切的接触。他们俩人直到1875年彼此保持了20多年的联系,当然也有间断的时候。伊曼特极力维护同马克思的旧关系主要是出于他个人对马克思的尊重和崇敬,而对马克思来说,首先是团结同盟老干部的问题。马克思1859年丹第之行也是为了这个目的。③ 马克思还把自己的著作送给伊曼特。当恩格斯没有把他的著作《波河与莱茵河》寄给伊曼特时,马克思提醒恩格斯说:"你应当更多

---

① 杰西·诺里:《关于一所老中学的回忆(1880—1889)。几位老师长》1924年丹第版第86页。

② 1858年11月11日彼得·伊曼特致卡尔·马克思的信。

③ 马克思想首先同伊曼特和海泽商谈资助《人民报》的问题。伊曼特本人1857年和1862年到伦敦拜访过马克思。

地注意党的联系和保持人们的情绪。"① 马克思自己不仅把他的《政治经济学批判》《法兰西内战》《福格特先生》以及其他著作,而且首先把他最重要的著作《资本论》第一卷寄给伊曼特。

不过,伊曼特的反应表明,他显然无法理解这部著作的重要性。差不多三年后,他在给马克思的感谢信中表示,对他来说,"导言中对价值的阐述……的确是非常难以理解"②。两年后,他收到《资本论》法文版第一分册,写信给马克思说,他"完全"理解"这本书"③。伊曼特直到逝世始终把《资本论》看作是自己最珍贵的东西。④

伊曼特身在丹第,却依然关心工人运动。1872年,他还向马克思打听国际海牙代表大会的结果。⑤ 伊曼特对涉及马克思本人的一切事情都特别关切。

后来,伊曼特与老朋友的关系渐渐淡薄了,连同马克思的联系也中断了。在这方面,终日为温饱奔波是一个重要原因,但主要的原因可能是许多年过去了,还没有革命的形势。

彼得·伊曼特1897年10月28日1时在丹第附近的寓所逝世,终年74岁。他到逝世时一直把自己同德国工人阶级和革命的社会民主党紧紧地联系在一起。一篇悼词中说,"卡尔·马克思,鼎鼎大名的社会主义领袖很喜爱这个热情的青年,他们之间建立了友谊,从此这种友谊始终保持着,伊曼特先生非常珍惜对这种友谊的回忆。他对《资本论》作者的崇敬是无限的,马克思本人送给他的杰作的副本是他的最宝贵的

---

① 《马克思恩格斯全集》第1版第29卷第409页。
② 1870年2月18日彼得·伊曼特致卡尔·马克思的信。
③ 1872年10月9日彼得·伊曼特致卡尔·马克思的信。
④ 《彼得·伊曼特先生逝世》,载于1897年10月28日《丹第信使报》。
⑤ 1872年10月9日彼得·伊曼特致卡尔·马克思的信。

东西之一。他们曾经共同为当时的社会主义刊物撰写过大量文章,他们可以被看作是今天在帝国国会中很有影响的党的先驱……"①

(原载《马克思恩格斯年鉴》1978年版第1辑)

(孙魁 编译)

---

① 《彼得·伊曼特先生逝世》,载于1897年10月28日《丹第信使报》。

站在马克思和恩格斯一边

——恩·德朗克传略*

〔民主德国〕伊·洪特

从德国工人运动开始到1848—1849年革命失败以后,被迫经历数十年之久的流亡生活,而始终没有放弃共产主义理想的革命者,自然为数不多,而恩斯特·安得列阿斯·多米尼库斯·德朗克便是其中之一。

早在三月革命前,德朗克就将自己的命运同工人阶级及其第一个共产主义组织——共产主义者同盟联结在一起。1848年革命使他进入这个党的领导班子。他同马克思、恩格斯、威·沃尔弗、斐·沃尔弗、沙佩尔、莫尔、维尔特、弗莱里格拉特、魏德迈和毕尔格尔斯等人密切合作,担任过秘密特派员,是群众集会上的演说家,最主要的是他还曾任《新莱茵报》编委。在革命时期以及后来1852年同盟解散以前的几年,是德朗克政治活动的巅峰时期。

这位年仅26岁的文人1847年12月刚刚加入同盟,怎么能在1848年春便几乎一举达到其政治生涯的高峰呢?个中缘由,从传记学的角度来看很是引人注目。其实,在那以前他就已经经历了一个非常特殊和深刻的发展过程。

---

* 本文选自《马列主义研究资料》1989年第1辑。

原题注:作者伊·洪特系柏林大学图书馆的研究员。

早在1846年间，马克思和恩格斯就着重阐明：鉴于德国当时的形势，"真正的"社会主义想把共产主义的观念同流行的观念"调和起来"的企图是必然和"不可避免"的；同时，"以下的情况也是不可避免的：许多曾以哲学为出发点的德国共产主义者，正是通过这样的转变过程走向了并且继续走向共产主义，而其他那些不能摆脱意识形态的羁绊的人，将终生宣传这种'真正的社会主义'"。①

德朗克从1839—1847年的发展正属于上述第一种情况。在这一短短的时期里，他走过了这样一条复杂的认识道路：在他的父亲——一位有成就的教育家和博学的学者——的教育下，他从最早接触的启蒙运动思想和古典唯心主义思想经由黑格尔哲学走向青年黑格尔主义，又从"真正的"社会主义到接受共产主义的观点，最终投入革命的实践活动。

他于1822年8月17日出生在莱茵—普鲁士地区的科布伦茨。17岁的恩斯特在出色地通过中学毕业考试之后，便离开家乡到波恩大学学习法学。在将近五年的时间里，他在波恩、马尔堡和柏林的学习掌握了一定的法学、哲学、历史学和语言学的基础知识，但是他同也在这个大学法学系学习过的海涅和马克思一样，后来并没有成为一个法学家。德朗克有着和他们相同的遭遇：因为从事学生联络活动而受到警察当局的监视，并很快被赶出波恩大学。

德朗克密切关注着在黑格尔哲学的支持者和反对者之间所展开的实际上很大程度上反映了当时德国的进步力量与反动力量之间的斗争。他试图辨清其中不同的哲学流派，并且逐渐认清，黑格尔学派的左翼是最为进步的。他之所以达到这一重要认识，是因为他有幸在上述三所大学

---

① 《马克思恩格斯全集》第1版第3卷第537页。

里听过几位坚定而又各具风格的青年黑格尔派学者的讲课。《莱茵报》唤起了大学生德朗克的火热激情。从1842年10月起,马克思担任了科隆这家报纸的主编。德朗克称赞这家报纸是"在德国报界困难重重的黑夜里突然高高升起的一颗灿烂的明星",并且认为:它"在德国新闻史上无疑占据头等重要的地位而当之无愧"。①

德朗克不仅仅对该报表示了完全的赞同,而且在1846年以前,他还在自己的一些文章和《柏林》一书中,就个别问题引用了《莱茵报》上的观点。

然而,他所持的这些观点却使他很难走上普鲁士官员的仕途,当1843年底与1844年初柏林大学里的一场新的反动压制浪潮到来时,不仅瑙威尔克遭到校方的驱逐,而且学生民主运动也遭受了打击。就在那时,德朗克原来设计的生活道路发生了急剧的转折:他与法学、与家庭的观点决裂了,开始作为一名独立的新闻工作者和作家在柏林工作。

他成为伊·库兰达在莱比锡编辑出版的《国外消息》驻柏林的通讯员,但他也在其他一些大多是民主派的报刊,如《科隆日报》《法兰克福报》《曼海姆晚报》等报刊上发表通讯、文艺评论、诗歌、中篇小说、报告文学和随笔。他的作品主要取材于柏林生活。由于德朗克真正履行了自己对社会的义务,从而引起民主派的志同道合的朋友们的注意,并且得到了他们某种程度的肯定。1844年底,莱茵地区的民主主义者赫·皮特曼出版了《1845年德国公民手册》,其中也收入德朗克的几首诗,如《晨的召唤》《莱茵之歌》与《情歌》。这样,年轻的诗人德朗克就同《公民手册》的其他作者,如斐·弗莱里格拉特、格·维

---

① 参看恩·德朗克:《柏林》1846年美因河畔法兰克福版第1卷第216页、第2卷第113页。

尔特、沃尔夫冈、穆·冯·柯尼希斯温特尔、卡·格律恩、雅·费奈迭、莫·赫斯、弗·恩格斯、威·沃尔弗一起——尽管当时他们各自的主张已经明显不同——代表着德国学术界的广大反对派。因此德朗克那时第一次同莱茵地区的社会主义者，首先是赫斯有了联系也决非偶然。后来1846年赫斯在考虑改组《社会明镜》编辑部成员时，曾打算争取德朗克担任第二编辑。

他阅读过阿·卢格、马克思及另外几位对政府持反对观点的青年黑格尔派人士的著作、恩格斯的《乌培河谷来信》和《英国工人阶级状况》《德法年鉴》的双刊号和马克思恩格斯合著的《神圣家族》。到1845年为止，他就已经对马克思以前的法国社会主义和工人共产主义有了一定了解，就是说他不仅读过路·冯·斯泰因的书，而且也读过遭到查禁的威·魏特林的一些著作。他认为，魏特林"证明了自己对形势的理解比起有些著名的政论作家和政治家远为敏锐"。

这位勤于笔耕的文学家将其理论研究与对普通劳动人民生活的实际了解结合起来：他多次走访了柏林和诺瓦韦斯的工人住宅区和工厂，对劳动者生活的贫苦与困顿感触至深。他的这些研究与观察，加上西里西亚纺织工人起义所留下的印象，使他认识到：无产阶级作为这个社会的主要力量，作为"国家的基石与支柱"，是通过自己的劳动来维持这个社会和保障有产者少数生存的力量；革命者的任务就在于完全恢复劳动人民被剥夺了的人的权利和生活的权利，实现这些目标的第一步是对劳动大众进行"不断深入的教育"，以促使他们实现"从迷信到认识的过渡"。他的这些观点中尚有许多"真正的"社会主义的思想成分。

因此，德朗克开始参加成立于1844年4月的德国手工业者联合会的会议也是顺理成章的。尽管联合会章程强调不问政治，然而不久以后却讨论起一些有关哲学与政治的现实问题了。有几位热衷于此的教师和报告人，德朗克本人是认识的，如爱·梅因、弗·爱·施米特及卡·弗·科本。他们以秘密的方式从事反对德国现存的政治与社会制度的活动，捍卫人人平等和自由的思想，向他们的听众介绍马克思以前的法国社会主义的几个观点。

还有个别正义者同盟的成员加入了手工业者联合会。在他们的支持下，弗·门特尔于1845年底建立起一个比较大的和非常活跃的同盟组织。这时德朗克已被驱逐出柏林，但是他借助于跟梅因的通信与这一发展保持着联系。另外，他结识了赫斯，并通过赫斯还认识了在科隆的其他正义者同盟成员，从而和正义者同盟继续保持接触。德朗克在1845年8月因其进步的文学活动而遭警方驱逐，被迫离开柏林，在此之后，他在萨克森度过了短时期的不安定生活并且屡遭警察驱逐，而后才得以在美因河畔法兰克福自由市定居下来。在1846年间，他曾两次离开那里前往科隆探访赫斯。德朗克当时自觉已经是一个共产主义者了，而且赫斯也如此看待他。

到1846年夏，德朗克在法兰克福完成了他的代表作《柏林》。这部著作于同年10月分两卷由吕滕—莱昂尼因出版社出版。在此书的前几章里，他以松散的新闻报道的体裁记述柏林这座大城市的社会生活，随即转入对1840—1845年的普鲁士历史作一番严肃的分析，进而对当时处于革命前夜的普鲁士统治制度加以根本否定的批判。尽管成书仓促，且其中有几个部分的内容前后矛盾和不相一致，但它仍然不失为一个巨大成就，在半个世纪以后，它还获得弗·梅林的高度赞赏。从传记学的角度来看，《柏林》这部书表明作者本人正在摆脱所有的"真正的"社会主义观点，然而总的看来，他在这样一个迅速的转变过程中，仍有"真正的"社会主义的倾向。

在此期间，普鲁士当局查禁了所有他写的书籍，有步骤地阻挠他定居，并且通过提拔他为约·康·施特瓦格博士（一位从前的神学副博士和当时的政府特务）的书纪员，甚至以资助他作第二次科隆之行的手段，来监视他的行踪。当普鲁士当局看到已无法阻止《柏林》一书的出版时，他们策划了在德朗克与赫斯，可能还有其他几个正义者同盟盟员会晤时逮捕他，而后在柏林法庭对他提起一个以期引起轰动的反共产主义的诉讼。

然而，就是这个计划也落了空：1846年11月24日晚，当德朗克所搭乘的莱茵河轮船抵达科隆时，他察觉有人监视并摆脱了他，在科隆"搞了"两天的"阴谋活动"，未见有人打扰。直到11月27日，他在返回法兰克福的途中被捕。而且，当警察在那天晚上采取行动时，他在朋友们的帮助下处理了所有会给他带来麻烦的文件。因此当局只能凭《柏林》这本书和密探的报告来起诉。1847年4月10日他被判处两年监禁，并被课以罚款。而在5月6日二审时，他被减轻了处罚，只被判处要塞监禁。在申诉法庭上，德朗克公开承认信仰共产主义。1847年5月29日，他被带到地处下莱茵州的韦塞尔开始服刑。

监禁并未能断绝他与科隆共产主义者的联系。在共产主义者同盟第一次代表大会以后，弗·安内克立即在科隆积极开展活动，建立同盟的第二个支部。到1847年底，这个支部已有相当大的规模。在它的成员中，起码赫斯就是德朗克的老相识。德朗克在韦塞尔要塞服刑期间，曾多次遇到弗·冯·博伊斯特少尉——他是安内克和维利希的朋友。当维利希在1847年12月份的最后一个星期里成为这个同盟的成员时，他就接受了这样一项任务，去看望关押在韦塞尔要塞的德朗克，并通知他，支部已决定接纳他为其成员。这个决定大概是在1847年12月28日到1848年1月1日期间作出的。恐怕未曾有第二个共产主义者同盟盟员是在那样一种非同寻常的情况下被接受入党的。那是在巴黎二月革命前的几个星期,二月革命导致了3月3日在科隆爆发最初的几起革命事件。安纳克和维利希作为示威游行的领导者遭到逮捕,博伊斯特3月10日在韦塞尔被捕肯定与此有关。还有德朗克恰好于博伊斯特被捕后的一天从要塞越狱也与此有关。

德朗克逃离韦塞尔后,他取道荷兰来到比利时。当时布鲁塞尔是欧洲政治流亡者聚集的一个中心,而且还是共产主义者同盟一个区部的所在地。德朗克在抵达布鲁塞尔之后,马上探访了恩格斯,后者当时已担任布鲁塞尔区部的领导工作。见面时,他们俩彻底地交换了意见,德朗克被正式确认为共产主义者同盟的成员,并开始与恩格斯建立了友谊——他们的友谊持续了30年。不久之后,他们俩很可能是一起奔赴巴黎的。

当时虽然二月革命爆发已整整四个星期,在塞纳河畔的这座城市里,政治生活的脉搏仍在剧烈地跳动着。每天都有一些新的革命俱乐部成立。在卢森堡宫召开了约有200名工人代表参加的最初的一些会议,大会在路·勃朗的主持下起草了关于改善劳动者处境的一系列建议。就在那时,维也纳革命和柏林革命捷报频传,激起了巴黎革命者的冲天热情。德朗克并没有置身局外,他立刻全身心投入同盟的活动。他作为德国工人委员会的成员,宣传刚刚为同盟中央委员会通过的行动纲领,即17条"共产党在德国的要求",还参与对海尔维格及伯恩施太德所提的那个冒险主义的义勇军计划的剖析,反对输出革命的企图。

法国革命刚一爆发,马克思就有了创办一家大型政治性日报的计划。马克思设想中的这家日报应能代表德国工人阶级及其他劳动阶层在资产阶级民主革命中的利益。然而其中最重要的一个问题是将来共同工作的人选,即如何组织起革命者参谋部的问题。这样一个班子应能有效地维护共产主义者的有科学根据的策略。当时大多数共产主义者同盟领导成员都在巴黎,除马克思以外,他们当中不乏有才干和有经验的记者,如恩格斯、威·沃尔弗、斐·沃尔弗和维尔特,这些人早在布鲁塞尔共产主义通讯委员会时就已积累了重要经验。马克思在巴黎时就已选定这些坚定不移而又有高度教养的、阅历丰富而又能言善辩的革命者组成了编辑委员会,而年轻的德朗克也被吸收进来,这对他来说是一个巨大的、然而以他迄今为止所走过的成长道路来讲又是当之无愧的荣誉。

他同马克思和恩格斯一起回到了德国,取道黑森州前往科隆,并且从4月8—11日在美因兹逗留,与那里的同盟盟员讨论关于继续进行初步尝试,将德国所有的工人协会从组织上统一起来的问题。德朗克作为共产主义者同盟的特派员,首次旅行的使命就是促成各工人联合会同美因兹的临时中心的联系,他是在科隆从当时已设在那里的中央委员会受领此项委任的。1848年4—5月他在科布伦茨、美因河畔法兰克福、美因兹以及其他城市开展活动。德朗克曾就现有的同盟各支部的情况、关于建立新支部的尝试、关于各个工人联合会的状况、关于为办报而筹集股金的可能性以及关于同盟政策作策略性改变的必要性等,给科隆的中央委员会寄了多篇内容详细的报告。

在完成第一次特派员使命之后,德朗克还多次为同盟的工作而四处奔波。他作为同黑森州的左派民主主义者保持联系的联络员,直至8月中旬为止,不停地往来于法兰克福、科隆和马尔堡等地。首先他在由民主协会与工人联合会共同发起的马尔堡民主运动中发挥了领导作用;他被委派作为那里的代表参加了于6月14—17日在美因河畔法兰克福召开的全德民主主义者第一次代表大会。各工人联合会和各民主协会是分别应马尔堡的工人联合会和民主协会的邀请参加这次代表大会的,召开这次大会事实上是为了促成共产主义者同盟与民主运动的左翼的短期合作。德朗克作为《新莱茵报》和共产主义者同盟的代表，同时又是马尔堡民主协会和工人联合会的代表，在促成革命工人运动在这次革命中采取这一关键性的政治步骤时发挥了核心作用。

德朗克是马尔堡民主社会主义联合会的领导成员，任第二文书。他还积极参加了马尔堡体操联合会内部关于是否要拥护共和这样一个问题的争论，1848年中，这场争论导致体操联合会出现分裂。其中进步的一派于7月9日在马尔堡召开的黑森州各民主协会区域会议上加入了民主派组织。德朗克也出席了这次大会，大会选举出了区域委员会，并委托委员会成员每周出一份人民刊物。德朗克也是该机关报的撰稿人之一。

然而，从5月底开始，他主要是为《新莱茵报》撰稿。他的第一个任务就是报道法兰克福的德国国民议会初期活动的情况。他出席了50人筹备委员会的一系列会议，5月18日以后又参加了议会的一系列会议，那时，他就已成为尚在筹备之中的《新莱茵报》的正式通讯员了。马克思和恩格斯特别重视关于国民议会的有现实意义的报道。在6月1日出版的《新莱茵报》创刊号上，作为编委，德朗克的名字也被登在第一版，同时这一号还有他写的一篇评述法兰克福议会的社论。从创刊号开始，至少在最初几个月内，来自保罗教堂的报道占据了报纸的中心版面。国民议会是德国革命中一个最重要的成果。这次革命的以后的命运很大程度上就取决于国民议会的活动。弗·梅林之所以给予德朗克在《新莱茵报》的工作以相当高的评价，甚至将他称为该报编辑部的第四号人物——仅仅排在马克思、恩格斯和威·沃尔弗之后，主要是因为德朗克为1848年夏的法兰克福国民议会而写的那些报道及文章。

德朗克在《新莱茵报》上展示了他作为新闻工作者的多方面才华。他不仅从国民议会发了若干篇类似会议记录的报道，而且还使用了几乎所有的新闻体裁，同时十分自如地把共产主义者革命策略的基本政治路线运用于议会的报道中。虽然这份报纸是公认的"民主派机关报"，但是它同样不留情面地批判无力继续领导革命的民主派左派。在每天对法兰克福国民议会的评论中坚持这样的态度是十分不易的。然而德朗克却指出并且证明，国民议会作为资产阶级民主革命的人民代表机构越来越不去理会它的任务，反而愈加明显地暴露出"它冗长的演说无济于事"，"它怯懦的决议毫无用处"。①

在那个时期里，德朗克还就德国革命中的其他现实问题以及波兰人和捷克人革命斗争的现实问题写过几篇文章。在就波兹南问题而写的一组文章里，他详尽地探讨了1848年3月18日以后普鲁士政府的波兰政策。德朗克写道，波兰的分裂和普鲁士在波兰发动的那场野蛮的战争是"专制制度和官僚制度反对民主制度的斗争"。

大约自1848年8月中旬以后，德朗克大部分时间都住在科隆。他与其他的编辑们一道积极投身于政治工作。这就是说，"《新莱茵报》的编辑们加强对革命运动实际领导的直接参与"。这时民主协会和工人联合会里的工作受到更大的重视，而德朗克在这两个组织中也担任着报告人的工作。

9月份，当革命初次决战到来之时，德朗克是莱茵省中最积极的民主派人士之一。当在科隆选举安全委员会——一个代表人民利益的革命机构——时，德朗克与马克思、恩格斯、威·沃尔弗和毕尔格尔斯一道当选为这个委员会的成员。他多次在科隆的群众集会上发表演说。最后他因为9月17日在沃林根的一次群众集会上发表演说而遭到普鲁士当局的通缉；来自科隆、杜塞尔多夫及邻近地区的约八千名居民听了德朗

---

① 《马克思恩格斯全集》第1版第21卷第22页。

克的演讲之后,都一致拥护这样一个决定:将革命斗争继续下去,而不屈服于刺刀的淫威。

但是,法兰克福和柏林的议会没有站到人民斗争的前列,因而反动势力在九月危机之后进一步巩固了它们的阵地。为了躲避当局的逮捕,德朗克和恩格斯一起于9月26日夜里越过比利时国境逃离德国,然而几天以后他们俩在布鲁塞尔遭到逮捕,并被送往法国。10月7日他们到达巴黎。在那里,德朗克接替了斐·沃尔弗的《新莱茵报》通讯员的工作。

德朗克从巴黎发出的第一篇文章写于1848年10月25日,最后一篇文章写于1849年1月29日。在那段时间里,他总共写了24篇无论语言还是政治内容都堪称杰出的文章。德朗克凭他新闻记者的才干和清晰的专门知识开始探讨法国革命第二个时期的种种问题。马克思后来称这个时期是"**资产阶级共和国创立、奠定**的时期"①。1849年11月和12月,德朗克的通讯文章在对法国革命发展的估价上与马克思达到了前所未有且后来也不再有过的一致。总的来看,这恐怕是他在《新莱茵报》工作最为出色的时期。因此,他的那些文章中的一些评论及事例经过加工和概括而重现于马克思的《1848年至1850年的法兰西阶级斗争》和《路易·波拿巴的雾月十八日》等文章之中就不是没有道理的了。

德朗克在1849年3月返回科隆之后,担任了《新莱茵报》的"意大利"栏目的主编工作。虽然这是他在《新莱茵报》的最后一项工作,但是他也出色地完成了。他几乎每天都为自己的栏目编写内容广泛的报道文章,充分运用来自意大利、法国、英国及瑞士等地的几十种报刊,

---

① 《马克思恩格斯全集》第1版第8卷第128页。

不过有时也与这些报刊展开论战。他几乎给所有的消息加上简短的评论，也摘要发一些重要文献的原文，其间还自己写一些长篇综合分析文章，总之表达了对意大利人民革命斗争的热情关注。

5月上旬，普鲁士反动当局用一连串的驱逐和起诉，迫使《新莱茵报》停刊。这时马克思给编辑部全体成员提出要向读者作令人难忘的告别这样一个任务。"我们不得不交出自己的堡垒，但我们退却时携带着自己的枪支和行装，奏着军乐，高举着印成红色的最后一号报纸的飘扬旗帜……"① 马克思写了《致科隆工人》的声明；威·沃尔弗写了一篇精彩的关于政治形势的报告；弗莱里格拉特写了一首著名的诗《〈新莱茵报〉的告别词》；维尔特发表了《给妇女们的号召》一文；斐·沃尔弗、恩格斯和德朗克这三位"外国事务家"则分别在他们各自的栏目——法国、匈牙利和意大利——写了结束语。

然而，德朗克对意大利革命事件的研究并没有中止。1850年春天他为莱比锡的一个出版商把里恰迪的著作《1849年意大利革命史，及1849年前六个月大事记》（1849年巴黎版）译成德文。1851年春天他为共产主义者同盟在科隆的中央委员会准备出的一份"新杂志"撰写一篇有关意大利情况的文章。这两部著作却未能发表。

普鲁士当局以德朗克是"非普鲁士人"为由，迫使他在5月19日以后离开科隆。据推测，德朗克是同马克思和恩格斯一道离开科隆的，他们先是到达美因河畔法兰克福，而后来到巴登和普法尔茨，当时，那里维护帝国宪法的运动正方兴未艾。德朗克在凯泽斯劳滕向马克思和恩格斯告别，再一次返回法兰克福。

5月29日科隆当局再次以所谓诽谤国民议会议员为由对《新莱茵

---

① 《马克思恩格斯全集》第1版第21卷第25页。

报》提起诉讼。德朗克被指控在1848年9月20日的一次科隆群众集会上发表过污辱议员的演说。三天之后,他在法兰克福近郊遭到逮捕,法兰克福警察局长想找出长期拘留他的根据,但未获罪证。他们在匆忙间却没有注意到,5月29日科隆地方法庭已经提起了一个诉讼案,因为此案德朗克要被判处一个月的监禁。7月4日此案开始审理,1849年10月3日此案作出终审判决,10月4日起,德朗克又遭到通缉。

不过那时德朗克早已住在巴黎,他大概是6月初来到那里的。在8月底马克思被逐出巴黎之前,德朗克一直与他进行着非常密切的合作,比如支持马克思筹备出版《新莱茵报。政治经济评论》的工作。德朗克与布朗基主义者及当地革命俱乐部之间的良好关系,肯定方便了马克思和巴黎的无产阶级领导人商谈关于利用1849年6月13日的群众示威行动使之成为一个持久的革命过程的序幕。然而,那次示威行动令人遗憾地失败了。

从那时起,德朗克便隐匿在巴黎,从1849年秋到1850年春为美因河畔法兰克福的《新德意志报》写通讯报道。关于给《新德意志报》撰稿一事,早在他离开德国之前就与该报编辑魏德迈和吕宁谈妥了。他在这些文章里为布朗基辩护,尖锐抨击蒲鲁东。这些文章是在当时外部条件恶劣的情况下写成的,文章对政治形势的清晰认识,跟马克思当时的考虑相近。法国警方获知了德朗克的秘密住处,于1850年3月24日逮捕了他。他被驱逐出法国以后,3月31日动身前往法兰克福。到那里以后,他立刻与魏德迈一道致力于当地同盟支部的改组工作,这项工作是同清除小资产阶级组织"革命集中"的影响以及在黑森州"工人兄弟会"里的宣传活动结合进行的。德朗克在附近的威斯巴登跟卡·沙佩尔以及跟伦敦的共产主义者同盟中央委员会派来的特派员亨·鲍威尔的接触中,很快就理解了新形势下革命任务的实质,并受中央委员会的委托，作为它的特派员领导巴登和瑞士两地的党的改组工作。

1850年7—9月，德朗克不顾条件改变所造成的不利，在瑞士的许多城市里义无反顾地开展工作，取得了相当大的成绩。他还在这种错综复杂的形势下，在例如作为伦敦的同盟中央委员会的谈判代表同"革命集中"的周旋当中，显示其灵活的政治手腕。

但是，由于几乎所有在瑞士的政治流亡者都遭到了驱逐，德朗克也无法在那里继续活动了。1850年9月间，同盟发生了分裂，德朗克的特派员使命也告完结。他移居意大利北部的计划没能实现，不得不于1852年2月底离开瑞士。途经巴黎时他再次被捕，后于1852年4月底抵达伦敦。

同马克思、恩格斯及其他许多德国政治流亡者一样，德朗克也在英国度过了他的后半生，经历了流亡中的重重磨难。由于不能继续从事新闻工作，为了维持生计，他被迫当了商人。他经过很多努力，才于1853年在布拉特福德当上帕萨温特纺织公司的职员。从1857年起，他在设于利物浦及格拉斯哥的许尔瓦矿业公司工作了一个时期，后来，他以独立经纪人的身份从事多年国际间的商品交易活动。有时候，他的生意还带有风险性。因为德朗克无论从其秉性、所受的教育，还是从其阅历方面来说都不适于经商，所以他从未致富。在他与一名农民的女儿玛·兑拉克结婚之后，他的收入仅能够维持他自己和他的大家庭的生活。

在流亡的最初几年里，他仍然积极参加政治活动。1852年，他与马克思、恩格斯一起撰写《流亡中的大人物》这部抨击性著作，并且参加了科隆共产党人案件审讯期间的一切行动。1853年春，他还参加了马克思的小册子《揭露科隆共产党人案件》的寄送工作。同年底，他支持马克思与侨居美国的威·希尔施和奥·维利希的诽谤性攻击作斗争,并且应马克思的请求,为纽约的《改革报》(当时该报处于魏德迈的影响之下)撰写文章。

1854年以后,他大大减少了政治活动,但这也决不意味着他脱离了政治。现在看来,1855年,他还曾应马克思的请求时而为《新奥得报》撰写通讯。1860年,当马克思为写作他的抨击性著作《福格特先生》收集材料时,德朗克与他有过多次联系。1864年,他在曼彻斯特同马克思、恩格斯一道参加了威·沃尔弗的葬礼。他可能也是成立于同一年的第一国际的成员。1865年,马克思同国际工人协会总委员会打算利用德朗克的经济资助,通过购买英国工联机关报《蜂房报》的尽可能多的股份,来把它控制在总委员会的手中。1867年,德朗克请求马克思将曾答应送给他的当时刚刚出版的《资本论》第一卷寄给他。1871年,德朗克也参加了马克思的《法兰西内战》的传播工作。在1877年以前,他曾与恩格斯保持通信联系,而他与马克思之间的书信往来一直保持到1882年,所以,马克思的家庭影集中有德朗克60年代的两张照片就并非偶然了。

德朗克始终如一地忠于自己的共产主义理想。后来由于重病缠身,再加上过早地失去了他几乎所有的孩子,他在利物浦附近的库姆海滨度过了凄凉的晚年,于1891年11月2日逝世。

(原载民主德国《工人运动史论丛》1988年第3期第376—386页)

(王竞 译 王宏道 校)

布朗基与马克思[*]

〔法〕莫里斯·多芒热

一部全面论述布朗基思想的著作,不论写得何等深入,如果对布朗基与马克思以及布朗基主义与马克思主义之间的关系不进行即便是很概括的研究,就不能算是一部完整的著作。

诚然,在本书中,已经有几处谈到过这个问题。但是,在这里还要作进一步的对照和比较,当然要力求避免重复,以便把下面的一些问题尽可能地弄得明确一些:马克思和他的挚友恩格斯同布朗基究竟有过什么关系,马克思、恩格斯在哪些方面得益于布朗基,以及布朗基在哪些方面借鉴了马克思主义。

1843—1850年间的马克思和布朗基

充满斗争欲望的卡尔·马克思于1843年10月底来到巴黎创办《德法年鉴》,当时布朗基正被监禁在蒙圣米歇尔监狱,身患重病。1844年3月19日,他离开那里,转到图尔,病情更加恶化;直到1846年春天,他才能走出收容所的卧室,接待来访客人,逐步恢复他的政治活动。从

---

[*] 本文选自《马列著作编译资料》1980年第8辑。

马克思到达巴黎那天起到1845年1月16日被官方驱逐出境止的这段时间里，布朗基的病情恰好最为严重。这就说明，年青的马克思同比他年长13岁的原"四季社"创始人在这段时期不可能发生任何关系。

然而，尽管马克思当时已经明确反对密谋和盲动的策略，但是他在思想方面并没有因此而不赞同布朗基关于社会批判的基本观点，以及关于进行政治斗争和革命斗争的必要性，发扬法国革命传统，拒绝"随心所欲地建设未来"等论述。不仅如此，当时马克思主要地同前"正义者同盟"中那些迷恋"四季社"布朗基主义的日耳曼成员保持着联系；关于这一点，人们无论怎样强调也决不会过分。至于同法国工人秘密团体的那些活动家们，马克思也不是没有交往，只是人们不知道而已。从马克思的倾向以及他和本国同胞的接触可以看出，这些领导人只可能属于拥护1839年5月12日起义的那些派别，尽管他们之间有争吵。

马克思被驱逐之后定居在布鲁塞尔。他一方面肯定了各社会主义体系以及共产主义的两种空想形式，即卡贝主义和魏特林主义，所作出的贡献，另一方面又对它们进行了严厉的批判。

1847年7月，马克思在巴黎发表了《哲学的贫困》，他娴熟地运用"批判的武器"驳斥蒲鲁东。布朗基阅读了这部著作，并赞赏不已。在消除了魏特林对前"正义者同盟"的影响之后，马克思和恩格斯一起加入了"正义者同盟"的后身——"共产主义者同盟"。他们两人起草了这个新协会的国际纲领——《共产党宣言》。同时，马克思和恩格斯在布鲁塞尔参加了以争取各民族团结友爱为宗旨的"民主协会"的活动。在该会中代表波兰的是约阿希姆·列列韦尔，他是布朗基的一位老相识；代表法国的是雅克·安贝尔，他被误认为是布朗基主义者。这时，布朗基在布卢瓦受到警方的严密监视。

当《宣言》德文版在伦敦问世的时候，巴黎刚好爆发了二月革命。布朗基正忙于激烈的斗争，很可能没有读过这篇头等重要的文件。

《宣言》法文版在巴黎的出版稍早于六月起义。然而，那时布朗基被囚禁在文森监狱，因此大概也没有读到这个译本。根据恩格斯自己的说法，"随着与二月革命相联系的工人运动退出公开舞台，《宣言》也退到后面去了"①；此外，《宣言》的第二个法文本在布朗基逝世后才出版②；再加上布朗基没有在任何场合谈到过《宣言》，根据上述三个原因，人们有理由认为布朗基始终没有读过《宣言》。如果再考虑一下列斯纳和倍倍尔等人提供的情况，这种说法就更加可信了。据他们说，马克思当时的著作，尤其是《宣言》，即使对于他们德国人来说，能够读到的也为数有限③。

马克思被驱逐出比利时之后，应临时政府成员弗洛孔的邀请，于1848年3月14日又一次来到巴黎。他激烈地反对组织企图用刺刀去建立德意志共和国的义勇军团。他的这种态度以及他同弗洛孔和赖德律－洛兰这批人的密切交往，造成了他同布朗基主义者的对立。何况，他根本不到"中央共和主义社"去讲话，却在巴尔贝斯的"人权社"发表演说。翻阅一下维克多·布东所写的关于1848年人物的回忆，人们还可以看到，马克思根本不同布朗基周围的人来往。可能只有威廉·沃尔弗（鲁普斯）——他是巴黎重建的"共产主义者同盟"中央委员会委员——同布朗基俱乐部有一些关系。再则，马克思在巴黎只待了不到一个月，那时正值革命的高潮，后来因为德国革命开始，他就立即回国了。

---

① 《马克思恩格斯选集》第1版第1卷第242—243页。
② 1882年出版，由劳拉·拉法格翻译。
③ 转引自莫里斯·多芒热：《维克多·孔西得朗》第205页。

1849年6月马克思又回到巴黎,据他自己说,他会见了"所有的革命党人",自然也同布朗基主义者有来往。但是,在马克思逗留巴黎的这段时间里,布朗基正监禁在杜朗监狱,所以,马克思与布朗基又一次未能建立联系。后来,马克思被迫离开巴黎,居住在伦敦,在那里他同以前的中央委员会和代表大会的主要成员一起,改组了"共产主义者同盟"。在这一时期,虽然运动遭到失败,但是马克思仍然相信革命的高潮即将到来。1850年5月他和恩格斯代表同盟起草的通告信,或者更确切地说,《中央委员会告同盟书》提供了重要的线索。这个文件可以证实至少在下列各点上马克思的思想和布朗基的思想是吻合的:不断革命的口号,赞同地下活动,信赖法国的革命首倡精神,尤其是"革命的巴倍尔①"巴黎的首倡精神,肯定统一的不可分割的共和国,批判自称是社会主义者的资产阶级共和党,武装无产阶级以及解除资产阶级国民自卫军的武装。无疑,告同盟书主张,起义胜利后应立即通过选举产生国民议会和支持小资产阶级分子,以便在他们上台执政后更快地削弱他们,这两点布朗基是肯定不会同意的。但是从它的基本原则来看,告同盟书表明,马克思和恩格斯当时的策略同布朗基的策略没有明显的差别;在这样的情况下,他们同流亡在伦敦的布朗基主义者结成联盟,是毫无障碍的。

(原载《奥古斯特·布朗基的政治思想和社会思想》第七章,1957年法国马赛尔·里维尔书店出版)

(汪家荣 译 顾良 校)

---

① "巴倍尔"是古巴比伦建筑未成的通天塔(见《圣经》"创世记"第11章),《马克思恩格斯选集》第1卷第383页译为"革命的巴比伦"。

阿道夫·克路斯——马克思和恩格斯的战友

——1848年革命前夜和革命时期在德国的活动[*]

〔苏〕B. И. 波斯别洛娃

"这是我们中间最优秀的和最富有才能的人之一。"
(1851年12月19日马克思致约瑟夫·魏德迈的信)

在人们熟悉的具有历史意义的日子和事件的后面,总是有一些活跃的人,他们的命运在这些事件中休戚与共,而有时直接决定着事件的成败。从这一观点来看,研究马克思和恩格斯许多战友的生平活动,仍然是很有意义的。他们为争取新的革命思想的胜利、为创建无产阶级政党而曾经同马克思和恩格斯并肩战斗过。

在19世纪40—50年代,马克思恩格斯的一些战友同他们一起共同创建了第一个无产阶级的共产主义国际组织——共产主义者同盟,克路斯就是这些战友当中的一个。

知识渊博,精力充沛,性格开朗,善于无情嘲笑自己的政敌,同时满腔热忱和奋不顾身地捍卫自己的朋友和自己的思想,——马克思和他的朋友们认为克路斯就是这样的人。

克路斯的生活和命运同19世纪40—50年代聚集在马克思和恩格斯

---

[*] 本文选自《马列著作编译资料》1980年第10辑。

周围的许多无产阶级战士的活动紧密地交织在一起。这些人是：威廉·李卜克内西、约瑟夫·魏德迈、恩斯特·德朗克、卡尔·沙佩尔、约翰·格奥尔格·埃卡留斯、孔拉德·施拉姆、宪章派厄内斯特·琼斯等人。

在历史文献中关于克路斯的资料至今非常少见。只是在涉及美国第一个马克思主义宣传家魏德迈①的名字时才会提到他的名字。同时，克路斯是1848年革命中涌现的无产阶级革命家光荣队伍中的一员。他在革命前夜就积极拥护马克思和恩格斯的思想，而在革命高潮中又成为德国西南部工人运动中著名活动家之一。本文就是叙述他在这个时期的活动的。

* * *

克路斯1825年7月14日出生在海尔布朗（维尔腾堡）的一个南德意志贵族家庭。他可能在海德尔堡受过高等教育，1846年成为建筑工程师。他作为专家开始在美因兹工作时任修筑美因兹—曼海姆铁路的工程师助理。

美因兹是黑森公国的大城市之一，同时坐落在法国边境附近，是对帝国具有重要意义的莱茵河左岸上的一级要塞。因此，那里驻扎普鲁士

---

① 必须指出，在19世纪50年代，克路斯在美国宣传和确立马克思主义方面的功绩也许并不亚于魏德迈的功绩，因为他们共同工作，彼此的活动有时很难分开。克路斯具有组织家的才干和坚忍不拔的精神，所以有时取得的成果甚至更大一些。克路斯在美国宣传马克思主义工作中所起的作用是专门的研究题目。他参加过华盛顿、巴尔的摩以及美国其他城市的许多公用大厦的建筑和装饰工程，因而作为19世纪末著名的建筑师载入美国史册（他死于1905年7月24日）。从这一点来说，他的传记也是有意义的。

和奥地利的重兵结果引起了当地居民的不满。

1848年迫近了。德国经济和政治最发达的西部和西南部地区，日益成为民主运动的中心。军队中出现反政府情绪，大学生中间的民主运动日益活跃，体操协会纷纷成立（它们大多数继承了19世纪20—30年代不满现实的德国知识分子，即所谓"蛊惑者"的传统），在这些协会里青年们名义上是从事体育活动，而实际上是进行关于共和民主的热烈探讨，农民的骚动此起彼伏，最后，连德国自由资产阶级也主张立宪，——这就是19世纪40年代末德国西部和西南部社会政治生活的情景。

年轻的克路斯没有袖手旁观。他早在大学生时代，尔后在美因兹就积极参加了体操协会。以类似瑞士联邦的自治区共和联邦的形式统一国家问题，普遍选举权——这就是当时先进的德国知识分子所关切的问题。在革命前夜，他们观点的表达者是小资产阶级民主派弗里德里希·黑克尔和古斯塔夫·司徒卢威，而思想领袖则是卡尔·海因岑。

克路斯自己在给马克思的一封信中写道，他当时处于海因岑"革命"词句的影响之下，在评价革命前夜自己活动时讥讽地指出，这种活动不外是借助于海因岑派"干将"的帮助"开导"人民——号召立刻举行起义，反对君主制度，建立联邦共和国，以及在奥地利士兵中间进行鼓动。① 但是正如他所指出的，所有这一切都是"天真的"游戏。克路斯的共产主义者的政治世界观是在1847年形成的。

---

① 克路斯致马克思的信（1852年9月30日），马列主义研究院中央党务档案馆档案。克路斯指出在青年时代，他同古斯塔夫·阿道夫·施略费尔一起进行过这种海因岑式的"开导"工作。施略费尔后来在1849年巴登—普法尔茨起义中身亡。他在海德尔堡大学学习过。看来，克路斯是指他们的大学同学年代。

1847年6月在伦敦成立了第一个国际无产阶级组织——共产主义者同盟，它宣布斗争的目标是解放和团结劳动者，反对资本主义奴役。在1847年6月9日共产主义者同盟第一次代表大会的通告信中宣布，尽管同盟人数不多和采取极其秘密的活动方式，这时在德国却已经有了大约15个支部。在成立了共产主义者同盟支部的城市中也包括美因兹①。

　　共产主义者同盟第一次代表大会后，马克思和恩格斯需要花费巨大精力从思想和组织上巩固同盟。根据居住在布鲁塞尔的马克思的倡议，共产主义通讯委员会加入了同盟。1847年8月在布鲁塞尔成立了共产主义者同盟的支部和区部。马克思领导的区部委员会实际上是整个同盟的指导中心。

　　马克思认为，在秘密的范围比较小的组织周围建立类似伦敦德意志工人教育协会公开的工人协会网，是巩固共产主义者同盟最重要措施之一。例如，1847年8月底由马克思和恩格斯倡议成立的德国共产主义工人协会就是这样的组织。这个协会的成员中有在美因兹革命的最初日子里同克路斯直接合作的许多活动家：卡尔·瓦劳、约翰·席克耳和雅科布·弗里德里希·休茨。克路斯本人不是协会成员，但由于他在布鲁塞尔，所以对协会的活动了如指掌。这一点从他后来从美国给沃尔弗写的信②中得到证实。克路斯1851年在给魏德迈的信中比较明确地谈到他参与了这个时期共产主义者同盟的活动，他说："我早在1847年《德意

---

　　① 《马克思恩格斯全集》第1版第42卷第428—429页。
　　② 克路斯致威·沃尔弗的信（1851年11月4—6日），马列主义研究院中央党务档案馆档案。

志—布鲁塞尔报》时期就已经同共产主义者政党和马克思取得了联系。"①

1847年秋天,在当时实际上是共产主义者同盟的非正式的刊物的《德意志—布鲁塞尔报》上展开了反对海因岑的论战。公开向工人阶级阐明它在日益迫近的革命中的作用和任务,警告它不要受小资产阶级民主派蛊惑宣传的危险的影响,以及驳斥海因岑对共产主义者的诽谤性的攻击,时机已经成熟了。

1847年10月初,恩格斯发表了题为《共产主义者和卡尔·海因岑》②的文章,揭露海因岑把共产主义和革命理解为通过推翻德国君主制度一举建立社会公平是荒唐的。恩格斯强调说,对于共产主义者来说,最终目的远远超过确立资产阶级民主自由的范围,争取这种自由是他们的最近任务。

恩格斯的批判使海因岑找到借口,再次出来攻击共产主义者。他的一篇新文章《共产主义者的"一位代表"》刊登在1847年10月21日《德意志—布鲁塞尔报》上。这一次,马克思出来回答,在同一家报纸的10—11月的几号上连载了《道德化的批评和批评化的道德》③一文。

11月4日在《德意志—布鲁塞尔报》还发表了一篇反对海因岑的声明,署名是:"卡·朗格,共产主义工人,代表许多共产主义者。1847年10月24日于巴黎。"

"朗格"是克路斯在共产主义者同盟中的代号。他在1848年革命时

---

① 克路斯致约·魏德迈的信(1851年12月20日),马列主义研究院中央党务档案馆档案。
② 《马克思恩格斯全集》第1版第4卷第297—315页。
③ 《马克思恩格斯全集》第1版第4卷第322—356页。

期以这个代号而闻名。①

克路斯在声明中支持恩格斯的文章,严厉斥责海因岑是诽谤家。克路斯的说法是非常恰当的,因为他援引了海因岑积极宣扬自己的小册子和宣言的具体事实。他以辛辣的形式嘲笑了它们的假革命的内容。克路斯写道:"我刚刚在贵报上拜读了海因岑攻击恩格斯的大作,他在文章中大肆污辱共产主义者……这次真是无耻之尤,竟然硬说德国共产主义者在巴黎把他的一些小册子交给了警察局②(顺便说一下,这些小册子除了通常的毫无意思的战斗口号以外,没有什么内容,没有指出,战斗开始时应该做什么……)。"克路斯宣布说,他在巴黎的一位朋友③从伯尔尼海因岑那里收到一封信和300份小册子,以便转交巴黎的书商,让他在巴黎和德国出售。克路斯受他的朋友的委托把信交给了书商,而一捆书则是邮寄的。书显然没有寄到收件人那里。海因岑就用这件事来责难共产主义者。克路斯宣布说,书商是普鲁士政府的热烈拥护者,很可能正是因为这个缘故,小册子才落入巴黎警察之手。但是,克路斯坦率地承认,他并没打算帮助散发这些小册子。"如果海因岑或者他的崇拜者认为,我们共产主义者会散发由一个经常以极其高傲的态度同共产主义作战的人炮制的著作那就可笑了。"声明最后说:"如果海因岑先生认为有必要再一次向共产主义发起进攻……那么在共产主义工人中间有

---

① 为了保密起见,共产主义者同盟成员经常用化名进行活动。例如,威廉·沃尔弗在共产主义者同盟的许多文件中署名为海德,卡尔·沙佩尔署名为卡尔·希尔。1848年革命时担任美因兹支部主席助手的克路斯署名为朗格(论文集《共产主义者同盟。1836—1849年》1977年莫斯科版第185、263、265页)。

② 指的是1847年6月在伯尔尼出版的书。该书是海因岑以前写作和发表的小册子和传单的汇编。书名叫《德国革命》,是卡·海因岑的小册子和传单集。

③ 大概指的是约翰·席克耳。

足够的战士毫无畏惧地出来同他厮杀于疆场。"①

克路斯的声明实际上印证了恩格斯在他的文章中所写的关于海因岑的话:"海因岑先生号召立即举行起义。他本着这个精神印刷传单,竭力在德国散发……这种肤浅的、盲目的、毫无意义的宣传对德国民主派不是极其有害吗?"②

共产主义者同盟中央委员会1847年9月14日的呼吁书也对海因岑的"积极性"表现了很大的不安,呼吁书指出,海因岑利用共产主义者同盟寄给伯尔尼支部的经费去再版和散发自己的小册子。共产主义者同盟中央委员会号召每个正直的共产主义者抵制海因岑的宣传。③

克路斯的声明中所叙述的事实和作者的立场本身证明,他在执行刚刚成立的组织——共产主义者同盟的领导机关的指示时对这个组织的问题非常了解。克路斯的声明写自巴黎,他大概由于工作关系经常到巴黎。

从10月中旬起,恩格斯在巴黎为建立和巩固共产主义者同盟地方支部做了大量工作。恩格斯被选为区部委员会委员,并作了召开同盟第二次代表大会的准备工作。在这种情况下,恩格斯开展的反对魏特林分子、"真正社会主义"的拥护者(格律恩、赫斯)和海因岑的小资产阶级共和主义的影响的思想斗争极为重要。让克路斯这位当时非常熟悉海因岑著作的人在报刊上发表文章的很可能正是恩格斯。

---

① 关于克路斯在《德意志—布鲁塞尔报》上撰稿的事实,施留特尔《在美国的德国工人运动的开端》(1907年斯图加特版第149—150页)一书中最先提到。然而具体的文章或者通讯不详。我们认为,除这篇声明外,如果更仔细地研究一下这个报纸,可能会发现克路斯写的其他材料。

② 《马克思恩格斯全集》第1版第4卷第300页。

③ 《马克思恩格斯全集》第1版第42卷第452页。

1847年秋，共产主义者同盟盟员在美因兹的活动明显地加强了。1847年9月14日共产主义者同盟中央委员会呼吁书中写道："收到美因兹盟员的一封来信，信中告诉我们说，那里正打算成立第二个支部，从而组成一个区部。——我们美因兹的兄弟们经常受到警察的监视，然而这只能更加促使他们为我们的事业努力地工作。——光荣属于勇敢的美因兹的无产者；如果在德国到处都像那里一样行动，那么我们的事业就兴旺发达了。"①

可惜我们手头没有关于谁参加了这些支部的确切材料。从稍后的有关1848年的文件中我们得知，克路斯、鲍威尔兄弟、哥特弗利德·施土姆普弗、诺伊贝克和梅特涅早在革命前就是共产主义者同盟成员。②布鲁塞尔区部委员会委员卡尔·瓦劳（《德意志—布鲁塞尔报》的排字工人）以共产主义者同盟领导机关的名义同美因兹支部保持联系。

在共产主义者同盟德国支部中，也像在巴黎一样，思想斗争也很激烈。1847年10月同盟中央委员会特派员来到美因兹，阐述了中央委员会对魏特林观点的立场。

可见，革命前夜在美因兹就有一批人数不多、但非常积极和团结的共产主义者同盟盟员在进行活动，他们在1848年3月开始的德国资产阶级民主革命中起了重要作用。

由于美因兹是德国西南部最大城市之一，所以它能够在革命最初几个月里对团结德国民主运动和工人运动发挥重大的影响。

在1848年革命中法国宣布成立共和国，鼓舞了德国社会，首先是与法国毗邻的德国西部和西南部各省的一切阶级。

---

① 《马克思恩格斯全集》第1版第42卷第448页。
② 《共产主义者同盟。1836—1849年》1977年莫斯科版第263、269页。

在巴登，以司徒卢威为首的反对派运动的首领宣布了四条基本政治要求：

一、人民武装，人民有权选举军官；

二、无条件的出版自由；

三、陪审法庭；

四、立即召开德国议会。

这些要求传遍了德国西南部各个城市。3月1日，在美因兹以齐茨律师为首的激进派和小资产阶级民主派精心草拟了一份群众请愿书。3月2日等级议会通过了要求出版自由、陪审法庭、人民武装、德国议会真正代表德国人民的决议。在这个城市里群情激昂。各阶层的代表成立了"市民委员会"（其成员中有施土姆普弗和梅特涅）。在这种一般民主主义高潮中，新的民主主义报刊和民主联合会应运而生。在美因兹，第一个也是人数最多的组织就是1848年3月11日由小资产阶级民主派路德维希·班贝尔格尔、弗兰茨·齐茨、路德维希·卡利施、雅科布·舍普列尔成立的民主联合会，① 联合会团结了这个城市的具有革命情绪的小资产阶级和知识分子。有些手工业者和工人也加入了联合会。联合会鼓舞许多激进派人士在美因兹本城，或者超出这个范围，在达姆施塔特和法兰克福国民议会的讲坛上发表意见和提出建议，主张实行共和和新的立法。联合会宣布为争取人民的权利、扩大人民自主原则而斗争。小资产阶级民主派、共和派、新闻工作者路德维希·班贝尔格尔是民主联合会的主要领导者之一。他在1848年当了几个月的《美因兹报》民主联合会的机关报的编辑。从1848年4月16日起，在美因兹又出版了

---

① K.波肯海梅耳：《1848—1849年的美因兹》1906年美因兹版第103—104页。

由路德维希·卡利施编辑的民主派报纸《民主》。① 美因兹民主联合会是德国西南部第一批民主主义者组织之一。黑森州的其他城市以及整个莱茵省都效仿它的榜样成立了民主联合会。美因兹民主联合会同德国许多民主联合会建立了联系。

美因兹各体操协会在三月革命中合并为民主体操联合会，它同民主联合会直接配合行动，受班贝尔格尔的直接领导。体操联合会成为民主联合会的分支机构。

值得注意的是，整个资产阶级三月革命的最初头几天曾经在为民主而斗争的旗帜下联合起来了，可是过了一个月在他们中间就逐渐发生了分野。甚至像"关心人民福利"这样一些小资产阶级民主主义的模糊口号也使自由资产阶级吓破了胆。它由于在三月革命中掌握了政权，力图制止"紊乱状态"并把人民的行动纳入"合法范围"。大资产阶级通过君主立宪的要求来表达自己的政治利益。

资产阶级队伍中这一分野过程的自然表现是产生了新的组织。例如，这个城市大官吏和大商人组织了"市民联合会"，它的刊物是《莱茵日报》，具有"自由思想"的天主教徒则成立了"庇护联合会"，出版《美因兹日报》。

以上就是1848年三月革命期间这个城市的社会政治生活画面。

克路斯当时作为体操协会的参加者，同当地的民主运动活动家建立了联系。他同美因兹的共产主义者同盟其他盟员一起积极参加了民主运动，并成为民主联合会会员。

在铁路上工作曾使克路斯当时有机会接近工人，而且他在革命开始后无条件地把自己的命运同无产阶级联系在一起。后来他写道："……我

---

① K.波肯海梅耳：《1848—1849年的美因兹》1906年美因兹版第102页。

大部分时间是在工人中间度过的,我同他们亲密无间。"①

社会成分相当复杂的民主联合会也吸收了数量可观的工人。然而,在模糊不清的一般民主主义要求中工人的经济和政治利益没有得到任何反映。所以,克路斯和共产主义者同盟其他盟员一起开始筹建独立的工人联合会。

法国二月革命胜利后,许多政治流亡者——共产主义者同盟盟员聚集到巴黎。3月5日被比利时政府驱逐出境的马克思应法兰西共和国临时政府邀请也到达巴黎。受共产主义者同盟布鲁塞尔中央委员会的委托,马克思3月11日在巴黎组织了居住在那里的同盟盟员的会议,会上成立了新的中央委员会。委员会委员有马克思(主席)、沙佩尔(书记)、沃尔弗、瓦劳、莫尔和恩格斯。马克思和恩格斯在巴黎这里一面时时刻刻期待着德国爆发革命,一面开始集合和培养革命的德国流亡者骨干,以便将来派回祖国。柏林三月革命后,同盟中央委员会组织了约三四百名德国工人流亡者返回德国。一般说来这些人都具有政治斗争经验;其中多数人是共产主义者同盟盟员。他们回到自己的故乡,就地参加革命运动。他们中的许多人随身携带着《共产党在德国的要求》(共产主义者同盟在已爆发的德国革命中的政治纲领)和《共产党宣言》。

马克思和恩格斯预计,共产主义者同盟盟员在业已开始的革命中将成为核心,在这一核心周围将建立工人阶级的群众性政党。为此目的,一方面,同盟盟员必须巩固现有的共产主义者同盟支部,恢复、扩大并改组以前的,即革命前的支部。另一方面,还需要促进工人的阶级团结,影响工人联合会,以便把它们组织成政治上独立的全德无产阶级

---

① 克路斯致马克思的信(1852年9月30日),见苏共马列主义研究院中央党务档案馆档案。

组织。

1848年3月和4月初，一些共产主义者同盟盟员——卡尔·瓦劳、保尔·施土姆普弗、弗兰茨·诺伊贝克和约翰·席克耳回到美因兹。共产主义者同盟中央委员会委员瓦劳在当地同克路斯和哥特弗利德·施土姆普弗取得了联系，和他们共同组织了工人教育联合会。瓦劳当选为联合会主席，哥特弗利德为副主席。施土姆普弗、克路斯为书记，组织委员会委员为诺伊贝克、艾克尔、哈维森、海兹里茨、拉斯克、麦耶尔和施瓦耳茨。① 工人联合会的领导者都是共产主义者同盟的人，这一点为了慎重起见没有公开，以免使工人们感到恐惧。因为绝大多数工人对共产主义不甚了解或者对它有误解。

经共产主义者同盟领导机构的同意，也可能根据它的直接指示，美因兹工人教育联合会发表了一份呼吁书，其中以非常明确而为工人所易懂的形式宣布了工人在已经开始的革命中的具体行动纲领。美因兹主动提出它作为临时中央委员会担负起领导和团结全德国工人组织的任务。

在1848年4月5日发出的《告全体德国工人书》中写道：

工人兄弟们！

如果我们不愿意再做最受欺骗的人，如果我们不愿意在以后漫长的岁月里受一小撮人的剥削、蔑视和蹂躏，我们就不应该错过时机，我们绝不应该死气沉沉，无所作为。

如果我们还像过去那样是一盘散沙，尽管我们人数众多，我们也会软弱无力。相反地，如果我们团结起来，组织起来，我们就会成为一支不可战胜的力量。因此，弟兄们，在城乡各地建立起工人联合会来，在联合会里给大家说明我们目前的处境，提出改变这种处境的办法，考虑和选举工人阶级出

---

① K.波肯海梅耳：《1848—1849年的美因兹》1906年美因兹版第110页。

席德国议会的代表,并且采取其他一切必要的措施来维护我们的利益。此外,德国所有的工人联合会应该尽快地建立联系并且保持这种联系。

我们建议暂定美因兹为所有工人联合会的中心,并且建议大家和本委员会通信,以便磋商共同的计划,尽快地在各联合会代表会议上最后确定中央委员会的驻地等。①

这份呼吁书由瓦劳和克路斯署名,以传单形式发表,并在许多德国报纸上刊载。② 威廉·沃尔弗大约在1848年4月3—6日从巴黎路经美因兹,他可能参加了呼吁书的起草工作。③

美因兹呼吁书的出现正是和沃尔弗的到来有联系的,否则它还会早一点公布,因为工人联合会在4月5日(呼吁书发表日期)以前就成立了。关于这一点,稍后的美因兹工人教育联合会致科隆工人联合会的呼吁书可以证明。这份呼吁书说:"……我们在此地的**联合会**成立后不久(黑体字是我们加的——波斯别洛娃)就通过了积极从事联合德国工人的工作的决议……"④ 大概沃尔弗带去了中央委员会给美因兹共产主义者的关于在德国发起组织工人联合会的指示。

分析一下内容就可看出,美因兹工人联合会呼吁书是根据《共产党

---

① 《马克思恩格斯全集》第1版第5卷第575页。

② 《德意志人民报》1848年4月8日第8号;《曼海姆晚报》1848年4月10日第100号;《美因兹报》1848年4月12日第103号;《湖滨小报》1848年4月13日第89号。

③ 关于美因兹工人教育联合会呼吁书,它对团结德国工人联合会的意义以及关于威廉·沃尔弗参加起草呼吁书的推测,见德国工人运动历史学家瓦尔泰耳·施米特的文章:《共产主义者同盟和1848年4—5月统一德国工人联合会的尝试》,载于《史学杂志》第3分册1961年版第598页。

④ 《共产主义者同盟。1836—1849年》1977年莫斯科版第267页。

在德国的要求》写成的，而《共产党在德国的要求》很可能正是沃尔弗带到美因兹的（瓦劳不可能带这个文件，因为他早在《要求》写成以前就首批从巴黎回到德国）。①

在这些日子里沃尔弗同克路斯非常密切。② 他们之间建立了友谊关系，这不仅是因为相互理解和思想一致，而且是因为克路斯对这位具有丰富的组织和写作经验，而且同马克思和恩格斯有亲密关系的老同志非常尊重。而克路斯聪明肯干，能够为组织工人联合会做许多工作，把全部炽热的青春献给了革命事业，准备为捍卫马克思和恩格斯的思想而自我牺牲，沃尔弗对此也感到敬佩。从这时候起，他们之间开始了书信往来，直到克路斯移居美国为止。

为什么正是美因兹被选为团结德国各工人联合会的中心呢？这里有许多原因。

首先，美因兹毗邻法国，以马克思和恩格斯为首的共产主义者同盟盟员由法国到莱茵省和科隆要经过美因兹。其次，美因兹的民主主义运动规模最大，1848年在这里，正如前面提到过的，有许多群众性的民主主义组织。再次，这里有以中央委员会委员瓦劳为首的一批共产主义者同盟盟员（克路斯、哥特弗里德、保尔·施土姆普弗、莱茵斐尔斯和梅特涅等）在进行活动。

最后，也是个重要原因，小资产阶级民主派想立刻举行"共和主义"起义的"超革命的"情绪，在美因兹的影响没有巴登各城市那么

---

① 瓦·施米特：前引书第593页，同时见 C. 3. 列维奥娃：《1848—1849年德国革命中的马克思》1970年莫斯科版第38页。

② 施土姆普弗致恩格斯的信（1890年9月21日），马列主义研究院中央党务档案馆档案。

大。马克思和恩格斯对情况作了切合实际的估计,并同这类的冒险主义进行了斗争。革命需要在建立工人组织方面做细致的工作,应当依靠民主运动。

早在美因兹工人教育联合会的呼吁书在报纸上发表以前,沃尔弗作为共产主义者同盟中央委员会特派员从4月6日到13日在德国旅行时,以传单形式在科隆、柏林、汉诺威和其他城市散发过这个文件。

德国各地在美因兹人的号召下纷纷成立了工人联合会。4月13日"按照兄弟城市美因兹的榜样"① 建立了最大的联合会——科隆联合会。这些工人联合会之间建立了经常的联系。克路斯很热心,全部信件都是他以美因兹工人教育联合会的名义写的。

4月23日美因兹工人教育联合会副主席②哥特弗里德·施土姆普弗和克路斯写信给科隆人说:

你们在你们的两封信中表达的也是我们的意见,我们也一直在追求同样的目标……你们"自由,博爱,劳动!"的口号从现在起也将是我们的口号。我们在一个战斗旗帜下进行斗争,我们能够和必定取得胜利。

如果我们在这种情况下能为散发你们的工人报纸做点什么的话,我们甘愿效劳。③

美因兹工人联合会通知科隆人说,它已经收到了来自德国各个城市(弗赖堡、普福尔次海姆、布鲁赫萨尔、海德尔堡、曼海姆、达姆施塔

---

① 《科隆工人联合会报》1848年4月23日第1号。
② 联合会主席瓦劳在4月10日左右离开了美因兹,因为他不是本城出生的居民,无法找到工作;瓦劳迁往维斯巴登并在那里领导印刷工人联合会(《共产主义者同盟》1970年柏林版第1卷第768页)。
③ 《共产主义者同盟。1836—1849年》1977年莫斯科版第268页。

特、奥芬巴赫、哈瑙、美因河畔法兰克福及其他等地）的通报那里成立工人联合会的消息的许多信件。

建立广泛的群众性工人联合会网的基本策略是要把工人吸引到整个民主运动中来，同时为在德国建立独立的工人组织创造条件。

已建立的工人联合会讨论了工人的状况和为改善这些状况所必须采取的具体措施。他们还准备推选工人代表参加德国议会（法兰克福国民议会）。这些合法组织不仅是以对工人进行政治教育为目的，它们还必须吸引工人积极参加政治斗争。

美因兹工人教育联合会成立后经过两三个星期，人数已超过400人。每周星期三开会，研究组织情况和讨论问题。值得注意的是，他们有时也讨论一些尖锐问题，如："我们的企业主反对共和国，而中间阶层和穷人却拥护共和国，这是为什么？"，"资产阶级和无产阶级"。

由于克路斯和哥特弗利德·施土姆普弗同民主联合会的广泛联系，得以利用《美因兹报》和《民主》报刊载工人联合会的会议报道。这两家报纸的编辑卡尔·伯尔舍、路德维希·班贝尔格尔和卡利施是工人联合会的会员。①

这时美因兹工人联合会已经作为德国工人联合会临时中央委员会进行活动，它力图扩大工人联合会网和召开工人联合会代表大会。4月23

---

① 《科隆工人联合会会刊》1848年5月份第2、3号，并见《共产主义者同盟。1836—1849年》1977年莫斯科版第268页。可惜目前我们手头没有整份的《美因兹报》，也没有《民主》报，所以就没有可能分析工人联合会会议记录。我们只掌握一些载有它活动资料的零散的《美因兹报》，例如1848年4月19日第110号、7月3日第183号。7月5日第185号上载有哥特弗利德·施土姆普弗的报告；1848年8月17日第226号上载有关于莱茵黑森州民主联合会、体操联合会和工人联合会代表大会的消息。

日的《告科隆工人联合会书》是这样签署的："德国工人联合会临时中央委员会工人教育联合会。负责人：副主席哥·施土姆普弗。书记阿道夫·克路斯。"

美因兹还被指定为共产主义者同盟支部领导人暂时聚合的中心。至少有一个月时间共产主义者同盟特派员都把报告寄给美因兹中央委员会委员瓦劳。①

1848年4月8日马克思和恩格斯到科隆途经美因兹。②他们在那里和美因兹的共产主义者讨论了组织和联合工人联合会的进一步的任务。当时马克思和恩格斯就同工人联合会的年轻能干的书记克路斯结下了亲密的友谊。

克路斯与哥特弗里德·施土姆普弗和保尔·施土姆普弗两兄弟一道在美因兹做了大量而细致的恢复共产主义者同盟支部的工作。这件工作是相当困难的。正如上面所说的，由于工人政治上不成熟，他们必须小心翼翼地回避他们是同盟的人。多数工人处于小资产阶级民主派影响之下。4月20日，卡尔·沙佩尔以中央委员会特派员的身份来到美因兹，在他的主持下成立了共产主义者同盟的支部。施米策当选为支部主席，朗格当选为支部副主席。4月23日给同盟中央委员会的工作报告就是以美因兹支部这两位领导人的名义写的信。③ 施米策和朗格的名字是保尔·施土姆普弗和克路斯的化名。春大和诺伊贝克一道从巴黎回来的保

---

① 见沃尔弗、贝尔格曼和艾韦贝克的信，载于《共产主义者同盟。1836—1849年》1977年莫斯科版第258—261、261—262、272—273页。

② 见马克思护照内容：他1848年4月7日在哈布耳边防站越过法德边界（《马克思恩格斯全集》第1版第5卷第452和453页之间的插图）。

③ 《共产主义者同盟。1836—1849年》1977年莫斯科版第263页。该书有一处刊误，把写信人保尔·施土姆普弗印成哥特弗利德·施土姆普弗。

尔·施土姆普弗领导支部。① 克路斯是他的助手。克路斯亲笔写的信中说："通讯掌握在我们手中，因为同盟支部副主席和工人联合会书记是同一个人。"

为了保密起见，通信时不使用克路斯的通讯处，而使用约翰·席克耳的通讯处。信中写道："我们不愿意提供副主席的通讯处，因为他作为工人联合会书记的身份还可以把眼下还不了解一切情况的警察的两只贼眼吸引到自己身上来。"②

克路斯和席克耳之间建立了非常友好的关系。后来，当他们俩已经住在美国时，克路斯写信给魏德迈谈到席克耳时说："在美因兹他是我的莫逆之交。"③

在美因兹支部领导人寄往科隆的信件里附有1848年4月20日会议记录，这份记录上记的是："到会的巴黎工人联合会客人有：莫里茨·扎克斯和约瑟夫·舒特茨。来自伦敦的卡尔·沙佩尔作为科隆中央委员会全权特派员宣布开会，会议一开始就接纳施特莱特曼为同盟盟员，原先曾是同盟盟员的莱茵斐尔斯重新加入同盟，会议保证吸收三个以前的盟员参加下次会议。支部宣告成立……根据沙佩尔和莱茵斐尔斯的建议，决定暂时保持同盟盟员的化名。支部委员是：施米采、涅波姆克、

---

① 1848年4月14日约翰·席克耳在写给马克思的信中谈到他为恢复美因兹支部积极从事活动（《共产主义者同盟。1836—1849年》1977年莫斯科版第255页）。

② 《共产主义者同盟》1970年柏林版第1卷第768页。

③ 1852年2月16—18日克路斯致魏德迈的信。约翰·席克耳（1827—1909）是美因兹人。1847年夏天，他在布鲁塞尔时已经和马克思接近了。他可能在那里或在巴黎与克路斯相遇。看来，共产主义者同盟的大部分通讯都寄到美因兹他那里，因为他流亡美国后，在他那里发现大量共产主义文献（维尔穆特和施梯伯：《十九世纪共产主义者的阴谋》1853—1854年版第2卷第110页）。

朗格、莱茵斐尔斯、施特莱特曼和赞泽尔。"①

这封信详细报告了合法的工人联合会的活动："此地的工人联合会约有400名会员，而且人数还在继续增加。我们有三名同盟盟员②参加了委员会，这样我们这方面总是多数，所以可以认为，完全可以按照我们的意见实行对工人联合会的领导……我们已经把正字法、数学、绘图、修辞和提高语文的练习作为教授的课目，以便吸引广大群众，并通过启蒙教育使他们能理解政治和社会问题。到目前为止，我们这项工作已见成效，因为所有的人都十分热爱我们。"

信中还详细谈到工人联合会联合其他工人联合会的活动。这次报告的性质和口吻说明，这是支部向中央委员会报告执行它的决议的情况。"至于我们作为德国工人联合会临时中央委员会所起的媒介作用，我们可以向你们报告，到目前为止，我们还很少收到报告。我们这里有托德瑙（毗邻布赖斯高的弗赖堡）、普法尔茨海姆、海德尔堡、曼海姆、达姆施达特、奥芬巴赫、哈瑙、美因河畔法兰克福、奥登海姆（莱茵巴伐利亚）、布鲁赫扎尔（巴登）等地的组织工人联合会的材料。据德朗克说，在科布伦茨也组织了工人联合会，但我们没有收到那里的任何来信。"③

从信中可以看出，共产主义者同盟直接领导了这些工人联合会。"请尽可能更快地答复我们，我们在召集工人联合会代表开会方面应该怎样搞。……所以，最好等到我们得到维腾堡、巴伐利亚、撒克森尼

---

① 《共产主义者同盟。1836—1849年》1977年莫斯科版第263页。用上述代号的可能是：保尔·施土姆普弗、弗兰茨·诺伊贝克、阿道夫·克路斯、约翰·席克耳、哥特弗利德·施土姆普弗和热尔门·梅特涅。

② 指的是哥·施土姆普弗、克路斯和诺伊贝克。

③ 《共产主义者同盟。1836—1849年》1977年莫斯科版第264页。

亚、汉诺威、普鲁士等地关于成立至少能在本地区独自活动的单独的联合会的报告。……总之，如果你们认为延期召开这样的会议是必要的话，那么以后将把我们得到的报告通知你们，以便你们能够对选择会址表达自己的意见。我们已经答应已成立的联合会尽快召开这样的会议，并已收到关于这一点的询问。——奥芬巴赫、哈瑙和法兰克福希望立即征集（如果可能）一万工人并自行决定派代表到法兰克福。"①

美因兹工人联合会为了执行中央委员会的决议，竭力在新成立的工人联合会中保持应有的政治影响。为此，派去了特派员。

"从寄来的报告中可以看出，派特派员到南德意志是极为必要的，如果从那里将收到较多的报告……我们从自己方面尽量给予联合会必要的指示，因为可以采取通信的方式；但是亲自活动和结识一些比较精明的人会带来极大好处。——除了沃尔弗外，我们还往北德意志派了一名特派员（门克尔）；……门克尔走得很匆忙，所以他还未能来得及加入联合会；他回来后一定会加入联合会。尽管如此，但是他一出行就会给我们带来很大好处，只要他适当地帮助组织联合会。"②

信中还报告了地方体操联合会的情况。

可见，美因兹共产主义者为执行马克思和恩格斯领导的共产主义者同盟中央委员会的策略路线——站在民主运动的左翼方面，深入民主运动并领导这个运动，做了大量的工作。在这里，阿道夫·克路斯起的作用远不是无关紧要的。他很熟悉当地情况，具有组织才能，所以他能够找到正确的工作方式和同工人的共同语言。沙佩尔访问美因兹时，特别亲热地称这位工人联合会书记是"非常好的年轻人和兄弟"。他指出：

---

① 《共产主义者同盟。1836—1849年》1977年莫斯科版第265页。
② 《共产主义者同盟。1836—1849年》1977年莫斯科版第264—265页。

"在美因兹有良好的基础，在那里能取得很好的成绩。"① 克路斯同沙佩尔一起前往维斯巴登（在 4 月 20—23 日之间），当时那里已建立工人联合会和共产主义者同盟支部。他在这里会见了瓦劳，后者在海德尔堡印刷工人大会上当选为代表。海德尔堡的印刷业帮工在 4 月 23 日的大会上决定在美因兹召开全德印刷工人代表大会。

4 月中前中央委员会的几乎全部代表聚集在科隆。4 月 15 日左右这里成立了新的共产主义者同盟中央委员会，参加中央委员会的有马克思、恩格斯、莫尔、沙佩尔和德朗克。以前共产主义者同盟的全部信件都寄到作为临时中心的美因兹。这样一来，美因兹的这个任务结束了。继续寄到美因兹的信件从这时起转到科隆。中央委员会向全国各地派遣了特派员，以便弄清各支部的情况。

1848 年 4—5 月特派员卡尔·沙佩尔和恩斯特·德朗克来到美因兹。从他们的信中可以看出，同盟的各支部，包括美因兹支部，人数还很少，组织松散。这些材料再一次使共产主义者们相信，必须把基本的工作重心转移到在合法的工人和民主组织从事工作上面，广泛利用出版自由。美因兹在这方面是很有希望的地方。

小资产阶级在革命过程中企图掌握民主运动和工人运动的领导权。为此目的，6 月在美因河畔法兰克福召开了第一届民主主义代表大会。克路斯、施土姆普弗和梅特涅代表美因兹出席了大会。德朗克在他写给中央委员会的信中注意到小资产阶级民主派的巨大积极性，为了同他们相对抗，他提议继续为实现美因兹呼吁书，为组织工人联合会而进行鼓动。②

---

① 《共产主义者同盟。1836—1849 年》1977 年莫斯科版第 270 页。
② 《共产主义者同盟。1836—1849 年》1977 年莫斯科版第 278 页。

然而，到5月美因兹工人联合会作为工人联合会有组织的中心的作用也在逐渐削弱。5月17日美因兹工人教育联合会最后一次发表宣言，号召在各地成立工人联合会，这时已经不署德国工人联合会临时中央委员会的名了。

马克思和恩格斯1848年春提出成立全国性的群众性工人政治组织的主张没有实现。这是由于工人运动的软弱和落后。然而，在革命最初阶段美因兹作为前哨还是起了重要作用，它推动德国的工人和民主组织展开积极活动，出现了像约有5000人的科隆联合会、柏林联合会这样的人数众多的联合会。这些组织的领导人安·哥特沙克和斯·波尔恩不久就试图抓住主动权，以便把自己的组织变成工人联合会的全德联合组织。领导中心逐渐移到莱茵省，在这里开始出版马克思、恩格斯及其战友编辑的《新莱茵报》。

美因兹工人联合会及其领导，其中包括克路斯，在本省继续积极工作。6月在美因兹召开了全德印刷工人代表大会，会上成立了德国第一个大型工会联合组织。8月13日召开了莱茵黑森州的工人联合会、民主联合会和体操联合会的会议。① 工人联合会的领导人经常出席工人和民主主义者的会议。

可是，普鲁士反动派逐渐开始准备力量向革命发动进攻。在城市里集结了大量军队，加强了警备队。还在5月，在美因兹就挑起了士兵和市民之间的冲突，结果美因兹要塞司令许泽尔宣布城市戒严，没收了城市居民的武器。

1848年夏秋期间，军事当局和城市居民之间挑拨性冲突几乎接连发生。居民用各种方法表示对普鲁士军阀粗野专断的不满。9月初在秋

---

① 《美因兹报》1848年8月17日第226号。

季集市上发生了新的大事件。当地一位艺术家公开出售讽刺奥地利恺撒以及普鲁士和奥地利军队的漫画,士兵以此借口捣毁了集市。城市居民和士兵之间武斗起来了,为了调解冲突,市政官方当局被迫出面干涉。没过几个星期,又有新的事件激怒了公众舆论。士兵追捕三个市民,迫使他们跳进莱茵河,两个人被淹死,第三个人被捉到。美因兹和邻近城市的所有民主派报刊都愤怒地报道了这一暴行。美因兹民主联合会和工人联合会号召居民团结一致,准备反击普鲁士反动派。9月21日在哈布斯海姆的群众大会上瓦劳指出,必须准备拿起武器。①

在这种情况下,民主主义团体的活动受到威胁。在1848年9月18日法兰克福起义以后,反动派开始公开向三月革命的一些民主成果发起进攻。接着就是逮捕,封闭民主报刊,解散市民自卫团,许多城市宣布戒严。6—10月期间,曾编辑《美因兹报》的美因兹工人联合会会员雅柯布·弗里德里希·舒特茨和共产主义者同盟盟员热尔曼·梅特涅积极参加过法兰克福起义。由于开始实行镇压,他们被迫逃到布鲁塞尔。舒特茨因为在10月底当选法兰克福国民议会代表,才能够回到德国并免遭逮捕。② 梅特涅参加了1849年巴登起义,后流亡美国。

在法兰克福起义之后,美因兹工人联合会的活动实际上停止了,而它的许多会员却加入了民主联合会。这就立刻影响到民主联合会会议的性质。辩论更加尖锐了,提出了对人民进行政治教育的问题,瓦劳、哥特弗里德·施土姆普弗谈到法兰克福起义的教训和团结军队的必要性。③

---

① 《美因兹报》1848年9月22日第257号。
② K.波肯海梅耳:《1848—1849年的美因兹》1906年美因兹版第131页。
③ 《美因兹报》1848年10月29日第289号、11月3日第293号。

1848年10月美因兹民主运动的许多参加者离开了该城，并且担心被捕而逃到国外。多数流亡者途经瑞士，后经法国的哈弗尔港（运美国棉花的船只停泊在这里）前往美国。一些人去到汉堡，再从那里换船到利物浦或安特卫普，再前往美国的东部港口新奥尔良和巴尔的摩。在这些政治流亡者中就有克路斯。1848年深秋，克路斯离开欧洲，到达美国。①

从这时起，共产主义者同盟盟员克路斯生活中第二个即并非不重要的阶段开始了。他和第一国际成立前的阶段科学共产主义在美国传播的历史联系在一起的。克路斯把自己的全部革命经验和一个共产主义思想的信奉者的信念都贡献给了在美国宣传马克思主义的事业。这项工作具有多么重大的意义，从警察多么警惕地注视"马克思的党"的活动这一点就可以看出。而克路斯继续在这个党里工作。1852年底伦敦的警察局报告中说："这个党的头子是卡尔·马克思；其助手是（住有数千德国工人的）曼彻斯特的恩格斯，伦敦的弗莱里格拉特和沃尔弗（鲁普斯），巴黎的海涅，美国的**魏德迈**和**克路斯**（着重号是B.波加的）；科隆的毕尔格斯和丹尼尔斯；汉堡的维尔特……但是，马克思是该党创造性的和发挥作用的智慧，真正的灵魂。"②

---

① 1850年3月31日克路斯给威廉·沃尔弗的信，马列主义研究院中央党务档案馆档案。留在德国的美因兹工人联合会和共产主义者同盟的部分成员继续从事自己的革命活动。许多人在1849年春天积极参加了巴登—普法尔茨起义，其中就有瓦劳、舒特茨、施土姆普弗弟兄等人。由于参加起义，他们被缺席判处死刑或强制劳动（到1850年才撤销这个判决）。（《德国政治警察公报……警官必备手册》1855年德勒斯顿版第100、138、229页）1849年一批从德国流亡出来的人数大大增加。克路斯同许多老战友又在美国重新会面了。

② 马列主义研究院中央党务档案馆档案。

在1848—1849年革命失败后的反动时期,马克思和恩格斯还有像魏德迈和克路斯这样的为无产阶级政党而继续斗争的同志和战友。在这些艰难岁月里,科学共产主义的奠基人几乎完全失去了在欧洲发表自己的著作的可能性,正是克路斯和魏德迈在美国组织出版了他们最重要的著作,并且宣传了马克思主义思想。

(原载《马克思主义和国际工人运动史论丛》
1977年莫斯科版第286—307页)

(晓鸣 译 孙魁 校)

倍倍尔和李卜克内西在反对普鲁士德国参与镇压巴黎公社的斗争中站在马克思和恩格斯的一边*

〔德〕埃里希·库恩德尔

马克思和恩格斯不止一次地赞扬社会民主工党对巴黎公社的立场。恩格斯在致威廉·李卜克内西的一封信中评价了爱森纳赫党支持巴黎公社社员的行动,后者第一次为建立工人阶级政权而进行了英勇的尝试,他虽然谈不上欢欣鼓舞,但也很满意。1871年6月22日,恩格斯在发往莱比锡的信中这样写道:"德国工人在最近这次大危机的时期表现得很出色,比其他地方的工人都强。"① 3个月之后,马克思以同样赞扬的话语高度评价德国工人对其法国阶级兄弟的国际主义立场。"在巴黎公社期间,德国工人在集会上和自己的报纸上不断声明他们支持巴黎革命者。当公社失败时,他们在布勒斯劳召开了大会,普鲁士警察妄图阻挠而无效。在这个会上,如同在德国各个城市举行的其他会上一样,他们向巴黎公社致敬。"② 1871年9月22日,马克思在国际工人协会伦敦代表大会上作了如上的发言。

1871年春,无产阶级国际主义精神首次在工人运动史上,在捍卫

---

* 本文选自《马克思恩格斯研究》1994年第17辑。
① 《马克思恩格斯全集》第1版第33卷第239页。
② 《马克思恩格斯全集》第1版第17卷第702页。

一个无产阶级国家政权的具体行动中显示出来。正如马克思和恩格斯所特别强调指出的那样，社会民主工党非常光荣地经受住了这次考验。不论是过去还是现在，爱森纳赫党对巴黎公社的立场一直是德国和国际工人运动史编写中的一个重要题目，特别是埃伯哈德·哈克塔尔，他在1965年的博士论文答辩中，为区别评价社会民主工党和全德工人联合会各自对巴黎公社事业的继承作出了贡献。① 为争取进一步弄清国际范围内革命和反革命的辩证关系，不仅有理由，甚至必须通过专门的研究，进一步探讨社会民主工党为反对普鲁士德国在镇压巴黎公社中所起的反革命作用而展开的斗争。

倍倍尔和李卜克内西的党从一开始就站在公社社员的一边，没有片刻的犹豫。他们和公社社员的目标完全一致。爱森纳赫党维护公社为反对敌人的一切攻击和诽谤而采取的措施，他们将此视为己任，就像关心他们自己的事情一样。然而，爱森纳赫党的无产阶级国际主义并不仅仅局限于此，他们不满足于只表示敬意和声明同情，而是从一开始就将捍

---

① 参看埃伯哈德·哈克塔尔：《巴黎公社的意义及其对从1871年到反社会党人非常法的颁布这一时期德国工人运动的发展所提供的教训》，1965年莱比锡版；埃伯哈德·哈克塔尔：《巴黎公社在同时代的德国工人运动（1871—1878年）的实践活动和理论思想中的历史地位》，载于《历史年鉴》1867年柏林版第2卷第75—122页；埃伯哈德·哈克塔尔：《巴黎公社对全德工人联合会的影响》，载于《历史科学杂志》1968年第4期第443—461页。——巴黎公社对德国工人运动发展的影响也一再成为国际上的（主要是前苏联的史学著作的）研究对象。例如：参看В.С.阿列克谢耶夫和波波夫：《德国工人阶级在巴黎公社的日子里》，载于А.N.莫洛克编：《德国对1871年巴黎公社的干涉》1939年列宁格勒版第133—197页；《德国工人阶级和社会民主党在巴黎公社日子里》，载于《1871年巴黎公社》1961年莫斯科版第2卷第290—306页；费多罗夫斯基：《谈谈德国社会民主党利用国会讲坛通过支持巴黎公社进行斗争的问题》，载于《资料汇编》1973年莫斯科版第23期第170—180页。

卫公社同反对德国政府阴谋支持凡尔赛分子镇压巴黎起义的斗争结合在一起。这就是他们对伦敦公社所持的立场的特征。"主要敌人在本国"是爱森纳赫派先认识到、数十年之后卡尔·李卜克内西提出的口号，因而他们坚决反抗普鲁士德国军国主义对公社实行阴险的和侵略的政策。在这个问题上，社会民主工党要远远胜于全德工人联合会。和爱森纳赫派一样，拉萨尔派也同巴黎公社团结一致，他们也反对统治阶级一手策划的诽谤运动，然而他们的领导人却极力制止用同样的办法公开谴责本国的统治者是凡尔赛政府镇压公社的帮凶。

仅仅这一个原因就足以说明我们为什么要分析爱森纳赫派反对柏林和凡尔赛的反革命联盟所作的具体贡献。对这个问题的研究同时能给我们带来新的认识，即马克思和恩格斯致力于向国际工人运动说明俾斯麦政府对法国内部事务所进行的政治的、然而首先是军事的干涉，致力于动员国际工人运动捍卫巴黎的第一个无产阶级国家政权。马克思的著作《法兰西内战》第 4 部分中的详细论述证明了这一点。《法兰西内战》写于巴黎公社战斗正酣的日子里，它特别注意了德国当局和凡尔赛当局在镇压巴黎公社时所进行的勾结。①

---

① 参看埃里希·孔德尔：《〈法兰西内战〉——同时代人所作的有关德国政府和凡尔赛政府进行反动密谋镇压巴黎公社的报告》，载于《马克思恩格斯年鉴》（柏林）第 9 卷第 91—162 页；有关普鲁士德国参与镇压巴黎公社的情况，还可参看：A. N. 莫洛克编：《德国对 1871 年巴黎公社的干涉》1939 年列宁格勒版；汉斯·马雷斯基：《侵占法国的普鲁士德国军队和巴黎公社（法国资产阶级对民族的背叛）》（哲学博士论文）1961 年波茨坦版；汉斯·马雷斯基：《巴黎公社社员》1961 年柏林版；汉斯·沃尔特：《三皇关系的开端。帝国的建立，巴黎公社和 1870—1873 年国际力量的对比》，载于《1871 年大普鲁士军国主义帝国的建立。前提和后果》（霍恩斯特·巴泰尔和恩斯特·恩格尔贝格编）1971 年柏林版第 2 卷第 269—281 页。

"阶级的统治已经不能拿民族的外衣来掩盖了,在反对无产阶级时,各民族政府是一致的!"① 这就是马克思在详细地研究了普鲁士德国在镇压巴黎公社过程中充当卑鄙的凶手角色之后概括出的结论。俾斯麦和毛奇帮助镇压巴黎工人起义的行动最初是隐蔽的,后来越来越不怕暴露于光天化日之下,这表明各国政府敌视巴黎工人自己执掌政权的尝试。虽然它们之间存在着分歧,但一旦它们首次面临历史上一个社会主义国家政权的存在时,就马上组成统一战线。

正如马克思在《法兰西内战》中所总结出来的那样,"欧洲各国政府在巴黎面前表明了阶级统治的国际性质",而在捍卫公社的斗争中,国际工人协会则表明它是"反对全世界资本阴谋的国际劳动组织"。② 国际德国支部,倍倍尔和李卜克内西领导的社会民主工党负起了特殊的责任。拥有大约50万士兵的普鲁士德国军队占据了法国的大部分地区,他们占据巴黎北部和东部的要塞,随时准备用毁灭性的炮火轰击法国的首都。此外,在德国的俘虏营里还有大量兵员,可供凡尔赛反革命当局招募来补充它的军国主义部队,以便攻占巴黎。

对巴黎公社起因的问题,同时代人已有几十种回答。持各种极不相同的观点的作者为寻求答复而著的书籍,更是多得不可胜数。有人认为公社起因在于外国人,而另一些人则认为在于国际,还有人认为是战争和巴黎被围,又另有一些人认为是社会风气败坏和宗教信仰不坚。实际上,只有少数人触及社会发展的基础,只有对此进行科学研究,才能回答巴黎公社起因这个问题。《法兰西内战》——马克思为自己论述1871年春戏剧性事件的小册子取了一个几乎没有比这更确切的书名——再一

---

① 《马克思恩格斯全集》第1版第17卷第383页。
② 《马克思恩格斯全集》第1版第17卷第383页。

次证明了作者"显露出的惊人天才,即在伟大历史事变还在我们眼前展开或者刚刚终结时,就能正确地把握住这些事变的性质、意义及其必然后果"①。

在这部著作的头两部分中,马克思深入研究了第一次无产阶级革命的导因。他这位已经多次研究过法国历史的有经验的社会评论家,仿佛用解剖刀解剖了在拿破仑第三垮台之后取代了波拿巴主义的法兰西共和国的发展。马克思深知像阿道夫·梯也尔或茹尔·法夫尔这类政治家所起的导致灾难后果的作用。这些人在1870年9月以民族救星自居,而在几个月之后却又作为资产阶级社会的拯救者成了屠杀成千上万国人的刽子手。马克思从对1848年革命和波拿巴主义的胜利的科学研究中了解了这些人。这些科学研究使他得以撰写了像《1848年至1850年法兰西阶级斗争》或《路易·波拿巴的雾月十八日》这样重要的著作。马克思在《法兰西内战》中无情地揭露了政府代表们的"爱国主义"辞藻,他们自诩为捍卫民族利益的政府,而看一看他们的实际行动,从一开始就是背叛民族利益的政府。代表们只谋求他们自己的利益,因而他们认为最关键的只是如何救出他们自己的人及如何将战争重担转嫁给劳动人民。马克思在论述巴黎公社的文章中证明:正是由于以上情况,经济、社会和政治的矛盾在短短几个星期以至几个月内就如此激化,以致在资产阶级民主范围内再也无法解决。

1871年3月18日,这个质的突变发生了,其时,由梯也尔任内阁总理的资产阶级政府不得不仓皇逃离巴黎。当凡尔赛成为一切反革命力量的聚集地点时,公社在法国的首都成立了。"巴黎的移天换日者"进行了英勇的尝试:捣毁旧的资产阶级国家机器,代之以新的社会主义国

---

① 《马克思恩格斯全集》第1版第22卷第216页。

家政权。正如马克思在其科学分析的结果中确认的那样,巴黎公社"实质上是工人阶级的政府,是生产者阶级同占有者阶级斗争的结果,是终于发现的、可以使劳动在经济上获得解放的政治形式"①。

对柏林和凡尔赛反革命的阴险意图的最初反应

统治阶级中大多数同时代人,确实远远没有预感到巴黎公社对未来社会发展过程的意义和影响。然而在1871年春,大概没有任何政治事件能比公社社员同凡尔赛政府的战斗更能激发国际社会和更能使欧洲内阁忙于对付了。几个星期以至几个月来,资产阶级制度在塞纳河上的大都市,世界文明的中心陷于瘫痪,这一事实使统治者和有产者大为震惊。他们感到,危险的局势必将比法国以前任何社会变革——1789年、1830年及1848年——更持久地导致在几乎所有欧洲国家中后果严重的动荡。

人们在柏林比在欧洲任何一个其他的国家的首都,都能更快、更确切地知道巴黎事件的消息。普鲁士和巴伐利亚军为守护已由他们占领的巴黎周围的要塞设施,高度紧张地注意着革命起义的开端。来自贡比涅——萨克森王储偏偏在3月18日于贡比涅接任第三集团军的总指挥——的电报不仅仅使柏林的总参谋长赫尔穆特·毛奇失去3月19日这个星期天休假日,同时,位于威廉大街的外交部也得到有关法国政府处境急剧恶化的告急文书,虽然凡尔赛分子至少在向公众发表的声明中如此吹嘘,好像返回巴黎已是近几天的事情,但是他们心里明白,仅靠他们自己的、已陷入空前混乱状态的军事力量是不够的。尽管负责的大

---

① 《马克思恩格斯全集》第1版第22卷第361页。

臣们也非常不愿意请求战胜法国的人来帮助反对本国人民，然而，他们为了维护自己的统治地位，还是向德国的占领军请求援助。

德国首相和德军总参谋长之间很快达成一致，他们非常乐意地答应了法国政府的请求。驻柏林的外国政府的外交官都暗中期待着普鲁士德国在法国的占领军帮助凡尔赛军镇压巴黎起义，俾斯麦在同他们的秘密会谈中也直截了当地说出这个打算。他向俄国大使声称，虽然他觉得巴黎的形势很严峻，但并不是过于让人担忧。在巴黎起义爆发后两天就在柏林举行了会谈，德鸣布里利在3月21日发给在彼得堡的外交大臣哥尔查科夫的密码电报中就这次会谈说道："他（俾斯麦）在严守秘密的情况下告诉我，如果他得到梯也尔政府的请求，他将建议共同行动以克服这次危机。巴黎城外的部队足够了。我刚刚得知，要塞的炮兵部队已经接到返回巴黎的命令。"[①]

俄国沙皇很放心，欧洲其他国家也可能指望俾斯麦积极协助凡尔赛政府在法国建立社会秩序。尽管它们用妒忌的目光看着霍亨索伦王朝势力的增长，尽管每个国家根据各自的特殊利益均以怀疑的目光注视着普鲁士德国战胜法国之后新的力量格局的变化，但是从根本上来说，它们都认为，为了维护资产阶级制度必须要站在凡尔赛政府一边反对巴黎劳动者的起义。因此仅仅几天之后德意志帝国和它在法国的驻军就充当了欧洲反革命的武装助手。

柏林的外交部和总参谋部在秘密指令中敦促缔结一项军事协定。当为镇压巴黎起义而同凡尔赛政府秘密结成同盟之时，俾斯麦和毛奇在向

---

① 1871年3月21日16时驻柏林大使德·乌布里利发给哥尔查科夫的电报，载于《沙皇外交和1871年巴黎公社》1933年列宁格勒版第67页。——从俄文译出电报译文和以下从俄文、法文、英文译出的译文均由马尔塔·施特格里希完成的。

公众发表的声明中却给人以这样的印象,似乎普鲁士德国只关心自身的安全,并不干涉法国的内部事务,而且在凡尔赛和巴黎的冲突中保持中立。为了欺骗公众和使劳动者陶醉于保证之中,第三集团军总指挥部在3月21日清晨向"巴黎的指挥官"下达了一个正式公文,其中详细地表白,只要巴黎事件不"妨碍临时媾和条件的执行或不采取危及德国军队安全的行动"①,德国军队将执行已经收到的命令:即使在将来也要对巴黎采取和平和完全中立的态度。

同一天晚上,国际总委员会委员像往常一样在每个星期四聚集在海-霍耳博恩街256号——伦敦市中心的一家小旅馆——讨论国际工人协会的事务。总委员会15个在场的委员所谈的话题和作出的决定均涉及巴黎起义,因为对一个革命的工人组织的领导来说不可能有别的什么事情,从国籍来看,他们中间有德国人、法国人、英格兰人和爱尔兰人,其中有1848—1849年革命的积极参加者和前共产主义者同盟的成员——这些人像马克思和恩格斯一样在英国避难——,也有英国的工会领导人和社会主义者,他们都为在前几天到达的消息而激动不已。

我们从记录中可以得知,恩格斯向总委员会委员作了一个有关"巴黎局势"的详细报告②。恩格斯在报告中分析了资产阶级报刊的骗人和幼稚的论断,因为它们妄图在读者中间造成这样一种印象,仿佛工人起义是无关紧要的造反,"仿佛少数人突然夺取了很多大炮并且不肯交出来"③。恩格斯依据国际的巴黎联合会所提供的一系列可靠消息揭露了

---

① 赫尔穆特·毛奇:《军事通讯。摘自1870—1871年战争公文》(总参谋部编,战争史部分)第3部分"停战和媾和"1897年柏林版第671页。
② 《马克思恩格斯全集》第1版第17卷第667页。
③ 《马克思恩格斯全集》第1版第17卷第667页。

事情的真相。国民自卫军不仅无条件地为保卫巴黎作出了贡献,他们甚至自己花钱购买大炮。当政府企图"肃清巴黎的革命者并夺走他们的大炮"① 时,国民自卫军的战士们就完全有理由为共和国的存在担忧。只是在此之后,国民自卫军才开始抵抗,而士兵们则同人民结为亲密的朋友。

恩格斯确认:"现在城市掌握在人民的手里,没有转到人民方面来的军队被调到凡尔赛去了,议会不知道怎么办。"② 接下来,他又分析了资产阶级报刊的另一个说法,即国民自卫军中央委员会的成员中根本没有知名的人。恩格斯反驳说:"但是他们在工人阶级中间却是很出名的"③,并不无自豪地补充道:"委员会里有四个国际会员。"④

如果恩格斯不在关于巴黎工人起义的谈话中向总委员会委员暗示外部安全问题,他也许成不了被他的朋友们戏称为"将军"的军事家。3月19日,国民自卫军中央委员会在一项早期声明中承认德法两国在2月26日签订了临时和议。统治阶级将法国人民推向战争并带来民族灾难,它应对令人痛心的割让领土和高额军费负完全的责任。这样一来,中央委员会的委员们就要考虑他们所处的现实环境了。巴黎革命者的北面和东面有普鲁士德国第三集团军的部队,西面和南面有凡尔赛政府的虽然疲惫不堪和士气低落但仍有潜在攻击能力的部队。他们不得不考虑,在凡尔赛当局命令它的士兵向法国首都进攻的时候,至少要无后顾之忧。

---

① 《马克思恩格斯全集》第 1 版第 17 卷第 668 页。
② 《马克思恩格斯全集》第 1 版第 17 卷第 668 页。
③ 《马克思恩格斯全集》第 1 版第 17 卷第 668 页。
④ 《马克思恩格斯全集》第 1 版第 17 卷第 668 页。

恩格斯同意国民自卫军中央委员会的想法。他认为中央委员会遵守临时和议的声明是它的最重要的决议之一。不言而喻，恩格斯基于他本人的经验，对普鲁士军队的领导人已经不寄予奢望。此时已经晋升为老年英雄皇帝的炮弹亲王（指威廉一世）——此人在1849年极其残忍地镇压了巴登—普法尔茨起义并将包括青年恩格斯在内的自由战士逐出德国——作为德意志帝国的最高军事统帅也毫不犹豫地尽一切力量镇压巴黎起义。虽然恩格斯不可能知道此时有关一个军援协定的谈判已经全面展开，但他还是把国民自卫军中央委员会的声明看作是一个喘息机会，可以乘此组织革命力量，巩固它的队伍。恩格斯向总委员会委员提出警告："普鲁士人仍在附近"，以便今后在评价现实的可能性时特别注意："如果能做到使他们站在斗争之外，成功的机会就增多了。"①

奥古斯特·赛拉叶是总委员会的法国通讯书记，他完全赞成恩格斯的论述，并做了补充。英国的工会领导人约翰·黑尔斯指出，总委员会需要采取一些行动以表达对巴黎工人起义的同情和支持②。马克思最后提议，向第二天在威灵顿音乐厅举行的共和派集会派遣一个总委员会的正式代表团，"以敦促与会者表达他们与巴黎运动的亲密关系"③。然而，这只能是个开端，因为不仅在英国而且在欧洲和北美的其他国家，工人阶级都应当提出自己的意见。

如果说国际上的反动势力认为俾斯麦支持凡尔赛反革命的政策是它们中枢，那么伦敦的总委员会则是工人阶级声援巴黎公社社员的国际中

---

① 《马克思恩格斯全集》第1版第17卷第668页。
② 参看《1871年3月21日国际工人协会总委员会会议记录》，载于《马克思恩格斯全集》历史考证版第1部分第22卷第523页。
③ 《1871年3月21日国际工人协会总委员会会议记录》，参看《马克思恩格斯全集》历史考证版第1部分第22卷第524页。

心。捍卫巴黎公社，这是见之于行动的无产阶级国际主义。奥古斯特·赛拉叶受总委员会的委托前往巴黎，同公社社员建立直接的联系。同样，负责国际在其他国家中活动的通讯书记们也接受了大量的工作。各地的工人阶级都认识到巴黎的工人捍卫了国际无产阶级的整体利益，而且几乎在欧洲的所有工业中心以及在北美都举行了次数很多的声援集会。所有这些表明，国际工人协会的活动是卓有成效的。工人阶级的这个，也是第一个国际性群众组织在它成立后不到七年的时间里，由于马克思和恩格斯在政治意识形态上的领导，而在工业发达国家的工人运动中产生了越来越大的影响。早在巴黎公社之前，欧洲各国政府就由于害怕工人运动不断扩大而策划了一系列耸人听闻的诉讼案、意在将公众的注意力导向国际的在他们看来是危害国家和社会并带来灾难的活动，它们的这种做法要远远胜于通常的警察迫害。

还在德法战争爆发前的1870年夏就审理了第三起对国际成员的诉讼案。7月9日，波拿巴政权的法官们提出判处包括巴黎联合会所有领导成员在内的被告人的所谓根据，硬说他们属于一个秘密团体。10天之后，即7月19日，有12位奥地利和匈牙利的工人领袖——其中最著名的是安德烈亚斯·肖伊、亨利希·奥伯温德和约翰·莫斯特——在所谓的维也纳谋反案中被判刑。他们同样被指控与伦敦的总委员会和一个协会有联系，这个协会的"指导性纲领"导致"工人负起夺取政权"和"完全彻底改革全部社会和国家设施"的任务[①]。德国各邦政府也认为，在德法战争爆发后可以对国际采取断然措施，于是它们利用战争法将社会民主工党的所有领导人投入监狱。

然而，正如在法国对国际的迫害未能阻止波拿巴主义的覆灭和巴黎

---

① 亨利希·肖伊：《维也纳谋反案》1911年维也纳版第274、276—277页。

公社的诞生一样，在德国，革命的工人运动也不可能屈服于警察的专横和军队的暴力。在不伦瑞克委员会委员被捕后没有几天，德累斯顿的同志们暂时承担起党的领导工作。为了聚集革命力量，从1871年1月底起，莱比锡成了临时委员会的所在地。李卜克内西和赫普纳直到在1870年12月16日入狱前一直领导着党的中央机关报《人民国家报》，之后，来自克里米乔的一位年轻编辑卡尔·希尔施①接替了他们的工作。希尔施曾在李卜克内西主编的《民主周报》工作过，后来成为1870年8月4日开始出版的《克里米乔市民和农民之友报》的责任编辑，该报是爱森纳赫派的第一家地方日报。希尔施于9月8日，即不伦瑞克委员会委员被捕后不久，在这家报纸上发表的诗作《战士之歌》引起了轰动，就在毛奇的军队向巴黎快速推进之时，希尔施已经完成了《战士之歌》，其中有从军方的立场看来已达到叛逆边缘的词句：

> 奋起吧！让我们打回故乡，
> 把我们的人民从暴君统治下解放，
> 因为暴君们必定导致战争——
> 做一名自由战士，这是我的愿望！②

当德国当局深入考虑惩罚作者的办法时③，这首为党而作的诗确实是一封附加的自荐书，后来中央机关报的领导工作便交给了希尔施。事实证明，他没有辜负党的信任，正如数十年后倍倍尔在其回忆录中所说

---

① 关于这一点，参看乌尔苏拉·海尔曼：《卡尔·希尔施——社会民主主义新闻工作者和马克思和恩格斯的战友》，载于《俾斯麦时代的人物》1986年柏林版第2卷第143—173页。

② 1870年12月18日《克里米乔市民和农民之友报》。

③ 参看《民主战士之歌审判案。茨维考法庭的审理案》1871年莱比锡版。

的那样，新编辑"在最艰难的年代负责出版了报纸，为此应该得到党的感谢"①。布尔施使人相信：《人民国家报》虽处于随时可能受到迫害、警察刁难、拘留和法院审判的重压下，但对其原有立场决不会有丝毫的偏离。希尔施在1870年2月21日开始他的工作时向读者保证："我暂且以《人民国家报》在它前负责人领导下所采取的在我看来是崇高、果敢、非'叛国的'而恰恰是真正爱国的立场，作为我在编辑工作中的榜样。"②

为了从多方面评说以后几周以至几个月内发生的那些能够确定德国和整个欧洲在几年以至几十年内的发展方向的世界历史事件，需要一个完善的编辑班子。这家中央机关报作为党员政治指南每周在莱比锡的艾米丽大街2号出版两次，然而，就是在这里除了排字工人之外却找不出任何一位能够直接帮助希尔施从事报刊工作的人。希尔施几乎必须完全依靠自己制订党对德意志帝国的建立所持的立场。1871年1月18日德意志帝国的建立虽然实现了德国的统一，然而，它在诞生时就成为普鲁士统治下的军国主义和反动派的堡垒。报纸必须对俾斯麦和法夫尔于1871年2月26日在凡尔赛签署的充满矛盾的临时和议表明态度。一方面，这项和约草案是向结束德法战争迈出的重要一步；另一方面，无理割让领土和征收军费的要求是未来德法两国纠纷的根源，即使不完全是这样，那也如马克思所预言的，是新战争的胚胎。③

党员为帝国国会选举做准备，这是向中央机关报提出的最高要求。1871年3月3日，帝国国会选举在感情特别冲动的气氛中举行，真正的

---

① 奥古斯特·倍倍尔：《我的生活片断》，载于《讲演和论文选集》1983年柏林版第6卷第332页。
② 1870年12月21日《人民国家报》（莱比锡）。
③ 参看《马克思恩格斯全集》第1版第17卷第293页。

民族感情和沙文主义的陶醉很难分清。正如倍倍尔所指出的那样，选举是"在钟声狂响，炮声隆隆中"①进行的。尽管如此，爱森纳赫派仍然成功地在萨克森选区——他们招募支持者的最重要地区——获得39000张选票，并将奥古斯特·倍倍尔作为他们的议员派遣到帝国国会。党员和中央机关报忙于分析选举结果，以便为党继续进行政治工作作出必要的推论，因为一个新的、在当时历史范围内无与伦比的重大事件要求社会民主工党表明自己的立场。

当有关巴黎工人起义的最早消息传到德国的时候，党的处境极其艰难。最有声望的领导人被捕，党员遭到专制国家可能进行的一切刁难和压制，在国内几乎各居民阶层都陶醉在大国沙文主义之中。然而，使党感到极其复杂的事并不只是在于，要在最短的期限内确定党与巴黎的革命事件的关系和由此产生的义务。几乎搞不到有关发生在法国首都事件的可靠消息，零星的报道又互相矛盾，而资产阶级报刊则极尽造谣污蔑之能事，以掩盖巴黎世界历史事件的真相。

当巴黎革命骚动的消息也使莱比锡的报刊编辑人员处于极大的兴奋中时，应在3月22日出版的第24号《人民国家报》已经付印。希尔施迅速果断地在已准备发行的本号报纸上增加了一则编辑部"附讯"，以使读者知晓巴黎事件。这条最早的消息虽然简短，但基本上已包含了这样的两个观点，它们后来在巴黎和凡尔赛之间的冲突过程中成为爱森纳赫党对巴黎公社立场的决定性的政治方针。首先，中央机关报强调，党员要同巴黎工人革命建立联系。资产阶级报刊处心积虑地热衷于散布有关法国首都的无政府状态和"群氓统治"等恐怖故事，与此相反，《人

---

① 奥古斯特·倍倍尔：《我的生活片断》，载于《讲演和论文选集》1983年柏林版第6卷第333页。

民国家报》实事求是地肯定：巴黎建立了一个临时政府，著名的国际成员如"瓦尔兰、阿西、托伦和其他的党员同志"都是临时政府成员。其次，这篇最早的表态短文已经就预料中的普鲁士德国军队参与镇压巴黎起义发出了警报："据最新军事报道，俾斯麦及其朋党要再次发动战争，以镇压或削弱法兰西共和国。"最后，报纸不只是向全党，而且出于民族的责任感向一切爱好和平和民主的力量提出了这样一个令人担心的问题："德国人民将投入这场战争吗？"①

德国在巴黎和凡尔赛之间的这场明显地升级为国内战争的冲突中所采取的立场，成为国内外报刊几乎所有的评论文章的议题。这个问题自然也引起了爱森纳赫党党员的关注，他们宣布同巴黎革命者的宗旨一致，并深感和他们的法国党员同志是紧密联系在一起的。虽然德国的资产阶级报刊多次声称，德国政府在巴黎和凡尔赛的冲突中保持中立，而《人民国家报》并不被这种意在欺骗舆论的宣传鼓噪所蒙蔽。它在下一号即3月25日的报纸上向读者明确地报道了一些明显的预兆，揭露了德国政府的"目前起决定作用的敌视自由的意图"。编辑部为德国政府的侵略意图提供了有力的证据，同时报道说，部队接到柏林总参谋部的命令，已在巴黎地区集结。编辑部确信："德意志帝国不能容许与自己毗邻的地区有一个追求平等、自由、博爱的共和国"②，因为这些思想的传播会动摇帝国赖以存在的君主制和军国主义的基础。

同时，萨克森王国的工业中心茨维考区的警察局长告急，这表明萨克森当局对巴黎的革命变革是何等的紧张和惧怕。区警察局长和耐格勒3月24日向德累斯顿报告："很多天以来，在社会民主党人和工人——

---

① 1871年3月22日《人民国家报》。
② 1871年3月25日《人民国家报》。

尤其是矿工，几乎所有的矿工都是社会民主党员——中间可以觉察到规模较大的行动和活动。据观察，均与巴黎事件有关。"[1] 因此，国防部事先部署了"一个营、一个骑兵连和两门大炮，以便在必要时使用"[2]。

如同在社会民主工党党员那里一样，巴黎工人起义的消息也在全德工人联合会的队伍中得到令人振奋的支持。全德工人联合会的机关报《社会民主党人报》每周在柏林出版三次，它通过报道为在会员当中掀起一个同巴黎的阶级同志建立起友爱关系的高潮作出了不小的贡献。早在3月22日，编辑部就以醒目的大字标题"社会民主共和国在巴黎"发表了社论。[3] 两天后，编辑部又说："统治阶级所惧怕的幽灵——红色共和国——就在那里。"[4] 可见，《社会民主党人报》在强调巴黎革命事件的无产阶级性质方面甚至超过《人民国家报》。

尽管该报社论言辞激烈以及对巴黎事件过程的报道也很准确，但人们在《社会民主党人报》的栏目中还是找不到有关普鲁士德国占领军危及革命的提示。拉萨尔派的报纸和《人民国家报》不同，它甚至于力求使读者放心，说什么德国人统治者根本没有理由再次挑起针对巴黎工人的战斗，特别是后者已经准备支付战争赔款。在这里，《社会民主党人报》偏偏引证了普鲁士半官方的《外省人通讯》报，后者用同样的理由反驳了德国会插手法国内部斗争的说法。然而，为了不使读者产生这样的印象：似乎《社会民主党人报》只是不加评论地直接引用所

---

[1] 德累斯顿国家档案馆内公部第10975号第1部分：社会民主党事件第11、13页。

[2] 德累斯顿国家档案馆内公部第10975号第1部分：社会民主党事件第11、13页。

[3] 1871年3月22日《社会民主党人报》。

[4] 1871年3月24日《社会民主党人报》。

谓俾斯麦御览的报刊，编辑部还为它的观点提出了另外一个论据：俾斯麦和毛奇对公社的态度是友好的。"主要不是上述半官方报刊的保证，而是由于法国目前的社会运动所产生的令人尊敬的政权，使我们相信，德国的统治者不会再冒一次战争的危险。如果说在蓝色共和国时代法国的反抗已是不可征服，那么现在有社会革命做支柱，它的发展壮大就更是不可估量的了。"① 正当为了凡尔赛政府的利益进行干涉的问题已经决定，并在幕后不磋商从德国方面来说如何以最妥当的方式消灭巴黎工人起义的时候，《社会民主党人报》却在1871年3月24日对革命和反革命之间的真实力量对比作了如上的完全错误的判断。

消息不灵无论如何，或者说至少不会成为导致拉萨尔派的工人联合会错误地评估俾斯麦政府在法国的阶级冲突中所扮演的角色的首要原因。对于莱比锡的《人民国家报》来说，消息来源比在帝国首都出版的《社会民主党人报》更少。它们对普鲁士德国是否会帮助凡尔赛分子镇压巴黎起义的问题作出了不同的回答，其原因还在更深层次上，这是与评价普鲁士德国国家及其对工人运动的态度直接联系在一起的。

爱森纳赫党认为：普鲁士德国军国主义的统治地位始终是和平民主德国的主要障碍，该党从一开始就将普鲁士德国视为革命工人运动的死敌，并同它进行斗争。因此，在巴黎工人起义开始的时候，尽管消息很少，但它对柏林政府的暂时保密的计划和阴谋诡计基本上采取了正确的立场。然而，只要拉萨尔所阐述的观点（即工人运动能借助于普鲁士专制国家来实现自己的目标，从而必须同普鲁士国家的代表在反对资产阶级的斗争中取得的一致）在全德工人联合会的领导人中间还有市场，只要这些机会主义的观点还在拉萨尔主义领导人的头脑中作祟，这些领导

---

① 1871年3月24日《社会民主党人报》。

人就永远摆脱不了政府社会主义的魔力,而这种政府社会主义对普鲁士德国的统治者实行他们针对巴黎革命者的卑鄙政策,几乎没有危害。在接下来的几天以至几周里,事情就越来越清楚:《人民国家报》提出的关于俾斯麦和毛奇是镇压巴黎工人起义的共谋者的警告是正确的。《社会民主党人报》所抱有的关于普鲁士德国保持中立的幻想是错误的。

反对鲁昂军事协定的行动

巴黎革命爆发后十天,即1871年3月28日,德意志帝国政府缔结了一个旨在以军队协助镇压公社的协定。与凡尔赛政府代表的谈判地点选在远离事件中心的、在巴黎西北160公里的历史悠久的诺曼底首府鲁昂。

1871年2月26日临时和约中将巴黎守备部队的兵力限制在四万人以内,现在由于情况的变化,德国政府允许为攻占巴黎将德国部署兵员增加一倍。此外,帝国政府已表示愿意从德国战俘营里提前释放所需的官兵。帝国政府甚至承担了将这些官兵迅速运回法国的义务。按照协定的规定,可以让凡尔赛政府在短期内组成一支攻占首都所需的作战部队,因为用马克思的话说——在3月18日之后,"假若不是帝国的被俘兵员逐渐到达",凡尔赛当局所剩下的残余军事力量"就会小得可怜,而俾斯麦放回被俘兵员的数量标准,是使得一方面能够维持内战,另一方面又能够继续保持凡尔赛对普鲁士的卑贱屈从地位"[①]。

马克思既不知道这些秘密谈判的任何内容,也不知道德国政府和凡尔赛政府所达成的协定的具体条款。协定的正式文本直到1897年才在

---

① 《马克思恩格斯全集》第1版第17卷第371页。

德军总参谋部出版的陆军元帅毛奇的著作中披露于世①，从而证明了德国政府和凡尔赛政府丧尽天良地在军事上做好了血腥屠杀约三万名公社社员的准备。尽管它们竭力在公众面前掩盖这个非神圣同盟的详情，但马克思和同时代的其他人还是以敏锐的洞察力在1871年2月底已觉察到，俾斯麦积极准备为凡尔赛政府提供援助绝不只是出于与法国资产阶级的阶级团结。

毫无疑问，协定确保了普鲁士德国对凡尔赛分子的援助，没有前者的军事援助，法国的资产阶级政府就会覆灭。但还不止于此，因为通过在鲁昂缔结的军事协定，俾斯麦可以在欧洲其他强国面前自命为拯救法国资本主义制度的担保人，还可以给自己绕上这样一个光环，即以国际反动势力的名义有力地阻止了无产阶级革命向欧洲大陆其他地方的扩展。这个刚刚以铁和血完成了德国统一的强硬人物，就是这样一天一天地进入确保欧洲不受来自巴黎的"红祸"威胁的社会救星的角色。然而，这恰恰只是一个方面。另一方面，正如马克思在《法兰西内战》中已经注意到的，则是协定使俾斯麦完全有各种可能在和谈时强行实现自己对凡尔赛政府的要求。

首先，协定规定，凡尔赛反革命当局必须在不超出十天的较短期限内认定普鲁士德国是自己的同盟者。到这时最充分地装备起来的欧洲军事力量已处于战斗准备状态，要代表国际反动势力在重建旧制度的战斗中支持凡尔赛的统治者。反革命势力为了用粗暴的武力扑灭法国首都的无产阶级革命的烈火而迅速在国际范围内结盟，同样，捍卫公社的国际防御战线也在迅速扩大。为此操劳的首先是发动巴黎本市事件的人们：在普鲁士德国和凡尔赛当局签署军事援助协定的同一天，人类历史上第

---

① 参看赫尔穆特·毛奇：《军事通讯》1897年柏林版第676—678页。

一个工人国家隆重地宣告成立。

3月28日，星期四，在巴黎市政厅前的广场上举行了具有历史意义的值得纪念的集会，正如1789年攻占巴士底狱象征着资产阶级革命的开始一样，这次集会标志着一个新纪元的开始。大约20万巴黎人欢呼自己公社的成立，对两天前他们以压倒的多数选出的并寄予信任的人民代表也表示欢迎。"公社是由巴黎各区普选选出的城市代表组成的。这些代表对选民负责，随时可以撤换。其中大多数自然都是工人，或者是公认的工人阶级的代表。公社不应当是议会式的，而应是同时兼管行政和立法的工作机关。"① 马克思在获得全面彻底地研究巴黎公社的措施的机会之后，用这几句话描绘了作为工人阶级政府的新国家政权的性质。

在巴黎新工人政府的90个成员中间，有一位来自布达佩斯的27岁的金饰品工匠利奥·弗兰克尔。这是一位经过斗争考验的国际成员，他承担了责任重大的任务，在巴黎公社里他负责领导劳动、工业和商业委员会。他为在维也纳出版的工人报刊《人民意志报》撰写了一篇有关"社会共和制的公社在巴黎宣告成立"的文章。他用激动的语言告诉他的朋友们，巴黎人是以怎样的奔放热情和深受感动的心情来欢迎他们的新人民代表的。弗兰克尔在他令人难忘的报道中写道："许多国民自卫军老战士的眼里充满泪花……他们现在看到，自己的理想——社会民主共和国——可望实现了。"虽然他知道，未来的道路很艰难，面临的斗争也很激烈，但他还是以一个革命的工人领袖——他是1880年匈牙利全国工人党的创始人之一——所具有的乐观主义和必胜信心宣称："巴黎公社为了继续生存即将经历许多事，但还有可能到来的事，在这几天

---

① 《马克思恩格斯全集》第1版第17卷第358页。

里所播下的革命种子必将发芽并长成大树,它的茁壮成长是地球上任何力量都不能阻止的……受苦的大众投入社会主义怀抱的那一天必将来临。"①

由于有关巴黎的无政府状态和已经取得政权的"群氓"的所谓骚扰的荒诞故事充斥国际资产阶级报刊的所有栏目,弗兰克尔的这篇以见证人的身份报道了巴黎事件真相的文章未能获准发表。4月8日《人民意志报》第14号由于弗兰克尔的文章而被当局以弗兰茨·约瑟夫皇帝陛下的名义禁止发行。这位皇帝像威廉皇帝在镇压1848—1849年革命的过程中一样作为顽固的反动分子而臭名远扬。法官的判决中确定:"从总体上来说,这篇文章通篇都在颂扬……共和国,特别是以煽动反对现政府而为扰乱社会治安罪的事实构成提供理由的方式来歌颂社会民主共和国。"②尽管这篇文章在维也纳也受到压制,但国际上的工人报刊并没有屈服于当局的同样刁难而沉默不语。由于《人民意志报》的编辑部和莱比锡《人民国家报》有良好的关系,一个星期之后,弗兰克尔这篇宣告巴黎公社成立的报道在爱森纳赫党中央机关报上发表③。

在此期间,《人民国家报》编辑部发生了一些变化。3月28日下午,莱比锡检查官释放了被拘留审查的倍倍尔、李卜克内西和赫普纳。然而,没有警察的允许,他们不准离开莱比锡市,因为针对他们的叛逆罪,诉讼案正在加紧准备。25年之后,李卜克内西在回忆这个事件时说:"当我们在分离三个月之后再次见面时,我们三人欢呼雀跃,互致

---

① 1871年4月15日《人民国家报》。
② 引自1871年4月15日《人民意志报》(维也纳)。
③ 1871年4月15日《人民国家报》。

问候。"① 娜塔利亚·李卜克内西描写她丈夫被释放的情景同样令人感动。她在致弗里德里希·阿道夫·左尔格的一封信中表明："我没想到他会被释放。当我丈夫突然走进房间的时候，您能想象得出我的欢乐和惊喜吗？只有在他再次置身于我们身边的时候，我才完全清醒，在他近15个星期的被拘留期间我所承受的是什么样的痛苦。"② 巴登—普法耳茨起义期间左尔格是李卜克内西住在美国的朋友和战友，此时他作为国际的成员已成为一位美国工人运动的著名领袖。在李卜克内西被拘留期间，他的一家能免于难以忍受的贫困，要归功于左尔格所提供的物质援助。

来自德国各地的祝贺威廉·李卜克内西和他的两位朋友倍倍尔和赫普纳获释的信件不断飞往莱比锡布劳豪斯街11号。泰奥多尔·梅茨内尔的祝贺也包含着许多党员的热切期望。3月30日他从柏林寄出的信中写道：他们期待"巴黎的春天。他在法国催放了五光十色的花蕾。在我们这里何时才能看到这春天的花蕾呢？"③ 在巴黎工人起义的影响下，不伦瑞克委员会的成员卡尔·吕德克也在同一天致信李卜克内西，谈到自己的信念："我们投身于欧洲行动的时刻，马上就要到来。"④ 党员同志施奈德尔在3月底从黑森向李卜克内西报告，由于他的不懈宣传，《人民国家报》的读者数量在最近几个星期又增加十个订户。他把自己

---

① 威廉·李卜克内西：《一个革命战士的回忆》1976年柏林版第354页。
② 1871年3月底娜塔利亚·李卜克内西致弗里德里希·阿道夫·左尔格的信，藏于原莫斯科马列主义研究院中央党务档案馆。
③ 1871年3月30日泰奥多尔·梅茨内尔致威廉·李卜克内西的信，藏于原莫斯科马列主义研究院中央党务档案馆。
④ 1871年3月30日卡尔·吕德克致威廉·李卜克内西的信，藏于原莫斯科马列主义研究院中央党务档案馆。

对巴黎事件的希望表达在他和当时许多德国工人共同的祝愿中:"公社必胜!我愿为此奉献我短促的生命,我也希望看到被资产阶级滥用的词'自由、平等、博爱'在那里得到真正的实现。"① 工人运动的骨干威廉·诺采尔从厄尔士山区的盖耶尔致信社会民主工党的领导人,向他们保证:"请你们坚信,我们全心全意拥护你们,我们不会因为这次打击而气馁,只会越来越坚定和努力。"②

党员的革命立场和他们所做的政治工作给李卜克内西留下深刻的印象。他在回忆中说:"事实证明,在我们被拘留期间,党完成了自己的任务。"③ 李卜克内西和赫普纳马上到《人民国家报》编辑部工作,而倍倍尔则作为工人阶级的唯一代理人进入德意志帝国国会。

当巴黎数十万群众热烈欢迎新当选的公社委员的时候,三位工人领袖恰好在这时从莱比锡的拘留所中被释放,这未免有点嘲弄的意思。这在历史上又是一个著名的偶然事件,因为释放革命的社会民主党的领袖,是遵照柏林的直接指示而完全出于另外的原因。3月27日,柏林有几位具有民主思想的国会议员提议,释放议员倍倍尔以使他能够参与议政。这个动议应在3月30日的会议上讨论,在这个会议上还应就新的帝国宪法进行辩论。虽然俾斯麦从未关心过国会和议员的权利,但是,看来这一次他甚至感到整个事件使他在公众面前很难堪。

柏林的暗示足以能够在3月29日召开的帝国国会上告知,此项动议在其间已弄清。莱比锡的拘留待审犯被释放后的两天,社会民主工党

---

① 1871年3月底施奈德尔致威廉·李卜克内西的信,藏于原莫斯科马列主义研究院中央党务档案馆。
② 1871年4月4日威廉·诺策尔致威廉·李卜克内西的信,藏于原莫斯科马列主义研究院中央党务档案馆。
③ 威廉·李卜克内西:《一个革命战士的回忆》第354页。

党委会委员威廉·白拉克、莱昂哈德·冯·邦霍尔斯特、约翰·亨利希·康拉德·埃勒斯、亨利希·格腊勒、卡尔·库恩和赛米尔·施皮尔也相继被释。他们的获释显然与此有关。然而,当不伦瑞克的工人热烈欢迎其被堡垒监禁200多天的党员同志又回到他们中间并由于这些同志坚定不屈而准备组织一次火炬游行来表示致意的时候,当局又害怕了。有关巴黎革命事件的消息促使警察作了值得注意的坦白:以爱森纳赫党为代表的运动"和法国的运动有一致行动,后者使工人们热血沸腾,以致这位警察局长无论如何都不能予以认可"①。

不伦瑞克警察局长的决定显得如此没有气量,而他肯定爱森纳赫党和巴黎公社行动一致,却是如此合乎事实。爱森纳赫党党员同情集会以及党的中央机关报的表态就是证明。这样,反动派担心:随着像倍倍尔、李卜克内西或白拉克这样著名工人领袖的归来,社会民主工党将会掀起新的斗争高潮,这是可以理解的。党的领导在一篇号召书中声称:"全体党员同志由于维护党的原则而要经受考验。而且他们也坚定不移地经受住了考验。这更加证明,通过考验,力量更坚强了。"②

李卜克内西为了通过《人民国家报》的消息和报道加强捍卫巴黎公社的战线,极其灵活地利用了和各个国家工人报刊编辑部的广泛联系。在这方面,首先与国际总委员会的密切关系给予他很大帮助。他怀着无限的信任向年长的老师和战友马克思求教,他一生中有13年与马克思共同承担了一个政治流亡者的命运。我们在4月1日李卜克内西致马克思的信中读到这样的话:"请你马上写信告诉我你对巴黎事件的看

---

① 1871年4月12日《人民国家报》。
② 1871年4月5日《人民国家报》。

法。我在监狱里只读过民族自由党的报刊,因此不了解事实真相。"① 在这封信中,他还向伦敦的朋友们谈到他获释后的详细情况。

马克思在4月6日写了回信:"得到你和倍倍尔以及不伦瑞克人获释的消息,在这里,在中央委员会里大家都感到万分高兴。"② 在这封信及后来的几封信中马克思和恩格斯对《人民国家报》编辑部的领导作了一些原则性的指示。他们从来也没有像在巴黎公社时期那样如此密切和如此具体地参与爱森纳赫党中央机关报的工作。因为他们本人和巴黎公社委员会的领导人如利奥·弗兰克尔、奥古斯特·赛拉叶以及国际的其他成员都有联系,所以他们能为李卜克内西提供有关巴黎形势的真实可靠的消息。有关国际工人运动中的事件及其为捍卫巴黎公社而进行斗争的可信消息,对《人民国家报》编辑部来说同样很重要。马克思声称:"《人民国家报》现在无论如何必须维护下去。我相信能为它弄到钱。"③ 一星期之后,80塔勒的汇款到达莱比锡。④ 在长期缺乏现金的情况下,这笔钱也确确实实地进一步证明:总委员会极其关注德国一家在那个时期公开拥护国际工人协会宗旨的工人报刊。

同马克思和恩格斯交流思想,确实帮助李卜克内西和爱森纳赫党的其他成员消除了对巴黎工人起义的直接后果及其历史作用所产生的疑虑。现在存在这样一个问题:由于普鲁士德国的占领军在法国存在,难道巴黎革命不是从一开始就注定要失败吗?李卜克内西为在芝加哥出版的工人报刊《工人辩护士报》撰写的一篇文章中表示了自己的疑虑,

---

① 1871年4月1日威廉·李卜克内西致马克思的信,载于《卡·马克思和弗·恩格斯。巴黎公社日记》第89页。
② 《马克思恩格斯全集》第1版第33卷第202、204页。
③ 《马克思恩格斯全集》第1版第33卷第202、204页。
④ 参看《马克思恩格斯全集》第1版第33卷第208页。

他于4月5日说："由于普鲁士人逼近巴黎城下……内战的爆发对法国来说是一场极大的灾难"，因为"在目前情况下建立一个社会主义共和国的任何尝试都必然是毫无希望的冒险行为。"① 李卜克内西只是为起义的成功担忧，而住在汉诺威的国际成员路易斯·库格曼在他致马克思的信中则继续迈出了重要的一步。在这封信中，他硬说巴黎公社具有小资产阶级的性质并认为："目前巴黎人的暴乱完全是错误的，国际又将为此承担责任，虽然从表面上看国际在暴乱中没有起什么突出的作用。"② 但是，在伦敦，公社的朋友们还在讨论这样的问题，即当巴黎人在当时复杂的政治条件下冒险举行反对资产阶级政府的起义，他们是否得到忠告。要知道，早在1870年秋，总委员会就已告诫法国工人，不能过早地举行起义。③

有关这些问题，马克思在4月6日致信李卜克内西，他更多地预感到李卜克内西对起义的合适性的怀疑，但也以这种方式预先说出了李卜克内西对可能出现的公社的结局的担心。和李卜克内西一样，马克思还在早期阶段就通过对形势的冷静分析得出这样的看法："看来巴黎人是

---

① 《威廉·李卜克内西致芝加哥〈工人辩护士报〉书信集》（1870年11月5日至1871年10月8日），菲力浦·冯勒尔编并序，1981年柏林版第135页。——美国史学家发现的李卜克内西的通讯于1870年11月26日至1871年12月2日发表在由安得鲁·凯麦隆出版的《工人报》上，该报除了发表国际工人协会的另一些文献之外，还在1871年7月12日至同年9月2日以连载的形式发表了马克思的《法兰西内战》。像在《人民国家报》上一样，李卜克内西作为《工人辩护士报》的通讯员捍卫巴黎公社。他明确指出："德国工人一致支持巴黎工人"。（《马克思恩格斯全集》第33卷第150页）

② 1871年4月5日路易斯·库格曼致马克思的信，载于《卡·马克思和弗·恩格斯。巴黎公社日记》第96页。

③ 参看《马克思恩格斯全集》第1版第17卷第291—293页。

要失败的。"但是，马克思认为，失败的原因并不在于内战本身，而宁可说是在于革命力量没有马上同反革命势力进行战斗这个情况。他们的"老实"，给了"梯也尔这个邪恶的侏儒以集中敌人兵力的时间"。他们幻想反动派准备谈判，因而导致公社社员"愚蠢地不愿意开始内战，好像梯也尔力图用暴力解除巴黎武装并不是开始内战似的"①。恩格斯也认为，公社在对凡尔赛政府马上开战的问题上犹豫不决，这是一个后果严重的错误。在4月11日的总委员会会议上，恩格斯在分析了公社和凡尔赛部队之间的军事力量对比之后，像马克思一样，得出了这样的结论："向凡尔赛进军，应当是在凡尔赛还软弱的时候，可是这个有利的时机被错过了，看来现在凡尔赛占了优势并在逼迫巴黎人。"②

这些评论初步回答了公社社员的阶级兄弟们在革命和反革命战斗的末期所提出的那些令人忧虑的问题。在后来的日子里，马克思已经致力于从理论上更深入地论证这个观点，这样一来，他当然就远远超过了从军事方面对问题的评价。例如，马克思写给库格曼的回信首先表明，他在此时就已完全清楚了巴黎公社的历史意义及其本质。概括地说，马克思在4月12日、就已在原则上认定巴黎公社是无产阶级专政的形式，它是无产阶级国家的范例，胜利了的工人阶级在砸碎了资产阶级国家机器之后要建立的正是这样的国家。

马克思在致库格曼的一封信中兴奋地谈到"我们英勇的巴黎同志们的尝试"和他们的"历史主动性"③，说明公社"是我们党从巴黎六月起义以来最光荣的业绩"。马克思对凡尔赛反革命当局的保护神普鲁士

---

① 《马克思恩格斯全集》第1版第33卷第202页。
② 《马克思恩格斯全集》第1版第17卷第671页。
③ 《马克思恩格斯全集》第1版第33卷第206页。

德国进行了辛辣的嘲讽,将"这些冲天的巴黎人"同"带着兵营、教堂、愚昧容克制度,特别是市侩气味去举行陈腐化装舞会的那些德意志普鲁士神圣罗马帝国的天国奴隶们"① 作了比较。马克思写道,尽管巴黎被围和内部叛变,巴黎人还是"在普军的刺刀下"起来战斗了,"好像法国和德国之间不曾发生战争似的,好像敌人并没有站在巴黎的大门前似的,历史上还没有过这种英勇奋斗的范例"!②

几天后,马克思重新着手研究巴黎公社的历史意义,这一次更具有原则性。库格曼同样遗憾地指出,公社的失败对工人运动来说是"一场不容低估的灾难"③,因此,如果巴黎人不拿起武器并放弃革命,情况就会好得多。马克思用他那在当时已很著名的论断对库格曼作了答复:"如果斗争只是在有极顺利的成功机会的条件下才着手进行,那么创造世界历史未免就太容易了。"虽然巴黎工人是在可以想象的恶劣前提下——首先是在"普鲁士人盘踞法国并临近巴黎城下"这一情况下——起来反抗凡尔赛政府的,但他们除此之外别无选择。如果巴黎人在反革命势力面前屈膝投降,那么会给工人运动的进一步发展带来更大的危害。

"工人阶级反对资本家阶级及其国家的斗争,由于巴黎人的斗争而进入了一个新阶段。不管这件事情的直接结果怎样,具有世界历史意义的新起点毕竟是已经取得了。"④ 马克思用这几句话结束了他在4月17日星期一寄往汉诺威的那封信。4月18日星期二,马克思在总委员会

---

① 《马克思恩格斯全集》第1版第33卷第207页。
② 《马克思恩格斯全集》第1版第33卷第207页。
③ 1871年4月15日路易斯·库格曼致马克思的信,载于《卡·马克思和弗·恩格斯.巴黎公社日记》第122页。
④ 《马克思恩格斯全集》第1版第33卷第210—211页。

讨论巴黎形势的会议结束时提出建议:"就斗争的总趋势起草告国际全体会员宣言。"① 第二天,马克思就开始了《法兰西内战》初稿的写作,在这篇著作中他为国际工人运动阐发了巴黎公社社员的遗产。

马克思在1871年4月期间致库格曼的书信证明了作者在直接起草宣言之前先自己弄清问题的一个重要阶段。自从1902年卡尔·考茨基设法在《新时代》周刊上发表马克思致库格曼的书信以来②,正是马克思所写的有关巴黎公社的通信,直到今天仍然对工人阶级利用第一次无产阶级革命经验来制订自己的战略和战术具有重要的意义。"马克思对公社的评价是他给库格曼书信中的精华。"③ 列宁认识到这一点,他在1907年由他负责编辑出版的马克思致库格曼的书信的俄文专版中对这些文献给予了特别重视。列宁在深入分析孟什维克——这些人在俄国资产阶级民主革命失败之后抱怨:不该拿起武器——的时候,在专版序言中对这些书信作了评注直至每一个细节。他以马克思致库格曼的书信为依据,将孟什维克的投降行为和马克思的革命立场作了对比。马克思在1870年秋天虽然提出过不要过早举行起义的警告,但在1871年春天,"一旦群众举行了起义,马克思就愿意同他们一起前进,同他们一起在斗争过程中学习,而不是打官腔,教训他们……他最重视的是工人阶级英勇地奋不顾身地积极地创造世界历史"④。

马克思在5月13日告知他在巴黎的战友列奥·弗兰克尔和路易·

---

① 《1871年4月18日国际工人协会总委员会会议记录》,载于《卡·马克思和弗·恩格斯。巴黎公社日记》第133页。
② 参看《马克思恩格斯全集》第1版第33卷第206—208页和第210—211页。
③ 《列宁全集》第2版第14卷第377、381页。
④ 《列宁全集》第2版第14卷第377、381页。

欧仁·瓦尔兰："为了维护你们的事业，我已经写了几百封信，寄给世界各地凡有我们支部的地方。"① 此时他已经在紧张地从事《法兰西内战》的写作，初稿约在5月10日完成，接着开始写作《法兰西内战》二稿。马克思5月13日致列奥·弗兰克尔和路易·欧仁·瓦尔兰的信只有很小的一部分被保留下来。这样，马克思致库格曼的书信就至少能够提供直接获得的消息，以之答复例如亨利希·肖伊——出版于维也纳的工人报刊《人民意志报》总编辑——在巴黎人起义一开始就提出的这类问题。这位著名的奥地利工人领袖在3月27日写往伦敦的信中写道："我们和巴黎没有直接的联系，因此请您，尊敬的公民，告诉我们或者让人告诉我们，巴黎运动的本质和国际对巴黎运动的立场。"②

由于马克思和总委员会的其他委员在这几天以至几周内进行了持久不懈的宣传教育工作，而主要还是由于他们对工人运动的许多重要报刊的编辑部产生了影响，巴黎公社能越来越被进步的无产者看作是他们自己为争取摆脱资本主义剥削而进行的战斗的前哨战。它是红色共和国。与蓝色共和国相反，它代表工人阶级和其他被压迫阶级和阶层的利益。虽然巴黎城内和巴黎周围的军事形势对公社来说明显地恶化，但人们还是认为起义是有理由的。人们敬佩公社社员的牺牲精神，为他们的英雄气概而欢欣鼓舞，所有这些取代了人们对公社所犯的一些错误的批评。公社社员正是凭着这样的牺牲精神和英雄气概来捍卫他们的革命成果的。进步工人越是紧密地团结在第一个无产阶级国家周围，他们就越能坚决地反对凡尔赛政府和与之结盟的普鲁士德国占领军的行动。凡尔赛

---

① 《马克思恩格斯全集》第1版第33卷第226页。
② 1871年3月27日亨利希·肖伊致马克思的信，载于《卡·马克思和弗·恩格斯。巴黎公社日记》第64页。

政府和普鲁士德国占领军双方都竭尽全力尽快地为这第一场无产阶级革命准备一场可怕的结局。只要浏览一下《人民国家报》的某些号就可证实，在马克思和恩格斯的直接影响下，社会民主工党的中央机关报在反对国际反动势力的斗争中是怎样发展成为国际革命党派的一家甚至是起主导作用的报纸的。李卜克内西将伦敦来信中的提示运用到自己的社论中，以进行原则性的评价。同时，马克思和恩格斯也将从国外报刊摘下来的简讯寄往《人民国家报》编辑部，以期引起公众的轰动。例如，在巴黎出版的《小报》报道，普鲁士高级军官和官员在撤离凡尔赛时怎样无耻地靠掠夺宫殿和博物馆及私人所藏的艺术品而在发横财。这篇报道还指责臭名昭著的警察局长施梯伯甚至首相俾斯麦是艺术品掠夺者。这篇报道一发表，马克思就将它寄给李卜克内西①，后者立即在《人民国家报》上刊出，并嘲讽地指出，俾斯麦"也许会觉得事情来得很唐突"②。刚刚取得侯爵身份的俾斯麦首相授意他的报刊负责人，对这篇流传于德国报刊以至世界报刊的报道进行辟谣，此举足以表明，《人民国家报》编辑部的做法正击中要害。摩里茨·布什在日记中记载着："首相希望在报刊上，但不是在柏林报刊上否认下述强盗故事：我们在杰西夫人家里拿走了银器和桌布以及首相试图从这位备受折磨的可怜妇女那里夺取一座贵重摆钟。他还希望叙述事情的真实经过，为此委托我作必要的报道。文章发表在本月18日《科隆日报》上。"③

《人民国家报》揭露了"在德国'胜利者'中间蔓延着的占有权观

---

① 参看《马克思恩格斯全集》第1版第33卷第204页。
② 1871年4月15日《人民国家报》。
③ 摩里茨·布什：《日记汇编》1899年莱比锡版第2卷第222—223页。

念"①。诸如此类的种种揭露直观地指出，在哪些范围里寻找真正掠夺法国的人。因此它们不仅仅使柏林的某些身居高位者狼狈不堪，而且在爱森纳赫派同资产阶级报刊——这些报刊企图通过舆论界诬蔑公社社员是小偷、纵火犯和恐怖分子——所进行的论战中，也成了论据。为了澄清事实真相，《人民国家报》在4月15日作了说明："公社公职人员绝大部分是工人……简言之，这是本来意义上的工人政府。政府成员领取微薄的工资——每周25塔勒。"② 而就在同时，俾斯麦和以陆军大元帅毛奇为首的获胜的车队将领们，由于他们的战绩从皇帝年俸中领取了高达几百万的塔勒。

伦敦朋友们寄来的消息、提示和文章，不仅使爱森纳赫党在同巴黎公社的敌人的论战中更有战斗力，而且还有助于爱森纳赫党从政治意识形态上巩固自身的队伍。例如，在马克思的建议③下发表于《人民国家报》的一篇短讯就是对此的关心。短讯简单而明白地称："福格特，1859年8月收到4万法郎。"④ 这则报道引起了一场有关卡尔·福格特教授的论战，这位教授在50年代就作为一个品质恶劣的专事诋毁革命的工人运动的家伙而大出风头，从而促使马克思在1860年写下了自己的论战著作《福特格先生》。马克思在当时就能够指出他为皇帝拿破仑第三做密探工作，这一点随着皇室秘密文件的公开而得到证实。这一消息之所以很有影响，是因为福格特在德法战争期间反对兼并亚尔萨斯和洛林，从而赢得了一些爱森纳赫党某些成员的某些同情。"有些党员同

---

① 1871年4月15日《人民国家报》。
② 1871年4月15日《人民国家报》。
③ 参看《马克思恩格斯全集》第1版第33卷第205页。
④ 1871年4月15日《人民国家报》。

志指责我们忽视福格特写的反对兼并亚尔萨斯和洛林的文章,他们可能不满足于援引马克思的著名小册子,现在看来他们会满意了。"① 这是李卜克内西在《人民国家报》针对那些轻信者说的,这些人不了解福格特的政治经历,推测他是与普鲁士反动政权进行斗争的同盟者。

恩格斯以他那篇在机敏的逻辑思维和辛辣的讽刺笔调方面几乎无与伦比的文章《再论〈福格特先生〉》②支持了李卜克内西。此文发表在5月10日的《人民国家报》上。这是战斗的新闻写作中的一篇杰出的文章。文章让福格特——他从前希望把被诬称为"硫黄帮"的共产主义者同盟及其思想消灭——去注意他作为一名领取报酬的资产阶级密探所应得的地位,与工人的民主目标从来就没有任何共同之处。同样,编辑部提示读者去研究马克思的《资本论》也有助于从政治意识形态上巩固党组织和掌握革命理论。例如,正是在爱森纳赫派捍卫巴黎公社,同时也是在捍卫自己前途的日子里,中央机关报要工人们注意,《资本论》对无产阶级解放斗争的意义。4月5日和8日的《人民国家报》转载了早在1867年就已在《民主周报》上发表的出自恩格斯手笔的《资本论》第1卷书评。在评论的开头就可看到这样既中肯又能给人留下深刻印象的语句:"自地球上有资本家和工人以来,没有一本书像我们面前这本书那样,对于工人具有如此重要的意义。"③

4月15日的《人民国家报》在醒目的位置上发表了怀念古斯达夫·弗路朗斯这位年轻的革命者的悼词,他作为国际的成员被任命为公社的将军,在巴黎城外最早的一次战斗中被凡尔赛军恶毒杀害。悼词的

---

① 1871年4月15日《人民国家报》。
② 参看《马克思恩格斯全集》第1版第17卷第322—330页。
③ 《马克思恩格斯全集》第1版第16卷第263页。

作者是"一位从思想上密切关注巴黎事件的品格高尚的夫人"①。李卜克内西从4月10日燕妮·马克思写给他的信中摘用了她感人至深的怀念弗路朗斯的悼词。"我无法向您表达,我们全家人是怎样的震惊、忧虑和绝望。自六月战役以来,我们还没有经历过这样的状况。"② 几天之后,即4月18日,马克思的大女儿燕妮向过从甚密的库格曼一家写信描述了凡尔赛暴兵对巴黎公社社员的野蛮暴力行为对马克思的打击是如何的沉重。他写道,"事情的现状给我们亲爱的摩尔带来了极大的痛苦,毫无疑问,这是影响其健康的一个主要原因。"燕妮还谈到她自己的感受,并满怀其对公社社员的人道主义同情和革命激情作了补充:"当这些最勇敢和最优秀的人在梯也尔这个野蛮丑角命令下惨遭杀害的时候,我不忍安然坐视。尽管梯也尔拥有一帮受过训练的凶手,如果不是普鲁士同盟军对他的帮助,他也决不会战胜未受任何训练的巴黎市民,而普鲁士同盟军似乎以充当警察而显得趾高气扬。"③

尽管俾斯麦在帝国国会作了德国在法国的冲突中保持中立的虚伪保证,但在鲁昂同凡尔赛统治者签订的用军事力量扼杀巴黎公社的秘密协定,还是很快地传开了。这几乎是难以避免的,因为,撇开泄密不谈,单是部署为了攻击巴黎而按计划从在德国的法国战俘营中运来的军团这项措施,就是德意志政府积极地参与的信号。《人民国家报》早在公社初期就已表示的下述忧虑越来越被公众所确信:在消灭了3月28日在巴黎宣告成立的工人阶级政府期间德国反动派对凡尔赛反动派给予了积

---

① 1871年4月15日《人民国家报》。
② 燕妮·马克思致威廉·李卜克内西的信(1871年4月10日左右),载于《卡·马克思和弗·恩格斯。巴黎公社日记》第111—112页。
③ 1871年4月18日燕妮·马克思(女儿)致路易斯·库格曼的信,载于《卡·马克思和弗·恩格斯。巴黎公社日记》第130、127—128页。

极的援助。

爱森纳赫党的中央机关报作为早期报刊之一在4月5日就已发布了下面这条轰动的消息:"最新消息:凡尔赛政府企图用武力镇压巴黎公社,一旦需要,立即求助于德意志军队。"①《人民国家报》在接下来的一号上为了具体地证明这条消息,强调指出:"由于基督教,日耳曼皇帝威廉和法国制度狂信者的联合部队",巴黎面临第二次被围和第二次饥荒。基于这个事实,李卜克内西用下面的话向党员同志说明了作为阶级斗争的一个客观规律的革命和反革命之间的联系:"……我们发现,这是很典型的对一项国际原则的承认,这项原则要求我们德国的资产者和反动分子站到法国的资产者和反动分子一边,正如要求德国工人站到他们的法国阶级兄弟一边一样。"②

4月15日的《人民国家报》相当详细地报道了在鲁昂达成的军事支持凡尔赛政府的协定的所有重要条款。报纸报道了经德国政府批准的扩充部队以及遣返战俘时优先遣返近卫部队的消息。它甚至了解到这样的消息:毛奇威胁说,如果凡尔赛分子再继续对惩罚性的出征犹豫不决,他将亲自采取行动。《人民国家报》写道:"普鲁士德国迫不及待地要对巴黎公社行使其国际警察的职能。"③ 因此,它动员全体党员积极投身于反对德国和凡尔赛政府的密谋的斗争。一封寄自美因兹的信指出:"我确实刚刚获悉,尽管官方正式否认,但实际上普鲁士政府还是打算在美因兹集结25000名法国俘虏,自然,他们既不是机动近卫军,也不是志愿军,大部分是近卫部队。他们虽不穿军服,但都被武装起

---

① 1871年4月5日《人民国家报》。
② 1871年4月8日《人民国家报》。
③ 1871年4月15日《人民国家报》。

来，然后就这样送往法国——凡尔赛。目前在美因兹这里已经集结了大约13000名。"一位未被指名道姓的但为人所熟知的通讯员满腔怒火和厌恶地向爱森纳赫党成员呐喊："这就是普鲁士所谓的不干涉法国的内部事务！法国当局为了镇压这场最坚定的自由运动竟得到一个极端卑下、极端无耻的政府的支持。尽管有官方和半官方的谎言，这场运动必将得到一切正直的人们的同情和支持！'工人们已经知道此事'。"①

威廉·李卜克内西在《人民国家报》上简短而精确地将社会民主工党在捍卫巴黎公社斗争中的方针概括如下："有人称我们是'国际行动党'，好！我们就接受这个名称。今后，我们的口号是：无产阶级要采取国际行动，打倒国际的资产阶级和容克地主阶级反动派！"② 奥古斯特·倍倍尔完全在这个意义上利用了帝国国会的讲坛，以使自己成为唯一的一位能与巴黎工人革命及其社会主义的国家政权团结一致的议员。倍倍尔在4月3日毫不迟疑地参加了帝国国会关于新的帝国宪法的辩论，他第一次登场就引起轰动。倍倍尔表示拥护巴黎公社，并强调，他也是这个"欧洲革命党"③的党员。此举使议员们陷入不安和骚动之中，这些议员尽管有不同的政治主张，但他们的共同点就是仇视公社，他们还有一个共同点就是惧怕巴黎的革命事件。约翰奈斯·米凯尔这位颇具声望的民族自由党的领导人，以为他正确地评价了形势，他漫不经心地说，根本不值得赞同在他前面演讲的人的主张，"因为这些人目前还有一些危险性，至少是在德国"④。倍倍尔答复他说，他对米凯尔议

---

① 1871年5月3日《人民国家报》。

② 1871年4月26日《人民国家报》。

③ 奥古斯特·倍倍尔：《政治问题是政权问题》，载于《讲演和论文选集》1983年柏林版第1卷（1863—1878年）第139页。

④ 1871年4月22日《人民国家报》。

员的论断不由自主地感到惊奇,特别是因为他在40年代也"是这个党的党员,而现在他却反对共产主义事业"①。关于这位在各界都很著名的奥斯纳布鲁克市市长,有声望的银行行长曾是共产主义者同盟盟员的消息,有如一发炮弹在帝国国会全体大会上引起巨大的轰动。米凯尔沉默了,然而从这时起,他对革命的德国社会民主党的这位领导人"确实很尊敬"②。这是几年后倍倍尔在他的回忆录中以讽刺的口吻所指出的。

这件事自然使报界忙碌了一阵子,但如果不是因为它成了一直捅到伦敦总委员和公社委员会的整个事件的起点,那么这件事件本身也就不再重要了。4月15日,库格曼收到米凯尔的一封信,信中用密码告诉库格曼一些事情,但在陈述中总的来说还是准确地通知了库格曼:"他从主管部门获悉,如果马克思回到德国,当局要予以逮捕。库格曼立即将此事通知了在伦敦的马克思。③ 4月18日,马克思在总委员会的会议上说:"普鲁士警察正在等着他回到德国,并采取了相应的措施,以便逮捕他。"④ 米凯尔估计,他的这个提醒能够换取马克思为他保守秘密。然而,米凯尔再次陷入不安,因为4月22日的《人民国家报》全文发表了倍倍尔4月3日的演说以及李卜克内西下述论断评定了有关米凯尔的争论:"米凯尔在当时是共产主义者同盟的盟员……而且显示出耸动视听的在大量信件(有一部分现在还有)中表达出来的对共产主义事

---

① 1871年4月22日《人民国家报》。
② 奥古斯特·倍倍尔:《我的生活片断》,载于《讲演和论文选集》1983年柏林版第6卷第338页。
③ 参看1871年4月15日路易斯·库格曼致马克思的信,载于《卡·马克思和弗·恩格斯。巴黎公社日记》第122页。
④ 《1871年4月18日国际工人协会总委员会会议记录》,参看《马克思恩格斯全集》历史考证版第1部分第22卷第536页。

业的热情。"①

脱党者米凯尔是如此窘迫,他害怕自己的过去被进一步揭露,于是他不惜用更大的力气以确保马克思保持沉默。接下来他就将俾斯麦和法夫尔在美因河畔法兰克福所缔结的秘密协定的所有条款告知马克思,这个秘密协定在细节上确定:凡尔赛武装力量和普德军队在攻占巴黎时采取共同的行动。在一封尚未找到的信中,马克思将各项措施报告给公社委员会。虽然这些警告没有得到足够的重视,但是马克思以他提供的情报为公社社员作出了重要的贡献。许多人都同意这样的假定:"倍倍尔在德国国会中同米凯尔发生争执,从而把事情公开了。如果联系到马克思后来的一封信,也可以得出这样的结论。"②

倍倍尔还在后来的辩论中利用帝国国会的讲坛勇敢地反对保守派议员和自由派议员的煽动性的激烈言论。他严词反驳了那些试图辱骂公社社员所采取措施的人,强调指出,巴黎公社对占统治地位的和有产阶级

---

① 1871年4月22日《人民国家报》。——发表时曾征得马克思的同意。马克思致信李卜克内西说:"米凯尔加入过同盟,并以自己担任同盟在汉诺威王国的一特别顾问而大加吹嘘。这件事可以刊载但不要提及我的名字。因为要是米凯尔本人不迫使我说的话,我原是该保守这个'秘密'的。"(《马克思恩格斯全集》第1版第33卷第280页)

② 1871年6月12日马克思在致国际工人协会的创办人之一,英国教授爱德华·斯宾塞·比斯利的信中详细地谈到他和米凯尔的关系,但没有提到米凯尔的名字:"这个消息来自俾斯麦的一位得力助手,这个人过去(从1848年到1853年)参加过我所领导的秘密团体。他知道我还保存着他从德国寄给我的有关德国情况的所有报告。他要依赖我保全他。因此,他老是想方设法向我证明他的善意。我对您说过,有一个人曾经警告我说,如果我今年还到汉诺威去访问库格曼医生,俾斯麦就决定逮捕我,那就是这个人。"(《马克思恩格斯全集》第1版第33卷第229页)

的处理是恰如其分的,"在德国,在类似的情况下,我们也许难以做到"①。在4月24日的同一个演讲中,倍倍尔逐点驳斥了帝国首相的论据——他试图再次论证兼并阿尔萨斯和洛林对于促进德国发展和保证欧洲和平的必要性——并以论战的尖刻口吻指出:俾斯麦认为,在倍倍尔发言时大家示威性地离开会议大厅,是恰当的。恩格斯在5月4日致李卜克内西的信中说:"我们这里对倍倍尔的演说和文章感到非常高兴。"恩格斯很赞赏爱森纳赫党的这位31岁的领导人,制订革命议会策略的未来专家才能,并兴奋地补充说:"他在辩论基本权利时的演说很出色,一个工人那样毫无拘束地尽情嘲笑一切神父、容克和资产者,并使自己感到比所有这些人都优越,这的确是柏林泥潭中出现的所有现象中最好的现象。"②

像李卜克内西所负责编辑的中央机关报一样,倍倍尔在帝国国会的演讲也为社会民主工党党员正确地指出了正在蓬勃开展的集会活动要把握的内容重点。集会活动的重点,就是以无产阶级的国际主义来捍卫巴黎公社,反对普鲁士德国军国主义国家旨在扶持凡尔赛反革命当局的反动阴谋。《人民国家报》发表的集会报道深刻感人地介绍了地方党组织的积极活动。这些集会报道表明:在巴黎公社的影响下,集会活动是怎样一周周地蓬勃发展起来的;同时党在群众中的影响是如何通过集会活动得到加强的。例如,莱比锡的党员每星期四在位于德累斯顿大街和朗根大街拐角处一家饭店的大厅里,用在此期间早已被人遗忘的名称"金锯"来讨论"一周社会政治报道",不言而喻,这时他们也探讨了巴黎

---

① 奥古斯特·倍倍尔:《掠夺战争的后果以及德国之未来》,载于《讲演和论文选集》1983年柏林版第1卷第146页。
② 《马克思恩格斯全集》第1版第33卷第223页。

的革命事件及其对德国工人阶级斗争的意义。同样，在德累斯顿、魏玛、不伦瑞克和许多其他地方，也有这种晚间政治讨论会，按惯例还邀请客人参加。这些聚会往往成为更大规模集会的开端，而在这些大规模集会上，参加者都宣布与公社一致行动。

4月初，《人民国家报》报道了在莱比锡和德累斯顿举行的有很多人参加的群众大会，参加者声明"同情巴黎工人"①。在美因兹，一个为法国工人运动的最新发展而召开的集会，"在'巴黎公社万岁'的暴风雨般的呼喊声中"结束。这证明，"工人们越来越意识到自己所处的地位，没有任何强权能扼杀工人们的思想"②。当乌朗特这个工厂主在工业中心开姆尼斯附近弗兰肯贝尔格的一次工人集会上要求"德国社会民主党人"不应"信仰'红色共和国'的原则"的时候，另一位演讲者捍卫了"巴黎公社的措施"。他在反驳资产阶级报纸系统地散布的诽谤言论时指出："所有关于抢劫、谋杀等的叙述……纯属欺骗，巴黎人对他们的敌人表现了更多的超过这些敌人应该得到的人道主义。"在参加集会的群众的欢呼声中，这位演讲者宣布自己"坚定地"信仰"'红色'共和国的原则"③。

尤其是在萨克森工业中心，工人居民对巴黎公社的同情日益扩大，显然这使当局感到不安，于是4月14日在德累斯顿举行的各区警察局长会议详细地研究了如何"对社会民主党，尤其对它所举行的集会实行监视的事宜"。萨克森州警察局长塞尔利尼，这位萨克森的施梯伯，向内务部建议，尽其所能地促使行政当局马上采取反对社会民主工党的更

---

① 1871年4月12日《人民国家报》。
② 1871年5月10日《人民国家报》。
③ 1871年5月10日《人民国家报》。

为猛烈的行动。鉴于在开姆尼斯机器制造厂即将进行为实行10小时工作日的斗争，塞尔利尼要求："至少要从警察当局方面选派合适的人参加集会。"① 但是，即使这样，他也未能阻止斗争，仅仅几天之后，开姆尼斯的工人们为了维护自己的阶级利益在一次大规模的集会上示威，并表示要和公社社员的斗争一致行动。

4月23日，在开姆尼斯的新市区广场首次举行了自1849年以来有18000人参加的群众大会。17000人举手同意爱森纳赫党的干部伯恩哈特·贝克尔所起草的关于实行正常工作日的决议。《人民国家报》中所发表的报道这样写道："我们的愿望是，所有德国工人效仿我们，并通过露天的群众集会使人们知道自己的意愿，因为从这个反动的帝国国会期待不到自由。"开姆尼斯工人根据国民自卫军在接管巴黎政权时所颁布的公告发表了自己的声明："工人们自己主持自己的事情，这样就可以放心大胆地先看看政府是关心他们还是用散弹来对付他们，然后再作决定。"②《人民国家报》编辑部利用这次令人难忘的群众集会的革命热情，要求"所有即将举行的工人集会都要发表同情巴黎公社的声明"。③

巴黎革命的火花也使拉萨尔主义的工人联合会受到鼓舞。工人联合

---

① 德累斯顿国家档案馆内务部第10975号第1部分：社会民主党事件第26页。

② 1871年4月29日《人民国家报》。——4月5日，《人民国家报》编辑部向读者推荐了一篇译自巴黎公社正式机关报的文章。并加了这样的评语：这篇文章"确实使党员同志们感到满意"。此外，这篇文章还强调指出："无产阶级在自己的权利接连不断地遭到威胁，合法的愿望被根本否定，法国在走向崩溃以及自己的一切希望化为泡影的情况下，充分认识到：夺取政权，自己掌握自己的命运以及确保自己能取得胜利，是自己的迫切任务和绝对权利。"

③ 1871年4月29日《人民国家报》。

会的会员在一系列令人难忘的群众大会上宣布与他们的阶级兄弟的革命起义一致行动。爱北斐特一个群众集会的参加者在3月26日星期日这天发表了这样的声明："德国无产阶级怀着钦佩与崇敬的心情注视着你们，为法国的受苦兄弟取得的胜利感到高兴。德国无产阶级希望，你们的胜利也能够给德国工人们带来胜利。"在呼吁法国工人采取共同的行动的号召书中最精彩的部分是他们的决议："在敌人的废墟上，我们彼此伸出兄弟之手，为我们的口号'全世界无产者，联合起来！'成了事实而祝贺。"① 同一天，在由拉萨尔派在柏林举行的群众集会上，大约有1000人表示："大会热烈欢呼在巴黎和法国其他城市中发生的社会革命。即法国健康的劳动人民反对腐朽的资产阶级的起义。"②

继柏林和爱北斐特的行动之后，在4月份继续举行大规模的集会，拉萨尔派的工人们在这些大会上发出支持巴黎公社的呼声。4月初，在汉诺威的一次集会上，3000名与会者表示要和巴黎的"先锋"团结一致。③ 4月13日，汉堡工人集会声援他们的法国阶级兄弟，因为法国的阶级兄弟们"要永远地消灭现代社会中存在的对劳动人民的剥削和屠杀"④。《社会民主党人报》详细地报道公社的措施及其反对凡尔赛分子的斗争，以此来支持集会运动。爱森纳赫派针对德国政府在鲁昂达成的军事援助协定采取了明确的立场，而这个问题对拉萨尔派的工人联合会的报刊来说似乎根本不存在。

4月2日这一天是凡尔赛向巴黎进行第一次突击的日子。这一天

---

① 1871年3月31日《社会民主党人报》。

② 1871年3月29日《社会民主党人报》。

③ 参看1871年5月10日《人民国家报》；还可参看1871年4月21日《社会民主党人报》。

④ 1871年4月19日《社会民主党人报》。

《社会民主党人报》发表的社论是一个典型的例子，这表明：在鲁昂和美因河畔法兰克福这两个城市对巴黎工人革命实施反革命阴谋诡计的几周里，拉萨尔派领导人对政府是友好的，巴黎的维护者遭到阴险而残酷的杀害，这已经使人们清楚地看到：如果反动派取得胜利，公社社员等待到的将是什么样的命运。仅仅一天之后，奥古斯特·倍倍尔在上文已经提到的帝国国会演说中将爱森纳赫派列入由巴黎公社所代表的"欧洲革命政党"①，并公开地拥护该派所保持的共产主义者同盟的历史传统。

4月2日，《社会民主党人报》研究了"德国容克地主阶级对巴黎社会革命的态度"。当公众越来越多地谈到普鲁士德国已开始为凡尔赛分子镇压公社提供军事援助的时候，拉萨尔派报刊对形势作出了一个完全不同的评估。威廉·哈赛尔曼是联合会主席约翰·巴普提斯特·施韦泽最亲密的朋友。虽然他完全正确地指出，所有欧洲国家的自由资产阶级都期待着依仗普鲁士的刺刀在巴黎重建资本主义制度，但是《社会民主党人报》以保守派的《十字报》的报道为依据，还是追随了拉萨尔主义的意在同容克地主阶级合作的设想，它强调，普鲁士政府无论如何都不会听从国际自由资产阶级的召唤。《社会民主党人报》对实际情况的认识是完全错误的，因而得出了这样的结论：俾斯麦认为偏向于凡尔赛一方的干涉是危险的，因此柏林的政府首脑们已容忍了"在法国出现的一场取得胜利的革命"。由于全德工人联合会的成员对普鲁士德国军国主义国家的反革命本质及其对巴黎公社的侵略政策认识不清，《社会民主党人报》最后强调："政府战略"的目标只在于，"尽可能使德国

---

① 奥古斯特·倍倍尔：《政治问题是政权问题》，载于《讲演和论文选集》1983年柏林版第1卷第139页。

不受社会主义的影响"。①

《社会民主党人报》小心翼翼地避免同俾斯麦国家进行任何原则性的论战，而且在后来的口号中还为政府的政策进行辩护。更有甚者，为了使读者对柏林的军政当权者的真实意图不产生任何怀疑，报刊编辑部重申了半官方报刊所散布的神话："政府反对任何对法国内部局势的干涉，只是在德意志帝国的利益受到威胁的情况下才采取行动。"②《十字报》的报道再次为这些神话提供了证据。《十字报》的报道证明：《社会民主党人报》编辑部认为，"人们对巴黎人多么愤怒，但同时又多么佩服巴黎人的勇气"③。这样，一个听起来很革命的论据在这里甚至成为欺骗读者的手段，让他们了解不到普鲁士德国积极参与国际反动势力为血洗巴黎公社而进行的军事准备。

然而，到4月中旬，关于普鲁士德国对巴黎公社保持中立的幻想再也站不住脚了，《人民国家报》及其他报刊公开发表了在鲁昂签订的军事协定的各项条款，这时，《社会民主党人报》的栏目突然不再刊出所有有关这个问题的报道，也不再对这个问题发表意见。就是它的社论从这时起也很少致力于有现实意义的话题，例如，农业工人的状况和刚刚在帝国国会中讨论的赔偿责任法。它的一篇社论甚至很详细地讨论了驻法的德占领军的伙食费标准。令所有人都感到惊奇的是，拉萨尔主义的工人联合会的机关报在4月26日十分突然地停刊了。

《社会民主党人报》为什么偏偏要在估计到公社社员反对凡尔赛反动势力及其普鲁士德国盟军的斗争将达到高潮的时候撤离自己的位置

---

① 1871年4月2日《社会民主党人报》。
② 1871年4月3日《社会民主党人报》。
③ 1871年4月7日《社会民主党人报》。

呢？这其中的原因读者不能从报刊本身找到。读者可以面对已有的事实，查阅一下几天后原《鼓动者报》。该报在全德工人联合会12年的历史上只在相当短的时间里——1870年4月至1871年6月——和中央机关报同时存在的唯一的拉萨尔主义报刊。联合会主席施韦泽不仅主管《社会民主党人报》，还主管《鼓动者报》，他凭借其独裁的代理权，在5月1日简单扼要地向拉萨尔派的工人联合会会员宣布："到现在为止的报刊所有者不想再做巨大的牺牲"，经费用光了，因此决定"从现在起直到代表大会作出决定之前，暂将《鼓动者报》作为党刊出版"。①这样，直到1871年7月2日《新社会民主党人报》出版之时，虽然在形式上保留了党刊，但也只是在形式上，因为这家小周刊根本无法担负起中央机关报的重任。《社会民主党人报》恰恰在资产阶级报刊以越来越仇恨的形式宣传反对巴黎公社的时候停刊，这主要是联合会主席所为。这位主席不止一次地敢在这家被他如此无耻地出卖的工人报刊的末版广告栏中向读者推荐他刚刚出版的戏剧诗作《卡诺莎——阿尔基比亚德斯》（约·巴·施韦泽著）。② 这件事很明显地证明：这位联合会主席——他永远抹不掉他同柏林警察总局以及普鲁士内阁办公厅枢密顾问有亲密关系的臭名声——是怎样坚决地准备从令人难以捉摸的工人领袖转变成久已被遗忘的剧本作者的。

拉萨尔主义的工人联合会会员热情地欢迎并捍卫巴黎公社。毫无疑问，正是这种革命热情使施韦泽很快认识到，他所偏爱的蛊惑人心的普鲁士政府社会主义的政策是注定要失败的，工人们再也不会被俾斯麦的政策所利用了。就在拉萨派工人在柏林和爱北斐特为巴黎公社社员欢呼

---

① 1871年5月1日《鼓动者报》（柏林）。
② 1871年4月26日《社会民主党人报》。

的这一天，他在《社会民主党人报》上发表了既冗长又消沉的辞职声明。他现在有足够的"时间、精力、宁静的心境和金钱"奉献给工人党。以前他之所以不能作出更多的奉献，是因为"他要有足够的时间站在岗位上，以便能物色到接班人"。① 此后不久，《社会民主党人报》发表通告，称5月在柏林举行全体大会，会上将选出新的联合会主席。②

由于施韦泽的辞职已经引起轰动，全体大会的召开就更容易在全德工人联合会会员当中引起混乱并使他们在捍卫公社的斗争中迷失方向。党内的争执越来越成为大会讨论的内容，这使得拥护巴黎公社社员的行动退居到次要地位。最后当全体大会于5月19—25日在柏林召开的时候，虽然就在这些天里有关凡尔赛暴兵在巴黎大街进行血腥屠杀的骇人听闻的最初消息已经通过国际上的报刊传到德国，但是在争论的文章中，没有一篇谈及公社。全德工人联合会的领导人在他们的全体大会上几乎仅仅是忙于自己队伍内部的论战。施韦泽被指控为贪污联合会的经费，一个代表认为"联合会主席是一个胆小鬼"③，另一个代表甚至情不自禁地威胁道："我要把他当作一只狗来枪毙。"④ 施韦泽时代在一种相互怀疑和不信任的气氛中结束了。这一方面表明，拉萨尔派在继续瓦解，而另一方面也表明，旨在同俾斯麦国家进行合作的工人政策已经产生了严重的后果。枢密顾问海尔曼·瓦格纳当时是俾斯麦在所有社会政策问题上的得力助手，可能也是首相和施韦泽的联系人。他在回顾往事

---

① 1871年3月26日《社会民主党人报》。

② 1871年3月29日《社会民主党人报》。

③ 《1871年5月19日至25日在柏林召开的全德工人联合会全体大会会议记录》1871年柏林版第30、8页。

④ 《1871年5月19日至25日在柏林召开的全德工人联合会全体大会会议记录》1871年柏林版第30、8页。

时不无道理地强调:"施韦泽在担任全德工人联合会主席期间,成功地阻止了我们的社会主义者举行各种国际性的和革命的集会。"① 施韦泽这位蛊惑民心的宣传家,在国际阶级冲突极其关键的时刻将全德工人联合会有步骤地、巧妙地导入危机,毫无疑问,此举是为其保守党内的施主效劳的。

由于巴黎公社对工人联合会会员的直接影响,按照拉萨尔派思想制订的旨在同俾斯麦国家进行合作的机会主义的工人政策被摒弃了。同情公社社员的集会必然要导致同他们的敌人的对抗,这是历史发展进程的必然结果。倍倍尔的国会演说和李卜克内西在《人民国家报》上的文章以及党员的行动均表明:在有人为柏林反动派辩护时,单单谴责凡尔赛的反革命是不够的。对在鲁昂达成的普鲁士德国参与扩充凡尔赛军队的协定进行无情批判,对爱森纳赫党来说,是和约于美因河畔法兰克福签订后站在巴黎公社社员的立场上继续进行战斗的一个决定性的前提。(待续)

[原载《马克思恩格斯年鉴》(柏林)第 11 卷]

(汪继兵 译 单志澄 校)

---

① 《德国杂志》(柏林)第 14 卷第 129 页。

倍倍尔和李卜克内西在反对普鲁士德国参与镇压巴黎公社的斗争中站在马克思和恩格斯的一边[*]

〔德〕埃里希·库恩德尔

反对普鲁士德国参与出兵攻占巴黎的斗争

和谈是在布鲁塞尔进行的,开始于1871年3月28日,即德国政府正式承担在军事上援助凡尔赛反革命当局镇压巴黎工人起义的义务的那一天。谈判于1871年5月10日在美因河畔法兰克福达成协议,其时俾斯麦和法夫尔在德法两国间的和约上签字。因为在鲁昂只是为了签订一个对付公社的军事协定而暂时取得一致,所以谈判伙伴们的对立利益使和约的签署一直延迟到5月。统治阶级在对公社的仇视上是那样的一致,而当涉及各自对权力和利益的担保时,它们又是那样的不一致。然而,这两个问题是彼此紧密地交织在一起的。

这两个问题的解决方式,这几周里在幕后、在布鲁塞尔谈判桌上以及在柏林和凡尔赛各部里发生的事情,即使以资产阶级政治和外交的确实不是小题大做的标准来衡量,都已达到强取豪夺的顶峰。法国代表团企图降低俾斯麦所强加的领土要求和赔款要求,而俾斯麦对这种企图的

---

[*] 本文选自《马克思恩格斯研究》1994年第18辑。

反应比他在往常的情况下更不让步和更失常。他在电报和书信中赋予他在布鲁塞尔的代理人以这样的责任：强硬地坚守临时和约的各项条款，绝不允许作任何妥协。他谴责凡尔赛政府根本不认真关心和约的签订，谴责凡尔赛政府在谈判时企图利用它在内政上的困难来损害德国的利益。他以终止在鲁昂达成的军援协定相威胁，下令暂停遣返法国战俘，甚至扬言：如果和谈毫无进展，则重新采取军事行动。

4月中旬，当布鲁塞尔的协商陷入僵局的时候，俾斯麦寻求同公社代表直接接触，此举的目的只在于，滥用公社的媾和意愿，而首先用这种战术手段对凡尔赛政府施加压力。公使馆参赞弗里德里希·霍尔施坦因受俾斯麦委托，于4月26日在被普鲁士占领的一个要塞中进行谈判，但以毫无结果而告终。克吕泽烈将军在返回巴黎后很快就因为他对凡尔赛政府态度暧昧而被捕，并由公社委员会解除了他的全权军事代表的职务。这样，如此费劲地同公社接上的联系就断了。公社为了自己的军事安全，表示愿掏自己的腰包拿出高达5亿法郎的第一笔战争赔款作为相应的回报。

虽然在此期间事情的发展并非如此，但俾斯麦还是认为最恰当的做法是在公众中造成一种印象：如果凡尔赛政府在缔结和约上继续设置障碍，就不得不考虑让公社成为同德国政府谈判的伙伴。为了使梯也尔和法夫尔顺从地接受德国的要求，俾斯麦逐渐改变了他以前大嚷大叫地否定公社的态度，以利于对巴黎工人起义作出一个和以前似乎有区别的评价。4月29日，他在一次国会社交晚会上所谈的一番话和他过去的谈话截然相反，令所有在场的人都感到惊奇。正如民族自由党的国会议员、莱比锡的著名出版商阿尔弗勒德·布罗克豪斯以其亲耳所闻报道说：俾斯麦如下的声明使他的客人们大吃一惊："即使凡尔赛分子不付战争赔款，我们也能从巴黎人那里得到钱财——只要我们愿意接受他们的条件。只要凡尔赛分子还有希望胜利，我们就同巴黎人谈判，而不同他们缔约。他们会马上支付5亿法郎，而要求我们的无非是保护他们免受凡尔赛分子的报复，并达到用我们的部队占领巴黎的目的！"①

无论是霍尔施坦因关于在欧贝维利耶要塞谈判的官方报道，还是克吕泽烈将军的回忆录，都只字未提公社请求普鲁士德国的军队占领巴黎一事。和俾斯麦的说法完全相反，公社所提出的条件之一恰恰是：公社在付清德国提出的第一笔战争赔款后，有权派自己的部队占据由第三集团军的部队撤出的巴黎北部和东部的要塞②。按照在资产阶级政府之间非常流行的格言"为达到目的不择手段"，首相不太注重事实真相，正如他在一年前草拟埃姆斯电文那样，更确切地说，他的目的是要在凡尔赛的盟友中间引起不安，散布令他们担心的事：柏林可能会同巴黎的起义者谈判。

毫无疑问，5月1日《科隆日报》上发表的那篇论巴黎公社的"两副面孔"的文章完全是服务于这个目的的。人人都知道，《科隆日报》是首相的喉舌。它像其他的资产阶级报刊一样，连续几个星期报道巴黎工人起义是"巴黎暴徒""无政府主义者"甚至是"赤色分子"所为的。在此之后，它突然发现，在巴黎公社里除了"世界主义革命"的代表——他们狂热地信仰"最粗糙的共产主义"——之外，还有"守秩序的和明智的分子"在活动，这些人除了争取本来意义上的地方自治

---

① 亨利希·爱德华·布罗克豪斯：《1871—1878年间与俾斯麦相处的时刻》1929年莱比锡版第12页。

② 参看1871年4月27日公使馆参赞霍尔施坦因致帝国首相俾斯麦侯爵的信，载于《俾斯麦与1871年的和谈者。布鲁塞尔和法兰克福的德法和谈。1871年3—12月》，汉斯·戈德施米特修订，1929年柏林和莱比锡版；古斯塔夫·鲍尔·克吕泽烈：《回忆录》1887年巴黎版第2部分第1—23页。

权之外，再无任何其他要求。资产阶级必须支持这些人，因为"只要给巴黎人立一个像普鲁士人从哈登堡时代就已在城市管理中实行的那种城市法，那么许多深谋远虑的人和注重实际的思想家——他们目前在巴黎非常憎恶凡尔赛分子——就会感到满足，而且再也不乐意对革命者的反抗作壁上观，并以此来加强革命了"。①

这篇文章的作者是上文提到的摩里茨·布什，他是外交部的撰稿人，受俾斯麦的委托撰写了这篇文章，从而为他的上司在帝国国会中的发言做了准备。在和约还未就亚尔萨斯和洛林两省及其居民的命运作出决定之前，德国国会在5月2日就开始讨论这两个省并入德意志帝国的方式，俾斯麦在讨论中不得不采用使凡尔赛政府成员感到震惊的方式来表明自己对巴黎公社的态度。他当众宣布："目前的巴黎共产主义者真正地在拥护一项原则，我指的不是不惜一切代价的国际战士，而是运动的明智的核心力量，从根本上讲，他们是在为获得普鲁士城市制度所赋予的东西而斗争。"②

这个评价与对巴黎公社的本质的科学分析相去甚远——不仅仅是马克思一个人以嘲讽口吻评述了俾斯麦对公社的解释。③首相尽管简单化地歪曲了事实，但还是用这个解释达到了预期的效果，也就是使凡尔赛政府的成员陷入全面的混乱。首相在帝国国会的演说刚一发表，驻彼得堡的法国大使加布里阿瑟就向俄国首相哥尔查科夫诉说，然后抱怨德国政府所持的态度，说它"几乎成了巴黎公社的同盟者"④。哥尔查科夫

---

① 1871年5月1日《科隆日报》。
② 1871年5月2日《科隆日报》。
③ 参看《马克思恩格斯全集》第1版第17卷第361页。
④ 引自1871年5月4日德国大使亨利希七世罗伊斯亲王致帝国首相俾斯麦侯爵的信，载于《俾斯麦与1871年的和谈者》1929年柏林和莱比锡版第122、123页。

完全赞同俾斯麦,并指出:为了"帮助"凡尔赛政府"镇压巴黎起义",柏林政府已经做了很多事情;现在摆在凡尔赛政府面前的是,"尽快签订最后的和约,以排除一切悬而未决的难题"①。

欧洲其他各国政府也无意于因和谈而去干涉柏林。它们在这时候已经或多或少地容忍了下述事实,即在欧洲列强的协商中霍亨索伦王朝的势力由于德法战争而迅速增强。不过,在1871年春天,它们感到,普鲁士德国作为国际反革命势力决定性的军事支柱的积极合作对于镇压巴黎起义更为重要。要知道,只要公社作为工人政府存在,它就不仅使法国的资本主义剥削制度成了问题,而且它对国际革命运动所产生的影响还会危及其他国家的统治阶级的统治地位。凡尔赛分子从这些国家的政府那里除了听到几句同情的话之外,得不到任何帮助,凡尔赛分子已被它们抛弃。在这种情况下,他们不得不最终接受只能利用普鲁士德国的积极援助才能成功地结束他们的内战的现实。为此,他们不管在什么情况下都要听任普鲁士容克地主和军国主义者的摆布,他们要割让亚尔萨斯和洛林,要支付高达数十亿的战争赔款。因此,为消灭巴黎公社的具体措施不仅成为和谈的杠杆,而且还成为和谈的重要组成部分。俾斯麦和法夫尔于1871年5月5日前往美因河畔法兰克福,并将在那里进行和谈。

在谈判中,俾斯麦决不只是以一个强硬坚持兑现他在对掠夺战中所获得的战利品的独裁者出现的,他在争得法夫尔同意割让领土和支付战争赔款之后,就开始对凡尔赛政府的要求表示迁就。这种态度在一切反革命同伙面前为自己排除了任何认为他哪怕是只有一会儿真心同情过巴

---

① 引自1871年5月4日德国大使亨利希七世罗伊斯亲王致帝国首相俾斯麦侯爵的信,载于《俾斯麦与1871年的和谈者》1929年柏林和莱比锡版第122、123页。

黎公社的怀疑。他在和约中慷慨地同意加快遣返 20000 名战俘，以便帮助法国政府镇压阿尔及利亚的解放运动和确保法国资产阶级在北非的殖民领域不致崩溃，为了在军事上保证法国资产阶级在本国各省的统治，俾斯麦还答应再释放 30000—40000 甚至 60000 名战俘。

遵照鲁昂军事协定，麦克马洪指挥的大军已经在巴黎城下做好进攻的准备，而此时，德国反革命势力和凡尔赛反革命势力之间的配合发展为直接的军事合作。柏林的德军总参谋部在美因河畔法兰克福举行和谈，与此同时，它通过和俾斯麦直接接触制定了一个计划，其中规定了普鲁士德国军队直接参与攻占巴黎的所有细节。对凡尔赛政府的建议包括驻扎在巴黎城下的军队从逻辑上和战略上来说要完成的军事行动的详细一览表，其中包括切断巴黎同外界的一切联系，准许凡尔赛部队通过自己的防线行军，乃至德国的炮兵和步兵直接参加攻占法国首都的战斗。俾斯麦为了向凡尔赛政府书面证明他的承诺的可靠性，授意在和约中写进这样的诺言，即付给德国的第一笔战争赔款延期到巴黎陷落后一个月支付。①

对凡尔赛暴兵在巴黎血腥屠杀的极大愤慨和普鲁士德国充当刽子手这种令人痛恨的事实，使马克思得出这样的结论："它（指普鲁士德国——译者注）干得像一个卑鄙的凶手，因为这不会招致任何危险；它是一个雇佣凶手，因为它曾事先讲定一旦巴黎陷落就要付给它 5 亿行凶赏钱。"② 如上所述，马克思在和约签署的当天就立即把"有关俾斯麦和法夫尔在法兰克福达成的秘密协议的详情细节"③ 告诉了公社的领导

---

① 参看《帝国法律公报》（1871 年）第 238—240 页。
② 《马克思恩格斯全集》第 1 版第 17 卷第 382 页。
③ 《马克思恩格斯全集》第 1 版第 33 卷第 228、227 页。

人。5月13日,马克思还就这件事情再次致信列奥·弗兰克尔和路易·欧仁·瓦尔兰,而瓦尔兰仅仅在几天之后即5月28日就被凡尔赛军杀害。在这封信里,马克思也提出警告,谨防普鲁士德国的军队直接参加围攻巴黎的战斗。马克思指出在法兰克福达成了第一笔战争赔款的支付协定,同时,直截了当地恳请他的朋友们在指挥作战中要考虑到在柏林反革命势力和凡尔赛反革命势力合作中出现的这种新情况:"因为普鲁士本身非常迫切地需要这笔钱,所以普鲁士就会尽可能地给予凡尔赛分子种种方便,以加速占领巴黎。因此,你们要当心啊!"①

当马克思5月23日向总委员会作有关巴黎形势的报告时,巴黎公社的失败已在预料之中。马克思肯定地说:"扮演着梯也尔的宪兵角色的普鲁士人正在帮助镇压巴黎公社。"② 这样,他同时回答了一个不仅仅是总委员会委员才关心的问题。如果说5月9日总委员会在全面分析巴黎公社军事行动的会议时还可以认为"交战双方的军队现在接近势均力敌"③,那么随着美因河畔法兰克福和谈的展开,形势发生了全新的变化。现在马克思阐述的重点就是分析新形势。马克思根据他从德国得到的机密消息,将在法兰克福幕后发生的事件告诉了总委员会委员,这些事件当然比一切官方的声明都更清楚地表明,和谈的中心议题是巴黎公社。马克思注意到:"俾斯麦、梯也尔和法夫尔勾结起来,密谋消灭巴黎公社。"接下来他在发言中谈到德国政府和凡尔赛政府之间的这种肮脏交易的详细情况。俾斯麦在法兰克福的秘密谈话中透露,梯也尔和法夫尔曾请求他参与此事。最后,和谈的结果最充分地证明,对凡尔赛

---

① 《马克思恩格斯全集》第1版第33卷第228、227页。
② 《马克思恩格斯全集》第1版第17卷第677、675页。
③ 《马克思恩格斯全集》第1版第17卷第677、675页。

分子,俾斯麦愿意"尽一切可能来帮助他们"①。马克思由此想到,早在11世纪,农民举行起义,这时法兰西的骑士和诺曼底的骑士马上就忘掉自己的纠纷并且联合起来镇压农民。马克思的论述最精彩的地方在于:巴黎公社社员所进行的斗争再次证实了阶级斗争的那个历史经验,即"上等阶级过去总是联合起来镇压工人阶级"。②

威廉·李卜克内西在《人民国家报》上对俾斯麦和法夫尔在美因河畔法兰克福的谈判作出了像马克思一样敏锐的反应。他在5月13日《人民国家报》上指出,资产阶级总是准备"用'诅咒和仇恨',来击倒它在本国的敌人,即工人,而且要依靠'外国人'的援助"。"从去年9月起,巴黎的资产阶级热切盼望'普鲁士人'"的援助而不惜在外交上采取一切卑鄙手段。③ 这就是对"国际反动派的肮脏交易"的反应,按照这个交易,第一笔战争赔款"**在攻克巴黎之后30天**"由凡尔赛政府支付给德国。④ 为了更清楚地阐明普鲁士德国在消灭巴黎公社上所给予的积极援助与法国资产阶级的甘心妥协之间的内在联系,《人民国家报》编辑部决定刊登5月12日俾斯麦在德意志帝国国会所作的演讲。

在社会民主工党中央机关报的栏目上全文发表用速记记录的首相演讲,这确实是不同寻常的,但编辑部也实在做不出更好的决定。戴着和平桂冠从美因河畔法兰克福归来的帝国首相是普鲁士德国参与镇压巴黎公社的最主要的证人,他在帝国国会中说:"从目前的军事形势来看,

---

① 《马克思恩格斯全集》第1版第17卷第677页。
② 《马克思恩格斯全集》第1版第17卷第677页。
③ 1871年5月13日《人民国家报》。
④ 1871年5月17日《人民国家报》。

可望在近日内结束巴黎城内外的战斗。只要政府取得胜利,30天之后,我们就能得到5亿法郎的第一笔战争赔款。现在,在最后的和约签订之后,**我们要加速遣返战俘,甘愿为胜利提供一切手段**。"①

俾斯麦的这番自白——他在十天前还认为,利用国会讲坛公开考察巴黎公社的"明智的核心力量"以及他们对普鲁士城市制度的向往特别合适——却明白无误地证实了社会民主工党所一贯持有的关于俾斯麦的反动政权是凡尔赛反革命当局同盟者的看法。然而,俾斯麦在他的演讲中又进了一步,他坦率地承认,他受国际反革命势力的委托,在巴黎陷落后还要考虑用普鲁士德国军队的现有兵力关心法国的安定和秩序。这些部队将在巴黎的防御工事驻防,直至1871年底第二笔战争赔款到期支付。这是"防止一旦我们过早地撤出法国首都时内部可能出现变故的必要预防措施"②。

因此,更确切地说,俾斯麦所泄露的秘密没有一个是社会民主工党的领导人不知道的。首相公开承认自己是凡尔赛政府的保护者和攻占巴黎时的帮凶,这一自白现在为社会民主工党提供了法兰克福和约签订之后加紧进行反对国际反革命势力的斗争的新的可能性。不伦瑞克的一次群众集会成了一次声援公社的伟大示威活动,这次活动同时还反对普鲁士德国参与凡尔赛政府军的军事行动。5月14日,仅仅几个星期前才从堡垒监禁中释放出来而现在又作为叛逆犯被指控的不伦瑞克委员会委员威廉·白拉克、伯恩哈德·贝克尔和赛米尔·施皮尔等人,参加了一个由东部的党组织召开的群众集会,旨在抵制散布得越来越广的对巴黎公社社员的仇视。他们为巴黎公社辩护,认为它是社会发展的必然结

① 1871年5月20日《人民国家报》。
② 1871年5月20日《人民国家报》。

果,这种情况也会在德国发生。他们认为,从这个历史角度看,"即使是在凡尔赛伪政府依靠德意志帝国的友好援助再次平定了起义的巴黎这种情况下",巴黎公社的胜利也是无疑的。1200名集会的参加者在一项决议中"共同向英勇战斗的巴黎人表示敬意和赞赏"①。

在不伦瑞克参加集会的人中,尽管有相当数量的党员,但是,绝大多数显然不是党员。像在不伦瑞克一样,爱森纳赫党在其他地方也懂得通过坚决维护无产阶级利益来逐步扩大对工人阶级的影响。爱森纳赫党人同巴黎公社的国际主义的团结,他们对俾斯麦政权的反动政策所展开的无情斗争,以及他们始终不懈地努力支持工人们为改善生存条件而进行的日常斗争,所有这些不仅仅为社会民主工党送去同情,而且还为这个党不断地带来新的拥护者。1871年春,当巴黎的劳动阶级为了建立一个摆脱资本主义的剥削与压迫的社会而斗争的时候,爱森纳赫党党员和干部热情地开展工会运动,并给人留下了深刻的印象。奥古斯特·倍倍尔在4月29日《人民国家报》上向党员同志提出的下面这个要求对爱森纳赫党全体党员起了作用:"全党同志要牢牢地记住:仅仅参加一个政治组织,在选举中为它尽责,这是不够的;参加工会,同样是自己的义务,切勿顾此失彼。"②

国际工会联合会的宗旨和社会民主工党的党纲以及国际工人协会的决议完全一致,在工人阶级为了争取自身利益而进行的斗争中联合会是必不可少的。它的建立和巩固在这几个星期内获得显著的进展。③ 奥古

---

① 1871年5月19日《不伦瑞克人民之友报》。
② 1871年4月29日《人民国家报》。
③ 参看威纳尔·埃特尔特和汉斯-迪特尔·克劳泽:《1868年至1878年为在德国工人运动中执行马克思主义的工会政策所开展的斗争》1975年柏林版第258—264页。

斯特·盖布是马克思主义工会政策的最坚决的捍卫者,他在中央机关报上发表了一篇论述"正常工作日"的文章,很值得注意。正常工作日是工人提出的除为增加工资的斗争之外的一个主要要求。盖布在这篇文章中依据马克思在《资本论》中的论述,以最大的热诚向党员推荐马克思的研究成果,因为"在卡尔·马克思彻底地研究了资本的概念与形成之后,长期以来一直迷漫于资本主义生产方式之上的秘密也就真相大白了"①。在圣灵降临节期间于格劳豪举行的纺织工人代表大会是德国工会运动史上的一个里程碑。5月29日和30日,当凡尔赛一帮杀人凶手在巴黎大街上任意发泄他们的复仇欲望时,手工业工人们为实现他们的已被杀害的阶级兄弟的历史遗愿迈出了第一步。由全德各地纺织工人组织选派的150名代表,根据奥古斯特·倍倍尔的报告,通过了下面这个对包括格劳豪其他行业联合会在内的所有工会的联合具有重要意义的决议:"德国第一次纺织工人代表大会认识到,所有德国手工业工人必须联合起来,还有必要同一切其他有文化素养的民族的手工业同行在国际的基础上联合起来。本次大会宣布,目前成立的各组织的理事会的义务是,为所有这些组织联合成一个整体铺平道路。"②

德国当局在巴黎爆发工人革命的时候就已经陷入神经高度紧张的状态,而现在他们则陷入恐慌,因为他们肯定已经认识到:尽管他们掀起了对公社仇视和诽谤的运动,但社会民主工党还是能够逐步加深和扩大其主要是对工人群众的影响的。在这种情况下,警察当局和司法部门既热情又专横地命令遏制社会民主党人和国际主义者的所谓骚动。这时正准备以叛逆罪起诉社会民主工党的领导人,如莱比锡的倍倍尔·李卜克

---

① 1871年5月24日《人民国家报》。
② 1871年6月3日《人民国家报》。

内西和赫普纳,不伦瑞克的党委会委员,根据起诉,可能普遍会对国际工人协会的任何政治活动和全体成员作出儆戒性的判决。莱比锡警察局长下令,将在维也纳叛逆案中被判刑、后来又根据大赦令被释放的约翰·莫斯特立即驱逐出境,原因是他在一次集会上发表了演说。正像作为社会主义者的死敌而臭名昭著的鲁德尔博士向他的上司所报告的那样,他事先已经知道:"莫斯特惯于作社会政治方面的报告。"① 开姆尼斯的市议员盖格尔对从胡伯图斯堡的堡垒监禁中释放出来的威廉·乌菲尔特也是过于敏感的。乌菲尔特被下述简单理由告知要将他驱逐出境:"他是一个极危险的人物,一个危险的鼓动分子。"②

但是,还没有一个阴谋家有如此强硬的手段能改变爱森纳赫党不断地向前迈进的事实。当莱比锡地方当局在6月初评论社会民主运动的发展状况时,它不得不承认,恰恰是在最近的几周里,在它所辖范围的许多地方,如科尔狄茨、卢恩泽劳、佩尼希、布尔格施泰特、瓦尔德海姆,还有劳希克、乌尔岑和罗赫尼茨,社会民主工党均已站稳脚跟。当局主要人物的报告"真实而全面地描述了最近社会民主党在本辖区的某些地方所进行的繁忙活动,同时展示了这样的不容忽视的事实:总的说来,这个党的影响正在不断扩大"③。

不仅在萨克森,就是在社会民主工党的力量还很薄弱的那些地区,爱森纳赫派在巴黎公社的影响下——但主要还是靠党员的时刻准备战斗的精神——也取得了进步。例如,在布勒斯劳,大约有30位同志组成的党组织同当地的警察当局展开了一场争取党派集会权——要在集会上

---

① 藏于德累斯顿国家档案馆的"社会民主党事件"第130页。
② 1871年4月26日《人民国家报》。
③ 藏于德累斯顿国家档案馆的"社会民主党事件"第56页。

作一个有关巴黎公社的报告——的顽强斗争。大会于5月15日举行，但警察当局以集会的议题具有爆炸性并将危及社会秩序和安全为由而提前使大会结束。5月27日，集会在另一个地方继续进行，但被当局以同样的理由再次禁止。即使这样，党员并没有气馁。他们坚决要求自己集会自由的权利，并发出号召，在6月5日再次集会，他们自豪地报道了这次集会：他们现在终于成功地"将由于警察的两次干涉而中断的有关巴黎公社的报告作完了"。那一天虽然大雨滂沱，但参加者还是很多，"对反巴黎公社的指责所进行的驳斥……赢得了雷鸣般的掌声"①。正如上文所说的那样，社会民主派工人的一个小组的支持行动给马克思留下了非常深刻的印象，以致他1871年9月在向伦敦会议的代表作报告时特别提到布勒斯劳同志们的例子，以此证明德国工人和巴黎公社是团结一致的。

5月21日，科隆的党员开会，讨论准备召开一个工人代表大会的事宜，目的在于进一步扩大社会民主工党在莱茵兰地区的影响。一个星期之后，在魏玛召开了图林根社会民主党人的地区集会。像在全德各地一样，巴黎的革命事件在不伦瑞克也极大地鼓舞了党员，他们以更大的干劲加紧宣传工作。当威廉·白拉克被监禁在勒特岑的时候，他就考虑出版社会民主主义的地方报刊来加强党的影响。他刚刚再次获得自由，就在4月向同志们提出了这个建议，而在5月15日，《不伦瑞克人民之友报》第1号就已出版，最初是每周一号，从10月份起改为日报发行。这家于巴黎公社时期诞生的报纸为不伦瑞克和边境地区的革命工人运动的高涨作出了巨大的贡献，直到1878年它被俾斯麦的反社会党人非常法查禁为止。白拉克把《不伦瑞克人民之友报》的创办称为"到现在

---

① 1871年6月17日《人民国家报》。

为止我生命中最成功的事情"①，他非常谦虚，只字未提他为党的发展所做的其他贡献。

除了中央机关报《人民国家报》之外，《不伦瑞克人民之友报》已是社会民主工党所拥有的第 5 家地方报刊。奥格斯堡社会民主党人在 1869 年就已创办了周刊《无产者报》。1870 年，克里米乔的党员成功地为创办一家新闻报创造了物质前提，在德法战争爆发期间，《克里米乔市民和农民之友报》这第一家社会民主主义的日报在争取实现公正的和平的斗争中维护了爱森纳赫党人的要求，早在德法战争全面展开的时候，开姆尼斯的工人从 1871 年 1 月 2 日起也拥有了自己的报刊——《开姆尼斯自由报》。在巴黎工人为建立新社会制度奋起斗争后两到三个星期，即在 1871 年 4 月 2 日，《德累斯顿人民使者报》第 1 号由社会民主主义作家奥古斯特·奥托－瓦尔斯特编辑出版。

党员们为创办和维持自己的报刊，不得不一点一点地筹集资金。在两年之内，由于他们的忘我精神，《人民国家报》的宣传工作通过这些地方报刊的作用而迅速扩大。在德法战争期间就已有三家地方党报充实和支持中央机关报的政治工作，而在巴黎公社期间，党报又增加了两家。所有这些报刊为捍卫巴黎公社作出了重要贡献，并使读者认清了普鲁士德国在它镇压巴黎公社时所起的灾难性的作用。

例如，当关于俾斯麦和法夫尔会晤的最初消息传到舆论界时，《德累斯顿人民使者报》就完全正确地估计到，美因河畔法兰克福的和谈首先关系到巴黎公社的命运。当资产阶级报刊为首相大唱和平颂歌的时候，奥托－瓦尔斯特让他的报纸的读者不要对俾斯麦的真实意图产生任

---

① 1872 年 8 月 29 日《不伦瑞克人民之友报》；还可参看尤塔·宰德尔：《威廉·白拉克——从拉萨尔主义者到马克思主义者》1986 年柏林版第 100—107 页。

何幻想。《德累斯顿人民使者报》载文指出："首相同样讨厌巴黎运动，鉴于他的贵族信念，这是不言而喻的；长期以来，他有个小小欲望，即通过暴力手段来解决全部冲突，这也是很自然的。"① 后来，在巴黎公社承认了德国方面提出来的和平条件之后，该报在后来的一号报纸中向读者提出这样一个问题："德国士兵和巴黎人到底有什么关系呢？"② 在开姆尼斯和克里米乔出版的工人报纸进一步报道了普鲁士德国对付巴黎公社社员的反革命行动的详情细节。卡尔·希尔施在《克里米乔市民和农民之友报》上报道了威廉皇帝和他的总参谋长毛奇的一次商谈，在这次商谈中，除了提到迅速遣返战俘之外，还讨论了向凡尔赛政府继续提供援助一事，因为"鉴于双方的利益，德国参与镇压巴黎人一事已在一项单独协定中"③达成协议。像萨克森的三家地方工人报刊一样，德国南部的《无产者报》和北部的《不伦瑞克人民之友报》也支持了党反对德国政府与凡尔赛政府密谋的斗争。随着法兰克福和约的缔结，德国政府和凡尔赛当局的密谋进入了决定性阶段。《无产者报》还在5月中旬就已警告德国士兵，不要在巴黎城下"扼杀自由，其实，这些德国士兵本人也被他们的统治者剥夺了自由"④。不久后，白拉克就不得不告知《不伦瑞克人民之友报》的读者有关巴黎战斗的情况，他指出："……普鲁士人帮助执行警察的职能。"⑤

与每天对"巴黎纵火者"的所谓犯罪行为肆意谩骂、造谣和诋毁的资产阶级报刊的发行量相比，如实地介绍巴黎公社真相并揭穿了公社

---

① 1871年5月11日《德累斯顿人民使者报》。
② 1871年5月13日《德累斯顿人民使者报》。
③ 1871年5月13日《克里米乔市民和农民之友报》。
④ 1871年5月12日《无产者报》（奥格斯堡）。
⑤ 1871年6月2日《不伦瑞克人民之友报》。

敌人的阴谋诡计的工人报刊所拥有的读者圈子却小得多。然而，工人报刊的影响在很短的时间内却飞快地增长，以致工人报刊的敌人为了使它沉默使用了一切能够想得出来的手段。《人民国家报》在1871年第2季度末已拥有3000多订户，这是当时该报所达到的最高发行量。社会民主党的地方报刊的作用进一步证明了党刊的生命力和党员的忘我精神。他们表明自己能对付敌人的阴谋暗算。当印刷厂厂主突然向开姆尼斯的工人们宣布解除合同时，同志们不顾一切困难建立起自己的印刷厂，这个印刷厂虽然很简陋，但可以不依赖于别人了。《人民国家报》在5月24日报道了有产市民企图扼杀工人报刊而遭失败的情况："我们的民族自由—进步的资产阶级希望通过一场小小的政变来扼杀《自由报》（当地所有的印刷厂主都接到命令，不得承印'不光彩的报刊'），而《自由报》已拥有了一家自己的印刷厂，从上星期四起，它再次出版。"①

中央机关报也未能免受警察当局和书报检查机关的打击。5月24日，李卜克内西在一封信中告诉恩格斯，普鲁士当局已经发布命令，尽快查封《人民国家报》，直至最后完全禁止。② 早在4月8日，该报就因发表一篇文章而被没收。这篇文章在回忆威廉皇帝在1848年革命中的"英雄业绩"时敢于称威廉皇帝是炮弹亲王。③ 虽然4月12日和26日第30号和第34号的《人民国家报》根据莱比锡区法院的建议被查封。但编辑部还是向读者保证："《人民国家报》绝不会因为遭到这样的迫害而丝毫偏离自己的道路，它会像过去一样昂首挺胸地面对敌人，

---

① 1871年5月24日《人民国家报》；还可参看恩斯特·海尔曼：《开姆尼斯和厄尔士山区工人运动史》开姆尼斯版（1913年左右）第61—62页。

② 参看1871年5月24日威廉·李卜克内西致恩格斯的信，藏于原莫斯科马列主义研究院中央档案馆。

③ 参看1871年4月8日《人民国家报》。

但愿敌人相信这些,而我们对朋友是不需要说这些的。"①

如此的壮语使人回想起《新莱茵报》这个伟大的榜样,更使萨克森王国政府惶惶不安,因而它企图获得帝国国会的批准,以便向法院起诉爱森纳赫党的中央机关报。当萨克森王国政府的提案5月25日在柏林讨论的时候,事实表明,议员们还没有如此迅速地放弃他们的议会—自由的破旧外衣。当议员们拒绝同意一项针对《汉诺威日报》的提案之后,他们也不得不以同样的方式对待《人民国家报》。②他们心情沉重地否决了德累斯顿当局的请求,这件事又促使《人民国家报》编辑部作出如下辛辣讽刺的评论:"帝国国会竟如此薄情,拒绝同意对《人民国家报》的起诉。"③

德法战争期间,军事当局严厉禁止《人民国家报》在德国北部发行。在和约缔结之后,帝国国会中显然有这样的意见:现在对社会民主工党的中央机关报可以采取某种宽容的态度,特别是那些来自巴黎的消息直接宣告了公社面临的军事失败。《北德总汇报》在5月25日这一天向其读者宣告:"大功告成!"这家报纸是俾斯麦的喉舌,它派驻巴黎的记者以明显轻松的笔调报道说:"用血染的红色革命的流星现在在法国和欧洲的天空中消失。"各国政府开始时一筹莫展,统治阶级对巴黎革命变革的愤恨周复一周地增长,所有这些在对公社社员的血腥追杀中,在对公社社员进行报复和复仇的叫喊声中发泄出来:"两个多月来,直到今天你们还能让赤裸裸的社会主义玷污巴黎的大街。"不仅《北德

---

① 1871年4月29日《人民国家报》。
② 议案和决议载于《德国国会辩论速记报告汇编。1871年第一届立法会议任期内》1871年柏林版第3卷第408页。
③ 1871年5月31日《人民国家报》。

总汇报》的栏目发出这样充满仇恨的叫嚣,而且其他的资产阶级报刊也同样毫不留情又自以为是地叫嚷要对巴黎公社社员采取血腥的恐怖措施。国际反动势力一致认为,清算巴黎公社的时刻现在已经到来:"但愿复仇的行动早日实现,只对那些被欺骗的人们和违背自己意愿被迫参与的人们实行宽恕。而对为首的分子,更确切地说,对所有为首的分子,要严厉处置,毫不留情地严厉处置。"①

然而,柏林和其他欧洲国家首都对凡尔赛当局发出的这个提醒似乎是不必要的。5月25日中午,凡尔赛政府的首脑梯也尔在其致各省军政长官的胜利公告电文中称:"要让巴黎尸横满地,血流成河。要用这种恐怖的景象教训后来者。"② 当电报机传播着巴黎血腥大屠杀的消息时,倍倍尔几乎同时登上德国国会的讲台。倍倍尔以党的名义和德国工人的名义向全世界宣布与"冲天的巴黎人"一致行动,并指出,他们首次进行了旨在实现社会主义思想和建立无产阶级国家的英勇的尝试。在巴黎公社失败的时候,倍倍尔捍卫了巴黎公社社员的事业,驳斥了公社的敌人对公社所进行的一切卑鄙下流的攻击、造谣和诽谤。他宣布拥护公社的目标,深信,尽管公社失败了,但巴黎和德国的未来是属于社会主义的。倍倍尔以一个受过马克思和恩格斯的革命理论教育的政治家的远见向议员们高呼:"先生们,即使巴黎公社暂时被镇压,我也要提醒各位,巴黎的战斗只是一个小小的前哨战,欧洲最重要的事件即将来临。用不了一二十年,巴黎无产阶级的战斗口号'对宫廷作战,给茅屋

---

① 1871年5月25日《北德总汇报》(柏林)。
② 1871年5月25日《北德总汇报》(柏林)。

和平，消灭贫穷和懒惰！'必将成为全欧洲无产阶级的战斗口号。"①

倍倍尔揭露了俾斯麦及与其同流合污的一伙，指出他们是巴黎大屠杀的帮凶。当凡尔赛暴兵在普鲁士德国占领军的支持下对公社社员进行血腥报复的时候，《人民国家报》传播了这样一条引起轰动的消息："'德国'军队在巴黎城下同凡尔赛分子拧成一股绳，把巴黎紧紧套住。'德国'军队用枪炮将逃亡者驱赶回凡尔赛分子的屠宰范围内。"② 而政府报刊本身现在竟然公开炫耀说：普鲁士德国占领军的军事协助即使不是从根本上使凡尔赛分子充当镇压公社的屠夫和刽子手的角色，也是使他们充当这个角色变得容易了。5月27日，《北德总汇报》详细报道了自5月中旬以来第3集团军在巴黎北部和东部所进行的部队运动，如此的运动使凡尔赛军得以"在进入巴黎前集中兵力进攻从瓦列里山到塞纳河这一段相对来说较短的路段。"③ 就是在占领巴黎之后，普鲁士德国的军队仍然继续支持凡尔赛军对公社社员进行野蛮的肉体摧残。正如5月31日的《北德总汇报》所报道的那样，"德国军队在巴黎北部加固了围墙，以防止叛乱者逃亡。同时他们向奥贝维利耶尔——这个地区紧挨着受内战震动最大的维累特和贝尔维尔——调去三个炮兵连和增援部队。"④

在巴黎的最后一批街垒被攻陷后两天，马克思就说："上天注定要假手于信神的和仁义道德的德国去惩罚不信神的和荒淫无耻的法国的这

---

① 奥古斯特·倍倍尔：《巴黎公社——欧洲无产阶级的前哨战》，载于《讲演和论文选集》1983年柏林版第1卷第150页。
② 1871年5月31日《人民国家报》。
③ 1871年5月27日《北德总汇报》。
④ 1871年5月31日《北德总汇报》。

场战争的真正性质,就在这里表现出来了!"① 5月30日晚,他在向总委员会委员宣读关于"法兰西内战"的宣言时,对第一次试图建立工人阶级政权的巴黎公社进行了科学的评价,从而紧急呼吁大家对国际反动派要保持警惕,因为这些反动势力从一开始就将消灭这个第一次出现的国家政权视为自己的目标。他像猛烈抨击凡尔赛暴兵的粗暴放荡行为一样,同样无情地谴责了普鲁士德国的阴险狡诈。普鲁士德国的统治者总是强调对巴黎公社保持中立,而在事实上却是同镇压公社的刽子手串通一气。一切正如马克思所断定的那样,这一切之所以发生,都是为了自身的利益和取得欧洲其他国家政府的同意:"这种甚至在旧世界的律师看来也是空前违反国际公法的行为,并未迫使欧洲各国'文明'政府把纯系圣彼得堡内阁御用工具的罪恶的普鲁士政府宣布为违法罪犯,却只是激起它们去讨论这样一个问题:是不是要把侥幸逃出巴黎双重包围圈的少数受害者引渡给凡尔赛刽子手!"②

像马克思在伦敦一样,威廉·李卜克内西在莱比锡也大声疾呼,要将新德意志帝国统治者参与巴黎血腥大屠杀的详情逐条曝光。虽然《人民国家报》在1871年5月31日的社论中有保留地指出,人们还不能全面地确定凡尔赛政府在镇压巴黎公社的过程中得到多少援助,这是为了后来以社会民主工党的名义强调说明:"但是,我们知道:

(1) 俾斯麦侯爵公开承认违背了临时媾和协定,他允许了至少12万人的法国军队集中,这个数量相当于协议规定的三倍。

(2) 梯也尔先生对新组建的军团还不能信任。为了向他提供'严守纪律的',也就是盲目服从的、已成为机器人的士兵,早在法兰克福

---

① 《马克思恩格斯全集》第1版第17卷第382页。
② 《马克思恩格斯全集》第1版第17卷第382页。

和约缔结之前，拿破仑的近卫军的一部分就已被以营团编制送到法国，并在德法边境上武装起来。（在这方面，我们坚持我们以前的报道。这些报道的来源极其可靠。）

（3）在法兰克福和约缔结之后立即就匆匆忙忙地将那些最适合镇压巴黎公社的战俘，尤其是阿尔及尔兵运到法国，对这些战俘的期望是：死心塌地地、'毫无顾虑地'为实现俾斯麦—梯也尔的理想制度去卖命。

（4）尚在巴黎城下的德国军队为凡尔赛军提供了一切可能的袒护，他们表面上不主动参与军事行动，但实际上却是同法国的攻城部队采取了联合行动，可以说是法国攻城部队的后备军。"[1]

当然，《人民国家报》编辑部当时的报道还不足以揭露德国占领军在攻占巴黎的战斗中主动充当帮凶的一切详情。在巴黎工人起义被镇压之后首先掀起了一场迫害公社社员的运动。尽管如此，爱森纳赫党的中央机关报首先成为少数几家敢于公开谴责普鲁士德国军国主义的德国报刊之一，并称之为国际反革命势力镇压巴黎公社的急先锋。德国所有半官方的报刊，包括绝大部分自诩为自由或民主的报刊，在凡尔赛暴兵的30000人杀向巴黎时，未发表片言只字的同情话语，至于批评他们的放荡行为也就根本谈不上了。对所谓维护资产阶级制度的人来说，嘲弄一切人的情感的巴黎暴行，只能使他们有理由说出这样简短的评语："这块放荡的、失去理智的、不断发生革命的地方此次遭到惩罚，与此相比，1848年的6月战斗简直就像是狂欢节的一出闹剧。"[2]《人民国家报》用后来的一篇社论驳斥了这个极其厚颜无耻的比喻。这篇社论突出

---

[1] 1871年5月31日《人民国家报》。
[2] 1871年5月31日《北德总汇报》。

了 1871 年巴黎工人革命在国际无产阶级为把人类从剥削和压迫中解放出来的斗争中的历史地位。在《1848 年的 6 月，1871 年 3—5 月……》的标题下，社会民主工党为中央机关报以人们对在巴黎阵亡的阶级兄弟的哀悼来推动他们进行反对一切阻碍社会进步的敌人的斗争，并担负起完成巴黎公社遗愿的使命。《人民国家报》编辑部在 6 月 3 日通告读者："经过 8 天的巷战，公社在星期天失败了。社会主义大潮的第二个巨浪在资产阶级的墙壁上撞得粉碎。"接下来，编辑部作出对无产阶级的阶级斗争进一步发展的前景来说具有重要意义的论断："然而，比这次被撞碎的巨浪更迅猛的新的狂风巨浪正滚滚而来，也许还会被击退一次。但是，没有任何神，没有任何人能在腐朽的地基上制止腐化堕落。"《人民国家报》以工人阶级确信自己最终能够获得胜利的乐观主义精神反驳了所有那些参与野蛮镇压巴黎工人起义的人——凡尔赛军队、普鲁士德国军国主义者和其他国家的反动政府："欢呼吧，你们这些'胜利者'！你们能够如此长久地抑制住内心的恐惧！在哀悼牺牲的阶级兄弟的时候，我们也要欢呼！因为这次斗争向我们表明，从 1848 年以来我们变得多么强大，我们能够预计到你们再也无法战胜我们的时间。"①

当然，在当时——1871 年的春天——还处于起步阶段的德国工人运动的力量还不足以阻止柏林的政治家和军事将领积极地参与镇压巴黎工人的起义。然而，德国工人阶级最进步的力量对无产阶级要求自己决定自己的命运并开始将他们的世界历史使命付诸实施的第一次尝试采取了捍卫的立场，这个事实树立了一些明显的标志，这些标志不仅为同时代的人所理解，而且对工人运动的发展也产生了决定性的影响。1871 年 5 月 30 日，也就是在巴黎的最后一个街垒被攻陷，凡尔赛暴兵在巴

---

① 1871 年 6 月 3 日《人民国家报》。

黎大街上疯狂追杀公社社员之后的两天，马克思就已指出巴黎事件的历史意义，他向总委员会委员表明："工人的巴黎及其公社将永远作为新社会的光辉先驱受人敬仰，它的英烈们已永远铭记在工人阶级的伟大心坎里。"①

在以后的几年里，当社会民主工党忽略了从这个第一次无产阶级革命中吸取理论结论来制订自己的战略和策略时，马克思和恩格斯并没有因为它在捍卫巴黎公社时有过贡献而不对它提出批评。这方面的一个突出的例子就是马克思和恩格斯对1875年哥达妥协纲领草案的几点意见，哥达纲领草案主要是在国家问题上没有重视从巴黎公社中获得的理论认识。② 然而，尽管这个在对巴黎公社的经验进行理论加工方面存在的确实不能低估的欠缺在事实上给掌握马克思主义的过程增加了困难，但是，除了为反对反社会党人非常法所开展的斗争之外，捍卫巴黎公社的斗争首先应视为革命的德国社会民主党所经受的重大历史考验之一。（续完）

[原载《马克思恩格斯年鉴》（柏林）第11卷]

（汪继兵 译 单志澄 校）

---

① 《马克思恩格斯全集》第1版第17卷第384页。
② 参看《马克思恩格斯全集》第1版第19卷第30—35页。

路·库格曼——马克思在第一国际时期（1864—1874）的朋友和战友*

〔苏〕Т.Л.阿尔帖米耶娃

1830年2月19日，路德维希·库格曼生于威斯特伐利亚的奥斯纳布吕克附近。早先他爱好医学，但父亲断然反对，坚持要儿子献身于农业，因此把他送进文科中学。只是在父亲去世后，库格曼才进了哥丁根大学医学系。

在哥丁根，约·米凯尔——当时是马克思的拥护者，后来当了普鲁士的大臣——吸收库格曼加入了学生团体"诺尔曼尼亚"。据库格曼的女儿说，库格曼是从米凯尔那里得到马克思在伦敦的地址的。库格曼给马克思写了信，得到了回信，从此就建立通讯联系，持续多年。

1848年夏，库格曼在杜塞尔多夫担任人民俱乐部管理委员会委员。①

库格曼在青年时代有一位密友阿伯拉罕·雅科比。他们两人一同在哥丁根大学学习，后来转入波恩大学念书。在波恩，他们同加尔曼一起于1850年6月成立体操联合会。1848—1849年革命失败后，体操联合

---

* 本文选自《马列著作编译资料》1981年第17辑。
① 1848年6月7日《新莱茵报》第7号附刊第1版；1868年7月9日库格曼给马克思的信。

会在德国政治生活中起了很大作用，其中聚集了不少具有革命倾向的人。体操联合会会员起初有一半是学生，后来主要是工人。它的固定会员有三四十人，当时也算是一个大的政治组织了。联合会是公开活动的，但与马克思、恩格斯及其拥护者们在革命失败后改组的共产主义者同盟有联系。看来，在成立体操联合会时，阿·雅科比是以共产主义者同盟盟员和代表的身份进行活动的。

波恩的体操联合会受共产主义者同盟科隆支部的直接领导。联合会的积极分子阿·雅科比同自1850年9月底起就设在科隆的同盟中央委员会保持直接联系。他经常到科隆去和同盟的领导人罗兰特·丹尼尔斯、亨·毕尔格尔斯、海·贝克尔等人会晤。这时库格曼是体操联合会领导人之一，他本人大概没有参加共产主义者同盟，但在学生时代同这个组织很接近，与同盟的领导人——同盟中央委员会书记毕尔格尔斯和著名诗人斐·弗莱里格拉特很要好。弗莱里格拉特在1850—1851年也是同盟中央委员会委员。①

库格曼在革命年代就开始收藏图书，其中包括马克思和恩格斯的著作。1867年4月24日马克思写信给恩格斯说，库格曼"所收集的我们的著作，比我们两人的加在一起还要完备得多。在这里我又看到了《神圣家族》，他送了我一本，还将寄给你一本"②。

因此，库格曼还在学生时代就对极有革命倾向性的书籍表现出极大的兴趣。他阅读马克思、恩格斯及其战友们的著作，阅读革命小册子和传单。

---

① 见B.克雷洛夫：《斐迪南·弗莱里格拉特》，载于〔苏〕康捷尔编：《马克思恩格斯和第一批无产阶级革命家》，杨静远等译，三联书店1963年版，第386页。
② 《马克思恩格斯全集》第1版第31卷第293页。

雅科比和库格曼在体操联合会中一面从事理论工作,一面还组织有关现实政治问题的讨论。在联合会中,人们可以在共产主义者同盟的理论和政治机关报——《新莱茵报。政治经济评论》上读到马克思和恩格斯的文章。

1851年5月,普鲁士警察当局逮捕了共产主义者同盟科隆中央委员会的领导人,其中包括阿·雅科比。法庭侦讯持续了一年半,1852年10月4日至11月12日开庭审判,最后以叛国罪名判处共产主义者同盟科隆中央委员会主席勒泽尔、中央委员会书记毕尔格尔斯、同盟特使诺特荣克各六年徒刑,同盟盟员赖夫、奥托、海·贝克尔各五年徒刑,列斯纳三年徒刑;丹尼尔斯、克莱因、阿·雅科比和埃尔哈特宣告无罪。①

1851年5月,库格曼在去杜塞尔多夫的途中被捕。他提出抗议,得到的回答是给他看了一张黑名单,上面就有他的名字,并且对他说:"告诉你吧,年轻人,我们早就了解你了,不需要你的名片了。"② 第二天,库格曼作为囚犯被剃光了头,到了晚上,突然告诉他,长官到大学和他的女房东那里调查了一下,反映不错,因此可以释放,但有一个条件,就是不准同马克思通信。③

大学毕业后,库格曼先是来到柏林,不久移居汉诺威,在那里结了婚。他在汉诺威只从事医务工作,但一直对科隆案件中受苦受难的共产党人——自己同志的命运表示极大关注。在50年代德国政治反动的条件下他没有放弃自己的革命信念,一如既往地是马克思及其思想的忠实

---

① 《马克思恩格斯全集》第1版第21卷第260页。
② 弗·库格曼:《回忆路德维希·库格曼》德文版第15页。
③ 弗·库格曼:《回忆路德维希·库格曼》德文版第18页。

追随者。在他的图书中就保存有马克思的著作《揭露科隆共产党人案件》的1853年波士顿版本，而当时这本书几乎是无法在德国传播的（在巴塞尔印刷的小册子在运往德国途中就被没收了，国内只是传进了几本波士顿的版本）。

我们没有掌握有关库格曼以后十年政治活动的材料。这十年他大概是全神贯注于医务工作和物质操劳了；但是从他后来同马克思的通信中可以看出，他当时在一个小城市中生活，仅限于同资产阶级人物打交道，这对他来说是一种沉重负担；他甚至打算到伦敦去。然而即使在这些年，库格曼还是忠于自己的信念，继续阅读社会主义书籍，首先是马克思的著作。下面的事实可以证明这一点：1862年底，库格曼决定同马克思恢复通信联系。他没有直接写信给马克思，而是写信给住在伦敦的弗莱里格拉特。他在信中写道，马克思的德国朋友和学生十分关心他的著作《政治经济学批判》何时继续出版，他希望催促马克思继续出版这一著作，并把结果告诉他。库格曼之所以通过弗莱里格拉特转告马克思，首先，显然是因为害怕再对他进行政治迫害；其次，有可能是：他以前同马克思没有见过面，只是通信结识的，因此他不好意思马上给马克思写信。从后来马克思和库格曼之间的全部通信可以看出，他们两人，特别是库格曼，经常担心信件会被普鲁士警察查获。值得注意的是：对马克思1862年12月28日的来信，库格曼到1863年3月18日才答复，之后，直到1865年2月19日才给马克思写信。他们之间的信件至少在头几年是通过第三者转交的；库格曼在给弗莱里格拉特的第一封信中，就请马克思把复信交给伦敦一位商人转寄给他。在1866年4月15日给马克思的一封信中，库格曼谈到了他在"伦敦西蒂区的联系人"，并谈到之所以迟迟未复，是因为"这位先生当时在法国"。

马克思和库格曼之间的通信持续到1874年8月10日。在此期间马克思写给库格曼 59 封信。这些信件是研究马克思主义的历史和理论的珍贵资料。

＊　　　＊　　　＊

在马克思和库格曼的通信中，占有很重要地位的是关于马克思的经济理论问题。在 1862 年 12 月 28 日的信中，马克思详细谈到自己的未来经济著作的结构，它迟迟未曾完成的原因，它的出版计划以及打算到德国去看校样；他还写道，等《资本论》德文版发表后，他打算在巴黎出法文版。马克思对德国作家们对他的著作保持沉默很有意见，抱怨德国党内的朋友对他的《政治经济学批判》一书"不愿意稍微费点力气在他们可以利用的杂志上发表一篇书评，或者哪怕是内容简介"，"如果这就是党的策略，那么坦白地说，这个秘密我是理解不透的"。①

库格曼对马克思的著作《资本论》第一卷表现出极大的兴趣，不止一次地表示深信这一著作将构成整整的一代。他正确地理解到这部著作的极重要的科学意义和政治意义，在通信中经常强调指出，马克思应把这一工作进行到底，这是他的历史使命。库格曼还就《资本论》的出版问题给德国出版者（迈斯纳，敦克尔）写信，并建议马克思到德国来时去找他。

马克思则经常把《资本论》写作的进展情况告诉库格曼。他在 1866 年 10 月 13 日的信中谈到了改变这部著作的结构的计划。马克思写道，由于生病和日常生活琐事，工作老是被打断，因此只好先出版第一卷，而不是像他起初设想的那样两卷一起出版；整个著作总计有三卷，分为以下四部分：(1) 资本的生产过程；(2) 资本的流通过程；(3) 总过

---

① 《马克思恩格斯全集》第 1 版第 30 卷第 638 页。

程的各种形式；（4）理论史。

《资本论》第一卷完成后，马克思把手稿送到德国，他觉得亲自同出版者交涉，事情要好办一些。

1867年4月中至5月中，马克思住在汉诺威库格曼家里，审阅《资本论》第一卷校样。他在库格曼家里受到极其热情的接待，从当时马克思给恩格斯的信中，可以看出库格曼对马克思的态度十分诚挚热忱。诚然，马克思当时已觉察到库格曼在性格上有某些缺点，这些缺点后来愈益明显。1867年4月24日，马克思写信给恩格斯："库格曼是我们的学说和我们两人的狂热的（在我看来是过于威斯特伐里亚人式的热情洋溢的）崇拜者。有一次他的热忱使我感到厌烦，这种热情是同他当医生的冷静性格相矛盾的。但是**他能体贴人，极其正派**，不怕吃亏，肯作自我牺牲，而最重要的是，**有信念**。他有一个可爱的身材不高的妻子和一个逗人喜欢的八岁的女儿。"① 5月7日，马克思写道："库格曼医生和他的夫人对我的招待亲切极了。他们哪怕只是从我的眼神中看出我有什么希望，也都一一办到。他们真是太好了。"② 回到家后，马克思写信给库格曼本人表示谢意："我把在汉诺威的逗留看做是人生的荒漠中的一个最美好和最令人愉快的绿洲。"③

马克思认为库格曼当一个医生也是不错的。"库格曼在他的专业即妇科方面是一个杰出的医生。微耳以及其他的权威……都同他有通信联系。当这里在妇科方面碰到疑难的病例时，他总是被请去会诊。为了说明同行相嫉的现象和当地的愚蠢，他告诉我说，他起初在这里受到冷

---

① 《马克思恩格斯全集》第1版第31卷第293页。
② 《马克思恩格斯全集》第1版第31卷第301页。
③ 《马克思恩格斯全集》第1版第31卷第551页。

遇，即不允许他加入医师公会，理由是，'妇科'是一种'不道德的污秽行业'。库格曼也有很大的技术才能。他在自己的专业方面曾发明了很多新器械。"①

回到伦敦后，马克思继续把看校样的进展情况告诉库格曼；6月10日，他说已送走了第十四印张的校样。

马克思在汉诺威逗留期间，库格曼曾劝说马克思写一篇《资本论》第一版的附录，为广大读者就价值形式作一些补充解释。

7月13日，马克思写道：我的书总共约有50个印张。"你看，对于它的篇幅我是如何估计错了。两天前我已把**附录**寄到莱比锡去了，标题是：《价值形式，第一章附录》。**这个计划的倡导者**您是知道的；趁此机会，我为他的这个主意向他表示感谢。"②

还在1863年，库格曼就建议马克思在报刊上刊登关于《资本论》即将出版的消息。马克思在库格曼处逗留期间，从汉诺威"向各方面发出了信件，许多德国报纸也都刊登了预告"③。

在《资本论》问世以前，恩格斯向马克思提出了写一些书评的计划，以粉碎资产阶级科学界和新闻界必然保持沉默的阴谋，同时也可以保证书能很快销售出去。在这方面库格曼帮了很大的忙；由于他的联系，这本书得到了广泛传播，在民主派报刊和资产阶级报刊上也作了宣传。

《资本论》第一卷出版后，库格曼马上就对马克思的这本主要著作进行了认真仔细的研究。9月29日，他写道，两个星期前，当他从瑞

---

① 《马克思恩格斯全集》第1版第31卷第293页。
② 《马克思恩格斯全集》第1版第31卷第554页。
③ 《马克思恩格斯全集》第1版第31卷第300页。

士回来，发现他家里有了一卷《资本论》时，他是感到多么的高兴。10月8日他写道，他已经读到第三章。在这封信中，他建议马克思在德国报纸上组织刊登宣传《资本论》的文章。马克思支持这个计划，并请库格曼加快写出书评。起初马克思希望库格曼自己写几篇书评，但是库格曼未能像马克思所希望的那样迅速完成这一任务。对《资本论》的最初几篇书评是恩格斯写的。

库格曼把自己的全部精力用在《资本论》的宣传上。他同报纸发行人和其他一些人进行联系，商讨书评的发表问题。1867年10月，恩格斯给库格曼寄去两篇书评在德国报刊上发表。库格曼夫妇还亲自为恩格斯的书评誊抄，然后送交出版者。1867年10月30日，经过库格曼的一番努力，有一篇书评得以发表在资产阶级民主派报纸、人民党机关报《未来报》上。10月21日，库格曼把另一篇书评寄给资产阶级报纸《莱茵报》的编辑亨利希·毕尔格尔斯，但当时毕尔格尔斯还是一个自由派，他没有发表这篇书评。

1867年12月，恩格斯又给库格曼寄去两篇书评。12月27日，其中一篇发表在斯图加特《观察家报》上，另一篇发表在《维尔腾堡工商业报》上。此外，库格曼自己还写了一篇刊登在1867年11月10日汉诺威的《德意志人民报》上。

为了宣传《资本论》，库格曼订购了第一篇书评50份，分送给自己的友人，并请他们参加《资本论》的传播工作。他写信告诉马克思，他可以邀请两年前在自然科学家大会上结识的两位俄国同事撰写书评。1868年7月4日，库格曼又把恩格斯的第四篇书评送交《汉诺威信使报》发表。

与此同时，库格曼还继续注意报刊上发表的马克思和恩格斯的文章，他不止一次地向他们打听，某某文章是否是他们写的。例如，1868

年1月26日,他对1867年12月12日《未来报》上一篇没有署名的题为《剽窃者》的文章是否是马克思写的感兴趣,这篇文章揭露了拉萨尔分子霍夫施泰滕在1867年11月24日全德工人联合会大会上的发言,他在发言中几乎是逐字逐句地用了《资本论》中的个别段落,既歪曲著作的原意,又不指明出处和作者的名字;库格曼在信中写道,霍夫施泰滕认为文章的作者是威·李卜克内西。在得到了肯定答复,并且说明马克思写这篇文章是"故意写得粗糙,甚至有点粗鲁,好让霍夫施泰滕……猜不着来源"①后,库格曼于2月4日自豪地写信给马克思说,看了《神圣家族》或《福格特先生》,就可以马上知道作者是谁了。

马克思高度评价了库格曼在宣传和传播《资本论》方面所给予的帮助。1868年10月12日,他写信给库格曼说:"撇开您对我个人的帮助不算,您为我的书所做的事比整个德国加在一起都要多。"②

*　　*　　*

除了在普及和宣传《资本论》方面给予马克思以帮助外,库格曼还在信中向马克思详细报告了德国的政治事件。马克思对此很感兴趣。早在1862年12月28日的第一封信中,马克思就写道:"您若有便写信告诉我一些祖国的现状,那我一定很高兴。看来,我们正迎向一次革命,我从1850年起对此从来没有怀疑过。第一幕将是绝对不令人愉快地重演1847—1849年间的那些蠢事。但是世界历史的进程就是这样,它是怎么样,就得怎么样。"③库格曼积极响应了马克思的要求。他在

---

① 《马克思恩格斯全集》第1版第32卷第522页。
② 《马克思恩格斯全集》第1版第32卷第554页。
③ 《马克思恩格斯全集》第1版第30卷第638页。

一系列信中介绍了德国各资产阶级政党的情况以及它们对劳动人民的背叛作用,并强调指出,德国资产阶级没有利用普鲁士的吞并意图来鼓动人民武装起来;他说,根据自己的观察可以得出这样的结论:资产阶级政党表现得十分优柔寡断,它们一再表示不愿意革命。

对库格曼提出的许多问题,马克思在回信中都作了说明。

普奥战争爆发时,库格曼苦恼地指出,除了少数官吏、军官等外,整个北德意志都是亲俾斯麦的。他写道,德国的无产阶级还没有组织起来,但要走的道路是明白的,无产阶级将缓慢地然而是正确地向前迈进。可是在战争结束后,1866年10月23日,库格曼告诉马克思:"这里的局势十分不妙。庸夫俗子们一部分赞成割据,一部分赞成吞并,而大多数人则漠不关心,他们不懂得,战胜奥地利以及战胜他们……所欢迎的联盟的胜利者,是代表着对自由和议会统治形式的胜利。只有《十字报》派按照一定的纲领行事,各色各样的哥达派代表则同俾斯麦联合行动。"马克思劝库格曼不要过于悲观,告诉他:"我认为欧洲的国际局势完全是暂时的。至于专门谈到德国,那我们必须从实际情况出发,也就是说,必须通过一种符合于改变了的环境的办法来利用革命热情。"①

库格曼还经常把有关德国工人运动——有关罢工、有关柏林工人联合会的活动情况等告诉马克思。

1868年8月2日,库格曼对马克思讲述了汉诺威纺织厂大罢工的情况,并问能否在伦敦组织对罢工工人的物质支援。马克思没有能实现库格曼的这个要求。他"到处奔走"②,然而当时要在英国工联中弄到钱

---

① 《马克思恩格斯全集》第1版第31卷第523页。
② 《马克思恩格斯全集》第1版第32卷第544页。

来支援国外的罢工,那是不可能的。

1867至1868年间,马克思和库格曼在通信中经常谈到约瑟夫·狄慈根。1867年12月7日,马克思把德国自修哲学的制革工人约瑟夫·狄慈根的一封来信寄给库格曼。狄慈根在信中说,他从青年时代起就阅读马克思的著作,他读了刚出版的《资本论》第一卷后感到特别高兴。狄慈根在信中还叙述了自己的哲学观点,得到了马克思的高度评价。过了一年,1868年12月7日,库格曼告诉马克思,他已结识了狄慈根,狄慈根是在春天从彼得堡来到他家做客的,狄慈根向他讲述了自己的生平。库格曼把狄慈根讲述的内容转告给了马克思,这个内容对于研究狄慈根的生平很有帮助,因为这是狄慈根的自述。狄慈根出身于比较富裕的家庭,他父亲自己有一个制革场,他受过四年教育,而制革业是跟父亲学的;他起先到了美国,在国内战争期间他损失了几千塔勒,之后回到德国。他研究了新的制革方法,后来到了彼得堡,他在彼得堡加入了制革协会。他在彼得堡以及从前在齐格堡的工作条件使他有足够的空闲时间进行阅读。

马克思在1868年12月12日复信给库格曼说:"狄慈根的相片也一并奉还。他的传记不完全像我所想象的那样。但我总是听到一些风言风语,说他'和埃卡留斯那样的工人不一样'。的确,他为自己制定那样的哲学观点需要一定的宁静和空闲时间,而这不是一个每天做工的工人所能具有的。"①

由于结识了马克思并研究了他的著作,库格曼又重新在实际上参加了工人运动。

库格曼作为第一国际会员所从事的活动在他的一生中占有特殊的地

---

① 《马克思恩格斯全集》第1版第570—571页。

位。这个无产阶级国际组织一成立,马克思就立即给他寄了几份《国际工人协会成立宣言》,指出成立这一组织的重要意义,并请他把宣言转送给德国的一些人。

1865年2月23日,马克思告诉库格曼:国际协会在伦敦、巴黎、比利时、瑞士、意大利取得了出乎意外的成就,同时告诉他一个加入国际的办法:"由于每一个花一先令取得会员证的人都能成为协会会员……我现在决定要求我在这里的和在德国的朋友们成立小团体,不管每个地方的成员有多少,这种团体的每个成员都将得到一个英国会员证……我非常希望您以及和您最亲近的人用这种办法和伦敦建立联系。"①

库格曼在回信中要求领取两张会员证,一张给自己,一张给汉堡的一个朋友泰·亨·门克,并且给国际工人协会交纳了会费。他在信中写道,他生活在一个小城市,在自己的狭隘职业——医疗实践方面花了不少精力,到目前为止只是偶尔学一点马克思和恩格斯的著作,因为这些著作他身边就有;但是,他脱离实际斗争,不知道该怎样参加党的工作。考虑到库格曼的这种心情以及他重新参加革命活动的愿望,马克思开始积极地吸引他参加党的生活。

从此以后,马克思经常把国际工人协会的内部事务告诉库格曼。他给库格曼寄去国际在各国出版的刊物,并且告诉他,不久日内瓦就要出版瑞士国际德国人支部的杂志《先驱》。库格曼订阅了这个杂志以及总委员会在伦敦出版的《工人辩护士报》和《共和国》报。他在一封信中要求马克思把住在巴黎的国际会员的住址告诉他,好让到巴黎去的门

---

① 《马克思恩格斯全集》第1版第31卷第459页。

克同他们取得联系。① 1866 年 8 月，马克思把即将举行的国际日内瓦代表大会的议程告诉他，并且说，他虽然花很多时间筹备日内瓦代表大会，但是他不会去日内瓦，他不能去，也不想去，因为他认为，他的著作《资本论》所能提供的东西比他个人参加任何代表大会所能做的工作都更重要。②

1867 年 2 月，库格曼又写信询问国际的情况，马克思复信答应把当时在一家伦敦报纸上连续发表的日内瓦代表大会的正式报道寄给他。

1867 年 8 月 17 日，库格曼休假来到瑞士，在瑞士他作为汉诺威的代表参加了 9 月 2—8 日在洛桑举行的第一国际代表大会。

在 9 月 3 日的会议上，成立了各议程问题委员会。从代表大会的记录簿上，我们从第二项议程的九人委员会名单中看到了库格曼的名字；这项议程是国际总委员会提出的，不过总委员会确定的这项议程的提法是：《关于工人信贷》。代表大会作了补充，最后确定为：《信贷和人民银行。硬币和钱币。互助保险。工人团体》。可惜，委员会各次会议的记录没有被保存下来。

在委员会会议上，马克思的支持者和蒲鲁东分子之间发生过斗争。国际的总书记埃卡留斯在委员会里贯彻执行了国际总委员会的路线，他代表委员会就这个问题在代表大会上发了言；代表大会通过了埃卡留斯提出的决议案。库格曼在委员会工作期间也是支持总委员会的路线的。

在 9 月 6 日代表大会第九次会议关于下一次代表大会开会地点的提案上签名的五人中，就有库格曼的名字。库格曼出席了代表大会除第十次会议外的所有各次会议。

---

① 参看《马克思恩格斯全集》第 1 版第 31 卷第 517—518 页。
② 《马克思恩格斯全集》第 1 版第 31 卷第 523 页。

库格曼从洛桑来到了日内瓦。9月5日,在日内瓦举行了国际和平和自由同盟成立大会。库格曼是以个人身份参加同盟成立大会的几个国际会员之一,他积极参与了马克思的拥护者(约·菲·贝克尔、埃卡留斯等人)和卡尔·福格特①(50—60年代造谣中伤过一些无产阶级革命家和马克思本人)的拥护者之间在选举代表大会副主席问题上的斗争。9月29日,库格曼写信给马克思谈了自己参加这次代表大会的情况:"我对于这次日内瓦之行感到满意,因为在日内瓦这个狮子窝里(卡·福格特当时住在日内瓦——作者注),我为您报了仇:在选举代表大会的五名德国副主席时,福格特也被提名了。我表示反对,我说:这个人被指控为拿破仑雇佣的工具,在他对这一指控没有申辩清楚之前,不应在这里提他的名字。尽管各方面有人为他竭力辩护,我们还是取得了辉煌的胜利。选出了四位马克思主义者和路德维希·毕希纳。第二天早晨,来了几个小伙子,福格特的信徒,企图推翻昨天的决议,结果是白费力气,又是我们的人取胜……"由此我们可以看到,在非无产阶级性质的代表大会上,库格曼是以无产阶级代表的面貌出现的,他十分巧妙并有成效地利用时机来同马克思的敌人作斗争。

10月11日,马克思写信给库格曼说:"我认为您在日内瓦为反对福格特而使用的策略非常成功。"② 马克思还写信把这件事告诉了恩格斯,并且谈到事件的进一步发展:"你在附上的库格曼的信中会发现有关福格特的某些事情。在库格曼离开而那一伙党徒以为他们也摆脱了波

---

① 马克思根据福格特的许多口头和书面发言得出结论:福格特是波拿巴的代理人,并在《福格特先生》一文中谈到了这一点。马克思的这一结论完全为后来所公布的拿破仑第三的档案文件所证实。

② 《马克思恩格斯全集》第1版第31卷第562页。

克罕以后，举行了最后一次的德国人会议，波克罕在会上突然出现并且目睹了下面这件事。戈克先生递给副主席毕希纳一张条子，其中宣布关于福格特的波拿巴主义等的传说是虚构的，并且对这个据说他已经认识20年的人作道德证明。他要求毕希纳在这张纸上**签字**，就是说，**证明**纸条的内容已经告诉了他。毕希纳自然照办了。这时，小博伊斯特便跳出来，递上一项书面声明说，戈克说的只是他个人的意见，而在瑞士没有一个人赞成他的这个意见等；他也要求毕希纳签字证明他的**抗议**，后者也照办了。福格特的花招就这样破产了。这个家伙堕落到了怎样的地步！"①

1869年9月，马克思带领大女儿燕妮再次到库格曼家中作客。从此以后，他们之间的关系更密切了，彼此写信都称"你"了。

库格曼没有直接参加工人运动，但他密切注视着工人运动的发展，给它以自己的评价。1869年12月29日，他谈到最近一次在维也纳举行的工人大规模游行示威时说："在**有组织的无产阶级**面前，所有这些侏儒就像阳光下的雪花那样消失了。"在这些年代里，从《先驱》杂志登载的报道中可以看到，他在物质上支援了日内瓦和巴塞尔的几次大罢工。

库格曼是德国第一个从马克思那里获悉巴枯宁在第一国际搞分裂活动的人。

1870年3月28日，马克思把一份供社会民主工党领导用的《机密通知》寄给库格曼，这是马克思作为德国通讯书记受总委员会的委托写的。

马克思请库格曼阅后把文件转交给白拉克及其同事们，并且要"再

---

① 《马克思恩格斯全集》第1版第31卷第357—358页。

一次提醒他,这个通知是机密的,不打算公开发表"。《机密通知》叙述了巴枯宁直到最近在国际内部进行分裂活动的历史。这个文件还包括1870年1月1日总委员会给日内瓦瑞士罗曼语区联合会委员会的通告信全文。库格曼亲自将文件交给了白拉克。

后来,每当国际的重要文件一发表,马克思就立刻把它们寄给库格曼(总委员会关于普法战争的两篇宣言、《法兰西内战》《所谓国际内部的分裂》《社会主义民主同盟》)。可以认为,这些文件并不是单纯为了库格曼个人使用的,马克思也希望这些文件能在德国社会民主党内传播,也许可以在德国报刊上发表。

从60年代末开始,马克思和库格曼之间的通信主要是谈论法国的政治形势。这时法国的革命危机成熟了,各居民阶层反对第二帝国制度的情绪有所增长,出现了大量反对派的和社会主义的文艺作品。1869年3月3日,马克思写信给库格曼道:"在法国,一个非常有趣的运动正在进行着。巴黎人为了准备去从事即将到来的新的革命斗争,又在细心研究他们不久前的革命历史经验了……这样一来,整个历史的魔女之锅就沸腾起来了。什么时候**我们那里**也会这样呢!"①

列宁在《马克思致库格曼书信集俄译本序言》中谈到了马克思的革命政策,指出:"马克思就是在那些仿佛最平静的、如他所形容的'富有田园风味的'时期,或如《新时代》杂志编者所说的'极沉闷的'时期,也能觉察到革命将临的气息,而使无产阶级**觉悟到**他们所负的先进的革命任务。"②

1869年11月29日,马克思又谈到了这个问题,指出:"在法国,

---

① 《马克思恩格斯全集》第1版第32卷第584—585页。
② 《列宁选集》第1版第1卷第687页。

事情进行得还好。一方面，各种流派的过时的蛊惑家和民主空谈家都在丢丑，另一方面，波拿巴被迫走上让步的道路，在这条路上他必然要招致灭亡。"①

库格曼的复信同样表现出对法国第二帝国制度的仇恨。他曾经就法国举行的全民投票②高兴地写信给马克思说："波拿巴及其同谋者在全民投票中撕破了肚皮。在这种统治方式下，我没有料到在塞纳议会中会有如此毁灭性的结果。"

对于普法战争，库格曼表现出了很大的兴趣；从他的信中可以看出，他对许多重大现象都有正确的评价，在许多场合能正确地预见到事件的进程。例如，1870年7月18日，即正式宣战前一天，他提出这样的看法：战争并不是不可能的，根据是：波拿巴和俾斯麦在皮阿里茨会晤时举行了秘密谈判，内容只有他们两人知道，别人只能作一些猜测。库格曼说，看来，对波拿巴答应过领土上的让步；这次战争的代价就是：对一方来说是获得一个比利时，对另一方来说，就是南方各邦加入北德意志联邦，建立除奥地利外的统一德意志国家，威廉一世当德意志的皇帝。库格曼还强调指出，法国驻柏林大使贝内迪蒂1870年7月在爱姆斯疗养区同威廉一世进行会晤，这就使威廉一世有可能迅速而有效地进行挑拨离间活动。

马克思恩格斯高度评价了库格曼这封信的内容。1870年7月20日，马克思写信给恩格斯说："附上库格曼的信，它很能向你说明现时战争

---

① 《马克思恩格斯全集》第1版第32卷第626页。

② 1870年5月8日，第二帝国政府在法国举行全民投票，用全民表决的办法要法国人民回答一个问题：是否赞成第二帝国的政治制度。为了配合准备全民投票，从1870年4月底起，全国开始逮捕社会主义者。全民投票结果，有350万左右的公民实际上反对帝国。

的政治秘密。"① 恩格斯在7月22日复信说："库格曼真是妙极啦！看来，他的学校教育没有白受。假设完全具有原告的精神，而且把一切都说清楚了。"②

8月7日，库格曼表示希望：在波拿巴垮台后，法国人民将不会让沙文主义的浪潮把自己吞没，也不会给行将灭亡的帝国以新的力量。他公正地指出了德国统一的意义，但对于波拿巴法国被打垮后战争的新阶段，却做了错误的评述。他向马克思详尽地讲述了许多事实来证明战争在德国是深受欢迎的，他谈论这些时在一定程度上受到了沙文主义情绪的影响。他不了解，从德国方面来说，战争性质已有改变，而他仍然把战争看作是符合民族利益的民族战争。他看了《国际协会总委员会关于普法战争的第一篇宣言》后，对其中谈到德国人只应局限于防御，不应对法国人发动进攻表示怀疑。库格曼认为，法国人民未能阻止它的政府发动战争，对此应负责任。

由此可见，库格曼当时还不理解国际工人运动中实现国际主义团结的任务。

马克思在1870年8月17日给恩格斯的信中尖锐地批评了这一观点："库格曼把防御性的战争和防御性的军事行动混为一谈。"③ 他接着写道，这就是说，如果有一个家伙在街上打我，我只能挡开他的拳头，而不能把他打倒，因为我如果这样做，就会变成一个进攻者。马克思指出这种说法缺少辩证法。

马克思因忙于国际事务，到1870年12月13日才写回信，信中极

---

① 《马克思恩格斯全集》第1版第33卷第5页。
② 《马克思恩格斯全集》第1版第33卷第8页。
③ 《马克思恩格斯全集》第1版第33卷第46页。

力解释德国资产者进行掠夺的原因:"德国的资产者长期以来驯服地承受着他们的国君们、特别是霍亨索伦王朝的脚踢,如果变换一下位子,把这种脚踢加之于外国人,那么,德国的资产者必然会感到心满意足的。"① 马克思给库格曼指出了法国人反对敌人入侵而进行人民战争的可能性和必要性。

库格曼的信尽管在议论上有一些错误,但在战争期间却给马克思提供了有关德国情况和德国社会民主党内情绪的重要消息来源;马克思经常把这些信转给恩格斯看。对这些信的分析有助于马克思和恩格斯制定无产阶级对待战争的策略。例如,恩格斯在读了上述库格曼的信后,草拟了德国无产阶级的行动计划;1870年8月15日他给马克思写道:

我认为我们的人可以:

(1) 参加民族运动,——这种运动强大到什么程度,你从库格曼的信中可以看到,——只要这一运动是保卫德国的……

(2) 同时强调德国民族利益和普鲁士王朝利益之间的区别;

(3) 反对并吞亚尔萨斯和洛林的一切企图——俾斯麦现在暗示,他打算把这两个地方并入巴伐利亚和巴登;

(4) 一等到巴黎由一个共和主义的、非沙文主义的政府掌握政权,就力争同它光荣媾和;

(5) 不断强调德国工人利益和法国工人利益的一致性,他们过去不赞成战争,现在也不互相交战;

(6) 至于**俄国**,就像国际的宣言中所说的那样。②

---

① 《马克思恩格斯全集》第1版第33卷第167页。
② 《马克思恩格斯全集》第1版第33卷第42—43页。

恩格斯的这些思想被马克思在《国际协会总委员会关于普法战争的第二篇宣言》中利用过。

当时马克思工作十分繁忙，不可能经常给库格曼写信。1870年9月14日，他把《第二篇宣言》寄给了库格曼。

看来，在这篇宣言和其他一些文件，其中包括9月5日德国社会民主工党不伦瑞克委员会宣言（宣言收进了马克思和恩格斯在1870年8月22日和30日之间给这个委员会的信）的影响下，库格曼当时已经大体上纠正了自己的错误立场。在1870年10月13日给马克思的信中，他对德国以武力进行征服的意图已有完全不同的看法，谈到了企图奴役法国的"狂妄性"；他说，谁也不去考虑最终的结果是什么，人们未必会想到，打垮一支军队是办得到的，但要长期征服一个伟大的民族却是做不到的。从信中可以看出，库格曼认为像国际总委员会的两篇宣言以及不伦瑞克宣言那样的文件具有十分重要的意义，他称这些文件的发表为"当代唯一的大事"。他要求马克思把国际工人协会关于战争的第一篇宣言寄给他，并且对他详细谈谈当时的形势。

1870年底至1871年初，库格曼不止一次地写信给马克思，把德国国内的情况告诉他，并且寄去德文报纸和小册子。2月6日，库格曼在信中写道，德国资产阶级希望巴黎的陷落就意味着战争的结束，统治阶级对于独立决定自己事务的人民根本不了解；库格曼尖锐地批评了普鲁士国家，称它为军国主义国家。

马克思和库格曼在1871年4月间的通信对于理解马克思对待巴黎公社的策略具有极其重大的意义。

1871年4月5日，库格曼在给马克思的信中把公社同1849年6月13日小资产阶级的示威游行相提并论，并且说，由于法国无产阶级在组织上还很软弱，起义终将失败，而失败就会导致整个大陆的反动。

对此，马克思于1871年4月12日和17日给库格曼写了两封著名的回信。

库格曼收到这两封信后，重新考虑了自己对公社的态度。过了几天，即1871年4月27日，他向马克思解释了自己犯错误的原因：主要是利用了法国资产阶级报纸的不正确的报道，他请求马克思："如果不需要作出重大牺牲的话，那就请你经常给我来信，让我得到更多的消息，让我比现在更好地了解过程的**内容**。"①

公社失败后，马克思把自己的文章《法兰西内战》寄给了库格曼；马克思在这篇文章中发展了关于阶级斗争、国家、无产阶级革命和无产阶级专政的基本原理。大概是由于受了《法兰西内战》的影响，库格曼于1871年7月写信给马克思说，事件的进程充分证明了马克思在4月17日信中所提论断的正确性：公社失败的原因不应该到法国社会的一般条件中去寻找。

从1872年春季起，马克思把许多时间用在国际海牙代表大会的准备工作上。马克思准备亲自出席这次大会，并且要求库格曼也到那里去。1872年7月29日，他写信给库格曼："这次国际代表大会（9月2日在海牙开幕）将关系到国际的存亡……因此，德国必须尽可能多派代表……请你写信给赫普纳，说我请他替你弄一张代表资格证。"② 后来库格曼得到了代表资格证。③

库格曼继续不断地向马克思报告德国的情况。1872年8月11日，

---

① 《巴黎公社时期的第一国际。文件和资料》1941年莫斯科版第198—199页。
② 《马克思恩格斯全集》第1版第33卷第503—504页。
③ 见1872年8月11日库格曼给马克思的信。

他给马克思寄去《汉诺威信使》报上两篇诬蔑国际的文章,题目是:"对国际的新揭露。"库格曼对文章评论道:"资产阶级报刊的实质就是如此……表面上轻率,灵魂深处是叛卖。"

在代表大会上,库格曼并没有积极进行活动,但从代表大会的记录可以看出,他参加了各项问题的表决,并且在所有问题,其中包括总委员会的权力、无产阶级的政治行动等重大问题上,他都是站在马克思一边参加表决的。看来,在代表大会开会时,马克思和库格曼是坐在一起的,因为在表决名单上,他们的名字总是挨着——马克思、库格曼。

科学共产主义的代表和无政府主义者在海牙代表大会上进行了决战,马克思、恩格斯及其战友们多年来反对形形色色的小资产阶级宗派主义的斗争在海牙大会上达到了高潮;库格曼参加这次大会,再一次表明了他作为一个国际会员所应起的作用。

代表大会后马克思虽然长时间没有给库格曼写信(原因之一是马克思的健康状况不佳),但他们之间的联系并没有中断。

(原载《马克思主义和国际工人运动史论丛》1964年莫斯科版)

(吴惕安 节译)

马克思和威廉·艾希霍夫[*]

〔苏〕И. П. 奥索勃娃

威廉·艾希霍夫是无产阶级运动的第一批活动家之一，马克思的学生和战友，曾在国际柏林支部担任领导工作，积极在德国工人阶级中宣传科学共产主义思想，并在扩大国际的影响方面起了重要作用。他从一个小警官成为国际工人协会总委员会在柏林的代表，从小资产阶级激进派成为为争取工人阶级解放事业而不倦斗争的自觉战士，是经历了一条复杂道路的。他虽然常常不得不经受极端贫困、警察的迫害和朋友们的不信任，但始终没有背叛自己的信仰。艾希霍夫的观点是在马克思和恩格斯影响下形成的，并同他们毕生保持着革命的友谊。

艾希霍夫1833年生于一个相当富裕的家庭。他大学毕业后取得法学博士学位，并在柏林当了一名小警官。当时，普鲁士警察当局是容克地主的最反动的支柱，艾希霍夫虽然跻身于这个藏污纳垢的地方，却是一个少有的出污泥而不染的人。

1859年下半年，小资产阶级民主派团体出版的伦敦周报《海尔曼》

---

[*] 本文选自《马列主义研究资料》1985年第1辑。

原题注：本文是根据 И. П. 奥索勃娃《艾希霍夫——第一部第一国际史的作者》编译的，作了一些删节。作者是苏共中央马列主义研究院的研究人员。——译者注匿名发表了许多篇柏林通讯，曾轰动一时。这些文章的标题是《普鲁士十年营私舞弊的剪影》，从8月至11月几乎逐期连载，其作者就是威廉·艾希霍夫。

深知警察当局丑行内幕的艾希霍夫在文章中证实：柏林一个生意人在普鲁士首相曼托伊费尔的庇护下，玩弄秘密行贿的伎俩，企图免于公诉。《海尔曼》周报1859年第32期上阐述了这件事的性质，后又对普鲁士国家机构中盛行的弊端作了一连串的揭露，锋芒直指普鲁士警察制度及其代理人警察厅长施梯伯。

同年10月22日在该周报第42期上揭露了1852年普鲁士政府策划的科隆共产党案件中施梯伯扮演的不光彩角色。艾希霍夫根据上述材料和其他警方材料，就伪造《原本记录》一事，痛斥了施梯伯和所谓舍尔瓦尔的密谋的伪证。当时，艾希霍夫没有看到马克思的著作《揭露科隆共产党人案件》，不知道警探克列美尔化名舍尔瓦尔钻入党内的真相，所以他对这个案件的叙述尚不准确。

这些文章引起了马克思的关注。马克思看了这些文章的原稿，埋怨报纸的编辑尤赫把艾希霍夫专就科隆案件写的一些通讯作了大量删节，他在1859年12月13日致恩格斯的信中说："这些可恶的狗在《海尔曼》上把艾希霍夫揭露施梯伯的文章中一切有关我们的诉讼案的地方都删掉了，只是顺便提到'无足轻重的小党'。"① 同时，马克思在信中还指出艾希霍夫文章的局限性，因为在施梯伯指使下被免职的警官敦克尔为了报私仇，给艾希霍夫提供了许多有关材料，对于揭露施梯伯起了相当作用，因此艾希霍夫过高地评价了敦克尔的优点。尽管艾希霍夫有推动作用的文章尚有不足之处，但是文章的客观意义却超过了作者原来的

---

① 《马克思恩格斯全集》第1版第29卷第504页。

设想。

这些文章在德国产生了很大影响。1859年9月18日，德国的反动报纸《新普鲁士报》评论员写道："金克尔在伦敦出版的杂志《海尔曼》上几个星期连载的该刊一位柏林通讯员的文章，触及了此地警方的活动，其粗鲁程度超过了迄今发表的所有这类文章。"①

柏林警察局慌忙采取了对策。1859年10、11和12月，在普鲁士境内没收了《海尔曼》周报，以至柏林的订户几个月内都收不到报纸。施梯伯还挖空心思企图用行贿的办法，制止登载有损其声誉的材料，并指控作者犯有诽谤罪。施梯伯—艾希霍夫诉讼案定于1859年12月22日开庭审判。

马克思非常重视这一案件，他在1859年12月20日致恩格斯的信中强调说，在这一案件中，科隆共产党人案件"将第二次在柏林公开审理"②。1860年2月29日在致弗莱里格拉特的信中，马克思对即将开庭审理的案件的意义作了如下的评价："在这一案件中……所要作的'揭露'，会给过去的'同盟'盟员连**犯罪**的迹象都**洗刷掉**，并且还会**'揭露'普鲁士的警察制度**，这种制度由于'科隆案件'和科隆陪审员的可耻怯懦而确立下来之后，现在在普鲁士已经发展成为连资产者本身和奥尔斯瓦特内阁终于感到难以忍受的一种统治力量了。"③

马克思积极支持艾希霍夫的正义行动。1859年12月，他会见了《海尔曼》的编辑尤赫，把自己写的小册子《揭露科隆共产党人案件》交给尤赫，并请他立即转寄给艾希霍夫。接着，马克思建议：让参与制

---

① 威廉·艾希霍夫：《柏林警察剪影》1860年柏林版第9页。
② 《马克思恩格斯全集》第1版第29卷第507页。
③ 《马克思恩格斯全集》第1版第30卷第480页。

造共产主义者同盟假《原本记录》的希尔施来做被告的证人。马克思还通知同盟的一些前盟员，特别是弗莱里格拉特，必要时发表一些有关文件。他请书商A.佩齐寄给他载有报道这一案件的《政治家》报，经常让他了解案件的进展情况。在中级法院即将审理此案以前，马克思给德国寄去了详细指示，这些指示是经拉萨尔转交给艾希霍夫的辩护人列伐尔特的。

27岁的艾希霍夫在这一案件中表现出了大无畏的英勇气概。为了引起社会舆论的注意，他向汉堡的《改革报》寄去了详细的报告，1860年3月5日至5月31日报告被摘录发表。其他资产阶级报纸《评论家》《柏林司法报》《福斯报》等也报道了案件的进程。

正如马克思预料的那样，这一案件远远超过了通常的"诽谤"诉讼案的范围，揭露普鲁士警察在科隆共产党人案件中玩弄的阴谋诡计成了它的主要内容。艾希霍夫由被告变成了原告。这多半是由于艾希霍夫非常认真研究了马克思的《揭露科隆共产党人案件》一书。他在法庭的一次审讯中发表了如下声明："我仔细研究了科隆共产党人案件，因此，我不仅必须完全维持我最初对施梯伯的控告，控告他违背誓约，而且必须扩大对施梯伯的控告，即控告他在这一案件中的全部证词都是捏造的……对科隆被告们的判决，仅仅是根据施梯伯的证词作出的……施梯伯的全部证词彻头彻尾都是违背誓约的。"① 艾希霍夫按照马克思的建议，让希尔施作证，1860年5月8日后者出庭证实施梯伯怎样假造了科隆案件的主要文件之一《原本记录》。艾希霍夫不限于揭露施梯伯在案件中搞的卑鄙勾当，他还痛斥了普鲁士整个反动警察制度。他揭露

---

① 马克思在自己的著作《福格特先生》中引述了艾希霍夫的这个声明（《马克思恩格斯全集》第1版第14卷第449页）。

了警察当局用假造和伪证提出公诉的肮脏手段,指出陪审法庭的阶级性质:"陪审员中有资产阶级上层代表,城市贵族的代表,容克地主的代表,政府顾问,王室侍卫官和教授——总之,他们是敌视共产主义者的统治阶级的代表。"①

施梯伯—艾希霍夫诉讼案本来非常简单,而且罪证确凿,只要秉公办理,不难水落石出。但是,1860年5月16日顺从的法官们仍判施梯伯无罪,却认定艾希霍夫犯有诽谤罪和凌辱罪,判处他14个月监禁。警察当局为了掩人耳目,黜免了施梯伯警察厅长的职务,可以说艾希霍夫也达到了部分目的。施梯伯—艾希霍夫诉讼案审理了六个月,结局就是如此。

这个案件对艾希霍夫后来的生活是一个转折点。他痛恨普鲁士的警察制度,了解到消除德国现存的反动制度的必要性。他开始踏上了政治斗争的道路。在审理案件期间,他由于同马克思通信而相识,并阅读了马克思的著作,这就决定了他后来向工人运动的转变。

诉讼案的结局并未使艾希霍夫垂头丧气。他又执笔呈文,向高级法院上诉,同时撰写《柏林警察剪影》一书,详述了诉讼案的经过,猛烈地抨击了普鲁士的国家制度。艾希霍夫从这一案件的切身体验中了解到警察当局的专横暴戾,普鲁士警官的营私舞弊,认为普鲁士的政治显要人物直到亲王都是一钱不值的人。他的著作无情地揭发了"冷酷的普鲁士官僚"的整个制度。

该书分集出版,第一集写于1860年8月,9月4日在柏林出版。第一集出版后,艾希霍夫立即给拉萨尔寄去两本,请他转寄一本给住在伦敦的马克思。这本书并不具有巨著的优点,但是马克思对它的内容评价

---

① 参看《马克思恩格斯全集》第1版第8卷第462页。

很高。1860年9月15日,他在信中对恩格斯说:"第二编关于帕茨克①等人,不管他写得怎样不好,也还是使人笑得要死。此外,你可以看出柏林糟糕的法庭是怎么回事。柏林的下流报刊把自由派的全部非凡勇气都倾注在炮弹国王②身上,因而对它们的帕茨克、法庭和可鄙的摄政王连一点余勇都没有了。"③ 同一天,马克思又在信中对拉萨尔说:"在柏林出版了艾希霍夫博士的《警察剪影》。写得不好,但有些重要的事实。使人对柏林的自由主义的'警察局'和'法院'看得一清二楚。"④

这本书还没来得及问世,便被柏林警察局没收。艾希霍夫不顾当局的迫害,1860年11月出了第二集,又寄给马克思一本。马克思读过之后,曾想组织力量把它译成英文,并全文或摘要在《泰晤士报》上发表。但是,他的打算未能实现。警察当局认为该书"危害社会安宁",不仅禁止出售,而且以侮辱陛下的罪名对作者提出公诉。

在法院判决之前,艾希霍夫考虑到新的诉讼案会给他带来很大的麻烦,于是便在1861年2月悄然越境去英国,以便采取下一步的活动。他在伦敦又出版了两集《剪影》,1861年6月第三集问世,9月第四集出版。这两集又和前两集一样,在柏林被没收了。

这时,艾希霍夫已成为具有激进主义情绪的小资产阶级知识分子的典型代表。他虽然对工人运动感兴趣并表示同情,但还不是一位无产阶级的革命家。他的社会观点并不十分固定。他一方面尖锐地批评普鲁士的国家机构,另一方面又要求它具有资产阶级的自由主义性质。他所设

---

① 柏林警察局长。
② 那不勒斯国王斐迪南二世。
③ 《马克思恩格斯全集》第1版第30卷第89页。
④ 《马克思恩格斯全集》第1版第30卷第564页。

想的普鲁士国家制度，多半是君主立宪。他在《剪影》第四集中写道："普鲁士应该……是一个立宪国家。在每个立宪国家中，国王和人民在法律和行政的权力方面应作如下的划分：由国王和人民协商共同执行立法权，国王享有行政权力，同时依法组成对人民负责的内阁。只要一方违约，就会导致来自下面或上面的革命，暴动或政变，或两种情况同时发生，实质上不同的是，政变保持合法的形式，而暴动则是公开号召的结果。"艾希霍夫克服这种自由主义的幻想，那是在流亡时期了。他同马克思恩格斯的交往对于他的思想进步具有决定性的意义。

艾希霍夫旅居伦敦期间，同马克思过从甚密。他是殷勤好客的马克思一家的常客。艾希霍夫在英国研究了马克思的著作，在撰写的一篇柏林通讯中引用了《福格特先生》，该书1860年12月刚一出版，马克思就立即寄给了他。他在伦敦住了一年左右，1862年年初携全家迁至利物浦，马克思曾到那里拜访过他。

艾希霍夫还同恩格斯建立了友谊。他办事途经伦敦时，总要到曼彻斯特去拜访恩格斯。恩格斯把维穆特和施梯伯合编的《十九世纪共产主义者的阴谋》一书赠送给他，使他得以熟悉共产主义者同盟的文件。艾希霍夫也把就施列什维希—霍尔施坦问题写的小册子手稿寄给恩格斯，请他审阅。施列什维希—霍尔施坦问题在60年代初曾是进行角逐的奥地利和普鲁士主要争论的问题，后在1866年引起了一场战争。

在这个时期，艾希霍夫积极从事新闻和时事评论工作。他专就当时发生的政治事件撰写的通讯，发表在《晨星报》《科隆日报》等许多英文和德文报纸上。他是《北德报》的通讯员，发表了许多篇关于国际关系问题的文章。

艾希霍夫在这一时期写的文章和书信，表明他的世界观，首先是政治观点发生了根本的变化。他作为坚定的共和党人出现了。1862年4

月，他给《晨星报》寄去一篇关于西蒙·贝尔纳的热情洋溢的简讯。后者是法国共和党人，被法国政府指控为奥尔西尼谋刺拿破仑第三的同谋犯。艾希霍夫拥护1863年的波兰起义，并希望它的星星之火燃遍整个东欧。

1862年2—7月，他在伦敦周报《海尔曼》上同小资产阶级民主派哥特弗利德·金克尔和别特齐赫进行的论战，能说明艾希霍夫观点的进一步变化。在这次论战中，艾希霍夫反对小资产阶级民主派首领和50年代存在的维利希—沙佩尔宗派主义集团的无政府主义的、假革命的策略，捍卫马克思的无产阶级立场。他坚决驳斥金克尔断定他隶属维利希共产主义"宗派"的责难。

马克思认为揭露各种小资产阶级流派的思想和策略，使无产阶级免受他们的影响，具有重大的意义。马克思把为写作《流亡中的大人物》一书而搜集的资料交给艾希霍夫使用，从而使后者受益匪浅。这场论战是在马克思的领导和直接参与下进行的。艾希霍夫随时把论战的情况告知马克思，而马克思则把得到的情况再转告恩格斯和沃尔弗。艾希霍夫还把自己的文章手稿寄给马克思审阅，并认真考虑马克思和恩格斯的意见。

很明显，他在英国同马克思和恩格斯建立的友谊，对于他的政治观点的形成，并使他变为无产阶级革命家和政论家，具有决定的意义。

同马克思的交往以及当时席卷世界的经济危机，使艾希霍夫对于研究社会经济生活产生了兴趣。他对马克思说过，他"正在弥补在英国忽略的政治经济学的研究"。艾希霍夫研究了经济危机、货币和银行信贷制度，阅读了舒尔采—德里奇、巴师夏、凯里、杜林和拉萨尔等人的著作。他1867年3月16日致恩格斯的信证实，他对庸俗的资产阶级经济学家以及根治经济灾难和社会不平等的灵丹妙药的发明家持批判态度。

他讥讽地写道，在柏林大·波尔恩"显然与舒尔采和尤·孚赫齐名，是政治经济学问题的最大权威"。

《资本论》第一卷刚一出版，艾希霍夫就进行了研究。他高度评价了马克思这部著作的最伟大的科学和革命意义，并在德国对普及该著作做了大量工作。经艾希霍夫本人的努力或在他的直接影响下，德国的民主派和自由派的报纸刊登了一些文章，从《资本论》中做了大量摘录来宣传它的思想。自然，这些文章对马克思的结论并不全都理解，但是其中强调他的著作对工人阶级有巨大意义，这一点却始终不变。

马克思想利用一切机会，粉碎该书出版后资产阶级报刊制造的沉默阴谋。1868年3月25日，艾希霍夫根据马克思的委托，把在《社会民主党人报》上刊载《资本论》片断的决定转告施韦泽。在3月25日的信中，他把拜访施韦泽的情况报告给马克思说："您的《资本论》使他（也有我）感到惊讶。"1868年3月、4月和5月，他在激进党人领袖舒尔采—德里奇影响下的工人协会作了题为《现代商业危机的原因》的多次讲演。在这些讲演稿中，他摘录《资本论》的货币章，援引了《共产党宣言》中的话。整个说来，这些演讲稿未必对所讲的问题都作了真正的马克思主义阐述。在第三篇讲稿中关于法国的通商条约和工业发展问题的说明也欠妥，为此马克思对讲稿提出了一些批评意见。恩格斯也着重指出了艾希霍夫所作结论的片面性："艾希霍夫终于结束了他关于危机的讲演。不出所料，柏林的抵押危机是他的整个讲演的核心和结语。"① 但是一般说来，讲演起了积极的作用。他在讲演中批判了舒尔采—德里奇、拉萨尔等人的思想，在工人中间引起了热烈争论。

---

① 《马克思恩格斯全集》第1版第32卷第89页。

艾希霍夫密切注视德国出版的经济学著作。1868年6月29日，他愤怒地把一篇对《资本论》的不学无术的评论内容告诉了马克思，因为发表在德国资产阶级经济学家孚赫创办的《国民经济和文化史季刊》杂志上的这篇评论，把马克思说成是巴师夏的剽窃者。马克思在《我对弗·巴师夏的剽窃》一文中对这些攻击作了回答。

1868年7月《未来报》刊登了《经济学书信》，正如马克思所说的那样，文中"赞扬了我的书。实际上这些书信的内容大部分是从我的书里抄来的"①。可能这些书信不是艾希霍夫写的，但它们的发表无疑是他同报纸编辑部周旋的结果。

艾希霍夫为在德国传播国际工人协会的思想，为工人运动和共产主义运动的事业作出了很大贡献。他正式参加无产阶级组织并进行活动，完全和一般人不同，是从写作第一部第一国际史小册子《国际工人协会》开始的。

1868年夏天，他的兄弟、出版商阿·艾希霍夫打算于1869年出版《工人历书》，该书内容丰富，照顾到各种爱好和观点，当时发行的数量是颇为可观的。阿·艾希霍夫拟刊载论述工人运动，主要是论述拉萨尔的全德工人联合会的社论，供工人们阅读。而威廉·艾希霍夫同马克思已相识多年，由于宣传《资本论》反对拉萨尔，深知应在工人中间宣传另外一种思想和组织，所以他建议发表专题论文，介绍国际工人协会的产生、传播和活动的历史，阐述它在各国的影响。同时，他自告奋勇完成这一选题。1868年6月6日，他把这个想法告诉了马克思，并请马克思寄来撰写该文所必需的材料。马克思完全同意艾希霍夫的想法，尽管当时家境贫困，两个女儿正患猩红热，仍给他寄去一大包材料，并

---

① 《马克思恩格斯全集》第1版第32卷第123页。

就如何写作问题也提出了自己的意见。同年 6 月 29 日，艾希霍夫在信中感谢马克思说："这些材料完全出乎我的意料。我要么逐字利用您的手稿，要么按照您的指示对手稿加以补充和扩充。总之问题是非常清楚的。希望文章于 7 月出版，以便能在这里，在维也纳、莱比锡等地产生影响，有利于布鲁塞尔代表大会的召开。"

因此，有充分理由推测：马克思起草了关于该文章的结构、总的倾向和基本结论的详细提纲草稿。艾希霍夫只用了两个星期就写成了这篇文章。它的篇幅远远超过文章的范围，出版商决定出版单独的小册子，书名为《国际工人协会。它的创立、组织、政治社会活动和扩展》。

小册子由十一章和一个结束语组成。开头几章写的是国际协会的创立、它的第一批纲领性文件的制定和初创时期的种种艰难。叙述了诞生国际工人协会的圣马丁教堂集会的情况：会议充满罕见的"团结激昂的气氛"，结束时，"人们认识到，工人运动的新纪元宣告开始了"。[①]

作者指出，协会不得不采取最初的一些措施同"过时的运动形式的代表人物"进行斗争，因为他们"加入新的运动形式，是要把新的运动形式变成旧的运动形式的传播工具"。[②] 这里指的是马志尼分子，他们把自己的秘密团体否定阶级斗争、并且只是沉溺于社会主义词句的过时的政治纲领充作国际的纲领和章程草案。这一章程草案"一开始就破坏了国际工人协会的存在条件，而国际协会所追求的目标不是开展运动，它的使命是要各国现有分散的阶级运动联合起来"。因此，艾希霍夫强调了**新组织要具有无产阶级的阶级性质**这一具有重大原则意义的原理，它是国际成立时期斗争的根本问题。

---

① 见《国际共运史研究资料》第 13 辑。
② 《国际共运史研究资料》第 13 辑。

作者高度评价了马克思在协会的关键历史时刻的作用和他所制订的国际的纲领性文献——成立宣言和临时章程。艾希霍夫在小册子中发表了这些文献的全文。它们是由作者新译的，经马克思亲自校订过，十分准确。作者早在1864年就翻译了成立宣言，其译文发表在同年12月21和30日第2和3号《社会民主党人报》上，不过它在德国并未得到广泛传播。后来应德累斯顿工人教育协会的请求，他寄去自己的译文手稿。这个译文后来在许多关于国际的德文著作中被转载。

小册子的第五、六、七章分别写的是国际的伦敦代表会议、日内瓦代表会议和洛桑代表会议。

在《伦敦临时代表会议》一章中，作者说明了国际协会改变订于1865年9月在布鲁塞尔举行第一次代表大会的决定的原因，同时确定了1866年9月召开下一次全协会代表大会的会址和应讨论的问题。《日内瓦代表大会》一章主要叙述的是《临时中央委员会给代表的指示》，这个指示是协会当时最重要的文件之一。

在《洛桑代表大会》一章中，谈到关于是否邀请加里波第参加代表大会问题的决定，它对于以无产阶级民主精神培养国际会员具有很大的原则意义。大会否决了意大利代表斯塔姆帕关于以代表大会的名义邀请加里波第以意大利工人协会名誉主席的身份访问代表大会的提案，并作出决定说："不管加里波第的声誉多高，代表大会是代表工人的，它不能崇拜个人。如果加里波第希望作为意大利协会的名誉主席在代表大会占有自己的席位，他会像其他任何一个代表一样得到衷心的欢迎。"① 这一章是以马克思夫人燕妮在1867年10月5日致约·菲·贝克尔的信中对洛桑代表大会的准确评述作结尾的。结尾谈到资产阶级报刊对洛桑

---

① 《国际共运史研究资料》第13辑。

代表大会的冷漠和敌意（"然而，任何事情不是除了庄严的一面，都还有它喜剧性的一面吗？那么为什么我们这个良好的工人代表大会及其爱说话的法国人应当完全例外呢？"①），并指出它们也注意代表大会，把它说成是"一个重要的和具有巨大意义的事件"②。

小册子的第八章专门阐述工人阶级经济斗争的意义，国际协会对待工会和罢工的态度。"正如卡尔·马克思1847年就已经在他的反蒲鲁东的著作《哲学的贫困》指出的，工联对于组织工人阶级来说，具有中世纪的城镇自治团体对于资产阶级的中等阶级所具有的意义。"③ 作者强调了从国际成立起英国工联活动性质的质的变化。假如工联"一直只是忙于为争取增加工资和缩短工作日而斗争，并没有摆脱中世纪行会的狭隘性"，那么"现在，它第一次直接参加政治运动"，这就意味着，它一方面是"组织工人阶级的手段，不应由于自己直接的最近的目标而忘记自己总的目标——工人阶级完全的政治和社会解放"；另一方面，它也明确地认识到"没有国际的联合，最后的成功是不可能的"。④

小册子的第九章写的是总委员会的政治活动。第一段非常重要，它着重指出，总委员会"在自己的纲领中曾要求工人通过夺取政权为自己的社会解放准备前提。它忠实于自己的纲领，在从事社会活动的同时丝毫没有耽误在适当的时机参与政治活动"⑤。

在这一章中叙述了总委员会对美国南北战争、波兰、1866年普法战争准备的立场，阐明了总委员会在英国改革同盟和保卫芬尼亚社运动

---

① 《马克思恩格斯全集》第1版第16卷第635页。
② 《国际共运史研究资料》第13辑。
③ 《国际共运史研究资料》第13辑。
④ 《国际共运史研究资料》第13辑。
⑤ 《国际共运史研究资料》第13辑。

中的活动。这部分写得简明扼要，根据言简意赅的内容来判断，这个提纲也具有马克思的风格。无产阶级必须作为独立的政治力量来行动，在各个政治事件中捍卫本阶级的真正的民主立场，这个基本思想是直接针对拉萨尔分子的。

第十章指出，总委员会和各地支部不得不经常同欧洲国家的资产阶级政府进行残酷斗争，以捍卫国际无产阶级组织生存的权利。的确，艾希霍夫只局限于阐述比利时和法国发生的冲突（巴黎的诉讼案、比利时对在布鲁塞尔召开国际代表大会的阻挠），以免于普鲁士政府的迫害，只字未提反动的普鲁士司法当局禁止国际在德国成立支部，虽然在叙述法国情况时也有机会提出了类似的现象。

最后一章简要介绍了到1868年为止国际在各国的情况和它的报刊。艾希霍夫谈到，李卜克内西办的《民主周报》"虽然不是协会的刊物，却宣传协会的原则"①。

结束语中报道了美国国家开办的工厂实行了八小时工作制的消息。他在讲到美国两次战争对于无产阶级的意义时，援引了马克思1867年7月25日的预言："正象18世纪美国独立战争给欧洲中产阶级敲起了警钟一样，19世纪美国南北战争又给欧洲工人阶级敲起了警钟。"②

小册子的简要内容就是如此。

1868年7月12日，艾希霍夫把一校样寄给马克思审阅。他对马克思说："请费心，凡是您认为必须修改的地方，或更正确的说，您所不喜欢的地方，就请修改和更正。"为了便于马克思对照原稿修改校样，7月16日艾希霖夫又把早先寄给他的原稿寄回伦敦。后来的校样是7月

---

① 《国际共运史研究资料》第13辑。
② 《马克思恩格斯全集》第1版第23卷第11页。

22日寄往伦敦的，而经马克思校订过的校样此时已寄到柏林。马克思花了两个星期完成校订工作。

7月29日，艾希霍夫把四印张的小册子寄给了马克思。此外，他还分别把它寄给了恩格斯、威·李卜克内西、约·贝克尔、弗·列斯纳、路·库格曼、西·波克罕、约·狄慈根以及总委员会、伦敦德国工人共产主义教育协会、《未来报》编辑部等。为了便于在德国工人协会联合会会员中间销售，给倍倍尔寄去300册。艾希霍夫还向马克思询问往德国、瑞士、英国和美国散发小册子的地址。

艾希霍夫的著作是使人极感兴趣的。它是运动的目击者和参加者写的第一国际史的第一部著作。所以，小册子是有价值的，它是时代的生动见证。该书用了丰富的文献资料。马克思寄给艾希霍夫的许多材料，后来被全部使用或简要改述，致使本书轻而易举地写成了。这些材料是马克思起草的总委员会文件（成立宣言、临时章程等）、日内瓦和洛桑代表大会记录、埃卡留斯起草的总委员会致大不列颠的矿工和金属工人的呼吁书、各地支部的文件、协会巴黎区部出版的贝克尔论述1868年日内瓦罢工的小册子。后来又从英文、德文、法文和比利时文报纸中得到关于各地支部活动的材料。许多材料都是马克思手稿的摘录。

书中的多数材料，特别是总委员会的文件，现在都出了汇编。当时的报刊材料却是罕见的。但是，艾希霍夫的著作在出版时期和直到19世纪末，实际上是第一国际史的唯一可靠的资料汇编。在一定范围它至今仍有意义。

然而，有人片面地把艾希霍夫的著作只看作19世纪末德国社会民主党机关报的资料汇辑，是不正确的。他的书由于马克思参与写作而对我们来说具有特殊意义。马克思和恩格斯没有给我们留下一部第一国际史的著作。艾希霍夫的小册子是这类书唯一的一本；它是根据马克思的材料写的，又经过马克思校阅过，并且站在马克思主义立场阐述协会的历史，帮助明确马克思给国际提出的任务和他在国际发展的最初阶段斗争的基本路线。恩格斯不止一次地指出小册子的这个方面。1868年8月6日，他在致马克思的信中说道："艾希霍夫的小册子证明他能客观地报道事实……当然，你也为他减轻了任务。这篇东西会产生很好的效果。"① 1893年2月7日，恩格斯在信中断定，在所有论述国际的著作中，"**只有艾希霍夫根据马克思的意见写的书是可信赖的；而所有其他人的书完全是胡说和奇谈**"。1893年5月17日恩格斯在致左尔格的信中也谈到这一点。

艾希霍夫的书是抨击性的文章；书中不仅宣传了国际的思想，而且还同小资产阶级（拉萨尔主义、蒲鲁东主义等）的意识形态对工人阶级的影响进行斗争，揭露了资产阶级报刊和官方，特别是由于法国的诉讼案而对国际进行的诽谤。

由于德国当局禁止国际成立支部，宣传它的原则，艾希霍夫的书在这个国家具有特殊的意义。他的小册子在对工人群众宣传国际的思想的活动中起了重要作用。小册子恰好是在全德工人协会联合会汉堡联席会议（1868年8月22—26日）和德国工人协会联合会纽伦堡代表大会（1868年9月5—7日）的前夕出版的。无疑，在纽伦堡代表大会前夕正是对纲领进行激烈辩论的时期，小册子在许多方面都有助于德国工人了解国际协会的活动。1868年8月2日，库格曼在致马克思的信中指出，小册子"写得好，由于即将召开两个德国工人代表大会更是非常有益处的"。

这本书在德国被广泛传播。奥地利代表涅麦尔告诉协会巴塞尔代表

---

① 《马克思恩格斯全集》第1版第32卷第125—126页。

大会说，维也纳的工人正是读了这本书才知道国际的存在以及它的宗旨的。协会日内瓦支部委员 A. 谢尔诺－索洛维也维奇准备把它译成法文，供瑞士罗曼语区工人阅读。

此外，艾希霍夫还采取其他措施宣传国际工人协会的思想。鉴于《未来报》的编辑魏斯打算发表一系列论述国际的论文，他告知马克思可利用该报宣传国际的原则。可是，这种打算未能实现。

艾希霍夫不仅参加宣传国际的思想，而且还做了组织工作。1868年7月，他在写作关于国际工人协会的小册子时期才成为协会正式会员。他的会员证是马克思直接给他的，考虑到他先前的活动有利于国际，马克思在会员证上给他的入会日期写成1865年。艾希霍夫得到会员证的同时，被确认为国际总委员会的柏林通讯员。

撰写小册子在艾希霍夫生活中还有一个重要成果。他给柏林的一些工人组织散发了小册子，同工人有了更紧密的联系。在此以前，艾希霍夫基本上同小资产阶级民主派团体（《未来报》编辑部）保持联系，尽管他曾在工人协会中多次作过演讲。

小册子问世后，艾希霍夫的名字在工人组织中开始为人所知，在柏林工人中间颇有威信和影响。

1868年9月，艾希霍夫接受倍倍尔的邀请，出席了德国工人协会联合会纽伦堡代表大会。在这次大会上，通过了倍倍尔和李卜克内西领导的德国工人协会联合会加入国际的决定。

纽伦堡代表大会结束后，艾希霍夫同倍倍尔一起，在莱比锡附近的里斯举行的萨克森代表会议上作了关于代表大会的报告。他指出，这里"基础打得非常好（由于倍倍尔和李卜克内西的宣传），会有许多人入会（加入国际工人协会——作者）"。艾希霍夫对倍倍尔的活动评价很高。

艾希霍夫在柏林做的主要工作，就是宣传国际的思想并把工人吸收到这个组织中来。这里的情况比撒克森更为复杂。柏林工人一方面受到资产阶级的强烈影响，另一方面又受到拉萨尔的影响。柏林大部分工人的特点是政治上不成熟，并且不理解本阶级的利益。1868年8月8日，艾希霍夫在信中对马克思说："关于从前发生的一切事情，如关于巴黎六月战斗的意义，关于40—50年代的共和主义运动等，拉萨尔分子有的只是极为模糊不清的概念，假如他们对此还有某种概念的话。"艾希霍夫惊讶不已的是，一个工人的政治落后性，对他来说美国才是"神话里的黄金国"，"红色共和国"。

艾希霍夫参加了支部吸收新成员并选派支部代表出席国际代表大会的工作。他在柏林支部同柏林工人联合会的领袖克列布斯的斗争中起了重要作用。克列布斯是国际会员，当时反对联合会接受国际的纲领。

克列布斯的立场在纽伦堡代表大会上表现得特别明显，当时他反对关于德国工人协会联合会加入国际工人协会的声明。艾希霍夫致马克思的信中建议在总委员会提出关于克列布斯的行为问题。他还同李卜克内西和施韦赫尔讨论了这个问题，他们一致赞同他关于必须把克列布斯开除出国际和纽伦堡组织的意见。

柏林联合会内部在三次会议上辩论了这个问题。辩论的结果是联合会分裂了。克列布斯和25名其他会员拒绝承认纽伦堡的决议，并以舒尔采－德里奇宗派集团的纲领为基础成立了自己单独的联合会。以柏林支部会员艾希霍夫、卡·希尔施、保·辛格尔和A.魏斯等人为首的联合会的左翼（26人），在1868年10月6日发表了成立新的民主工人联合会的呼吁书。艾希霍夫加入民主工人联合会临时委员会，这个组织宣布接受纽伦堡的纲领和国际协会的原则。联合会的宗旨是求得"工人阶级的政治和社会的解放"。10月15日召开了第一次会议，会上艾希霍夫发言，阐述了联合会产生的经过，后又再一次解释了纽伦堡的决议。10月26日民主工人联合会终于成立了。不顾普鲁士对联合会设置的法律障碍，柏林民主工人联合会几乎全体会员都是国际的会员，而联合会本身也公开加入纽伦堡组织和国际工人协会。

民主工人联合会既同舒尔采-德里奇的资产阶级改良主义思想又同拉萨尔分子进行坚决的斗争。在这一点上，艾希霍夫立了不小的功劳。1868年10月15日他在联合会的第一次会议上，阐明了舒尔采-德里奇拥护者们要求的资产阶级局限性（患病职工补助金等），他们期望俾斯麦政府能够满足这些"可以达到的要求"。但是，国际柏林支部的成员同拉萨尔分子进行的斗争异常激烈，双方毫不妥协。艾希霍夫在这场斗争中起了决定性作用。

1868年10月19日，在联合会第二次会议上，就联合会对待拉萨尔的全德工人联合会的态度问题展开了辩论。艾希霍夫作了态度异常鲜明的长篇发言，把拉萨尔的社会主义同毕舍提倡生产合作社的基督教社会主义作了比较；他援引拉萨尔的雪茄烟工人协会的章程和1834年毕舍的合作社章程作为例子。无疑，艾希霍夫的这次发言受了马克思的影响。1868年9月30日，艾希霍夫在印刷工人联合会的会议上作了报告，也同施韦泽进行了斗争。

艾希霍夫经常把关于同拉萨尔斗争的进展情况告诉马克思，并定期给他寄去瑞士联合会机关报《社会民主党人报》。1868年9月29日，马克思在信中把艾希霍夫关于1868年9月由施韦泽在瑞士召开的柏林工人代表大会的工作总结详细地告诉了恩格斯。艾希霍夫不限于同拉萨尔分子进行斗争，还在柏林工人协会中积极宣传马克思主义。他有意识地在印刷工人协会作了三次关于现代工人运动及其起源、斗争的目的和方法的报告。1868年10月2日，他在信中对马克思说，"报告的任务是向工人解释,在1849—1850年的暴力镇压以后,社会民主主义运动更加蓬勃发展,没有拉萨尔式的矫揉造作的宣传,无疑自己也能开辟道路;由于出版了您的《资本论》,运动获得了科学基础,在一片经济混乱的局势中成熟起来,并通过党的政治上的解体而走向高涨。因此,我希望研究您的《资本论》并迫使马·希尔施不要躲开共产主义者而来批驳您的基本原理",从而暴露他自己的阶级利益。

艾希霍夫对工人阶级的经济斗争和政治斗争的关系所持的观点是有趣的。1869年2月,《未来报》刊载一组未署名的文章《工会》,这多半是艾希霍夫写的。恩格斯把这组文章寄给了马克思,并断定:"他(决不会是别人)写的几篇文章。"① 文章内容证实他就是作者。作者熟悉马克思的《资本论》、恩格斯的《英国工人阶级状况》和埃卡留斯的《一个工人对约翰·斯图亚特·穆勒的政治经济学论点的反驳》,埃卡留斯的著作当时就是在阿·艾希霍夫的印刷厂中印刷的。作者非常熟悉德国经济学著作,对舒尔采-德里奇的观点进行了批判。他在这些文章中谈到国际,并高度评价了"萨克逊和德国南部的我们党内同志"的活动。只要考虑到他非常注意经济问题,并高度评价倍倍尔和李卜克内西所宣传的著作,就能有把握地说,文章的作者就是艾希霍夫。

艾希霍夫正确地指出了英国工联的消极面,"纯社会的、完全或几乎完全是不问政治的宣传"。他以英国宪章派和李卜克内西、倍倍尔在萨克森的革命活动为例,号召人们进行社会的政治宣传。

但是,他也犯了很大错误,因为他否定工会为争取实现工人的直接要求——提高工资、缩短工作日等而进行斗争的必要性。他认为这些斗争是无益的,因为它们未消灭资本主义剥削的基础。1869年3月14日,

---

① 《马克思恩格斯全集》第1版第32卷第253页。

马克思在致恩格斯的信中对这种观点进行了严厉的批评,指出艾希霍夫"也得出结论说,工人应当殷勤地为民主派先生们火中取栗,而暂时不要去做组织工联这类的小事情。如果这些先生是如此热烈的直接**革命**行动的拥护者,那么**他们**为什么不在这方面以身作则,却反而在《未来报》上写些小心谨慎、四平八稳的文章呢?竟想用这种乌七八糟的东西激发革命热情!这种东西是无济于事的!"①

1869年8月,艾希霍夫出席了爱森纳赫代表大会。他和倍倍尔、李卜克内西以及其他一些人在一起签署了召开德国工人协会联合会代表大会的号召书。柏林民主工人联合会加入了爱森纳赫社会民主党。

这时,艾希霍夫经受了严峻的考验——由于他当过警察,受到毫无根据的怀疑。对他的怀疑,是由李卜克内西和波克罕提出的。艾希霍夫去柏林以后,李卜克内西要求他提交关于施梯伯的材料。艾希霍夫拒绝回答此项要求。不过,他还是表示要把他和普鲁士警察机构的关系的一切必要材料准备好。但是,李卜克内西很快就否定了自己毫无根据的怀疑。

波克罕怀疑艾希霍夫所依据的事实是,艾希霍夫同柏林警官的个人交往和10月15日在柏林民主工人联合会会议上的发言。事实经过是这样:艾希霍夫乘车去柏林一家啤酒馆同警察们打了五六次牌。他们之中有一个人是他大学时期的熟人,在柏林警察局临时供职;另外一个人则是他过去的上级,由这个人担保,才撤销警察早就对他的监视。后来,他们都调到其他城市,很久没有来往。至于艾希霍夫在民主工人联合会上的发言,是《未来报》的一个不正派的采访员把它刊载在《民主周报》上的。他胡编乱造地说,他能证明发言人似乎指望得到俾斯麦政府

---

① 《马克思恩格斯全集》第1版第32卷第260页。

的帮助,去建立工人生产协作社,等等。实际上,发言人所谈的内容恰恰是对舒尔采-德里奇观点的批判。

马克思对恢复艾希霍夫的名誉给予了很大帮助。他从德国得知艾希霍夫受到怀疑的消息后,马上写信请艾希霍夫进行解释。在1868年10月31日至11月1日致马克思的一封长信中,艾希霍夫彻底驳倒了对他的种种非难。

艾希霍夫的解释使马克思和恩格斯深信,他完全是无辜的。波克罕也承认了这一点。恩格斯在1868年11月6日致马克思的信中说,波克罕的怀疑是"无稽之谈"①,而当李卜克内西在德国企图散布这些怀疑时,马克思急忙澄清事实。他在信中对恩格斯说:"我已给威廉写信,让他不再在谈话中和信里面攻击艾希霍夫,因为波克罕自己也承认了错误。"② 对同志的不信任,是一种最严峻的考验,它会使革命者陷入厄运。但是,艾希霍夫没有颓丧,他的革命热情和意志也未因此而受到挫伤。

1868—1870年,艾希霍夫的活动达到顶点。当时,他是国际总委员会在柏林的特派员,柏林民主工人联合会的领导人之一,纽伦堡代表大会和爱森纳赫代表大会的代表,党的中央机关报《人民国家报》的经常撰稿人,马克思学说不倦的普及者。这个时期,艾希霍夫对德国工人阶级为争取建立自己的革命政党,在德国工人群众中宣传马克思主义思想并扩大国际的影响起了重大的作用。

艾希霍夫在生前的最后年代,继续为许多民主主义者和社会主义者的报刊杂志如《新时代》《柏林人民报》《曼彻斯特邮报》《士瓦本周

---

① 《马克思恩格斯全集》第1版第32卷第183页。
② 《马克思恩格斯全集》第1版第32卷第286页。

报》写时事述评。1876年他发表了反对俾斯麦政策的抨击性文章《徒劳无益》，翻译了英国女作家哈克奈斯的《城市姑娘》，并同考茨基合译了摩尔根的名著《古代社会》。看来，他这时离开了实际革命工作。1868年母亲逝世后，他得到一笔遗产，又恢复了商业活动，但是又和1861—1866年一样，一开始就遭到破产。

1895年5月23日夜晚，艾希霍夫在斯图加特逝世。他为共产主义事业的胜利贡献了自己的力量，他的名字将永远保留在马克思和恩格斯光荣的战友名册之中。

（原载《马克思主义和国际工人运动论丛》1964年莫斯科版第379—417页）

（二木 编译）

卡尔·马克思和尼·丹尼尔逊[*]

〔苏〕А.И.沃洛金　В.С.伊登别尔格

马克思的女儿爱琳娜在她父亲逝世后不久,收到尼·丹尼尔逊从彼得堡寄来的一封信。该信是用英文写的,信纸涂了表示哀悼的黑边,日期是1883年3月16(28)日。"尊敬的夫人:请允许我对您遭受的不幸表示深切的同情。您的不幸无疑也就是那些珍视您父亲所代表的那一科学的利益的人们的不幸。他的朋友们大概会出版他尚未发表的著作。如果我的建议是正确的话,那么我将非常高兴地寄来有关俄国经济生活的全部新资料,尤其是我知道,您的父亲认为我国的经济关系具有怎样的科学意义。"[①] 丹尼尔逊通知说,假如亡者的朋友们想要发表马克思的来往书信的话,那么他准备把他收到的马克思的信寄来。

对丹尼尔逊(尼古拉—逊)生活道路的研究是很不够的。大家基本上都知道,他作为19世纪末自由主义民粹派理论家之一的经济观点,受到列宁的公正批判。丹尼尔逊不能克服研究改革后俄国发生的社会经济变化的民粹派观念。按照恩格斯的话说,他属于这样的一代俄国人,他们"还相信那种自发的共产主义使命,似乎这种使命把俄罗斯、真正

---

[*] 本文选自《马列主义研究资料》1984年第4辑。

[①] 《马克思的家属和俄国政治活动家的通信》1974年莫斯科版第48页。

神圣的罗斯同其他世俗民族区别开来"①。与此同时,列宁指出,民粹派思想——这是"一种完整的世界观,从赫尔岑到尼·一逊。社会思想的一个大时期。它的**历史意义**:把反对农奴制及其残余的斗争**理想化**"②。

丹尼尔逊观点形成的道路是漫长的。下边所谈的是他的生活的开始阶段,当时他是第一批响应马克思《资本论》的人。1844年1月26日(2月7日),他生于莫斯科一个商人的家庭。他的父亲按民族系统来说是瑞典人。父亲逝世后,母亲带着11岁的儿子来到彼得堡,并把他安排在商业学校学习。尼古拉的学习是有成绩的,学校毕业时获得银质奖章,取得候补博士学位,开始在彼得堡互助信贷公司担任簿记员,后来又担任总监督员。19世纪60年代末,丹尼尔逊是民主主义运动的参加者。1867年在彼得堡以著名革命家洛帕廷为核心成立了一个进步青年革命者小组。加入这个小组的有:在当时革命处于地下状态时享有威信、但在风华正茂时期逝世的 М. Ф. 涅格列斯库尔(彼·拉·拉甫罗夫的未来女婿);由于卡拉科佐夫事件而于1866年遭到搜查的 И. И. 比利宾;商业学校的朋友丹尼尔逊、И. И. 柳巴文③、И. Ф. 基尔施包姆等

---

① 《马克思恩格斯全集》第1版第39卷第394页。恩格斯认为用德文出版丹尼尔逊的著作《我国改革后的社会经济概况》(1893年圣彼得堡版)是适宜的,该书问世后他准备写篇述评,发表在《新时代》上,评价研究成果的重要性,同时也要表达他不同意"所作出的某些"结论(《马克思恩格斯全集》第1版第39卷第400页)。

② 列宁:《土地问题笔记。1900—1916年》1969年莫斯科版第21页。

③ 柳巴文在商业学校毕业后,在彼得堡大学自然科学班级旁听,1867年取得候补博士学位,1874年又取得化学硕士学位(《圣彼得堡大学教授和讲师人名录》1896年圣彼得堡版第1卷第410页)。

人。1868年2月，洛帕廷被捕，但同小组参加者的密切关系并未中断。他很关心西欧的工人运动，研究了社会主义文献，对马克思著作怀着极大兴趣。

1868年，柳巴文去德国一家化学实验室工作。在那里，他接受国际工人运动著名活动家，马克思和恩格斯的朋友约·菲·贝克尔的建议，加入了国际①，想直接地并通过研究社会主义报刊"更清楚地认识西欧的工人运动"。1868年12月柳巴文接到贝克尔寄来的支援巴赛尔罢工者的呼吁书后，把它带到彼得堡，并从那里把"供巴赛尔罢工支出用"的经费转寄给贝克尔。这些经费的汇款者是不是丹尼尔逊呢？这很可能是他，柳巴文信中关于请求的内容是这样写的："我的一位彼得堡朋友要我请你告知：一、出现并得到承认的国际工人协作社的法国团体有哪些……二、是否能够通过您得到《共产党宣言》以及在书店买不到的其他马克思著作。"②柳巴文在该信中请贝克尔给他购买五本《共产党宣言》。由此甚至推测出，《宣言》的第一个译者不是巴枯宁，而是柳巴文。③

1867年在汉堡出版的《资本论》德文第一版，吸引了23岁的丹尼尔逊的注意。正如后来所回忆的那样，他研究这部著作以后，开始"寻找使俄国读者了解它的可能性"④。首先应找到敢于发表马克思著作的出版者。据D.D.别尔维-弗列罗夫斯基记述，不久他同尼·波利亚科夫商妥，后者是"一个有思想的人，独家出版内容有价值的书并能应付

---

① 《著作遗产》1941年莫斯科版第41—42卷第153—154页。
② 《著作遗产》1941年莫斯科版第154页。
③ B.科兹明：《谁是〈共产党宣言〉第一个俄译者？》，载于《著作遗产》1956年莫斯科版第63卷第700—701页。
④ 《流逝的岁月》1908年第1期第38页。

书报检查的巨大障碍"①。随后，丹尼尔逊决定把这个愿望告诉《资本论》的作者。这就是我们知道的1868年9月18（30）日自彼得堡寄给马克思的第一封信："阁下！您的近作《资本论。政治经济学批判》的意义，促使这里的一个出版商（尼·波利亚科夫）打算把这一著作译成俄文。各种附带情况促成一种愿望：同时出版第一卷和第二卷。所以，受出版商的委托，我恳请您，如果您认为这样做可行的话，那就把第二卷印好的一些印张寄给我。"随后又继续要求：把马克思的基本著作以及供《资本论》俄文版刊用的相片寄去，推荐读一本美国工人问题的书。如果马克思同意办理这一切，那就请把信寄给互助信贷公司丹尼尔逊，而书则托运给柏林奥贝瓦尔街五号柳巴文。②

马克思迅速作了回答：不必等待《资本论》第二卷，因为材料还没有搜集齐全，而第一卷"已经是一个完整的部分"。马克思还给丹尼尔逊寄去相片，并提供了自己写作活动和政治活动的简况。③ 来自俄国的消息使马克思感到高兴。他给库格曼的信中写道："几天以前，彼得堡的一位书籍出版商告诉我一个令人吃惊的消息：《资本论》的俄文译本现在正在付印……这是命运的捉弄：25年以来我不仅用德

---

① H. 弗列罗夫斯基：《三个政治制度：尼古拉一世、亚历山大二世和亚历山大三世，回忆录》1897年柏林版第262页。

② 《马克思恩格斯和革命的俄国》1967年莫斯科版第158—159页。按照涅格列斯库尔和柳巴文的建议，翻译工作委托巴枯宁完成。1869年底，他开始做这项工作，但是后来又拒绝了（详见：《涅恰耶夫分子活动史》，载于《著作遗产》第41—42卷第151页。А. П. 列乌埃尔：《十九世纪六十至七十年代俄国经济思想和马克思主义》1956年莫斯科版第224—232页；А. В. 乌罗耶娃：《不朽的著作》1967年第76—79页）。

③ 《马克思恩格斯全集》第1版第32卷第551—553页。

语而且用法语和英语不断地同俄国人进行斗争，他们却始终是我的'恩人'……第一个翻译《资本论》的外国又是俄国。"①

在《资本论》第一卷中"俄国题目"实际没有涉及，于是丹尼尔逊决定让马克思清楚地了解揭示俄国社会经济生活的材料。他在致 А. И. 楚普罗夫的信中对此这样解释："在翻译时遇到大量问题，这些问题对我们来说显得更为突出，将被我们的生活现实所阐明。我们经历了并且目前还在经历着过渡时期，此时旧的经济制度即将崩溃，新的经济制度将要建立起来。但是众所周知，旧的经济制度反应顽强地表现为原始状态。新产生的经济因素，在相对地说差别不大的环境中表现出来，比起资本主义制度早已发育成熟的国家来，其作用更为强烈，人们能够极为轻易而明显地研究这些经济因素的影响。按照这种想法，我开始把俄国经济学的所有名著寄给作者，这些著作的内容新颖，直截了当，不墨守成规，使他入迷。此外，我别无自私目的，恰恰我所期待的是，我国的劳动者在这方面的劳动没有白费，将体现在科学论文上，科学论文把这些劳动洒满科学之光，因而开阔劳动者本身的眼界，一句话，将反应在他们今后的工作中。"②

1869 年 9 月 30 日（10 月 12 日），丹尼尔逊把刚刚出版的别尔维－弗列罗夫斯基的《俄国工人阶级的状况》寄往伦敦。他写道："这本书寄给您，希望它为您的经典著作《资本论》下一部分以及其他著作提

---

① 《马克思恩格斯全集》第 1 版第 32 卷第 554 页。
② 《谈卡尔·马克思〈资本论〉俄文版的历史》，载于《苏共历史问题》1983 年第 6 期第 21 页。

供必要的材料。"① 丹尼尔逊留心报刊,想看看西欧如何对待《资本论》的结论,但是资产阶级科学界对马克思的著作玩弄了沉默的阴谋。最后有了反应:1868年巴黎杂志《实证哲学》第3期上刊登了实证主义社会学家E.B.罗伯蒂关于《资本论》的书评。丹尼尔逊对书评的偏见、成见和不公正感到吃惊。他决定去问格·尼·威卢博夫(后者是俄国的"合法侨民",1867年和奥·孔德的学生法国哲学家艾·李特列共同出版上述杂志),以便弄清这篇书评是否反映了上述杂志②编辑部的立场。

丹尼尔逊的这封信和另外一封信的草稿如今保存在拉甫罗夫卷宗里;第二封信的原稿保存在科瓦列夫斯基卷宗里。

丹尼尔逊告诉他说:"我找您这位《实证哲学》杂志编辑谈谈。在您的杂志中经济问题考虑得很不够,但是既然这些问题最紧迫,这些问题中的实证论观点最重要,那么我觉得这些空白就是最本质的。"③ 其次,作者指出,资产阶级时代影响到政治、社会、家庭等一切生活领域。"资产者至今坚决以货币衡量一切,他们到处把利润放在首位。"然而,资产阶级经济科学"不研究社会借以繁荣的规律"。"社会科学"则是另一种情况。"这门科学的唯一代表是卡尔·马克思。他第一次把它提高到这个水平。在他以前,这不过是许多事实、个人意见的大

---

① 《马克思恩格斯和俄国》第168页。1870年2月10日,马克思向恩格斯写道,弗列罗夫斯基的书他看过150页:"这是第一部说出俄国经济状况真相的著作"(《马克思恩格斯全集》第1版第32卷第421页,详见Р.П.科纽沙娅:《卡尔·马克思和革命的俄国》1975年莫斯科版第166—169页)。

② 1868年9月19日,柳巴文以波利亚科夫的名义建议威卢博夫承担孔德全集俄文版序言的校订和撰写工作,并且如同意时,请致函受他委托的人丹尼尔逊。9月29日,丹尼尔逊告诉威卢博夫,出版商接受他提出的合作条件。

③ 《哲学问题》1975年第3期第110页。

杂烩。"

接着，信中作了清楚解释："罗伯蒂关于马克思的新作《资本论》的传记短评，就是促使我写这封信的原因。短评缺乏科学观点，使我非常吃惊，我决定请您阐明一些问题……照我的看法，马克思的功劳在于，他证明了目前的秩序是不可能的，从物质上确定了劳动群众受剥削的程度。他的剩余价值率 = m/v。自然，您手头有他的《资本论》，请看一下第三章①，用心研究他借以搞清公式 m/v 的概念……的方法，然后请您看一下这个公式的后果，那时您就会看到，这部著作不会像罗伯蒂抖搂出来的那样是一种无聊的举动，而是一项更有价值的东西。其次，罗伯蒂说过，整个著作的基本思想如果不完全是虚假的话，那么至少不符合支配社会经济秩序的规律，所以对劳动反对资本专制的斗争也就不能有决定性的影响。他所惊奇的是，该著作不研究社会生产的必要条件以及财富的公平分配，却分析了这些条件的构成因素。"②

丹尼尔逊在反驳罗伯蒂时写道，马克思笔下的每行字都包含"对社会产品的看法，——他要求生产者获得劳动产品，除此还有什么样的公平分配呢？""总之，我认为作者马克思，第四等级的经济观点的科学代表，作了归纳……第四等级在各方面成了统治力量，也就是1789年以来资产阶级的历史又重现了。既然事实如此，那就不妨研究一下这个等级的需要和意图。马克思是它的利益的科学代表。马克思赞许的，在

---

① 《资本论》第1卷第1版第三章相当于后来各版的第三篇《绝对剩余价值的生产》。

② 马克思在《资本论》第一卷第二版序言中针对洛贝尔图斯的责难写道："巴黎的《实证论者评论》责备我……你们猜猜看！——只限于批判地分析既成的事实，而没有为未来的食堂开出调味单（孔德主义的吗？）。"（《马克思恩格斯全集》第1版第23卷第19页）

汉堡、布鲁塞尔等各次代表大会上认可的决议证明,第四等级和马克思的观点是一致的。"①

作者在评价马克思的经济学说和谈论第四等级时,在援引的文字中使用了斐·拉萨尔的术语,后者对丹尼尔逊的影响在他致威卢博夫的信中许多地方都有表现。② 丹尼尔逊斥责威卢博夫,说他的杂志忽略了迫切的工人问题,同时强调:倾听工人代表的声音比倾听激进资产阶级代表的话更为重要。这都是些什么样的工人呢?他们是法国人:马克思和恩格斯的朋友国际总委员会委员欧·杜邦,国际巴黎支部领导人之一昂·路·托伦,钟表匠格·荣克,木器匠英国工联首领之一本·鲁克拉夫特,德国工人、全德工人联合会活动家卡·克莱因。威卢博夫不赞同自己的彼得堡通信人的观点,并在1869年1月21日(2月2日)给他的复信中,不仅捍卫罗伯蒂,而且表现自己是坚持原则的马克思主义反对者。他写道:"所以,我们之间的争论归结如下:你认为,要改善工人的日常生活,就必须消灭私人资本;而我认为,经济进步对所有阶级来说,就是更正确地分配这一资本。"③

丹尼尔逊决定继续辩论,并于2月1(13)日又给威卢博夫寄去一封信,这封信写得过于冗长并作了详尽的引证,论述了马克思的经济学说、工人运动、国际活动和社会科学在解放斗争中的作用。信中说:"您说,工人并不懂政治经济学。为此,就必须关在屋里从事研究工作。是这样吗?普通教育和专门教育是存在的。前一种教育使人

---

① 《哲学问题》1975年第3期第111页。

② 丹尼尔逊在致威卢博夫的第二封信中写道,"拉萨尔的思想是国际的,在主要的基本点上拉萨尔主义者和社会主义者的意见是一致的"(《哲学问题》1975年第3期第112页)。

③ 《哲学问题》1975年第3期第111页。

了解和运用规律等，而不是精通它们。相反，后一种教育则研究引导去发现某个规律的全部途径。可见，既可以关在屋里研究政治经济学，并用这种办法弄懂规律，也可以在群众大会上和在讲演中以及在其他地方，认识并运用这些规律。如果你对工人说，假定你们一昼夜埋头劳动12小时，才能得到你们所要取得的东西，即只需要劳动五六个小时就可以得到的东西，那么，你们其余的六七个小时的劳动就装进你们主人的口袋里，既然你们干活，他们不干活，那么自然他们（口袋里）就很快装满你们的劳动成果，他们取得足够数量的产品之后，就能用机器取代你们……这一点你们理解不理解？——如果你这样说，难道工人不理解么？"[1] 看来，在对丹尼尔逊致威卢博夫的信的分析中，这正是最有价值的地方。资本家剥削工人的基本点在这里叙述得通俗易懂了。

丹尼尔逊这样评价国际的活动："你们说，西方工人中间当然有一小撮社会主义者。我再补充一下，这是一个不小的数目。在8月，国际拥有近50万会员，而它的机关刊物每期都报道，这里参加该组织的有1000人，在另一处已有7000人，在第三处还有7000人。参加该组织的所有人，都至少知道它的章程和纲领的一般特点……你们说，资本主义的压迫还构不成消灭资本的理由……问题不在于消灭资本，而在于消灭资产阶级，即事实上占有剥削他人劳动的权利的那些人。正如我们

---

[1] 《哲学问题》1975年第3期第114页。

现在看到的那样,只要存在这种祸害,工人就会变为这样的被压迫者。"①

丹尼尔逊关于无产阶级的形成和这一过程的后果的观点是重要的:"阿克莱特、哈格里沃斯和瓦特的发现的最初结果,是形成工厂无产阶级。你们也知道,某一部门的机器生产越发展,这一范围的无产阶级人数也越多。应用机器耕地的情况为数很少。因而这一范围的无产阶级人数总共也是不多的。但是,在开始用机器耕地的地方,无产阶级也就是必然的伴侣。所以,幸运的庄稼人迟早会来源枯竭,沦为工业后备军。你们难道期望有那么一天,庄稼人都毫无例外地成为这支军队的士兵吗?我想不是的。"② 根据这封信总的精神来看,作者对这种现象持否定态度。这也就是丹尼尔逊逐渐产生民粹派观点、后来又进一步得到发展的原因。

最后,信中还有一处重要引文,证实马克思的经济学说对丹尼尔逊的一些影响:"在资产阶级社会,提高劳动生产率的一切方式都是依靠一些工人;把工人变成机器的附属品。"其次,马克思称为剩余价值的那个东西的一切生产方式,同时也是积累手段,而这一积累又构成劳动

---

① 《哲学问题》1975年第3期第114—115页。可见,关于国际的资料,丹尼尔逊是直接从国际工人协会的刊物上得到的。但是,协会没有固定出版物,很难说丹尼尔逊指的是哪些刊物。很可能,消息选自1866—1868年在彼得堡用德文出版的周报《棕榈报》,马克思主义宣传员约·狄慈根是该报的积极通讯员之一(Э.А.科罗利丘克和И.В.克鲁什科尔:《关于十九世纪六十年代彼得堡刊物中宣传卡·马克思的经济学说的新材料》,载于《苏共历史问题》1972年第3期)。关于国际,在俄国合法的民主主义和自由主义报刊上也有报道(Б.伊登别尔格:《第一国际和革命的俄国》1964年莫斯科版第69—99页)。

② 《哲学问题》1975年第3期第115页。

生产力的发展手段。他由此得出结论,随着财富的积累,工人的状况日益恶化。"最后,在同积累的程度和能量的均衡中保持相对的人口过剩或工业后备军的规律,把工人锁在资本上,同赫斐斯塔司用大锤把普罗米修斯锁在崖岩上相比,它锁得更加牢固。"①

丹尼尔逊的第二封信大概使威卢博夫深信,他对评论者的博学估计不足,而在1869年2月14(26)日向彼得堡写信,表示不想再继续辩论:"我们在所提问题的基础上的争论,永远陷在错误的圈子里。我们的出发点完全不同:你站在法国人简称'革命的社会主义'的立场,我站在历史必然性的立场。"② 所援引的原文证明,丹尼尔逊准确地报道了国际的活动,并高度评价了国际反对资产阶级的斗争。丹尼尔逊这个俄国通信人的看法不是马克思主义的:虽然他也感受到《资本论》作者思想的明显影响,但是拉萨尔的纲领看来也在许多地方使他敬仰。

1869年11月30日,И. И. 比利宾因涅恰耶夫案件在彼得堡被捕,他当时是国家银行的一位官员。逮捕他时查获了革命杂志的手抄纲领。侦查人员开始追问:是什么杂志,纲领从何处弄来的?受审者声明:它是从柏林柳巴文那里得到的。随后,供词又更改了:"它是1868年从已故的作家皮萨列娃那里得到的。"③ 最后,新的坦白:"巴黎出版的《马赛》杂志的纲领保存在比利宾那里。他是从自己的相识丹尼尔逊那里得到的。"④ 当时,在第三分局日志上记载着:"根据比利宾的口供,下令

---

① 《哲学问题》1975年第3期第115页。丹尼尔逊的引文根据的是《资本论》德文第1版第1卷。
② 《哲学问题》1975年第3期第117页。
③ 苏联中央国家十月革命档案馆档案。
④ B. 科兹明:《"白色恐怖"时期的地下活动》1929年莫斯科版第180页。

逮捕丹尼尔逊。"① 丹尼尔逊被捕并于1870年1月19日第一次受审。

被捕者的书面口供里讲道："关于在比利宾那里搜到的纲领，我所知如下：因为比利宾是《图书学家》杂志的编辑之一，在这个杂志中既选用科学书目，也选用定期刊物，所以他搜集各种定期刊物的纲领，顺便弄到在他那里搜出的纲领——正是罗什弗尔的杂志的纲领，他请我译成俄文，刊载在《图书学家》上。"② 侦查人员决定把在比利宾那里搜到的文件同《马赛》的纲领加以比较，但是无论第三分局，还是国外书报检查委员会，都没有这样做，他们相信被捕者，何况比利宾和丹尼尔逊的口供本质上是一致的。但是，假如宪兵研究这个纲领，那么就会立即弄清，在比利宾和丹尼尔逊那里发现的纲领不是来自法国杂志，而是来自没有办成的一种俄国革命杂志。这会给被逮捕者带来严重后果。

诚然，在审讯过程中受审的人 А.К.库兹涅佐夫、И.И.利胡京和 Н.Г.乌斯宾斯基供出了丹尼尔逊同革命青年的联系，但是丹尼尔逊却坚决否认这一切。1870年1月29日，枢密官 Я.Я.切马杜罗夫进行的审讯作出结论："根据被告乌斯宾斯基和库兹涅佐夫的口供，丹尼尔逊被怀疑隶属于莫斯科组织的目的在于推翻现存统治秩序的秘密团体"，"尽管丹尼尔逊不认为自己有罪。因为和剥夺权利的口供有牵连，所以我决定……为了对他采取强制措施以避开审讯，在对他宣布侦查以前暂

---

① 苏联中央国家十月革命档案馆档案。

② 苏联中央国家十月革命档案馆档案。在司法部的报告中，把这个纲领的经过情况说成另外一个样子："在审讯时比利宾证明，上述纲领是法国杂志《马赛》的纲领，他是从丹尼尔逊那里得到的，丹尼尔逊承认了这一事实，又声明纲领是从流亡国外的大学生柳巴文那里得到的。"(《涅恰耶夫和涅恰耶夫分子》1931年莫斯科—列宁格勒版第45页)

行管押。"文件中有丹尼尔逊的亲笔手迹:"向我宣布了上述的命令。尼古拉·丹尼尔逊。"①

后来的侦查对丹尼尔逊的犯罪未提供任何新材料,侦查结论中的内容也认为是不适当的。2月7日切马杜罗夫下了新的命令:这一命令的复本送到监禁地以后,丹尼尔逊交保释放,保证金不少于500卢布,在此之前仍按所宣布的那样临时管押。丹尼尔逊交保释放,而对他处以刑事惩罚的案件于1871年4月才结束。

当明显地看到巴枯宁所从事的《资本论》翻译工作完不成的时候,就以波利亚科夫的名义(这大概是丹尼尔逊或柳巴文干的)找到了洛帕廷。丹尼尔逊证实说:"他当时不认为自己能担任译者,但是人们挑选了他,因为他严格对待自己所担任的工作。而他所以同意担任翻译,是打算在遇到困难时可以指望马克思的帮助,他同后者相识,并很快就建立了亲密无间的关系。"② 1870年8月洛帕廷接受了翻译任务。他对拉甫罗夫说,从前有人曾向他推荐翻译《资本论》。他起先拒绝了,而现在,他认真阅读了马克思的著作以后决定翻译,"特别是因为和作者同住在一个城市"。洛帕廷手头拮据,人们答应预先付给他约1000卢布的翻译酬金。他对拉甫罗夫说道:"当然,我未取分文。"③ 他的确未预支,却热心地着手翻译。洛帕廷是英国博物馆的常客,在那里研究马克思《资本论》中所援引的著作。④

洛帕廷专心翻译。不止一次地在马克思家中讨论经济学问题。话题

---

① 苏联中央国家十月革命档案馆档案。
② 《流逝的岁月》1908年第1期第39页。
③ 《俄国同时代人论马克思和恩格斯》第139—140页。
④ 《流逝的岁月》1908年第1期第39页。

扯到尼·加·车尔尼雪夫斯基身上。马克思认为："在所有现代经济学家中，车尔尼雪夫斯基是唯一的真正独特的思想家。"① 当时，洛帕廷产生了一个大胆的计划，关于这个计划后来他自己说道："我迫切希望营救这位伟大的政论家和公民，按照马克思的话说，俄国应以他引为自豪。"② 而在1870年年底，洛帕廷停止翻译工作，离开了伦敦。他在回俄国的路上，途经科尼斯堡，在那里会见了柳巴文，拿到自己的护照，动身去彼得堡。他打算营救车尔尼雪夫斯基。丹尼尔逊对自己的朋友给予了帮助。洛帕廷把从伦敦带回译出的《资本论》部分稿子交给他。他们商妥，如果洛帕廷被捕，译稿就由丹尼尔逊完成，并由波利亚科夫出版。③

可是，马克思一家人弄不清楚洛帕廷的去向。最后，情况弄清楚了。1870年12月15日，洛帕廷从彼得堡写信给马克思："根据这封信的邮戳，您会看到，尽管您对我进行了友好的规劝，然而我还是回到了俄国。但是，假如您知道什么东西激励我的这次行动，我相信，您会找

---

① 《格·亚·洛帕廷》1922年彼得堡版第71页。

② 《格·亚·洛帕廷》1922年彼得堡版第72页。

③ 所以，弄清译者和出版者相互关系的性质是重要的。丹尼尔逊是以彼得堡出版商的代表身份出现的。关于其他资料只字未提。这两个人住在一个城市，没有书信往来（所以未保存下资料），大概彼此直接串门。由于革命处于地下状态，他们渐渐接近起来。对国外进步的社会主义著作感兴趣可能是由于有藏书癖好。当然，由于观点相同，他们关系密切。下面的一件事证实丹尼尔逊和波利亚科夫之间是相互信任的。1871年秋，丹尼尔逊把彼得堡出版商的可靠住址：瓦西里也夫岛十纬路五幢五门波利亚科夫，告诉了马克思。马克思在一捆书刊中给丹尼尔逊寄去了一些西欧的社会主义出版物。1871年7月2（14）日，马克思把预先规定给丹尼尔逊的国际总委员会通告寄给柏林基尔施包姆，留局待领（《马克思恩格斯和革命的俄国》第206、212、199页）。

到我的足够充分的理由。"这封信还证实他同丹尼尔逊的密切交往。信中含有许多有趣的资料,是由丹尼尔逊提供的(可能还有波利亚科夫)。洛帕廷在其中写道:"我给您寄去几期《实证哲学》,上面载有对《资本论》的评论。这里的人们对我说,我们谈到的洛贝尔图斯的《评论集》,几天以前连同车尔尼雪夫斯基写的农民问题的文章已给我寄到伦敦了。如果您本人找一下我的女房东,或者委派人给她送去一个便函,那她会把这些书交给您。"① 丹尼尔逊给洛帕廷寄去几期载有罗伯蒂文章的《实证哲学》,他还往伦敦寄去《评论集》和车尔尼雪夫斯基的文章。

五个月以后,即在1871年5月11(23)日,丹尼尔逊往伦敦寄了一封信。他告诉马克思,洛帕廷走后,他受洛帕廷的委托译完《资本论》。② 因此,必须从马克思处得到(洛帕廷也向《资本论》的作者提出过这样的请求)为俄文版修改的第一章《商品和货币》,并请他对原文进行部分改写。马克思回答说,他乐于整理第一章,但是"最早也要**过两个星期**才能着手做这件事",因为积压了许多工作。③ 7月22日马克思往彼得堡写信,谈到工作很忙,他"连睡觉的时间都没有"④。秋天来临,不可能再继续等待了,因为在刊物上发表了该书即将问世的

---

① 《马克思恩格斯和革命的俄国》第185页。
② 丹尼尔逊证实,着手翻译以后,他起先"觉得非常没有把握,提心吊胆地开始工作"。他完成全书的三分之二,洛帕廷译完三分之一,柳巴文翻译了第一章。丹尼尔逊这部分译文是根据原文翻的,而柳巴文译的这部分,丹尼尔逊已译出来了(《1896年12月6日丹尼尔逊致 И. А. 卡布卢科夫的信》,载于《苏共历史问题》1972年第4期第111页)。
③ 《马克思恩格斯全集》第1版第33卷第230页。
④ 《马克思恩格斯全集》第1版第33卷第255页。

消息。

10月17（29）日，丹尼尔逊告诉马克思说："《资本论》第一卷全部译完，我们正等待您答应修订的第一章。但是，后来我们感到很可惜，俄国读者未能读到这章的精彩阐述，因为，如果就抽象化来说，我认为它是书中出色的一章。为了不耽搁该卷的出版（决定不迟于该年12月出书），我已着手付印。"① 1872年3月15（27）日丹尼尔逊写信给马克思说："《资本论》俄文版终于印出来了，我可以给您寄上一册。我考虑12月底结束这项工作，如果该书拖延太久，那不是我的过失。起初，我们想在书中用单独一页刊登作者的相片，雕版已经刻好，但是我们未能做到。而这又不是我们的过失，因为书报检查机关未通过，不允许刊登相片作为该书的插图。杂志上关于该书的评语，我自然会寄给您。"② 紧接这封信之后，丹尼尔逊把《资本论》第一卷寄往伦敦。马克思很满意："非常感谢，这本书装订得很美观。翻译得**很出色**。我还想要一本平装本，以便送给英国博物馆。"③

马克思经典著作的第一个外文译本问世了。"在指出洛帕廷、丹尼尔逊和柳巴文的功劳时不能不谈到，他们起了与众不同的开拓者的作用：在俄国，外文科学文献的翻译实践还不够丰富，俄语中缺乏马克思政治经济学术语。应该弄清正确把握和表达《资本论》内容的一切细致差别的复杂性，需要杰出的才能和深刻的理解。三位俄国年轻人的技

---

① 《马克思恩格斯和革命的俄国》第225页。这一决定是马克思作出的。他对丹尼尔逊说："用不着再**等待**重新修订第一章。"（《马克思恩格斯全集》第1版第33卷317页） 马克思在信中附上了勘误表。（《马克思恩格斯全集》第1版第33卷317—320页）

② 《马克思恩格斯和革命的俄国》第233页。

③ 《马克思恩格斯全集》第1版第33卷第478页。

艺和博学是真正值得钦佩的。"①

当时，洛帕廷的遭遇使马克思感到不安。1871年5月11（23）日，丹尼尔逊给马克思写信说，洛帕廷处境"异常艰难——比离开这里时的情况更糟"②。6月13日马克思复信说："我们的朋友**应该**从他的商业旅行中**返回伦敦**了。"③ 彼得堡的通信人秘密地作了说明：洛帕廷不能回到伦敦，因为"商业考察失败，因处理债务事宜而把他拖住了"④。马克思仍没有失望。⑤ 最后，从丹尼尔逊处得悉：洛帕廷被关进要塞。爱琳娜·马克思写信给丹尼尔逊说："唉！他当时为什么离开伦敦。"⑥ 丹尼尔逊收到洛帕廷叙述他西伯利亚冒险活动的来信后，就把这一情况告知马克思，并向自己的通信人援引了叙述中最显明的例子。⑦

丹尼尔逊对国际活动的关注加强了。尤其是在同威卢博夫论战时，他询问了国际社会主义运动发生的情况。而在同马克思经常接触以后，丹尼尔逊就更深入地关心这个问题。从他的书信中可以看出，他多么聚精会神地注视着国际的活动和它的出版物。1871年6月13日，马克思把他写的宣言《法兰西内战》出版的消息通知丹尼尔逊，他知道自己

---

① 亚·马雷什：《马克思的〈资本论〉在列宁主义故乡》，载于《共产党人》1980年第7期第106页。

② 《马克思恩格斯和革命的俄国》第196页。

③ 《马克思恩格斯全集》第1版第33卷第230页。

④ 《马克思恩格斯和革命的俄国》第200页。

⑤ 《马克思恩格斯全集》第1版第33卷第256页。丹尼尔逊复信说："关于'我们共同的朋友'的消息不是假的。他的处境非常危险。"（《马克思恩格斯和革命的俄国》第206页）

⑥ 《马克思恩格斯和革命的俄国》第233页。

⑦ 《马克思恩格斯和革命的俄国》第275页。

的通信人关心这件事,提议把消息寄到彼得堡。原来,丹尼尔逊自己就想请马克思把这件事告诉他,并且说他只有"国际工人协会总委员会关于法兰西内战的第一篇宣言"。他惋惜没有关于总委员会活动的资料,没有得到过国际的出版物。他向马克思请求说:"我恳请您把总委员会的全部通告寄给我。"①

1872年5月丹尼尔逊从马克思处了解到,参加国际总委员会的工作使马克思离开了"理论研究",所以"打算**退出商业事务**"。丹尼尔逊复信说:"您想最大限度地拒绝非理论工作使我痛心。对于事情本身来说,这将是使人难以忍受的损失。"② 当时国际中同巴枯宁的斗争已达到高峰。海牙代表大会召开了。丹尼尔逊请求马克思给他寄代表大会的纲领和工作报告。③ 马克思满足了他的请求,并且写道:"由于巴枯宁和吉约姆被开除,控制着意大利和西班牙的协会支部的同盟到处掀起了反对我们的诽谤运动,而且和一切可疑分子勾结起来,企图把我们分裂为两个阵营。然而,它归根到底注定是要失败的,这只会帮助我们把

---

① 《马克思恩格斯和革命的俄国》第198—199页。1871年8月30日(9月11日)丹尼尔逊给马克思写信说:"您答应寄来的总委员会通告,我至今未收到……国际各支部已引起了恐惧,以至于俾斯麦公爵和博伊斯特(奥匈帝国的首相——作者)准备会晤,专为商讨制裁他们的共同措施,难道不是这样吗?"(《马克思恩格斯和革命的俄国》第212页)

② 《马克思恩格斯全集》第1版第33卷第479页;《马克思恩格斯和革命的俄国》第245页。

③ 《马克思恩格斯和革命的俄国》第248、261页。还是在1872年5月23日(6月4日),丹尼尔逊满足了马克思的请求,同时告诉他许多关于巴枯宁的材料。他对巴枯宁的所有评价并不都是正确的,但是他识破巴枯宁"指使涅恰耶夫愚弄了自己,并且注意到他作为先知的预言的废话"(《马克思恩格斯和革命的俄国》)。

某些地方钻进协会队伍的卑鄙分子和糊涂虫从协会中**清除出去**。"①

1872年夏天,丹尼尔逊给马克思寄去车尔尼雪夫斯基的著作《没有收信人地址的信》的手稿。1874年这篇手稿在国外出版。由于丹尼尔逊的努力,一些俄文著作包括罕见的书(例如,《钦设赋税制度审订委员会报告书》)定期送到伦敦。②马克思珍视这些他今后写作《资本论》所必需的资料。1875年2月11日,马克思在致拉甫罗夫的信中说道,尤其《赋税问题》材料是"第二卷中我研究俄国土地所有制等的那一章所绝对必需的东西"。1875年11月马克思收到丹尼尔逊寄来的这些著作,1875年12月至1876年2月10日对10本书作了摘要,写成40印张摘录和总结。

从彼得堡也寄来许多出版物:如布里奥赫的第五卷著作《铁路对俄国经济状况的影响》、А. И. 瓦西里契柯夫的《论自治》《俄国和其他欧洲国家的农业和农业学》、И. Д. 别里亚耶夫的《俄国的农民》、И. И. 科斯托马罗夫的《历史专题著作和研究》、В. И. 谢尔盖也维奇的《市民会议和公爵》、А. И. 斯克列比茨基的四卷《皇帝亚历山大二世时期的农民状况》、Ю. Э. 扬松的《关于农民份地和付款统计调查的试验》、载有 И. Г. 车尔尼雪夫斯基的《论土地所有制》的《同时代人》杂志(1857年第9、11期)和其他许多书刊。恩格斯证实说,马克思的俄文

---

① 《马克思恩格斯全集》第1版第33卷第547—548页。
② 因为这个缘故,洛帕廷1876年2月28日从巴黎寄给伦敦拉甫罗夫的信值得注意:"动身前您不在莫斯科吗?两个月以前弗里茨(丹尼尔逊——作者)给他寄去28卷《委员会报告书》(好像是八开本),并请求将这些书用完后通过我还给他。而他请我托一个可靠的旅行者把这些书交给他,因为这些书不是属于他的,主人也不知道它们被弄到国外。马克思说,他用完了这些书。"(《俄国同时代人论卡·马克思和弗·恩格斯》第157页)

藏书"是依仗丹尼尔逊收集起来的"①。后者寄来的材料使马克思能深入研究改革后的俄国的社会经济史。

马克思个人和丹尼尔逊从未见过面。谦逊和羞怯妨碍尼古拉·丹尼尔逊"同马克思和恩格斯结交,尽管他们很想这样做,并把他作为自己的朋友"②。但是,通信巩固了他们的联系:有40封信是这个彼得堡通信人写给马克思的,18封信是马克思写给他的。有时尼古拉·丹尼尔逊给马克思的女儿爱琳娜写复信。后来通信的中心内容谈的是《资本论》的遭遇问题。1879年4月10日,马克思拟订了自己的计划,并正式告诉丹尼尔逊,在实施反社会党人非常法的情况下,《资本论》第二卷在德国**不可能出版**。但是,这并未使马克思感到非常伤心,因为"在英国目前的工业危机还没有达到顶峰之前",他决定不出版第二卷,而从俄国和美国得到的大批资料使他能够继续进行研究。③

丹尼尔逊的若干封信使人们回想起改革后的俄国的社会经济发展情况。他叙述了俄国村社的命运、人头税、农民的土地收入、短工和家庭手工业。他写道:"新的经济因素"导致俄国农村的瓦解,富裕农民和贫苦农民的出现,而且后者被迫"停止耕种自己的土地。"④马克思还从丹尼尔逊那里得到了关于专制制度的国内政策、它对地方自治、刊物和革命运动的态度的资料。而马克思本人在致彼得堡通信人的一些信中谈到的不仅是科学问题,而且还表示了日常的关怀:谈到工作过累,健康,"在海滨地带的"休养,对他来说是取之不尽的快乐源泉的女儿和

---

① 《马克思恩格斯全集》第1版第36卷第96页。
② Д. И. 李希特尔:《日常会见》回忆录。
③ 《马克思恩格斯全集》第1版第34卷第344—350页。
④ 《马克思恩格斯和革命的俄国》第357—373页。

孙子，妻子的病和死的悲伤等。写信是秘密的：马克思署名阿·威廉斯，丹尼尔逊只用了两个字母（尼·丹·）。当发现地址不可靠时，马克思就要求告诉另外的、"**严格用于商务的地址**"①。

对于了解马克思对待丹尼尔逊的态度，1870年底洛帕廷致后者的信提供了许多情况："和对我的关系一样，这些关系是私人的，却是极为诚恳的，虽然它们的形成多少有点不同。对于过思想生活的人来说，通信人由于了解他并同情他，渐渐变成更为真诚的朋友，特别是因为他经常给予写作者的写作以各种友好的帮助，甚至对他的切身利益非常关怀。而且，在吃饭时的友好交谈中，我同K.K.（指马克思）和他家里的人关于你聊得很多，他甚至连你的身体情况都知道得很具体。每逢我从俄国回来时，他们总是亲切地向我详细打听你的情况。"②

至于丹尼尔逊，他崇敬马克思的威望，也像马克思评价他的俄国朋友一样。经济学家和统计学家Д.И.李希特尔证实说，马克思"温厚地"对待丹尼尔逊，对后者的各种消息都感到高兴。马克思决不多愁善感，他在致丹尼尔逊最后几封信中的一封信的结尾是这样写的："永远是您的忠实的朋友。"③ 1881年初，丹尼尔逊把他载于《言语》上的文章《我国改革后的社会经济概况》寄给了马克思。马克思读后告诉他说："一旦我生活的航船开进比较平静的水域，我一定对您那本《**概况**》发表更加详细的意见。"④ 但是，1883年3月马克思去世了……

---

① 《马克思恩格斯全集》第1版第33卷第542页。
② 引自А.К.沃洛比耶娃：《关于新发表的一封洛帕廷的信》，载于苏联马列主义研究院《马恩室学报》1972年第22期第31页。
③ 《马克思恩格斯全集》第1版第35卷第238页。
④ 《马克思恩格斯全集》第1版第35卷第149页。

现在丹尼尔逊担心作者的遗产《资本论》的命运。1883年9月，洛帕廷拜访恩格斯之后，他把马克思没来得及用于《资本论》的俄国经济学的手稿情况函告了丹尼尔逊。丹尼尔逊把这方面的情况告诉亚·伊·丘普罗夫说，马克思"留下了好几堆涉及经济生活的摘录、引文和评注，而所有这一切必将化为乌有。他本人不止一次写道，俄国的经济关系应在他将要写的书中起巨大作用"①。尼尔逊变成了恩格斯的经常通信人。他们在通信中注意的中心是俄国经济的发展问题。恩格斯也高度评价彼得堡寄来的材料，关心丹尼尔逊的著作②，引经据典地同他的民粹派观点进行辩论。

恩格斯的逝世是对丹尼尔逊新的打击。他告诉 И.А. 卡布鲁柯夫说："我从他那里收到的最后一封信，是（1895年）6月4日，他在信中写了（非常简短的话）：'我现在自我感觉很不好（话又说回来，也不是那么严重）……我希望很快能把好消息告诉您。'这是回答我的许多纯理论性质的问题……而实在是，只有死亡才未能使他把自己的观点告诉别人：损失这样一个富有同情心地、耐心地（对我的信也是这种态度!!）、挚诚地探讨真理并且可以说是非常可亲的人，令人非常痛心……是的，对我来说是无法补救的。"③

丹尼尔逊是民粹主义者，而在19世纪80—90年代则属于民粹派自由主义的一翼。但是他对于俄国社会思想的发展做了许多工作，不仅完

---

① Ц. И. 格林：《谈卡·马克思致〈祖国纪事〉编辑部的一封信在俄国发表的经过》，载于《十九世纪下半期至二十世纪初俄国的图书事业和书籍目录》1980年列宁格勒版第137—139页。

② 丹尼尔逊的《我国改革后的社会经济概况》1893年出版，1899年德文版在慕尼黑出版，1902年法文版在巴黎出版。

③ 引自《苏共历史问题》1983年第6期第24页。

成了洛帕廷开始进行的《资本论》第一卷俄译文,而且在1885年和1886年先后翻译了马克思的不朽著作的第二卷和第三卷。

(原载苏联《历史问题》1983年第11期第83—95页)

(晓文 译,略有删节)

欧仁·杜邦——马克思和恩格斯的朋友(摘译)*

〔苏〕И.А.巴赫

工人阶级的伟大导师马克思和恩格斯不只是无产阶级政党的理论家、科学著作和纲领性文献的作家,他们为创建无产阶级政党还做了大量的组织工作。

国际工人协会一成立,马克思就开始在总委员会团结了一批最接近的助手,和他们一起开展经常性的工作,耐心向他们讲解他的学说的基本原理,帮助他们摆脱工人运动初期所特有的空想的、小资产阶级宗派主义的观点。钟表匠海尔曼·荣克、机械师、乐器师欧仁·杜邦等,在工厂一天要干12—14小时的活,还挤出时间学习马克思著作,积极参加总委员会每周召开的会议,在伦敦工人协会和工人俱乐部开展宣传工作。他们还克服极大的困难,和其他城市、其他国家的同志保持书信来往,给国际的机关刊物撰写文章和写通讯报导。

欧仁·杜邦是马克思的学生和战友。他任国际总委员会法国通讯书记达七年之久。从1865年开始到1872年,他同法国各地的国际的委员

---

* 本文选自《马列主义研究资料》1986年第3—4辑合刊。

原题注:苏联历史学博士,苏共中央马列主义研究院高级研究员,著有巴黎公社第一国际史等论文。——译者注

们保持经常的书信往来，曾多次去巴黎和法国其他省份建立联系。马克思在国际的不同历史时刻，通过他向法国工人提出大量建议和号召。杜邦和马克思全家都很熟，他常去伦敦马克思家和曼彻斯特恩格斯家。马克思称杜邦为"我的朋友"。

欧仁·杜邦生于巴黎。16岁的时候，他就参加了1848年巴黎无产阶级的六月战役。他的学徒生活是在一家颇有名气的铜管乐器厂渡过的。他心灵手巧，在厂里派了很大用场，他很快成了一名优秀工长，并有所发明。但在资本主义社会，工人的发明富了老板，却使工人的处境更加恶化。

杜邦深知工人的疾苦，处处反映他们的要求。杜邦在伦敦结识了一些法国小资产阶级的代表人物。在这里，他很可能还出席了国际工人协会成立大会。1864年11月，经一位最积极的法国侨民代表的推荐，杜邦被选入国际总委员会。

1864年11月1日，杜邦第一次出席总委员会会议。就在这一天，马克思起草的成立宣言和国际工人协会临时章程被批准。总委员会通过了马克思起草的纲领性文件，这是马克思主义在国际工人运动中取得胜利最重要的先决条件。但是要把欧美各国广大工农群众团结在这些文件的周围，还需要做多年艰苦的工作。杜邦能够在这一工作中起到积极的作用。

国际一成立，马克思就把最有觉悟的、忠于无产阶级事业的总委员会工人委员团结在自己的周围，并循循善诱地向他们介绍科学共产主义思想。到1865年年中，马克思领导的各国工人阶级领袖、无产阶级革命家的核心已开始形成，总委员会因而成为国际无产阶级的战斗司令部。因为有了这样的核心，一切社会主义分子能很快地团结起来，使马克思主义在国际中取得了胜利。马克思得到杜邦这个领导国际法国人支部的可靠助手。杜邦聆听马克思的意见,在总委员会解决全面的问题时一贯支持马克思的观点,在国际代表大会上捍卫总委员会的路线。杜邦始终认为自己是马克思的学生。他常说:"我所知道的一切,都是从马克思那儿学到的。"一遇到困难,一有不明白的问题,他就请教马克思。

1865年夏天,杜邦在马克思的领导下做了许多重要的工作,使原定在布鲁塞尔召开的代表大会延期,而于同年9月在伦敦召开代表会议。

马克思认为国际最重要的任务,无论在法国还是在瑞士和比利时,都是克服蒲鲁东主义的影响。蒲鲁东主义反对罢工,反对工会,反对政治斗争,对家庭和教育持反动观点,盲目相信合作社、产品等价交换和无息贷款是拯救一切的力量,这种小资产阶级的学说是工人运动发展的严重障碍。它对罢工所持的否定态度危害极大。

正确认识经济斗争在无产阶级整个解放斗争中的地位,是进一步发展工人运动的必要条件。马克思在1865年6月20日的会议上坦率地对总委员会委员们说:"目前大陆上正流行着一种真正的罢工流行病,增加工资的要求已成为普遍的要求。这个问题将要在我们的大会上提出讨论。你们是国际工人协会的领导,对这个极重要的问题应当有确定的见解。"①

马克思在总委员会做报告后大约一个月,杜邦以法国总委员会书记的身份给《泰晤士报》写了一封信,这封信完全符合马克思在所提到的问题中的观点,它表明杜邦已经多少摆脱开自己过去关于阶级调和的蒲鲁东主义的幻想。

---

① 《马克思恩格斯全集》第1版第16卷第113页。

1866年9月3—8日，杜邦以伦敦法国人支部代表身份出席了日内瓦代表大会。这是国际第一次代表大会。这次大会根据马克思起草的临时章程，批准了国际的总的章程，通过了关于八小时工作日、女工和童工、工会和合作社等重要决议，这些决议被收入马克思起草的"临时中央委员会就若干问题给代表们的指示"。代表大会肯定了国际成立以来总委员会的工作。杜邦参加了章程起草委员会的工作。

日内瓦会议后，原先对国际在法国的活动装作看不见的法国政府，在边境没收了预定供总委员会用的代表大会记录和其他材料。法国警察局严密监视杜邦的往来书信。

杜邦从1866年底开始，经常给《法国信使报》撰稿，报道国际支持的一些罢工的情况。他本人也直接参加罢工活动。

杜邦在1867年9月2—9日召开的国际洛桑代表大会上，被选为主席。当时的情况是很困难的。71名代表中多数是法国人和罗曼语区的瑞士人，几乎都是蒲鲁东派。杜邦只能依靠总委员会代表团、瑞士人支部个别委员和一些德国人，其中有两名常任记者和马克思的学生——库格曼和保尔·施土姆普弗。虽然有这些困难，总委员会代表团对蒲鲁东派在国际内树立他们领导地位的企图，还是给予了回击。

马克思高度评价了杜邦在洛桑代表大会上对蒲鲁东主义的斗争。他在1867年9月12日给恩格斯的信中写道："最糟糕的是，我们在巴黎没有人能够同敌视蒲鲁东派的工人支部（他们构成多数！）建立联系。如果杜邦能在巴黎呆几个星期，那就一切都会很顺利，但是警察对他进行严密的监视。"①

---

① 《马克思恩格斯全集》第1版第31卷第353页。

杜邦在马克思的影响下逐步成长为自觉的无产阶级革命者。他密切注视英、法、瑞士、爱尔兰等国革命情绪的增长，在报刊上发表文章，在各种会议上发表演说，传播马克思的思想。杜邦在1869年就已经清楚地认识到无产阶级政党在即将来临的革命中的作用，并为使国际成为这样的政党而作出了一切努力。

筹备召开国际布鲁塞尔代表大会时期，是法国人支部内斗争最尖锐的时期之一。为了阻挠国际顺利地开展活动，比利时司法部长向国会提议，恢复授权当局将不受欢迎的人于24小时内驱逐出比利时的法律。为此，马克思建议将召开代表大会的地点由布鲁塞尔迁至伦敦。马克思的建议得到他最亲密的战友杜邦、荣克等的热烈拥护，他们认为当前代表大会的工作能在伦敦、在马克思的直接领导下进行，这是最理想的。而以奥哲尔为首的工联主义者则反对将召开代表大会的地点迁往他处。

韦济尼埃利用总委员会内的分歧来反对马克思。马克思于1868年6月上半月在曼彻斯特恩格斯家作客。韦济尼埃在6月9日的会议上，乘马克思不在之际，指责总委员会搞调和主义，破坏国际的威望，是波拿巴主义。韦济尼埃在伦敦法国人支部会议上，攻击杜邦和荣克，宣称他们是"波拿巴派"。

其实，比利时人支部的领导是不同意马克思观点的。他们向司法部长发出公开信，认为代表大会无论如何应在比利时召开。马克思了解到信的内容，并从比利时人支部得到一些信息，于是在1868年6月16日收回了自己的建议。他在给恩格斯的信中这样叙述了他的意见的实质："……外侨法并不是直接针对国际的。它具有普遍的性质。因此，如果国际在这样的立法下选择布鲁塞尔作为自己的会议地点，就是对比利时政府让步。现在情况相反。现在是比利时政府直接威胁我们并向我们挑衅，如果这时我们把代表大会从布鲁塞尔迁走，等等，我们就是对它让步。"①

在总委员会这场整个辩论中，韦济尼埃和法国人支部某些有反对看法的人持强烈挑衅态度。马克思和他的战友们更迫切需要使国际不致对伦敦法国人支部小资产阶级民主派的冒险行为和挑衅行为负责。

马克思认为，伦敦法国人支部所有这些喧嚣"是旧党派即1848年的共和派蠢驴们以及主要是在伦敦代表他们的那些渺小的大人物的阴谋。我们的协会是他们的眼中钉。在他们企图反对协会而未能得逞以后，现在自然退而求其次，竭力诋毁它。皮阿正好是一个比其他人更适合于干这种事的家伙。因此比较聪明的人把他推到了前面。……如果这里的法国人支部不停止它的愚蠢行为，就必须把它赶出国际。正当国际协会由于大陆上的种种事件，已开始成为重大力量的时刻，不能容许50个蠢材（各国的空谈家在这种公开场合都聚集在他们的周围）危害国际的存在。"②

为了结束皮阿的无理要求，杜邦和他的同志们决定退出伦敦法国人支部，从而使该支部不再成为国际的一个支部。

杜邦肩负着繁重的组织工作，然而他的家庭负担也很重。他的妻子患肺结核，三个女儿大的才七岁。他当工长，工资微薄，难以养家。他长期在作坊工作，接触铜粉和有毒蒸汽，早在1868年秋，布鲁塞尔代表大会以后，他就病了。医生建议他停止有害的生产。这不是那么简单

---

① 《马克思恩格斯全集》第1版第32卷第95页。
② 《马克思恩格斯全集》第1版第32卷第110页。

的事。杜邦在作坊里搞了多项技术革新,但这些革新还没有使他的物质生活得到保障。他想实现自己的发明,比如他在改进一种制作火柴盒的机器,但经费不足。杜邦于1869年1月8日写信给马克思,要求借给他4—5英镑,以便把这项发明进行到底:2张借据,1张5英镑,1张1英镑,这说明尽管马克思本人处境拮据,但他不曾拒绝帮助自己的"朋友杜邦",1869年4月15日马克思给恩格斯的信中就是这样称呼杜邦的。①

厂主靠杜邦的发明发了财,后来他把企业卖掉了。杜邦因而失了业。马克思在给恩格斯的信中这样写道:"这里的人们当中最能干的一个人杜邦失了业,而且他的妻子还病得要死。他十分俭朴,除非常急需,从不向人借钱,而且很诚实,借了钱总要归还。"② 在这艰难时期,马克思尽一切可能支援杜邦,体现出真正同志式的无微不至的关怀。燕妮照料杜邦生病的小女儿。杜邦先找到了一个临时工作,但从1870年春天开始又来到街上,他失业了。马克思于1870年4月14日写信给恩格斯,请他给杜邦寄些钱来,因为杜邦又被解雇了。信上说:"你和穆尔如能寄给我几英镑**补贴杜邦**,我就太高兴了。他的妻子患肺结核,住在医院里。他本人被原单位撵走了。**借口**是他的政治观点,**真正的原因**是,他的**全部发明**已被他的厂主据为己有。……我已经给了杜邦几英镑,因为几个星期来,他和他的三个小女儿不得不只啃点干面包。在他找到新的工作以前,只需要帮他几个星期。谁能写出这样一部工人史——工人由于自己的**发明创造**而被一脚踢开!"③

---

① 《马克思恩格斯全集》第1版第32卷第283页。
② 《马克思恩格斯全集》第1版第32卷第301页。
③ 《马克思恩格斯全集》第1版第32卷第463页。

这时杜邦的小女儿已经住院,不久死于医院。杜邦再也不能待在伦敦了。他接受曼彻斯特乐器厂厂主海厄姆的建议,赴曼彻斯特任助理工长。

杜邦一来到曼彻斯特,受到恩格斯的热情相助:恩格斯到车站接他,收留他的一个女儿,给他找住处,陪他去和新厂主谈判。1870年7月13日杜邦写信给马克思说:"恩格斯对我像老朋友一样,这方面我也应该感激您!"

杜邦在恩格斯家不只得到物质上的支援和工作上的忠告,恩格斯还和他促膝谈心,向他介绍曼彻斯特无产阶级的生活情况,倾听他对国际的策略的看法,并叙述自己的观点。

杜邦离开伦敦后仍保留总委员会法国书记的职务。他和马克思、荣克通讯频繁,信中常提到恩格斯,遇到问题总找恩格斯讨论和解决。马克思有些任务是通过恩格斯直接交给杜邦的。

1870年9月18日左右,恩格斯彻底迁往伦敦。从这时起,大量涉及国际的信件,都是由马克思转交给恩格斯的,而杜邦和总委员会的联系也开始通过恩格斯来进行。同时,恩格斯还不断从物质上和道义上帮助杜邦教育他的子女。

杜邦和总委员会的联系部分是通过海尔曼·荣克和奥·赛拉叶,但首先是通过马克思和恩格斯。7月19日,马克思在伦敦总委员会会议上宣读了杜邦的来信,信中建议委员会发出反对战争的呼吁。杜邦的建议当即得到委员会其他委员的支持,于是马克思受委托起草这一宣言。《关于普法战争的第一篇宣言》指出,现阶段,战争从德国人民方面来看是防御性的,由于拿破仑帝国军事失败而将出现的革命前途,也使德国方面的战争具有进步性。

1870年9月2日，法兰西第二帝国垮台，法兰西第三共和国宣告成立。此后不久，杜邦在曼彻斯特得知此事件。巴黎革命的消息使杜邦极度兴奋：他多年的夙愿实现了。他预先和恩格斯详细讨论过自己的看法。恩格斯在9月7日给马克思的信中写道："杜邦刚走。……他对这件事的看法十分明朗而又正确：利用共和国必然给予的自由在法国组织政党；在建立组织之后，一有可能立即采取行动；在缔结和约以前，国际在法国应持观望态度。"① 马克思9月10日复信给恩格斯说："请告诉杜邦，我完全同意他的观点。"②

对1870年9月4日的政变、对巴黎公社，杜邦都采取了马克思正确的立场，他不愧是马克思的学生。

杜邦了解工人阶级政党对无产阶级革命胜利的意义，仍然希望国际能起到无产阶级先锋队的历史作用。他满怀希望地抓住对国际法国人支部群众产生影响的一些细微的征兆。他就公社选举问题写信给马克思说："我高兴地看到，国际稍微活动起来了！"

公社的失败对杜邦是一个沉重的打击，但他并没有丧失建立工人阶级政党的信心。他及时得到了马克思和恩格斯的鼓励和帮助。

1871年9月17—23日召开了伦敦代表会议，杜邦本应以法国代表团成员的身份参加这次会议，但因不能久离曼彻斯特，他只参加了9月17日和18日的头两次会议。马克思和恩格斯直接领导了代表会议的工作。代表会议的中心问题，是关于工人阶级的政治组织问题。为了和巴枯宁派进行斗争，马克思和恩格斯建议代表会议作出一系列

---

① 《马克思恩格斯全集》第1版第33卷第59页。
② 《马克思恩格斯全集》第1版第33卷第63页。

决议，巩固国际的组织机构，加强总委员会的领导作用。杜邦不仅无条件地赞成马克思的观点，而且在马克思的领导下为这些决议的实现而斗争。

由于杜邦的努力，国际曼彻斯特支部于1871年10月初建成。1871年10月16日杜邦给恩格斯的信中说："我们终于有了自己的支部，我希望，国际能扎根于工人联合会之中。"厄·琼斯被选为支部书记。杜邦拒绝任何正式职务，而只同意当委员会委员，因为他认为这样对他更有好处。在整个国际不列颠联合会和总委员会内部的改良主义分子几乎都在反对马克思的领导时，由于杜邦的努力，曼彻斯特支部成为总委员会和马克思的支柱。

1871年9月新成立的不列颠联合会委员会，对总委员会立即采取了敌对的立场，拒绝服从总委员会的指示，并尽力设法把总委员会的职能据为己有。总委员会书记黑尔斯一度曾是不列颠委员会的书记，他玩弄两面派手法。杜邦在曼彻斯特利用自己总委员会代表的威望，同黑尔斯的路线进行斗争。

在曼彻斯特支部小范围内遇到的那些派别，和在整个国际内遇到的一样。马克思反对共和国联盟的斗争和他反对资产阶级激进主义者布莱德洛的论战，在曼彻斯特支部的生活中有所反映。杜邦始终以马克思路线捍卫者的身份站在这一斗争的中心。

曼彻斯特支部通过这些斗争壮大了。支部人数的增加向委员会提出了新的任务，对支部成员进行个别宣传已经不够了。从1872年春天开始，曼彻斯特支部组织许多理论讲座，介绍国际的任务、九小时工作日、资本和劳动以及土地国有化等。杜邦是这一工作的鼓舞者和报告人之一。

杜邦在曼彻斯特的社会政治活动引起了他的主人的不满；他的健康状况日益恶化，最后决定离开这个地方，返回伦敦，想实现自己的发明。从1872年5月28日开始，杜邦又按时出席总委员会会议。在海牙代表大会召开前几个月，总委员会内发生了激烈的斗争。杜邦陷入局势演变的中心，他坚决站在马克思的一边；他的曼彻斯特支部组织者的身份，使他能颇有声望地就英国事务发表个人意见。

1872年9月1日在海牙举行了海牙代表大会。马克思和恩格斯亲自参加了这次大会，他们同巴枯宁派进行了不调和的斗争。代表大会决定将巴枯宁及其最亲密的帮手吉约姆开除出国际，而总委员会迁至纽约。由于马克思的坚决要求而通过的这一决定，引起许多真心实意认为自己是马克思拥护者的人的不满。

在这复杂的情况下，杜邦没有动摇，他同恩格斯、拉法格、列斯纳、贝克尔·约翰·菲力浦一起投票赞成海牙代表大会的决议。

总委员会迁至纽约后，马克思和恩格斯没有停止对国际的领导；欧洲的许多支部继续直接请教马克思和恩格斯。这时恩格斯承担了大部分过去马克思担任的组织工作。许多问题恩格斯都是同"老近卫军"——拉法格、列斯纳、杜邦一起决定的。

贫困不断折磨杜邦。他把一笔又一笔的钱用在自己的发明上，而对发明的实际收益却考虑得不够。

1873年夏天，杜邦和拉法格办了一家乐器厂。但拉法格也不是很有经验的生意人。同年11月，有过一大笔订货，但资金短缺，无法购置原料。杜邦债台高筑，肺结核日益恶化……他非常思念他的孩子们。杜邦这时给恩格斯的信中，谈到想去美国，在那里他和法侨有联系。1874年冬初至1875年，杜邦到达美国。尽管疾病的折磨和侨居国外条件的艰辛,杜邦却一直没有间断过和恩格斯以及党内其他同志的联系。

1882年1月29日,欧仁·杜邦在芝加哥医院逝世。保尔·拉法格称赞他不愧为光荣的无产阶级革命者、马克思和恩格斯在法国工人阶级队伍中的第一个学生和战友。

(原载《马克思主义和国际工人运动史论丛》1964年莫斯科版第233—317页)

(蒯启发 译)

关于马克思和达尔文的关系[*]

杜章智

马克思主义和达尔文主义之间的关系,历来是国外马克思学者和科学史研究者热烈讨论的问题,而马克思和达尔文之间的具体交往情况,又在这个问题中占有极其重要的地位。

长期以来,人们认为达尔文给马克思写过两封信。一封写于1873年10月1日,是对马克思在同年6月16日赠送《资本论》第一卷的感谢信。这封信是由爱德华·艾威林1897年在他的《查理·达尔文和卡尔·马克思比较》一文中首次发表的,信的全文是:

敬爱的先生:

承蒙寄赠巨著《资本论》,谨致谢意。诚愿对政治经济学如此高深而又重大的课题能有较多的了解,以无愧于您的惠赠。尽管我们的研究领域是如此不同,但我相信,我们两人都热诚期望扩大知识领域,而这无疑将最终造福于人类。

忠实于您的

查理·达尔文

1873年10月1日

---

[*] 本文选自《马列主义研究资料》1984年第4辑。

第二封信是 1880 年 10 月 13 日写的，以莫斯科马克思恩格斯研究院的名义首次刊载于《在马克思主义旗帜下》杂志 1931 年第 1—2 期，它的全文是：

亲爱的先生：

接到您的亲切的信和附件，非常感激，无论用什么形式发表您对我的著作的意见，完全不必取得我的同意。要我同意并不需要我同意的事情，那是可笑的。我希望您不要把您的著作的一篇或一卷题献给我（您向我表示的敬意我很感激），因为这在某种程度上是说我赞成您的全部著作，其实我对您的全部著作毫无认识。因为我在一切问题中坚持拥护思想自由，所以我终究认为（正确与否，反正都一样）反对基督与有神论的直接论据对于大众恐怕不会产生任何印象，同时我认为用科学进步的成就来对理智逐渐加以教育最有益于思想自由。因此，我永远有意识地避免写作关于宗教的文章，使自己不越出科学的雷池一步。不过，不论我怎样支持对宗教的直接攻击，我使我的家庭中某些人所遭受的那种痛苦的思想，对于我可能比应有的影响更大。

拒绝您的请求我感到非常难过，可是我老了，而且很衰迈，校样的审查非常使我疲倦（根据最近的经验，我相信如此）。

忠实于您的
查·达尔文
1880 年 10 月 13 日

达尔文这两封未写收信人姓名的信，长期以来在他和马克思的关系上蒙上了一种神秘的色彩。围绕着这两封信，特别是第二封信，提出了各种假说，引起了许多误会，尤其是在达尔文对待马克思的态度问题上出现了不少错误的解释。这两封信的收信人究竟是不是马克思？——从 60 年代后期起，这个问题成了一些西方马克思学家和科学史研究者注意的焦点。经过他们的努力，这个问题到 70 年代中期得到了满意的解答。当时许多国外报刊都发表过介绍文章，我国的《化石》杂志在1977年第4期和1978年第1期上也作过报道。

现在我们知道，第一封信肯定是达尔文写给马克思的。过去有人怀疑它是艾威林伪造的，显然证据不足。因为：（1）在伦敦附近道恩村的达尔文住宅里找到了马克思馈赠的那本德文第二版的《资本论》第一卷，书名页上有马克思亲笔写的赠书题词（"赠给查理·达尔文先生。您真诚的钦慕者卡尔·马克思。1873年6月16日于伦敦梅特兰公园莫丹那别墅1号"）。达尔文回信表示感谢是顺理成章的事。（2）长期研究达尔文笔迹的专家认为，这封信的笔迹具有显著的"达尔文式"风格，不可能出自伪造者之手。（3）恩格斯在1882年5月3日给伯恩施坦的信中曾明确地提到这封信："达尔文的信——一封极为亲切的信——当然是写给马克思的。"①

第二封信不是写给马克思而是写给他的女婿艾威林的。1931年把这封信作为达尔文写给马克思的信在《在马克思主义旗帜下》杂志上首次发表，是莫斯科马克思恩格斯研究院的工作人员造成的错误。在伦敦剑桥大学图书馆保存的达尔文私人档案材料中，发现了艾威林在1880年10月12日写给达尔文的一封信，其中写道："数月前，我不揣冒昧把评论您的著作的一批文章中的开头几篇寄给您……登载这些文章的杂志不幸夭折，我打算把这些文章重新改写，同另外很多接下去的文章一起，发表在《国民宗教改革者》杂志上。我的朋友安妮·别桑特和议员查理·布莱德罗希望出版学者和自由思想家的著作或者是对它们的评论，叫作《科学和自由思想国际丛书》。我们打算把我写的关于您的著作和学说的书作为丛书的第二种。我再次写信给您，想了解这一计

---

① 《马克思恩格斯全集》第1版第35卷第308页。

划是否能得到支持，即能否荣幸地承蒙您本人同意。请您同意把这第二本书题献给您，这对我的书和我都是一种荣誉……不用说，如果您能抽空给我们写几句话表示同意，我们该感到多么荣幸……随信附上由别桑特夫人译成英文的毕希纳博士的一本小册子，如果您不嫌麻烦，我将很乐意把我的书的校样陆续寄给您。"如果把这封信的内容与达尔文1880年10月13日的信加以对照，就很容易看出，达尔文的信是对艾威林这封信的复信。

现在已很清楚，马克思和达尔文之间的全部交往只是：1873年6月16日，马克思送了一本德文第二版的《资本论》第一卷给达尔文，后者收到后，于同年10月1日回了马克思一封热情洋溢的感谢信。然而这个简单明了的事实，却是不少研究者花了不少工夫才得以确立的。如果从1931年苏联马克思恩格斯研究院的工作人员想当然地把达尔文致艾威林的信误认为致马克思的信发表出来算起，那么到70年代中期事实得到澄清，经历了将近半个世纪。不久前收到的美国《政治经济学史》杂志1982年冬季号上，发表了拉尔夫·科尔普写的一篇叫作《达尔文致马克思的信的神话》的文章。该文作者除了详细论述了达尔文分别同马克思和艾威林的关系以外，还用了大量篇幅回顾了达尔文1880年的信如何被苏联人误认为写给马克思的信，又如何经过多少人的考证才得以真相大白的全部过程。科尔普特别提到施洛姆·阿温纳里写的一篇文章《一条关于马克思和达尔文的脚注》，认为它对澄清达尔文1880年的信的收信人问题起了特别重要的作用。我们在这里把科尔普的文章中叙述达尔文1880年的信的来龙去脉的部分摘译出来，并且全文译出阿温纳里的那篇文章，供研究者参考。阿温纳里是以色列耶路撒冷希伯来大学的政治学教授，国际上知名的"马克思学家"。西方马克思学家中，有一些是离开现实斗争进行纯学术研究的学者，他们为马克思主义的研究提供了大量思想材料，也提出了一些值得马克思主义者认真思考的问题。阿温纳里就可以列入这类学者。他的《一条关于马克思和达尔文的脚注》一文，自然是站在资产阶级客观主义立场上写出的。但是他在这篇文章中，根据他对马克思书信的研究，对当时普遍流行的关于马克思和达尔文关系的说法提出了疑问，从而对这个问题的深入研究起了推动作用。

达尔文1880年那封信的收信人问题解决以后，在马克思和达尔文的交往方面过去那些"想当然"的东西都消除了，但是马克思主义和达尔文主义之间的关系仍然是某些西方马克思学者和科学史研究者热衷于探讨的问题。例如，一位加拿大学者在1978年撰文证明马克思是一个把阶级斗争"建立在生物学驱策力之上的"社会达尔文主义者。1979年又有一位美国学者出来坚决反对这种主张，认为它"显然是错误的"。这种情况是不难理解的，因为马克思对达尔文主义的评价不是简单的肯定或否定，而是有分析的。达尔文关于物种的起源和发展的理论是伟大的，但是他夸大了生存斗争的作用。他不是批判地对待反动的马尔萨斯人口过剩理论，而是认为马尔萨斯的这种理论推动了他去研究生存斗争的问题。因此，马克思既在某种程度上把达尔文主义看作是科学真理，同时又认为它是资产阶级思想的反映。有些资产阶级学者不是辩证地看待这个问题，而是片面地各执一词，讨论自然要旷日持久地进行下去了。

达尔文致马克思的信的神话(摘译)*

〔美〕拉·科尔普

恩格斯在1895年逝世后,马克思的许多手稿和信件转归爱琳娜·马克思保管。1895—1897年间,爱琳娜和艾威林整理了马克思的文献资料,撰写并发表了几篇文章。大概是在这个时候,艾威林读到了达尔文1873年10月写给马克思的信,并且把它同达尔文1880年10月写给自己的信放在一起。这两封信于是就一起留在马克思的档案中。

爱琳娜逝世(1898)之后,她掌握的那些马克思的文献资料转到德国社会民主党手中。在20世纪20年代,柏林社会民主党档案馆把他们一部分藏品的复制件(其中包括达尔文致马克思和致艾威林的两封信的副本),送给了莫斯科马克思恩格斯研究院院长达·梁赞诺夫。梁赞诺夫计划出版马克思恩格斯全集,正在搜集属于马克思和恩格斯的一切著作。1931年初,梁赞诺夫由于政治原因被解职。1931年2月,当马克思恩格斯研究院缺乏有真才实学的得力领导、思想极其混乱的时候,在苏联的《在马克思主义旗帜下》杂志上发表了达尔文1880年10月

---

* 本文选自《马列主义研究资料》1984年第4辑。
　原题注:拉尔夫·科尔普是美国医学博士,精神病学家和达尔文研究者。——译者注

13日致艾威林的信的俄译文。信前面加了一个简短的按语，把它说成是"查理·达尔文致卡尔·马克思的信"，"具有伟大的历史意义"。

按语毫不含糊地宣称，这封信是达尔文"对马克思请他审阅《资本论》中提到进化论的第十二、十三两章英译文校样的复信"。接着说，"达尔文早在1873年10月1日的信中感谢马克思赠他《资本论》法译本①时，就强调他不懂政治经济学，对这一惠赠受之有愧；如今他又拒绝接受把有关章节题献给他的荣誉，唯恐会被怀疑赞同这部诅咒资产阶级的著作。"按语认为，达尔文拒绝题献具有"现实意义"，因为它"再次证实了无产阶级的信念：资产阶级所宣称的'科学自由'是一种虚构"。按语由"马克思恩格斯研究院"署名。② 信后面刊登了E.科尔曼的一篇文章③，同意对这封信作这种解释，并且批评达尔文否认他的无神论观点。

署名"马克思恩格斯研究院"的按语，具体是由什么人撰写的，不得而知。他们可能是该研究院的一群年轻工作人员，发现老领导人无权过问他们的工作时，赶紧用发表一项新的发现来表现自己。他们这个按语的特点，是无知、愚蠢和似是而非。他们不知道《资本论》法文版和英文版的出版日期。他们回避提出明显的问题（在那之前不久发表

---

① 马克思赠给达尔文的是《资本论》第1卷德文第2版，法译本到1875年11月才问世。

② 《查理·达尔文致卡尔·马克思的信》，载于《在马克思主义旗帜下》1931年第1—2期第203—204页。

③ E.科尔曼：《关于达尔文的所谓"不可知论"》，载于《在马克思主义旗帜下》1931年第1—2期第205—206页。科尔曼（1892—1979）于1919年加入俄国共产党，30年代负责俄国自然科学研究方面的意识形态内容，后在莫斯科大学任教。

的马克思对达尔文主义表示怀疑的书信,没有被提及),既没有提到达尔文的原信存在何处,也没有附英文副本。然而,由于有些权威人士曾强调过达尔文主义和马克思主义之间的密切关系①,马克思又曾经接到过达尔文一封关于《资本论》的信,现在把马克思档案中发现的一封达尔文谈到某部即将问世的出版物的信说成是写给马克思的,并提及《资本论》即将出版的某个版本,表面上也不是讲不通的。

紧接着,德共的《世界晚报》和《红色建设》杂志从俄文译载了《达尔文致马克思的信》。② 伦敦的《泰晤士报》又从《世界晚报》转译了这封信。③《泰晤士报》和两家德文报刊都说,"这封信现在在莫斯科马克思恩格斯研究院"。但是原件仍然在柏林社会民主党档案馆里,马克思恩格斯研究院只拥有一份照相副本;无论是柏林或莫斯科,都没有人出来澄清这一点。1931年11月,英共的《劳工月刊》发表了从德文转译的英译文以及 E.科尔曼的评论。④ 1934年,用德文和俄文发表

---

① 本世纪初,有几部有影响的理论著作,如 A.拉布里奥拉的《论唯物史观》和 A.潘涅库克的《马克思主义和达尔文主义》都宣称马克思主义和达尔文主义是类似的理论。一些马克思传记援引了恩格斯在马克思墓前讲话中将马克思与达尔文并提的说法。一部流行很广的 J.斯帕哥写的马克思传记说,马克思在19世纪60年代曾对第一国际成员 W.H.雷利说过这样的话:"没有什么比把我的名字与达尔文的名字联系在一起更使我高兴。他出色的著作使得我的著作变得绝对无懈可击了。"其实,马克思这句话只是表达了他对达尔文主义的初步反映,他后来改变了这种看法。

② 《世界晚报》1931年5月13日,载于《红色建设》杂志1931年第4期第357页。

③ 《泰晤士报》1931年5月18日第11版第3栏。

④ 《劳工月刊》1931年11月号第702—705页。科尔曼的评论就是他那篇《关于达尔文的所谓"不可知论"》。

了由弗·阿多拉茨基主编的《马克思生平事业年表》，其中提到达尔文1873年致马克思的信，然后又提到达尔文1880年的信，并且把1880年的信中说的"您的著作的一篇或一卷"解释成为《资本论》第二卷。①没有特别说明为什么把《资本论》的英译本解释成《资本论》的第二卷。这部《年表》成了马克思生平事业的资料来源。

于是开始普遍相信，马克思曾希望把《资本论》的某一部分题献给达尔文（至于具体是哪一部分，则有不同看法，下面就要谈到这一点）。之所以如此，有两个原因：一个是马克思恩格斯列宁研究院的威望，它一向是关于马克思的确切资料的主要宝库。另一个是，既然马克思关于达尔文主义的评价在正反之间摇摆过，那么在他摆向正面时希望把自己的名字与达尔文的名字联系在一起，是有可能的。

关于达尔文和马克思在《资本论》问题上的接触，有过各种不同的描写。1938年，马克思主义的生物学家M.普勒南在他的法文《达尔文传》中说，1880年，马克思请达尔文审阅《资本论》第十二、十三两章的英译文，达尔文由于健康原因拒绝了。②同一年，G.威斯特在他的英文《达尔文传》中说："据说马克思对《物种起源》评价极高，认为它为他的阶级斗争理论提供了自然科学的基础，因此希望把他的《资本论》题献给达尔文，可是达尔文坚决否认与任何形式的社会主义有联系。"③1939年，I.倍林在他的著名的马克思传记中说，马克思希望把《资本论》题献给达尔文，"达尔文赶紧用一封客气的、措词谨慎的信

---

① 参看弗·阿多拉茨基主编：《马克思生平事业年表》，三联书店1977年版，第637页。

② M.普勒南：《达尔文传》1938年巴黎版第43页。该书在1946年再版时又重复了这种说法。

③ G.威斯特：《达尔文传》1938年纽哈芬版第324页。

谢绝了这一荣誉，说他不幸对经济科学一无所知，但他对作者表示了良好的愿望，希望他在他们的共同目标即扩大人类知识领域方面取得更大成就"。这里凭想象把达尔文两封信的内容糅合在一起，就把关于马克思建议题献的讹误弄得更复杂了。倍林还毫无根据地说，马克思"对达尔文的才智比对他同时代的任何人都更加钦佩"①。也许正是这种说法使得 J.巴尔仲写道，马克思"关于他自己的心爱形象"是"社会学的达尔文"②。

关于马克思建议题献给达尔文的是《资本论》哪一部分的问题，二次大战以来有这样一些说法：第一卷英译本③；第二卷④；不是第一卷英译本就是第二卷⑤；《资本论》的某一未确定的部分⑥。有三位作者

---

① I.倍林：《卡尔·马克思：他的生活和环境》1939 年伦敦版第 218 页。

② J.巴尔仲：《达尔文、马克思、瓦格纳：对一种遗产的批判》1958 年纽约版第 169 页。巴尔仲在第 174 页注 4 中提到倍林的书。

③ G.希麦尔法布：《达尔文和他的革命》1959 年纽约版第 364、398 页；G.德皮尔：《查理·达尔文》1964 年纽约版第 266 页，等等。

④ D.麦克勒南：《卡尔·马克思传》1973 年伦敦版第 424 页；V.格拉坦纳：《马克思和达尔文》，载于《新左派评论》1973 年第 11—12 月号第 79 页；M.吕贝尔和 M.马纳尔：《不带神话的马克思》1976 年纽约版第 318—319 页，等等。

⑤ F.拉达茨：《卡尔·马克思政治传记》1979 年伦敦版第 232 页，等等。

⑥ A.E.盖西诺维奇和 N.I.费金森编：《查理·达尔文书信选》1950 年莫斯科版第 363 页注 433；《马克思传》1973 年莫斯科版第 321 页；A.凯斯爵士：《达尔文重新评价》1955 年伦敦版第 233—234 页，等等。

声称，马克思希望把《资本论》第一卷题献给达尔文①，尽管马克思早已把这一卷题献给了他的朋友威廉·沃尔夫。

对马克思建议题献的动机，有两种不同解释。一种解释是说马克思钦佩达尔文的著作。② 另一种解释则说马克思有很实际的打算：他想"利用达尔文来改进《资本论》的命运"，通过他的题献来打开这部书在英国的销路。③

有两个人对马克思建议题献的事提出疑问。美国生物学家和生物学思想史家 C. 茨克尔在他的《进化、马克思生物学和社会舞台》一书中写道："据传闻，马克思曾争取把他的主要著作题献给达尔文。"④ 茨克尔表示了初步的怀疑，可是他没有进一步阐发自己的想法。几年以后，S. 阿温纳里发表了一篇写得很尖锐的文章——《一条关于马克思和达尔文的脚注》。阿温纳里根据对马克思书信的研究，证明马克思对作为资产阶级思想家的达尔文怀有厌恶情绪，因此，"完全不能想象他会把他自己同达尔文相提并论"。阿温纳里得出结论说："马克思想要把《资本论》题献给达尔文，显然是言不由衷的。"⑤ 阿温纳里这篇文章有

---

① A. 蒙塔古：《达尔文：竞争和合作》1952 年纽约版第 31 页注 20；D. G. 麦克雷：《达尔文主义和社会科学》，载于 S. A. 巴纳特编：《达尔文的一个世纪》1958 年伦敦版第 305 页；N. 威尔：《卡尔·马克思：种族主义者》1979 年纽约版第 173 页。

② D. 麦克勒南：《卡尔·马克思传》第 424 页；G. 希麦尔法布：《达尔文和他的革命》第 398—399 页。

③ E. M. 乌勒尼亚：《马克思和达尔文》，载于《政治经济学史》杂志 1977 年第 9 期第 557 页。

④ C. 茨克尔：《进化、马克思生物学和社会舞台》1959 年费城版第 87 页。

⑤ S. 阿温纳里：《一条关于马克思和达尔文的脚注》，载于英国《文汇》杂志 1967 年第 28 期第 30—32 页。

破除迷信的意义，因为它不是因袭流行的说法，而是对马克思的动机提出了新的问题，从而使得有些读者对是否真的发生过这种事情产生了疑问。新提出的问题，要求对达尔文和马克思的档案进行更仔细的研究。

这种对档案的研究工作，在阿温纳里的文章发表以前就已经开始。1958年，英国生物学家S.巴纳特发现，马克思赠给达尔文的那本《资本论》存放在道恩村的达尔文住宅里，书页"并未裁开"。① 几年以后，美国心理学家和达尔文研究者H.格鲁伯参观道恩村的达尔文住宅，对那本《资本论》作了描写，并且抄录了马克思的题词。② 1965年，一本达尔文传记中复制了马克思的题词。③ 1964—1968年，出版了马克思著作的新版本④，使得有可能按时间顺序来考察马克思对达尔文的反应。

发表了两篇关于达尔文和马克思关系的研究成果的综合性评论文章：一篇是德国社会历史学家E.鲁卡斯在1964年写的；另一篇是美国精神病学家和达尔文研究者R.科尔普在1974年写的。他们两人都在阿姆斯特丹国际社会史研究所的马克思档案中找到了达尔文在1873年和1880年写的两封信的手稿。两人都认为达尔文1880年的信是写给马克思并且是关于《资本论》一个未来版本的题献问题的。关于这个版本以及关于达尔文所说的"附件"指的是什么，他们两人各有不同的想法（鲁卡斯认为这个"附件"是《资本论》法译文的一些章节，科尔普则认为是《资本论》中提到达尔文著作的两个脚注的英译文）。

---

① S. A. 巴纳特编：《达尔文的一个世纪》1958年伦敦版第 XIV 页。
② H. 格鲁伯：《达尔文和资本论》，载于《爱色斯》杂志1961年第582页。
③ J. 赫胥黎和H. B. D. 凯特威尔：《查理·达尔文和他的世界》1965年纽约版第80页。
④ 柏林狄茨出版社出的《马克思恩格斯全集》。

在科尔普的文章问世之前,有两个人已经从新的角度来看待这些材料,并对马克思建议题献一事提出疑问。

伯克利加利福尼亚大学的社会学研究生 M. 费伊读了阿温纳里的《一条关于马克思和达尔文的脚注》后,强烈地感到,马克思既然对达尔文那样反感,那他决不可能想到要把他的巨著题献给达尔文。费伊一再到生物学图书馆去查阅达尔文的各种传记,探究对达尔文理论的马克思主义解释。她在那里找到了艾威林的《大学生的达尔文》一书,这本书是1881年出版的,这一点立即强烈地吸引住了她。由于她知道艾威林当时已和爱琳娜·马克思有恋爱关系,她突然想到达尔文1880年的信可能是写给艾威林的。①

加拿大多伦多大学社会学教授 L. 弗埃,多年来对达尔文1880年的信的内容"越来越感到困惑"。在一次生病期间,他仔细研读了这封信,开始坚信,"达尔文提到他的收信人参加一场反宗教运动的情况……与卡尔·马克思无关"②。十多年以前,弗埃曾经研究过艾威林和爱琳娜·马克思的关系。③ 这时他"突然"明白了,这封信十之八九是写给艾威林的。④

费伊和弗埃几乎在同时各自写出了证明达尔文1880年的信的收信人是艾威林的文章。弗埃还认为,达尔文1873年的信可能是艾威林伪造的,并没有保留下来达尔文和马克思之间的书信。费伊没有怀疑

---

① M. A. 费伊:《马克思和达尔文》第46—47页。
② L. S. 弗埃:《关于达尔文致马克思的信的真相》,载于《文汇》1978年10月号第64—86页。
③ L. S. 弗埃:《马克思的两个悲剧人物》,载于《文汇》1962年11月号第23—32页。
④ L. S. 弗埃:《关于达尔文致马克思的信的真相》第66页。

1873年的信。她提醒人们注意恩格斯提供的情况,即马克思在1877年前曾放弃把《资本论》第一卷译成英文的计划,而且"马克思多次说过,《资本论》第二卷和第三卷是献给他的夫人的"①。在这以前,没有人在评论达尔文1880年的信时援引过恩格斯这句话。

弗埃的文章在1974年12月9日寄到《科学年刊》编辑部,很快就在该刊1975年1月那一期上发表出来。② 费伊的文章在1974年12月18日寄到《思想史杂志》编辑部,编辑部把它送给R.科尔普审阅。科尔普由于缺乏关于达尔文和艾威林交往的确切证据,仍然相信达尔文1880年的信是写给马克思的。科尔普也指出,费伊提出了一种新的可能性,应该得到仔细的考虑,因此他建议稍加修改后发表她的文章。费伊由于生病,直到1976年1月才把文章修改好。后来又由于《思想史杂志》稿件积压,这篇文章在两年以后才得以发表。③

证明艾威林的确是达尔文的信的收信人的确切证据,是后来这样被发现的:1975年春天,美国一位科学史研究生T.卡罗尔由于参加编辑《达尔文书信全集》,去剑桥大学图书馆查阅那里收藏的达尔文私人档案中的达尔文书信。剑桥大学图书馆的"罗宾达尔文档案库"保存着三千至四千封达尔文的书信,负责保管的是助理馆员P.高屈莱,他在十来年以前曾经开列过这些书信的清单。高屈莱和卡罗尔在翻阅这些书信时,发现了艾威林1880年10月12日的一封信。卡罗尔由于不久前读过弗埃发表在《科学年刊》上的文章,立刻认识到了艾威林这封信

---

① M. A. 费伊:《马克思建议过把〈资本论〉题献给达尔文吗?》,载于《思想史杂志》1978年第39期,第136页。恩格斯的话引自《资本论》第2卷序言。

② L. S. 弗埃:《达尔文致马克思的信是真的吗?》,载于《科学年刊》1975年第32期,第1—12页。

③ 《思想史杂志》1978年第39期,第140页。

的重要性,并把他的发现通知了弗埃。他和弗埃于是复制了这封信的一个副本,并把它与达尔文1880年10月13日的信联系起来。①

与此同时,科尔普被费伊和弗埃的看法激起了强烈的兴趣,在1975年9月29日给高屈莱写了一封信,问他在剑桥图书馆是否藏有达尔文和艾威林之间的任何信件。高屈莱回信说,有艾威林在1880年10月12日写给达尔文的一封信。科尔普又去信,说艾威林这封信"非常重要",他希望能看到它;1975年11月16日,他从高屈莱那里收到一个副本。一读到这封信,科尔普就认识到,他长期以来坚持的信念是错误的。他立刻坐下来对艾威林的请求和达尔文的答复进行详细的内容分析,特别是设法恢复达尔文在给艾威林写信时的心理状态。科尔普的分析与卡罗尔和弗埃提供的艾威林的信的副本一起发表在1976年的《科学年刊》上,这两位作者承认,科尔普"独立地发现了"这封信。②

1976年秋天,《查理·达尔文书信全集》主编之一F.布尔克哈德博士访问苏联,给莫斯科自然科学史研究所包括A.E.盖西诺维奇博士在内的研究同行看了艾威林的信的静电复印副本。盖西诺维奇博士是苏联的科学史家,他和别人合作编辑过一部俄文版的达尔文书信选,其中也把达尔文1880年10月13日的那封信说成是写给马克思的。③当盖西诺维奇博士一看到艾威林的信,他"立刻"确信无疑,这是达尔文在

---

① T.卡罗尔和S.A.弗埃:《卡尔·马克思不是查理·达尔文1880年10月13日的信的收信人的进一步证明》,载于《科学年刊》1976年第33期,第386—387页。

② R.科尔普:《达尔文同艾威林和马克思的交往》,载于《科学年刊》1976年第33期,第387—394页。

③ A.E.盖西诺维奇和N.I.费金逊编:《达尔文书信选》1950年莫斯科版。

10月13日答复的那封信。他于是在苏联的《自然》杂志上发表了一篇文章,说明马克思想要把《资本论》题献给达尔文的神话是怎么样在1931年从马克思恩格斯研究院《在马克思主义旗帜下》中发表的文章开始的,艾威林的信又怎么样驳倒了这种神话。[①]《自然》杂志发表这篇文章是征得马列主义研究院同意的,文章前面刊有一篇由该研究院一级研究员 B.M.鲁嘉克署名的引言。

(原载美国《政治经济学史》杂志1982年冬季号)

(莫立知 译)

[①] A.E.盖西诺维奇:《关于达尔文马克思通信的新资料》,载于莫斯科《自然》杂志1977年第2期第92—97页。

一条关于马克思和达尔文的脚注*

〔以色列〕施·阿温纳里

卡尔·马克思想要把《资本论》题献给《物种起源》的作者,这自然是大家都知道的。这两位伟大人物之间的这种思想上的密切关系,似乎由于弗·恩格斯在马克思墓前发表的悼词中的下述说法而具有了更带实质性的内容:"正像达尔文发现有机界的发展规律一样,马克思发现了人类历史的发展规律。"五年以后,即在1888年,恩格斯在他给《共产党宣言》英文版写的序言中又使用了这个比喻。在解释无产阶级如果不同时使整个社会摆脱任何压迫就不能使自己获得解放的时候,恩格斯说:"这一思想……应该对历史学作出像达尔文学说对生物学那样的贡献。"

这样,马克思和达尔文就一直被联系在一起,似乎分割不开。马克思的女婿爱德华·艾威林本人是一个生物学家,他在1897年的《新世纪评论》中发表了一篇叫作《查理·达尔文和卡尔·马克思比较》的

---

* 本文选自《马列主义研究资料》1984年第4辑。

原题注:作者是以色列耶路撒冷希伯来大学的政治学教授,国际上知名的"马克思学家",他的著作有:《卡尔·马克思的社会和政治思想》《卡尔·马克思论殖民主义和现代化》《马克思的社会主义》《黑格尔的现代国家学说》《形形色色的马克思主义》等,他还把马克思的早期著作译成了希伯来文。——译者注

文章，使得这种情况变得更加突出。艾威林的主要目的是使受过教育的英国公众了解马克思的著作，把马克思与达尔文加以对照是最方便和有效的办法。

这种马克思和达尔文关系密切的形象一经树立起来，就很少受到怀疑。路·毕希纳在上世纪末发表了他的《达尔文主义和马克思主义》，接踵而来的是像潘涅库克和季米里亚捷夫这样各不相同的作者写的许多其他的著作。考茨基和列宁只在很少数几个问题上看法似乎一致，其中一个就是马克思主义和达尔文主义之间存在着方法论上的相似之处。当雅克·巴尔仲在1946年发表他的《达尔文、马克思、瓦格纳：对一种遗产的批判》时，说达尔文和马克思都同样把人类生活归结为纯粹自然生存的最低公分母，几乎已是一种老生常谈。

但是这一切是否真是如此呢？马克思本人是否这样看待他与达尔文的关系呢？

德国社会民主党人在伯恩施坦和倍倍尔领导下，把他们出版的《马克思恩格斯通信集》中任何可能损害国际社会主义这两位创始人尊严（按资产阶级标准）的地方统统删掉，要是马克思和恩格斯的书信没有逃过他们阉割的刀斧而保存下来了的话，我们就永远也不会知道恩格斯把马克思同达尔文相提并论的真正起因了。从马克思和恩格斯的书信中可以看出的情况，既有点滑稽可笑，同时也是完全合乎情理的。

1867年，马克思的《资本论》第一卷刚刚在汉堡问世，一家在斯图加特出版的自由派的、反普鲁士的士瓦本报纸《观察家报》的编辑，请恩格斯写一篇关于这部著作的评论。马克思在那个时期的书信表明，他对在德国得到关于他的著作的大量评论和报道极为关切：毕竟，他的名字当时在那里几乎不为人所知。他在1843年离开德国，从那以后从未在那里居留过（除开1848—1849年一个短暂的风暴时期）。像许多别的作者一样，马克思渴望他出版的书得到尽可能多的评论，恩格斯在这一方面也像在任何别的方面一样，对他有很大的帮助。1867—1868年，恩格斯写的关于《资本论》的评论文章，在德国的不同报刊上发表的就有九篇以上。马克思甚至准备了一个《资本论》第一卷的内容提要，它对恩格斯概述这本著作的观点极为有用。

当《观察家报》的编辑约请恩格斯写评论时，恩格斯同马克思商量应该采取什么策略。这毕竟是一家像样的资产阶级报纸，决不会打算发表对资本主义社会的尖锐批评。这位编辑甚至可能是被卡尔·马克思博士的《资本论》这个体面的书名弄糊涂了。但是，如果抓住这个机会宣传一下马克思的观点，不是很有好处吗？马克思对这家报纸作了一些调查，发现它的编辑卡尔·迈尔是达尔文的热烈拥护者，他利用达尔文主义作为"自由放任政策"的自然优越性的科学证据。

在1867年12月3日写给恩格斯的信中，马克思概述了恩格斯写评论时应该采取的策略：文章应该写得适合这家报纸的口味，即符合它的南德意志的、反普鲁士的、自由主义的和达尔文主义的癖性；应该在这种伪装下设法把《资本论》的主要观点写出来。马克思这封出色的信值得比较详细地引证：

> 关于士瓦本小报，欺骗一下福格特的朋友、士瓦本的迈尔，倒是件有趣的事……一开始这样写：对本书的倾向无论抱什么态度，这本书还是使"德国精神"获得荣誉，正因为如此，一个普鲁士人在流亡中而不是在普鲁士把它写成了。普鲁士早已不再是使任何一种科学首倡成为可能或者成为现实的国土，特别是在政治、历史或社会领域中。普鲁士现在代表的是俄国精神，而不是德国精神。
>
> 至于这本书本身，那么应该区别其中的两个部分：作者所做的正面的叙述和他所做的倾向性的结论。前者直接丰富了科学，因为实际的经济关系是

以一种完全新的方式，即用唯物主义（迈尔喜欢这个字眼）方法进行考察的。例如：(1) 货币的发展；(2) 协作、分工、机器制度以及和它相适应的社会联系和社会关系是怎样"自然而然地"发展起来的。

至于作者的倾向，也同样需要加以区别。当他证明现代社会，从经济上来考察孕育着一个新的更高的形态时，他只是在社会关系方面揭示出达尔文在自然史方面所确立的同一个逐渐变革的过程。自由主义的关于"进步"的学说（这是迈尔的本来面目）是包括了这一点的，而作者的功绩是：他指出，甚至在现代经济关系伴随着直接的恐怖的后果的地方，也存在着潜在的进步。由于他的这种批评的观点，作者同时也就——也许是违反着自己的意志——消灭了所有专门家的社会主义，也就是所有乌托邦主义。

至于作者主观的**倾向**——他也许由于自己所处的党的地位和自己过去的历史而不得不如此——，也就是说，他自己怎样设想或怎样向别人表述现代运动、现代社会发展过程的最后结果，这是同他对实际的发展的叙述没有共同之处的。如果篇幅许可比较详细论述这个问题，那也许可以指出，他的"客观的"叙述把他自己的"主观的"奇怪想法驳斥掉了。

拉萨尔先生辱骂资本家，并且向普鲁士土容克献媚，与此相反，马克思先生则指出资本主义生产方式的**历史"必然性"**，并且痛击了专事消费的贵族容克地主。马克思是多么不赞成他的不忠实的学生拉萨尔关于俾斯麦能承担实现经济上的千年王国的任务的看法，这一点他不仅在他以前反对"**普鲁士王国的社会主义**"的抗议中已经表明，而且又在第 762 和 763 页公开宣布出来，他说，现在在法国和普鲁士占统治地位的制度，如果不及时制止的话，结果必然导致俄国的鞭子对欧洲大陆的统治。

按照我的意见，这就是欺骗士瓦本的迈尔……的方法，而他那个讨厌的小报虽小，却是德国所有联邦主义者（即反普鲁士主义者）最孚众望的预言家，并且在国外也有读者。

我们可以想象，马克思该是多么高兴写这篇关于他自己的著作的评论，他是多么喜欢这个可以一下子作出这么多说明的机会。无论如何可以看得很清楚，马克思为了使这篇评论能够在敌对的报纸上刊印出来，不仅愿意为了论证方便把他本人与达尔文相提并论，而且还愿意按照同样的精神在他自己的体系内部编造内在矛盾！

恩格斯忠实地执行了马克思的意见。在1867年12月27日的《观察家报》上刊出的那篇由他撰写的评论文章是马克思的信的真正复制品，有时是逐字逐句的重复。在刊印出的评论中关于达尔文的那一段是这样写的：

> 因为马克思极力证明，现代社会，从经济上来考察，孕育着另一个更高的社会形态，所以他力图在社会关系方面作为规律确立的，只是达尔文在自然史方面所确立的同一个逐渐变革的过程。

> 自由主义关于进步的学说，也包括社会方面的进步，而那些只是倾向于虚饰的奇谈怪论的所谓社会主义者们，把事情说成这样：似乎他们包办了社会的进步。应该承认，马克思与通常社会主义者比较起来的功绩是：他指出，甚至在现代条件的极端片面发展伴随着直接的恐惧的后果的地方也存在着进步。这一点在描写由整个工厂制度而来的贫富对比时到处都可以看到。正是由于对论题的这种批判的态度：作者提供了——无疑地是违反着自己的意志的——反对任何专门家的社会主义的最有力的论据。

从这次开得很成功的玩笑中，恩格斯在25年以后得出了马克思和达尔文之间方法论上的联系。

马克思本人关于达尔文的观点是怎样的呢？看来，马克思和恩格斯在这方面的态度是相差很大的。对恩格斯从1867年的玩笑变到1883年的称颂以及他后期的达尔文主义著作，只能这样来解释。

恩格斯在《物种起源》于1859年刚一出版（碰巧，马克思的《政治经济学批判》也是在这一年出版）就阅读了它，但是马克思只是在一年以后才提到阅读此书。1859年12月12日，恩格斯在一封信中告诉马克思说，他在读达尔文的著作，发现达尔文写得"好极了"："至今还从来没有过这样大规模的证明自然界的历史发展的尝试"。马克思在一年以后的评语也是赞许的，但是调门明显地要低一些。在1860年12月19日的一封信中，他提到在最近一次患病期间读了各种各样的书，其中有达尔文的《物种起源》。他感到它很有用，因为它"为我们的观点提供了自然史的基础"。在一封给拉萨尔的信（1861年1月）中，他又说，达尔文的著作非常有意义，特别是因为它给了自然科学中的一切目的论概念以致命的打击。

但是马克思与达尔文的更全面的对抗只是在两年以后才发生。在一封给恩格斯的信（1862年6月18日）中，他写道：

  我重新阅读了达尔文的著作，使我感到好笑的是，达尔文说他把"马尔萨斯的"理论**也**应用于植物和动物，其实在马尔萨斯先生那里，全部奥妙恰好在于这种理论**不是**应用于植物和动物，而是只应用于人类，说它是按几何级数增加，而跟植物和动物对立起来。值得注意的是，达尔文在动植物界中重新认识了他自己的英国社会及其分工、竞争、开辟新市场、"发明"以及马尔萨斯的"生存斗争"。这是霍布斯的一切人反对一切人的战争，这使人想起黑格尔的《现象学》，那里面把市民社会描写为"精神动物的世界"，而达尔文则把动物世界描写为市民社会……

马克思这样把达尔文的科学意义归结为只是资产阶级社会的"意识形态"投影，使得我们完全不能想象他会把他自己和达尔文相提并论。这也意味着，马克思想要把《资本论》题献给达尔文，显然是言不由衷的。

这是马克思关于达尔文的最后观点，可以证明这一点的还有他后来几次提到有人企图把达尔文学说应用于研究社会关系时说的话。在1868年写给库格曼的一封信中，马克思挖苦路·毕希纳关于达尔文主义的讲演，把其中阐述的唯物主义的历史（以及把马克思和达尔文混为一谈）叫作"肤浅的废话"。让我顺便提一下，正是这位作者后来的《达尔文主义和马克思主义》竟成了论述这两个人物之间关系的标准著作。

两年以后，马克思对弗·阿·朗格的《论工人问题》一书提出类似的指责。朗格力求按达尔文的观点来理解社会斗争，认为这也代表马克思的观点。马克思在一封给库格曼的信（1870年6月27日）中说：

> 朗格先生对我大加赞扬，但目的只是为了抬高他自己。事情是这样的，朗格先生有一个伟大的发现：全部历史可以纳入一个唯一的伟大的自然规律。这个自然规律就是"struck for life"，即"生存斗争"这**一句话**（达尔文的说法这样应用就变成了一句空话），而这句话的内容就是马尔萨斯的人口律，或者更确切些说，人口过剩律。这样一来，就可以不去分析"生存斗争"如何在各种不同的社会形态中历史地表现出来，而只要把每一个具体的斗争都变成"生存斗争"这句话，并且把这句话变成马尔萨斯关于"人口的狂想"就行了。必须承认，这对于那些华而不实、假冒科学、高傲无知和思想懒惰的人来说倒是一种很有说服力的方法。

在恩格斯的著作中根本找不到这类看法。于是就发生了这种情况：无论是马克思主义者还是反马克思主义者，都把马克思和达尔文之间的对比看作理所当然的事。这种对比适合两个阵营的胃口。对马克思主义者来说，为了在恩格斯和普列汉诺夫的影响下证明他们的社会主义是"科学的"，这种与达尔文主义的等同似乎能赋予他们的哲学以适当的科学灵光。李森科只是这种把马克思"达尔文化"的最可笑的代表人物。至于反马克思主义者,他们喜欢把19世纪的两个反基督教人物这样连在一起,有他们自己的原因:这使得他们能够从另一个自然主义的角度来狙击马克思主义。弗洛伊德后来自然加入了这一伙。

就这样,对一家德国地方报纸的编辑开的一个玩笑变成了马克思思想纪念碑上最值得纪念的铭文和普遍崇信的信条。

(原载英国《文汇》杂志1967年第28期)
(莫立知 译)

恩格斯和阿基尔·洛里亚的关系和论战[*]

〔德〕詹·玛利奥·布拉沃

恩格斯是马克思最亲密的战友和理论上的遗嘱执行人,在晚年花费了相当大的精力去同那些歪曲马克思的理论遗产的人作斗争。在这些人当中就有一个意大利人,"大名鼎鼎的"阿基尔·洛里亚。

阿基尔·洛里亚生于1857年,卒于1943年。1877年,洛里亚同后来成为意大利社会主义头面人物的菲力浦·屠拉梯、列奥尼达·比斯索拉蒂和恩利科·费里一起在博洛尼亚获得法学博士学位。大约两年之后,他写了一本大部头著作《地租和地租的自然消失》。他在这本书中企图介绍和解释马克思的若干基本概念,但尽量不提马克思的名字。书印好之后,他把书寄往伦敦,赠送给马克思,并附上一封德文信。他在信中首先保证说他不是"共产主义社会理论的信徒",但说了许多恭维马克思的话。[①]

---

[*] 本文选自《马列主义研究资料》1983年第1辑。

原题注:本文是根据收入《弗里德里希·恩格斯。1820—1970年(报告、讨论、文件)》一书的詹·玛利奥·布拉沃的同名文章编译的。作者1934年生于都灵,1958年以前在都灵大学攻读社会科学,1965年起为政治思想史的讲师、都灵大学教授和鲁伊治·艾瑙第协会的科学顾问。——译者注

[①] 1879年11月23日洛里亚致马克思的信,载于《马克思和恩格斯同意大利人的通信集(1848—1895)》1964年米兰版。

马克思于12月3日回信表示谢意并附上一张相片。过了几天，洛里亚把他自己的相片回赠给马克思并请求马克思给他的著作提点意见。随后沉默了几个月，1880年9月他又想起给马克思写信。他在信中大肆赞扬"大师"的著作，特别是1859年的《政治经济学批判》，并请马克思帮助他找个工作和周济一点钱，或者，直截了当地说，让他当马克思的"秘书"，这样，他就可以到伦敦搞科学研究工作。① 马克思很客气地写了回信，对这个青年人的才能、他的学识和他的"科学上的前程"表示赞赏，但同时抱歉地说，他在伦敦无法帮助他。② 后来，洛里亚于1880年11月27日和1881年4月16日又两次给马克思写信③——信是从柏林发出的，因为他当时在柏林搞研究工作。他在信中明确地表示，他想放弃在一个小小的意大利省立大学当教授的机会，并再次请求马克思帮助他获得真理和科学，他说这是他真正的、唯一的生活目的。

从此他同马克思的通信中断。在马克思逝世后不久，洛里亚只是给恩格斯发了一封唁函，强调他同死者的友谊关系，通知他不久将撰写悼词并向死者家属和朋友表示哀悼。

过了将近半个世纪，洛里亚在他的一篇回忆录《一个七十岁的大学生的回忆》④ 中写道，他1880年住在柏林时，从伦敦来了一个年轻的俄国人，这个人名叫尼古拉·鲁诺诺夫，向他转达了马克思的问候，并向他转告了马克思对他的一句评语，大意是："这位作者很有才气，但

---

① 1880年9月14日洛里亚致马克思的信，载于《马克思恩格斯同意大利人的通信集（1848—1895）》1964年米兰版。

② 参看《马克思恩格斯全集》第1版第34卷第455页。

③ 这两封信载于《马克思和恩格斯同意大利人通信集（1848—1895）》1864年米兰版。

④ 《现代国民经济学说自述》1929年莱比锡版第2卷。

走错了路。"马克思的这个评语是可信的。马克思在1882年8月3日致恩格斯的信中谈到了对洛里亚的类似看法,他说:"洛里亚在私人场合对我的令人作呕的阿谀奉承,和在公开场合的'优越'腔调,以及为了便于反驳而对我的观点所作的某种歪曲——所有这些都一点也没有使我感到高兴。但是……我还是比较密切地注意了他,因为他显示出有才能,因为他啃了很多书本……最后,因为他在当时力所能及的范围内,力求掌握、而有时还不无成效地掌握了他在《资本论》中找到的研究方法。"①

1882年夏天,洛里亚有机会来到伦敦。他在伦敦同德国社会主义的某些领导人物,包括恩格斯在内,进行了个人接触。当时马克思不在伦敦,到法国阿尔让台去了。洛里亚本人关于伦敦会晤和争论的详细记述保留了下来。他详尽地叙述了在马克思住所拜会爱琳娜·马克思和燕妮·龙格和在恩格斯家里吃晚餐的情景,以及关于经济问题,特别关于《资本论》的"缺点"的讨论。他吹嘘他成功地批驳了恩格斯及其"忠实者"的一切不同看法。这些"忠实者"当中除了上面提到的马克思的两个女儿之外,还有恩格斯的一位朋友、德国著名化学家卡尔·肖莱马。他写道:"这些能够勇敢地悬浮在抽象的顶峰上的强有力的思想家却经不起我站在坚实的土地上进行的科学的讨论和有力的论证,他们不得不——他们是理论家——向我提出一些从日常生活琐事中找出的微不足道的现象、细小的事实、小气的保留。"

恩格斯向劳拉·拉法格谈过这次会晤。恩格斯说:"前几天伟大的洛里亚又顺便来了……可怜的书呆子饱尝了我们这伙'尖酸刻薄'的

---

① 《马克思恩格斯全集》第1版第35卷第76页。

人一顿嘲笑。"① 过了几个月，恩格斯写信给伯恩施坦也提到讲坛社会主义的"典型人物"洛里亚"不久前来过这里，但访问过两次之后就再也不来了"。②

1883年4月1日，洛里亚在当时发行量最大的杂志《科学、文化和艺术新文选》③上发表长篇的悼文《卡尔·马克思》。这篇文章达到了修辞学的顶峰，但错误百出。他在文章中用夸张的和空洞的言词称赞马克思，用很大的篇幅叙述传记材料，但对从《哲学的贫困》到《资本论》的最主要著作却轻描淡写。他一面表示"敬佩"马克思的思想，一面却说什么他经过自己的研究看到了这个思想的弱点和错误，它充满着"自觉的诡辩"。这篇文章激怒了恩格斯。他很快就给洛里亚写了信，在1883年5月17日《社会民主党人报》第21号《卡尔·马克思的逝世》一文中公之于世。恩格斯说："我收到了您关于卡尔·马克思的文章，您当然可以随便对他的学说进行您的最苛刻的批评，而完全不懂这个学说。您可以全凭臆想写出马克思的传略。但是诽谤我的亡友的品德，您是没有权利的，而且我也永远不允许任何人这样做。"接着，恩格斯驳斥了洛里亚关于马克思的著作不完善的种种指责，最后用非常清楚的语言指出："我觉得，您的责任是告诉读者，支配着马克思的全部学说的这个所谓的'自觉的诡辩'，究竟表现在哪里⋯⋯一个人要有何等卑鄙的灵魂，才会设想，像马克思这样的人似乎'经常拿第二卷来威胁自己的反对者'，而'他根本没有想过'要写这个第二卷⋯⋯这个

---

① 《马克思恩格斯全集》第1版第35卷第373—374页。

② 《马克思恩格斯全集》第1版第35卷第445页。

③ 《科学、文学和艺术新文选》是意大利自由派文学、艺术和政治性杂志。从1866—1876年在佛罗伦萨出版，每月一期。从1878—1943年在罗马出版，每月两期。

第二卷现在在我手里，不久就要发表。那时，您大概终于会懂得剩余价值和利润的区别。"① 11年后，恩格斯在《资本论》第三卷序言中再次批判了这篇文章。②

1884年，洛里亚转向马克思的价值理论，其目的是显而易见的，这就是在另一家著名的杂志《经济学家杂志》上同恩格斯较量一下③。他称恩格斯是"社会主义教会的最大的主教之一"，说什么恩格斯根本没有反驳过他的不同意见。他简短地概括了马克思的"原则"，指出它们同现实的现象之间有无法统一的矛盾，说什么它们加上价值学说也不能现实地分析资本主义社会。恩格斯在致劳拉·拉法格的信中说："洛里亚很谨慎，不把他信笔胡诌的东西寄给我。他是真正的'讲坛社会主义钻营者'，从各方面剽窃我们的东西。"他担心拉法格同洛里亚论战时打不中要害，指出，"洛里亚对于为什么资本家既涌向这个工业部门，也涌向另一工业部门，知道得并不比我们差，而真正的问题是我曾经指出过的那个问题，而且是一个不容易的问题"④，为此随信寄去对这篇文章的批评意见，以供拉法格论战时使用。

后来，洛里亚恢复了同恩格斯的直接通信。洛里亚本来一再强调他不相信会出版《资本论》第二卷和第三卷，但在事实面前不得不相信了。1888年他给恩格斯写了一封信⑤，十分肉麻地说："如果您允许我

---

① 参看《马克思恩格斯全集》第1版第19卷第387、388页和第36卷第17—18页。
② 参看《马克思恩格斯全集》第1版第25卷第20页。
③ 阿·洛里亚在《经济学家》杂志1884年第10期上发表了一篇题为《卡尔·马克思的价值理论》的文章。
④ 《马克思恩格斯全集》第1版第36卷第244页。
⑤ 1888年1月15日洛里亚致恩格斯的信，载于《马克思和恩格斯同意大利人通信集》。

扣您的感人的宽厚——我从那次逗留伦敦时起一直对此保持着愉快的回忆——的大门，那么我请您告诉我《资本论》何时出版。我如饥似渴地期待着这本书，它必定会拯救我所敬仰的伟大思想家的体系并完全消除我的异议。"恩格斯没有理睬他。

1890年春天，恩格斯又有机会回到洛里亚问题上来。德国经济学家康拉德·施米特在斯图加特出版了《在马克思的价值规律基础上的平均利润率》一书，论述了马克思的平均利润和价值规律的问题。洛里亚立即在一家德国杂志《国民经济和统计年鉴》①上发表一篇评论，根据他迄今为止所散布的关于马克思的价值理论的论点猛烈地批评了施米特。恩格斯把这篇评论的消息告诉了施米特并简单地讲了一下他同这个意大利人的关系和他的种种谬论；恩格斯毫不留情地批评洛里亚说："他写出一本又一本书，都是剽窃来的，除了意大利，在任何地方甚至在德国也找不出这样无耻的剽窃。"最后，恩格斯写道："尽管遭到我的驳斥和痛骂，我不相信，他不会再用信函来打扰我，因为这家伙的无耻是没有限度的。"②

马克思的《哥达纲领批判》发表之后，1891年洛里亚在屠拉梯出版的《社会评论》③上发表了一篇评论《哥达纲领批判》的文章。他赞扬马克思对哥达纲领的批判——当然他对马克思所讲的内容是有所曲解的——，并且支持恩格斯反对一些德国人士指控他和马克思为普鲁士政

---

① 《国民经济和统计年鉴》是德国经济学杂志，由布·希尔德布兰德创办，1863年起在耶拿出版，通常每年出两期。1872—1890年由约·库拉德编辑出版；1891—1897年则由威·勒克西斯编辑出版。

② 《马克思恩格斯全集》第1版第37卷第382页。

③ 意大利的一家双周杂志，社会党的理论刊物，1891—1924年在米兰出版。

府效劳的立场。他说:"所有了解恩格斯的坚强性格、无懈可击的品德和崇高的无私精神的人都只会对如此无耻地向可敬的老人提出的责难一笑置之,因为,这位老人把他的整个一生都贡献给了社会的要求。"①他这样写也许是希望最后得到对他的《资本论》解说的承认。

屠拉梯在他为这篇文章写的导言②中高度赞扬作者,而且随后向恩格斯转递了关于这篇文章发表的消息。他吹捧他的朋友洛里亚是"在意大利的政治经济学中占有教席的少数重要人物之一"③。但是,拉布里奥拉比较客观一些。他写信对恩格斯说,洛里亚是一个"自发的和不取报酬的代言人",但是他随后指出,这个人过去自诩为唯物主义历史观的创造者,但总是处于矛盾之中。拉布里奥拉写道:"这是一个奇观:这个人扮演多种角色:在科学著作中扮演反社会主义者,在论战中扮演马克思主义;最后,他被政治杂志吹捧为把马克思的'诡辩'统统驳回的人!"④恩格斯肯定给拉布里奥拉写过回信,但是,他的信没有找到,很可能已经遗失了。

从1894年7月到年底,以至在后来《社会评论》分裂时,一些党员同那些通过洛里亚对马克思的价值规律的解释来理解社会主义的经济

---

① 阿·洛里亚:《卡·马克思生前的批判》,载于《社会评论》1891年第3期。

② 这篇导言载于《社会评论》1891年第3期。

③ 1891年2月23日屠拉梯致恩格斯的信,见《马克思和恩格斯同意大利人通信集》第37页。恩格斯在1891年3月17日致考茨基的信中说,他收到屠拉梯的信和附来的洛里亚的文章。

④ 1894年2月21日和3月30日拉布里奥拉致恩格斯的信,载于《马克思和恩格斯同意大利人通信集》。

学的学者们之间爆发了一场论战,保尔·拉法格也参加了这场论战。拉布里奥拉把这期间的整个情况都报告给了恩格斯并表明了自己的立场:洛里亚实际上是反社会主义者和反马克思主义者。但是那些年轻的"社会主义弟兄"却在《社会评论》上把他吹捧为社会主义者。这样给人造成一种印象,似乎洛里亚在"改善"马克思理论,而且他的这种名声甚至已经传扬到法国和英国。可见,恩格斯出来干预此事已经势在必行了。

恩格斯在1894年10月写的《资本论》第三卷序言中对此表明了态度。恩格斯一针见血地指出,洛里亚"极端狂妄,混不下去时又象鳗鱼一样滑掉;挨了别人的脚踢还冒充英雄好汉;抢占别人的研究成果;死皮赖脸地大做广告;依靠同伙的吹捧捞取声誉——在这一切方面,还有谁比得上洛里亚先生呢?意大利是一个典型的国家。自从现代世界的曙光在那里升起的那个伟大时代以来,它产生过许多伟大人物,从但丁到加里波第,他们是无与伦比的完美的典型。但是,遭受屈辱和异族统治的时期,也给它留下了若干典型的人物脸谱,其中有两个经过特别刻画的类型:斯加纳列尔和杜尔卡马腊。我们看到,在我们这位大名鼎鼎的洛里亚身上体现着这二者的典型的统一"①。

11月底,恩格斯写信对拉法格说,他的序言对洛里亚这个"意大利的第一流经济学家"作了恰如其分的评价。② 12月初,恩格斯将序言

---

① 《马克思恩格斯全集》第1版第25卷第24页。斯加纳列尔和杜尔卡马腊都是意大利民间假面喜剧中的人物,前者是说大话的庸人和胆小鬼的典型,后者是滑头和骗子的典型。

② 参看《马克思恩格斯全集》第1版第39卷第308页。

寄给米兰的《社会评论》。但是,屠拉梯不愿意发表,因为他是洛里亚的朋友。不过人们必定注意到,恩格斯并没有因此而同屠拉梯闹翻,反而体谅了他在意大利的困难处境。① 洛里亚不等翻译出来,不仅从原文读了序言,而且读了全书,拉布里奥拉立刻把这个情况报告给了恩格斯。② 1895年2月初,洛里亚发表了一篇以《卡尔·马克思的遗著》为题的长篇评论。③ 他在评论中以惯用的手法阐述价值理论方面马克思的错误和"自杀性"的结论,同时还让读者去参阅他自己以前的专著和评论。最后,他伪善而狂妄地表示,恩格斯"对我的斥责并不能中止我对这位非常可敬的老人的崇敬,同样,这种斥责也丝毫无助于阐明使我们分歧的问题。它只能证明,我完全出于对真理和科学的热爱对马克思理论所作的批评完全击中了要害。"

恩格斯写的《资本论》第三卷序言在《社会评论》上发表以后,洛里亚急忙通过在都灵的杂志《社会改革》④ 上发表的致弗兰西斯科·萨维利奥·尼第的信对恩格斯作了第二次回答⑤。他又抓住机会向恩格斯进行无耻的攻击,他说:"马克思主义大教堂的首领不能只用他坚定的愤怒的破门来解决这些问题,这里还有恼火的事情,我是指我在另外

---

① 参看《马克思恩格斯全集》第1版第39卷第350页。
② 1894年12月13日拉布里奥拉致恩格斯的信,载于《马克思和恩格斯同意大利人通信集》。
③ 1895年2月1日发表于《科学、文学和艺术新文选》第3辑第55卷第3期。恩格斯在1895年2月24日致保·拉法格的信中指出,这篇评论"极其肤浅"(参看《马克思恩格斯全集》第1版第39卷第392页)。
④ 意大利资产阶级自由派月刊,从1894年起在都灵和罗马出版。
⑤ 这封信注明的日期是1895年2月25日。

场合试图指出的基本矛盾的解决……恩格斯在这次反驳中所犯下的加重的和对他的朋友来说值得悲伤的错误本身只能证明,他的反驳是受了根深蒂固的成见和令人难以置信的傲慢的驱使而进行的,即使有所克制。"

洛里亚这两次对恩格斯的攻击博得了意大利某些社会主义人士的支持。屠拉梯声称保持"中立",恩利科·费里公开表示支持洛里亚,甚至说服考茨基,让他相信自己的一套看法。① 恩格斯打算予以反击,或者最好让这个意大利人清醒一下。康拉德·施米特根据恩格斯的建议在2月25日《社会政治中央导报》上发表了以《〈资本论〉第三卷》为题的评论,同洛里亚论战。恩格斯还让施米特把这篇文章寄给在罗马的拉布里奥拉和正在《社会评论》上同洛里亚论战的拉法格。② 另一方面,恩格斯3月15日写信给考茨基,让他站出来斗争。恩格斯说:"你拒绝了费里,做得很对。此人是一个在任何领域都追求轰动的文人,他也和大多数意大利人一样,认为洛里亚在政治经济学领域里是个大人物。"③ 与此同时,恩格斯亲自动手写《〈资本论〉第三卷增补》一文,对洛里亚的上述两篇文章进行了有力的驳斥和批判。恩格斯最后写道:"海涅关于他的庸俗的德国读者说过一句最轻蔑不过的话:'作者终于和他的读者搞熟了,好象读者是有理性的生物了'。大名鼎鼎的洛里亚又把他的读者看成什么呢?最后,又向我这个倒霉的人倾注了一大堆新的恭维话。在这样做时,我们的斯加纳列尔很象巴兰,他本来是去诅咒人的,但是他的嘴却不听使唤,竟说出了'祝福和爱戴的话'。善良的

---

① 1895年2月27日和3月17日费里致考茨基的信。
② 参看《马克思恩格斯全集》第1版第39卷第411—612页。
③ 《马克思恩格斯全集》第1版第39卷第426页。

巴兰与众不同之处正在于，他骑着一头比主人还要聪明伶俐的驴。可是这一回，巴兰显然把他的驴留在家里了。"①

（原载《弗里德里希·恩格斯。1820—1970 年[报告、讨论、文件]》）

（孙魁 编译）

---

① 《马克思恩格斯全集》第 1 版第 25 卷第 1012 页。巴兰是圣经传说中的预言家，他有一头会说话的驴。

恩格斯和英国工人运动活动家马洪[*]

陈慧生

第一国际结束后,马克思和恩格斯继续利用各种机会在英国宣传科学社会主义思想。他们同参加过第一国际活动的英国工人运动活动家保持着联系,在工人报刊上发表了一系列文章分析和总结英国工人运动的经验,指出工人运动应当遵循的正确方向。马克思逝世以后,恩格斯独自承担了指导各国工人运动的重任。他通过直接参加英国实际斗争的爱琳娜·马克思同英国工人运动建立了更加密切的关系,并且结识了一批年轻的工人运动活动家和社会主义者,经常同他们一起讨论有关英国工人运动的重大问题。

1884年年底,社会民主联盟内部出现严重的意见分歧。莫利斯·爱琳娜和艾威林等人不满海德门的机会主义领导,决定退出社会民主联盟,成立社会主义同盟。恩格斯完全支持他们的这一行动。他对新建立的社会主义同盟抱有很大的希望,认为它如果能够执行正确的方针,有可能成为在英国建立独立的工人阶级政党的基础。在恩格斯的影响下,艾威林和爱琳娜为同盟起草的第一个章程草案明确规定:社会主义同盟的主要目的是消灭资本家和土地贵族阶级,积极支持工人阶级改善生活条件的一切迫切要求。章程草案还提出建立全国性和国际性的社会主

---

[*] 本文选自《马列主义研究资料》1986年第1—2辑合刊。

工党、支持社会主义者参加地方政府等行政机构,以及在工会、合作社等组织中开展工作等重要任务。但是由于同盟成员在思想上并不完全一致,有些人受无政府主义思想影响比较严重,反对参加议会活动,因而章程草案中提出的这些重要方针没有得到大多数人的支持,在同盟的第一次代表大会上就统统被删除了。此后同盟内部分歧日益明朗,马克思主义者和无政府主义者之间的斗争日益尖锐。在反无政府主义斗争中,同盟创始人之一马洪起了积极的作用。

马洪1864年左右出生于一个爱尔兰工人家庭,青年时期已经成为一名熟练的机械工。他很早就意识到劳动和资本之间存在着不可克服的鸿沟,从80年代初期起便积极参加了工人运动。通过实际的斗争,他进一步懂得了工人阶级的力量在于它本身的独立性和组织性,而且对社会主义产生了兴趣。马洪后来回忆说,正是阅读恩格斯在《劳动旗帜报》上的文章,使他更加明确地认识到英国工人阶级的首要任务就是建立独立的工人政党。1884年夏,马洪抛弃了有固定收入的机械工职业,作为一名年轻的社会主义宣传员在各地从事宣传鼓动工作。

马洪是在英格兰北部工业区和苏格兰开始他的宣传活动的。他和前第一国际会员、奥地利社会主义者肖伊一起在爱丁堡建立了苏格兰土地和劳动同盟,领导当地的佃农开展反对提高租金和反对被逐出土地的斗争。1884年8月,马洪与苏格兰土地和劳动同盟一起加入社会民主联盟,并被选为联盟的执行委员。在加入联盟之前,他同爱琳娜已经有过书信来往,爱琳娜曾经写信称赞他在苏格兰的工作"非常出色"。在联盟内部,他和爱琳娜、艾威林等人对一些原则问题的看法比较一致。

从1884年11月起,马洪开始和恩格斯通信。已经发现的马洪致恩格斯的信共九件,恩格斯致马洪的信共六件(已全部收入《马克思恩格斯全集》)。这些来往信件从一个侧面反映了恩格斯同英国工人运动和社会主义运动的密切关系。

在第一封信中，马洪作了简单的自我介绍，表示希望会见恩格斯，得到恩格斯的指导。他说："我是英国社会党的一名党员，想就我们这里的运动问题同你交谈一小时左右。我知道，你把绝大部分时间都用在与我们的事业有关的工作上，但是希望你能理解，我之所以请求会见你，不是出于那种想同伟人相识的浅薄念头。我只是想就我们的运动目前正在经历的这个重要阶段听听你的看法和建议。"恩格斯立即复信表示欢迎马洪的来访，他在信中热情地写道，无论谈什么问题，他都乐意听取。

1885年，马洪担任社会主义同盟的执委和书记。在这期间，他参加了9月20日在伦敦杜德街举行的群众集会，同社会民主联盟领导人海德门一起发表演说，为捍卫言论自由而斗争，并为此遭到警察的拘留。这次斗争取得了很大胜利，马洪很快就被释放出来。但是不久之后，他的工作热情却因同盟内部不断发生争吵而大大低落。同年11月，他表示不愿把时间浪费在争吵上，便辞去了同盟执委和书记的职务，离开伦敦，回到英格兰北部的里子和赫尔。

在英格兰北部，马洪受到雇主的抵制，不能继续在机械制造业中找到工作，因而失去了起码的生活保障。然而，他没有被困难征服，他仍然坚持自己的信念，顽强地从事社会主义宣传活动，不停地从一个地方转到另一个地方，在各种群众集会上发表热情洋溢的鼓动演说。马洪的演说深受群众欢迎，同时地方上的运动也给他留下了强烈的印象。他在1887年2月19日给社会主义同盟执委会写了一封信，强调指出地方工作的重要性。他说："现在比任何时候都更应该向矿工和炼铁工人宣传社会主义。达勒姆或诺森伯兰比20个伦敦更加重要。"当时，诺森伯兰的矿工正在举行反对降低工资的罢工。马洪发现新堡的矿工日益倾向社会主义,已经在准备发动一场"彻底的革命运动"。他决定留在新堡,和那里的社会民主联盟成员一起进行宣传鼓动和建立组织的工作。由于他们的共同努力,终于在诺森伯兰成立了一个不从属于社会民主联盟和社会主义同盟、具有自己的章程的社会主义组织——英格兰北部社会主义联盟。

英格兰北部社会主义联盟刚刚建立起来,马洪就赶到伦敦参加社会主义同盟的第三次年度代表会议。经过一年多的地方实际工作和同工人群众的接触,马洪越来越感到社会主义同盟领导所执行的反议会活动的政策是不得人心的。同盟如果想要得到宣传工作的果实,必须立即改变脱离实际、脱离群众的旧政策。在这次代表会议上,他公开站到反无政府主义的爱琳娜、艾威林等人一边,向代表会议提出了一个很长的决议案,建议社会主义同盟尽一切可能帮助工会运动、合作运动以及全国性和国际性劳工联合会运动,同时利用议会、地方市政机构和竞选活动来宣传社会主义原则和组织社会主义工党等。马洪的决议案虽然得到爱琳娜等人的支持,但是这时无政府主义势力在同盟内部已经相当强大,因此在表决时没有得到通过。代表会议再次肯定了拒绝参加议会活动的政策。此后,无政府主义影响增长更为迅速,1887年底至1888年初,同盟终于变成无政府主义组织。

代表会议结束后,马洪立即返回诺森伯兰,全力投入巩固英格兰北部社会主义联盟的工作。围绕建立联盟和制定联盟纲领的问题,马洪连续给恩格斯写了几封信。

1887年6月14日马洪给恩格斯寄去一份英格兰北部社会主义联盟纲领的校样,征求恩格斯的意见。他在信中详细说明了自己关于建立社会主义工人政党的想法。他认为,社会主义正在掌握人民群众,如果能够从各个组织中找出若干有影响的人,起草一份联合的建议,召开一次有各个社会主义团体参加的代表大会,并将这个建议交给他们讨论,那么,在苏格兰和英格兰北部的强烈影响下,社会主义工人政党一定能够建立起来。马洪在信中还谈到了他对工会的看法,主张社会主义者参加工会活动,在内部同工联领袖进行斗争,以便把工联领袖从工会驱逐出去。

恩格斯认真地阅读了马洪寄来的纲领,认为它"作为工人阶级自发的原则宣言是很好的"。他对纲领的原则部分作了某些修改和理论上的补充后于6月22日把校样寄还给马洪。次日,恩格斯又给马洪写了一封信,对马洪来信中谈到的几个问题发表了自己的意见。恩格斯首先肯定马洪对工联领袖的看法是正确的,他告诉马洪说,如果能够帮助北方的工会会员认识到工联只是一种可以取得次要成果的重要手段,"做一天公平的工作,得一天公平的工资"不是工人的最终目的,那么工联领袖对工会的控制很快就会完蛋。接着,他对马洪的建党计划表示了不同的意见。虽然马克思和恩格斯多少年来一直期待英国工人阶级建立自己独立的工人政党,并且一直在努力促进这一任务的实现。但是恩格斯经过长期的观察和了解,对80年代英国工人运动和社会主义运动的发展情况是有清醒估计的。他清楚地知道,英国的运动仍然处在宗派阶段,建党的条件还没有成熟。因此,他在信中直截了当地指出马洪的组织工作计划"为时过早了一点",在外地还没有真正发动起来,实际上在还没有可以组织的对象的情况下试图建立统一的工人阶级政党是徒劳无益的。

马洪接到恩格斯信后当天就写了一封复信表示完全同意恩格斯的意见。他解释说,他并没有打算马上实现建党计划,只是想强调一下"未来的社会主义工党不能由现存的任何派别来组织,必须通过把各个组织中所有合适的成员联合起来的方式建立"。他在信中列举了一些必须立即着手的准备工作。后来,在7月下旬写给恩格斯的两封信中,他也一再谈到建党之前还必须做大量的艰苦工作。

尽管马洪等人为巩固英格兰北部社会主义联盟尽了最大的努力,但是这个组织仍然没有能够坚持下来。随着矿工罢工运动的低落,它在年底就停止了活动。联盟的迅速瓦解证实了恩格斯的预言,建立工人政党的条件在英国确实还没有成熟。

1887年年底,马洪由于不赞成社会主义同盟领导执行的无政府主义政策退出了同盟。然而,他并没有脱离社会主义运动,也没有放弃争取建立工人阶级政党的思想,仍然积极地在英格兰北部和苏格兰从事建党活动。1888年1月他兴奋地写信告诉恩格斯,他在苏格兰看到,那里的工作非常成功,人民对社会主义的感情已经有了显著加强。不过,他认为,对于开展社会主义事业来说,条件最好的地方还是英格兰北部。他决心返回他在北部的活动中心诺森伯兰,准备扎扎实实地在那里进行工作。

在诺森伯兰,马洪和在当地积极活动的社会民主联盟成员汤姆·曼建立了亲密的战斗友谊。他们两人志向相同,都比较重视实际的建党工作,而且都有不惜牺牲个人一切的奋斗精神。在汤姆·曼的影响下,马洪于1888年1月重新加入了社会民主联盟。

80年代末,英国社会主义运动重心转移到苏格兰。苏格兰的社会主义者凯尔·哈第提出了建立独立工党的建议,并且在1888年8月建立了苏格兰工党。马洪积极促进他和肖伊一起建立的苏格兰土地和劳动同盟与苏格兰工党合并。因此马洪也是苏格兰工党的创建者之一。

同时,马洪还参与发起建立一个新的组织,他曾设想以这个组织作为未来社会主义工人政党的核心。1889年年初,工人联盟正式成立,并宣布接受马洪起草的"工人纲领"作为它的纲领。

对于"工人纲领"这一文件，英国和苏联的一些历史学家都有较高的评价，认为它显然受到了恩格斯的很大影响，其中阐述的许多论点同恩格斯对于英国工人运动的观点比较接近。有的史学家根据马洪起草"工人纲领"之前曾在伦敦会见过恩格斯以及马洪在纲领前言中声明要感谢一位朋友的巨大帮助等事实甚至推论说，恩格斯的影响可能不是一般的而是更为直接和深刻的。"工人纲领"包括许多正确的观点，同时也反映了马洪的一些消极思想，流露了某种忽视理论、崇尚自发性的倾向。

从恩格斯1889年2月14日给马洪的信可以看出，马洪曾向恩格斯征询对"工人纲领"的意见。恩格斯当时正患眼疾，并且《资本论》第三卷还有一些工作急需他去完成，没有时间认真研究这一文件，后来也没有发现恩格斯对它进行过任何评论。

马洪除参加工人联盟的活动外，还同别人一起组织了中央民主俱乐部，他写信邀请恩格斯担任俱乐部的副会长，恩格斯曾寄去捐款表示支持。

90年代初期，英国新工会运动蓬勃兴起。马洪等人力图使工人联盟沿着新工会运动的潮流前进。他们建立了煤矿搬运工工会，并试图在伦敦邮政工人中进行建立工会的活动。邮政工人的斗争很快就遭到失败，工人联盟也在1890年夏瓦解。

1893年夏，马洪作为里子的代表出席了英国独立工党成立大会。在讨论党的纲领时，他建议把草案中提出的关于"争取生产资料、分配手段和交换手段的集体所有制"这一要求改为"争取设立独立的工人代表和保护劳工利益"。这样，就取消了纲领中最重要的社会主义性质的要求。讨论结果，马洪的修正案被否决。不久以后，马洪对独立工党感到失望，逐渐脱离了工人运动。

恩格斯同英国工人运动活动家马洪的通信和交往说明，在80年代的英国，一些先进的有觉悟的工人已经认识到必须越出社会民主联盟和社会主义同盟狭小的宗派圈子，直接参加工人的斗争，在工人中宣传社会主义思想并进行建党的组织工作。他们已经开始摸索在英国建立独立的以社会主义思想为指导的工人阶级政党的道路。恩格斯同马洪的交往还说明，科学社会主义思想在英国的传播虽然远远不及欧洲大陆一些国家那样广泛和深入，但是这一先进理论当时已经对先进工人的实际革命活动产生影响，并且正在通过各种渠道在工人中进行传播。

（原载《威廉·莫利斯传》1955年伦敦版第861—871页）

（陈慧生 译）

格·亚·洛帕廷[*]

〔苏〕И.萨莫鲁科夫

格·亚·洛帕廷在19世纪70—80年代卓越的俄国革命家中占有特殊地位。他的革命一生明显地证实了列宁的下述论点:"俄国在半个世纪期间真正经历了闻所未闻的痛苦和牺牲,以空前未有的革命英雄气概、难以置信的毅力和舍身忘我的精神,从事寻求、学习和实验,它经过失望,经过检验,参照欧洲经验,终于找到了马克思主义这个唯一正确的革命理论。"①

格·亚·洛帕廷在伟大的俄国革命思想家别林斯基、赫尔岑、车尔尼雪夫斯基、杜勃罗留波夫和俄国古典著作的影响下被培育为真正热爱祖国的人,他竭力寻找一条使自己的人民摆脱专制制度和半农奴制羁绊的道路。他以忘我的英雄主义为争取把俄国变成自由的先进国家而斗争。虽然洛帕廷未能找到一条正确的革命道路,但是他的政治经历和他同马克思、恩格斯长时间的私人交往使他与当时其他革命者有所区别。

---

[*] 本文选自《马列主义研究资料》1984年第5辑。

原题注:本文原标题为《格·亚·洛帕廷的社会政治活动(1845—1918)》,作者是苏联历史学者。——译者注

① 《列宁全集》第1版第31卷第7—8页。

洛帕廷的社会和政治活动是在这样一个时期度过的,当时土地关系和农民运动还在俄国起着决定性作用,不过,不论在城市还是在农村,资本主义正在夺取越来越多的新阵地;国内阶级构成正在发生变化——开始形成的工人阶级在人数上不断壮大。俄国人民反对压迫和不平等的此起彼伏的斗争,动摇着沙皇制度并削弱着它的国际宪兵的反动作用。当时,世界革命的中心已移向俄国。

值此短短的历史时期,在俄国革命运动中人们曾努力寻找为争取使俄国摆脱农奴制残余而同沙皇进行斗争的真正革命道路。60—70年代,民粹运动曾一度处于繁荣时期,后来便转入衰落时期,而马克思恩格斯的著作几乎就在这同一时期在俄国传播开来。所有这一切在洛帕廷的世界观和革命活动中得到了反映,可是他并未成为马克思主义者。

一

洛帕廷出身于旧式贵族家庭,60年代他在彼得堡大学博物系学习时就开始了自己的社会政治活动。

1861年农奴制改革引起的许多次农民浪潮,成为具有民主思想的知识分子运动的基础,这些知识分子是由伟大的革命民主主义者车尔尼雪夫斯基的著作哺育成长起来的。沙皇政府残酷地镇压了民主主义运动。争取人民解放的战士被投入监狱,流放到遥远的西伯利亚,注定要在苦役中慢慢地被折磨而死。弗·阿·奥勃鲁切夫、尼·亚·谢尔诺-索洛维也维奇、米·伊·米哈伊洛夫、尼·瓦·舍尔古诺夫被逮捕,俄国先进知识分子思想的主宰者车尔尼雪夫斯基被监禁。

但是,政府的恐怖手段没有吓倒20岁的洛帕廷。他参加了学生运动,反对专制制度的专横。第三厅注意到洛帕廷,1865年向大学校长建议追究他参加学潮的责任。

洛帕廷和彼得堡组织的伊舒琴小组有联系，但是并未积极参加小组工作，虽然十分了解它的秘密活动。以暗杀沙皇亚历山大二世为宗旨的"地狱"小组的组织者 И. А. 胡嘉科夫，企图吸收洛帕廷加入该团体也未奏效。洛帕廷写道："根据对理论的探索，我绝不相信，在缺少多少有力量的革命政党的当前情况下，用强力杀死沙皇就能使人民起来造反，而重要的是，这类的造反活动即使发生，除了加强反动势力之外，并不能带来什么好处。"①

洛帕廷60年代的全部活动表明，他站在民粹派立场上，但还不是个人恐怖的拥护者。1866年，洛帕廷因卡拉科佐夫谋杀亚历山大二世未遂案而被追究，在彼得-保罗要塞被囚禁了两个月，后因罪证不实而被释放。离开要塞以后，他根据 И. А. 胡嘉科夫的请求着手清理被破坏的伊舒琴小组，以防止它的成员和同情者被捕。

1866年洛帕廷大学毕业，撰写了《自然发生说》这篇学位论文并作了出色的答辩，这时他面前出现了一个机会：改正"青年人的过失"并在御用科学界飞黄腾达。但是，洛帕廷宁肯选择另外一条布满荆棘的革命道路——一条舍己忘身地为人民服务并给予其他被压迫民族以兄弟般援助的道路。

他密切注视意大利人民的解放斗争，当他得知加里波第1867年逃出卡普雷拉并组织志愿军进军罗马的消息后，立即秘密地前往意大利，以便参加志愿军，但是直到门塔纳会战这一天他才勉强到达佛罗伦萨，这时加里波第的军队已被击败。洛帕廷在回国之前去尼斯，希望亲自结识亚·伊·赫尔岑。

---

① 《格·亚·洛帕廷》1922年彼得格勒版第8页。

洛帕廷同赫尔岑的会见看来未对他产生很大的影响，后来他在自传中只是顺便提到这次会晤。

洛帕廷认为，醉心于理论、脱离劳动人民的生活和不了解人民的真正需要，是60年代革命者活动的根本缺点。他写道："先进青年对人民的现实状况和需要的了解微乎甚微，是当前理论观点和实际事业中的最薄弱之处。"①

洛帕廷决定和后来的著名民粹主义者Ф.В.沃尔赫夫斯基在莫斯科和彼得堡共同建立一个专门组织，名叫"一个卢布协会"。这个组织表面上以教育为目的，但实际上是要推动青年深入人民群众去研究他们的生活和情绪，以便弄清反对专制制度的群众性革命斗争的可能性。

但是，协会还没来得及组成并展开活动，它的组织者便相继被捕。洛帕廷坐了八个月监狱，被送到斯塔夫罗波尔。在那里他成了省长手下负责处理特别受托事务的官吏，兼任图书馆员职务。图书馆工作使他能在青年中间开展教育工作。除此之外，他想使他们接受自己的实际上是民粹派的观点，而用他自己的话来说，就是"提出并使之接受下述问题，即在斯塔夫罗波尔省改变村社所占有的农民土地，由村社重新分配，但不是按照官方机构的指令，而是按照村会和乡会的决定（大张旗鼓地）实施"②。

1869年12月洛帕廷被捕，这是因为一封谈到计划秘密去国外的信落入警察手中。但是，1870年1月他第一次逃出斯塔夫罗波尔军事要塞禁闭室，回到彼得堡。他秘密地住在彼得堡，不久组织拉甫罗夫逃出

---

① 《格·亚·洛帕廷》1922年彼得格勒版第27页。
② 《格·亚·洛帕廷》1922年彼得格勒版第10页。

卡德尼克①,并让出了自己的出国护照。

洛帕廷得到送还的护照后前往巴黎,在那里遇见了具有各种不同倾向的政治流亡者,后又专程去瑞士会晤巴枯宁、奥加辽夫以及其他俄国流亡者。但是,无论在法国还是在瑞士,他没有归附俄国流亡者中的任何一个政治派别。

1870年5—7月洛帕廷住在巴黎,他密切注视法国发生的事件,把俄国和法国的革命斗争经验加以比较。为了寻求同专制制度进行斗争的最有效手段,他不久加入了第一国际巴黎支部。

1870年7月初,洛帕廷携带拉法格的介绍信拜访了马克思。马克思会晤过许多政治活动家和各个派别的革命家,但是初次见面就对年轻的俄国革命家洛帕廷颇抱好感并给予信任,这还是少见的。受邀在翌日即7月3日来马克思家做客的洛帕廷,整整待了一个星期天,即从早晨10点直到夜里12点。长时间的谈话奠定了洛帕廷同马克思生前亲密结交的基础。

关于这位年轻的俄国青年的初步印象,马克思在1870年7月5日致恩格斯的信中作了详细叙述。他谈了从洛帕廷那里得到的俄国的政治消息,在法国和瑞士的俄国政治流亡者的状况,还兴致勃勃地着重指出这位新相识对巴枯宁和涅恰耶夫的否定态度。初次会晤后,马克思对洛帕廷就有这样的看法:"他头脑很清楚,有批判力,性格开朗,坚毅,象一个俄国农民一样知足。"②

搜集关于俄国的可靠材料,对于马克思和恩格斯非常重要:无论是马克思还是恩格斯都认为沙皇专制制度是欧洲反动势力的基础;他们确

---

① 沃洛格达省的一个县城,沙皇时代是革命者的流放地。
② 《马克思恩格斯全集》第1版第32卷第505页。

认在俄国开展革命运动是消除这个反动障碍物最重要的条件。但是，马克思从初次相识起就发现了洛帕廷错误的民粹派观点，他不了解社会主义者对待俄国特别是波兰被压迫民族的义务。

列宁在《论民族自决权》一文中揭露了罗莎·卢森堡在民族问题上的错误立场时，恰恰援引的是马克思初次会见洛帕廷时就这个问题对他所作的批判性的评语。列宁写道："马克思正如他自己所说的那样，习惯用'查看牙齿'的办法来检查他所认识的那些社会主义者的觉悟性和信念。马克思认识洛帕廷以后，在1870年7月5日写信给恩格斯，极力称赞这位俄国青年社会主义者，但是同时补充说：'弱点就是波兰问题。他对于这个问题所说的话，完全同英国人——例如英国旧宪章主义者——对于爱尔兰所说的话一样。'

"马克思向压迫民族中的一位社会主义者询问了一下他对被压迫民族的态度，就能立刻发现统治民族（英吉利和俄罗斯）中的新的社会主义者的一个共同缺点：不了解他们对被压迫民族所负的社会主义义务，一味重复他们从'大国'资产阶级方面接受来的偏见。"①

同马克思的会见对洛帕廷产生了不可磨灭的印象。7月6日他在致拉甫罗夫的信中说："我去拜访了马克思，我现在一点也不后悔，因为这次相识是我感到最愉快的一次。"他往下说明自己在尚不精通西欧语言的情况下如何谈话时继续写道："我总是害怕各种名人过分冷淡的接待。真叫人乘兴而来，扫兴而去！我不能说，我在马克思家里受到了殷勤招待，因为这样说还显得远远不够：他的态度与其说是殷勤的，不如说是亲热的，他的夫人对我说，假如我来到伦敦竟打算住旅馆的话，她就要受埋怨；在他们家中，我永远可以住单间：'谁都不会挤您。您愿

---

① 《列宁全集》第1版第20卷第436页。

意的话也可以整天在外游荡,只是要回家过夜。再说,只要您还没有学会像英国人那样节约自己的开支,您应该知道,在我们的餐桌上您永远会找到已经摆好的供您使用的多余餐具,等等。'"①

不久,洛帕廷迁至伦敦,用他的话说,是为了"离马克思近点儿"。

二

马克思同洛帕廷在许多原则性问题上的交谈,使他能透彻了解洛帕廷,并对洛帕廷产生了重大影响。关于这些谈话,洛帕廷在许多年后曾对自己的熟人谈起过,不过说得不多。马克思身上没有其他许多"名人"同"普通人"交谈时所表现出来的"教授气质",这一点感染了他。他看到,马克思只对敌人"冷嘲热讽";而朋友们则永远感到他的热情关怀。

洛帕廷在描绘马克思的形象时指出,马克思学识渊博,掌握了极其丰富的实际材料,他正是在这个基础上作出了自己的天才结论。马克思通过详细分析各个国家和各个时代的社会关系和政治局势,热情帮助洛帕廷了解真正的科学社会主义理论。相识两个半月后,马克思推荐洛帕廷担任国际总委员会委员,并于1870年9月20日被一致通过。在那次会议上被一致通过选入总委员会的还有恩格斯。因而,马克思就大大地加强了科学社会主义拥护者在总委员会中反对无政府主义者和工联主义分子的阵地。

洛帕廷的入选,正值总委员会因普法战争、在法国推翻君主政体和

---

① 马列主义研究院档案。

成立共和国而加强活动的时期。总委员会在马克思的领导下利用自己的影响，动员了各个国家尤其是英国的工人组织阻止俾斯麦实现占领法国领土的计划。总委员会一方面揭露格拉斯顿推行的英国骑墙政策，另一方面号召各个工人组织粉碎俾斯麦的计划并阻止丢掉政权的法国反动集团消灭共和国。英国工人阶级应该对格拉斯顿政府施加压力，以便放弃自己的"中立地位"并承认法兰西共和国。

洛帕廷当选之后，立即被总委员会指定为在伦敦成立的保卫法兰西共和国委员会五名成员之一，并成为总委员会所委派的前往晋见英国首相格拉斯顿的代表团成员之一，代表团的目的在于敦促内阁尽快签订普法和约，并促使英国承认法兰西共和国的领土完整。关于这个使命，洛帕廷后来写道："记得，早在巴黎刚被围困的头几天，我被选为总委员会晋见格拉斯顿的代表之一，目的是敦促他的内阁干预尽快签订和约，这是因为战争的罪魁祸首——波拿巴帝国已经垮台，而新生的共和国则愿作合理的让步。固然，格拉斯顿有礼貌地拒绝了总委员会的强烈要求，但当时还是同国际进行了谈话。"

1870年9月20日至11月22日，即在洛帕廷回俄国之前在总委员会中工作这段期间，他参加了各次会议，在各种问题上积极支持马克思和恩格斯。1870年11月1日，洛帕廷荣幸地担任了总委员会会议的主席，会上除许多其他重要问题外，还研究了马克思关于美国社会主义运动状况的介绍，讨论了普法战争爆发后各个支部的活动。11月22日，在恩格斯担任主席的总委员会会议上，洛帕廷介绍了俄国的国内情况。他还介绍说，俄国报纸上刊登了拿破仑三世档案馆收藏的关于国际的一些文件，从中可以看出，法国为了反对国际采取了什么方法。

在反对巴枯宁蓄意分裂和削弱国际的斗争中，洛帕廷给予马克思的帮助特别有效。例如，1870年10月18日，马克思提议总委员会讨论比利时全国委员会的行为问题,该组织是国际的一个支部,在无政府主义者的影响下拒绝在自己的机关报上刊登总委员会关于普法战争致国际工人协会的第二篇宣言。洛帕廷发言捍卫马克思并提出谴责比利时支部的提案,提案被一致通过。

在反对马克思和恩格斯的斗争中,巴枯宁不仅企图把自己有害于工人运动的无政府主义观点强加于国际,而且还在第一国际内部玩弄两面派手法,进行破坏性活动,保存巴枯宁分子本来应当解散的"同盟"这个秘密组织。巴枯宁不择手段地企图破坏马克思和恩格斯的威信,排除他们的领导地位。洛帕廷在信中对拉甫罗夫说道:"我无论如何不能扮演调和主义者的角色。"①

拉甫罗夫本人不仅对巴枯宁采取调和主义立场,而且还支持他的分裂活动,利用自己的威信帮助巴枯宁从住在国外的俄国年轻大学生中吸收新的拥护者。拉甫罗夫屈从于巴枯宁蛊惑宣传的影响,企图让洛帕廷相信巴枯宁观点的"合理性",照他看来,这些观点即使不适合于西欧,似乎也适合于俄国。洛帕廷在致拉甫罗夫的复信中讽刺地说:"我对您说,我完全同意您的看法,就是说,为了达到同一目的,在不同的时间地点条件下应采取不同的行动。但是我认为,您以过分宽容和垂青的口吻说明巴枯宁的憧憬,因为巴枯宁所表述的思想和计划是针对一定的地点(俄国)和一定的时间(现在);而讨论这些思想和计划是否恰当和合乎实际,恰恰应当根据上述观点,不应当从单纯的'空间和时间'的角度,而应当从一定的空间和时间,即应当从它们是否适应自身所提出的目的的角度出发来考察它们,等等。"②

---

① 马列主义研究院档案。
② 马列主义研究院档案。

马克思非常信任洛帕廷，并把想加入国际的俄国流亡者中各种人物的材料告诉了他。例如，无政府主义者——恐怖主义者涅恰耶夫的战友B.谢列布列尼科夫企图同马克思建立联系，以便打入国际从中搞破坏活动。在洛帕廷对此人情况作出说明后，马克思预先通知总委员会拒绝接纳谢列布列尼科夫入会。

洛帕廷反对巴枯宁在国际搞分裂和破坏活动，他在这一斗争中是马克思的坚定拥护者。许多年后，巴枯宁的崇拜者曾努力唤起人们对巴枯宁的回忆，并为巴枯宁在第一国际中同马克思进行的斗争进行洗刷和辩解，当时，洛帕廷彻底揭穿了巴枯宁主义者 М. И. 萨任的诽谤。正如洛帕廷着重指出的那样，"任何一个有理智的人恰恰由于同情国际，才对巴枯宁不抱好感，后者的全部活动在这种情况下显然有使国际面临垮台和毁灭的危险。这帮人大张旗鼓地反对国际总委员会的所谓集权、专制、统一指挥和独裁，秘密地制造阴谋，但不是去反对政府，而是反对自己的同志——建立对国际的广大会员来说是秘而不宣的秘密同盟（l'Alliance），以图操纵国际的活动。试问，每个有道德的人对这帮人怎能给以同情和帮助呢？"①

尽管洛帕廷坚决支持马克思反对巴枯宁的斗争，但是在揭露巴枯宁道德上的卑鄙行为方面，洛帕廷没有为马克思出什么力。大家都知道，1869年巴枯宁承担了《资本论》第一卷的俄译工作，通过中间人 Н. Н. 柳巴文从书商波利亚科夫处预支了300卢布。他未完成翻译工作，也拒绝归还索取的酬金。马克思请洛帕廷给他提供这件事的材料，但是洛帕廷拒绝了，因为他不理解这对于第一国际揭露巴枯宁有多么重要。这件事证实了洛帕廷并未完全理解巴枯宁主义对于革命运动的全部危害。几

---

① 《格·亚·洛帕廷》1922年彼得格勒版第172页。

年以后，洛帕廷回忆这件事时还是抱定那种错误的观点。他写道："尽管我同马克思建立了亲密的友谊，但我还是断然拒绝把我掌握的关于这件事的文件交给他，我对他说：'我不认为巴枯宁是完全正当的，但是我也决不同意让在我们革命运动中扮演过这样角色的人在整个欧洲面前蒙受耻辱。'"①

在参加总委员会工作的同时，洛帕廷还着手《资本论》第一卷俄文本的翻译工作。马克思认为在俄国出版《资本论》具有重大意义，并千方百计促进这项工作。刚刚商谈出版事宜时，他写信对恩格斯说："知道我的书将在彼得堡出俄译本的消息，我当然非常高兴。"②众所周知，巴枯宁开始把《资本论》译成俄文时，在最初几页上就搁浅了，以后也未完成自己的任务。他所译的几页质量欠佳，以致后来继续翻译时无法利用。各国学者都曾着手翻译《资本论》，但是他们的译文远远不符合原文，因此马克思和恩格斯对他们进行了严厉批评。

洛帕廷对于是否要翻译这部复杂著作，迟迟未作决定。但是，由于经常同马克思交谈，受到马克思的直接帮助以及由于对《资本论》有所研究，这使他能完成这项工作。他向拉甫罗夫说："许多人多次要我翻译马克思的《资本论》，而我总是拒绝，但是后来我几乎通读了全书，所以我告知人们说我能翻译这部书，特别是如果考虑到我同作者是住在一个城市。"③如果洛帕廷没有马克思初次见面时指出的刻苦钻研的精神，那他也会遭到这部书的许多译者同样失败的命运。他认真领会马克思的观点，经常聆听马克思的讲解，以极其认真的科学态度研究原

---

① 《格·亚·洛帕廷》1922年彼得格勒版第172页。
② 《马克思恩格斯全集》第1版第32卷第164页。
③ 1870年8月30日于伦敦寄给拉甫罗夫的信。马列主义研究院档案。

著中自己不清楚的问题，以便正确地传达作者的思想。

洛帕廷的翻译根据的是1867年德文第一版，他是从第一章（在后来的版本中则是第一篇）开始工作的。他提醒马克思注意，这一章（《商品和货币》）最难懂，并有可能使读者望而却步。马克思同意洛帕廷的意见，建议他先译第二章（《货币转化为资本》），以便自己在这段时间改写第一章。但是，马克思因为工作繁忙未能为俄文版完成这项工作。然而洛帕廷的意见对《资本论》后来的版本仍有重要的影响。出版法文版时，马克思曾以更加通俗的形式叙述第一章的内容。

洛帕廷在翻译马克思在某些章节中评述和揭露资产阶级经济学家的段落时，到英国博物馆研究了他们的著作，弄清了受批判的作者观点的一些特征。马克思赞同洛帕廷的一些意见，并在俄文版中作了补充和说明。例如，洛帕廷在研究英国庸俗经济学家，臭名远扬的"节欲"和"最后一小时"理论的炮制者西尼耳的著作时得出结论说，读者可能不理解西尼耳"理论"中的混乱和矛盾；所以必须作补充说明。马克思同意了这一看法。

在第三节《剩余价值量和剩余价值率》（后来各版为第七章《剩余价值率》）中，对注32作了补充，这个注谈到作为资本对劳动力的剥削程度的剩余价值率和剩余价值总额。根据洛帕廷的倡议加的注释，预先告诉读者必须把剩余价值率和剩余价值总量加以区别，而且还举例作了说明。这样的补充作为译者注首次见于1872年俄文版。在《资本论》后来的版本中，马克思把这一补充改编为单独的注（30a）。[1]

---

[1] 《资本论》1949年俄文版第1卷第224页；《马克思恩格斯全集》第1版第23卷第252页。

洛帕廷认为，在说明西尼耳关于"最后的一小时"的论点中的混乱和矛盾时应该举例。这也是我们都熟知的。马克思根据这个意见补充了注34，即"作者对脚注34的补充"，首次见于俄文版。后来，马克思把这一补充加到其他版本中，稍作改动后作为"注（34）的补充"①。

1870年底，洛帕廷为了营救车尔尼雪夫斯基中断了翻译工作。他已翻译了《资本论》第一卷的大部分。恩格斯在信中告诉马克思说："《资本论》第二章至第五章（包括《机器和大工业》）的翻译是他担负的，所以说，他担负的是大部分。"②

洛帕廷把《资本论》下一步的翻译工作交给了尼·弗·丹尼尔逊，后者感到这项工作太困难，好长时间不敢接受。但是，具有经验的洛帕廷帮他找到了完成这项翻译工作的正确办法。

由于这番努力，俄国成为出版《资本论》译本的第一个国家。马克思认为，俄译文是最符合原文意思的。1872年5月28日，马克思在信中对丹尼尔逊说："首先，非常感谢，这本书装订得很美观。翻译得很出色。我还想要一本平装本，以便送给英国博物馆。"③

无疑，洛帕廷为《资本论》的出色译文立下了很大功劳。他加速了《资本论》俄文版的出版，因而在使先进的俄国知识分子了解马克思的这部优秀著作的事业中，也尽了自己的力量。

同马克思直接交往，了解他的基本著作，特别是详细研究《资本论》第一卷，在第一国际总委员会中几乎工作长达两个月的时间，实地

---

① 《资本论》俄文版第1卷第231页；《马克思恩格斯全集》第1版第23卷第257页。

② 《马克思恩格斯全集》第1版第33卷第99页。

③ 《马克思恩格斯全集》第1版第33卷第478页。

考察英国和法国工人的斗争——这一切，用洛帕廷的话说，促使他"了解了作为科学体系的社会主义"①，并认为自己是马克思的学生和信仰者。

实际上，洛帕廷未能彻底弄清马克思主义，所以不善于把这个科学理论用于俄国当时正在发生的经济和政治变化，正如我们看到的那样，他在后来的革命活动中完全站在非马克思主义的立场上，在同专制制度进行的斗争中走上了个人恐怖的道路。民粹派思想笼罩了洛帕廷的头脑，并妨碍他接受最先进的科学的无产阶级世界观。

三

马克思同洛帕廷交谈中，不止一次地谈到伟大的俄国革命民主主义者车尔尼雪夫斯基。洛帕廷又告诉了马克思许多关于这位天才思想家活动的新材料。1870年初，未同洛帕廷见面之前，马克思就开始研究俄语，以便根据原著深入了解俄国及其卓越的先进活动家。他最先读的是车尔尼雪夫斯基的一部有重大价值的著作《对约翰·斯图亚特·穆勒的〈政治经济学〉第一部的补充和注释》。马克思研究这部著作时，立即认清了作者是一位罕见的、有独创性的、勇敢的学者和战士，他对作者的生平活动产生了浓厚兴趣。1870年3月24日，马克思在致国际俄国支部委员会委员的信中指出："……你们的导师车尔尼雪夫斯基的作品，为俄国挣得了真正的荣誉，而且证明你们的国家也开始参加到我们这一世纪的共同运动中来了。"②

---

① 《格·亚·洛帕廷》1922年彼得格勒版第170页。
② 《马克思恩格斯全集》第1版第16卷第464页。

马克思同洛帕廷的谈话，对后者产生了强烈影响。这些谈话使他意识到车尔尼雪夫斯基的作用，他把车尔尼雪夫斯基看作唯一的领袖，认为他当时能联合俄国国内和流亡者中的革命民主主义运动的各个派别和小组，成为他们运动的领导者。

洛帕廷后来回忆说，马克思"不止一次对我说，车尔尼雪夫斯基在当代所有的经济学家中是唯一的真正有创见的思想家，其余的人其实只是普通的编纂者；他的著作充满独创精神、力量和深刻的思想，是现代科学著述中唯一值得阅读和研究的著作；俄国人应该羞愧的是，至今他们没有一个人向欧洲介绍这位卓越的思想家；车尔尼雪夫斯基在政治上的死亡，不仅对俄国，而且对整个欧洲学术界都是损失，等等"①。

在同马克思交谈的影响下，洛帕廷产生了一个大胆的计划——使车尔尼雪夫斯基从沙皇专制制度的魔爪下脱险。帮助他回来参加积极的革命斗争。

洛帕廷并没有把自己去营救车尔尼雪夫斯基的想法告诉马克思。他写道："关于我的想法，甚至连马克思都没告诉，尽管我同他的关系很亲密，我敬爱并尊重他这个人，因为我相信，他一定认为这种想法是发疯，并劝阻我放弃这种想法，而我不喜欢在业已考虑好的事情面前退缩。"②

洛帕廷在这里表明自己不是群众革命斗争的组织者，而是单枪匹马的革命者，他向马克思隐瞒了自己制定的非常重要而又冒险的革命行动计划。

只是在1870年12月15日寄自彼得堡的信中，洛帕廷才向马克思透露了自己去莫斯科的真实目的，同时说明他打算用三四个月时间营救

---

① 《格·亚·洛帕廷》1922年彼得格勒版第71页。
② 《格·亚·洛帕廷》1922年彼得格勒版第73页。

出车尔尼雪夫斯基。

洛帕廷以去西伯利亚进行科学考察的地理学会委员的身份，携带荣誉公民柳巴文的护照到伊尔库茨克。但是，他一到达那里，便于1871年1月17日被捕。同年6月3日，他试图在伊尔库茨克越狱，但未能成功。

马克思得知洛帕廷怀着非常果敢的、几乎不能实现的打算回俄国后，对自己年轻朋友的命运很不放心。马克思曾经向丹尼尔逊打听过他的消息，丹尼尔逊在1871年5月11日的信中通知说："我们的朋友现在比离开此地时的处境更坏。不过，他的愿望并未放弃。以后详谈。"

马克思当时没有得到关于洛帕廷下落的确切消息，于是就通过丹尼尔逊向他建议立刻离开俄国回到伦敦。他写道："我们的朋友应该从他的商业旅行中返回伦敦了。他为之奔波的那家公司的代理人分别从瑞士和其他地方给我来信。如果他再不回来，这家公司就会垮台，他自己也就永远失去继续为该公司服务的机会。公司的竞争者都在打听他，在到处寻找他，并且将用阴谋把他诱入陷阱。"[①] 1871年8月30日，丹尼尔逊在复信中告诉马克思，"共同的朋友"不能回来，因为他的处境更坏，期望很快得到释放是不可能的。

第三厅根据侦查来的关于洛帕廷企图营救"叛国犯"车尔尼雪夫斯基的情报，竭力制造事端，以便判处洛帕廷长期徒刑。但是，洛帕廷拒绝认罪成功了，省最高法院以行动乖谬为理由课以100个卢布罚金开释。然而，第三厅继续扣押洛帕廷，同时寻找重大政治活动方面的新材料。马克思得知，洛帕廷已比较容易地摆脱了专制制度的魔爪。关于这一点，马克思在信中对丹尼尔逊说："您谈到的关于我们共同的朋友的

---

① 《马克思恩格斯全集》第1版第33卷第230页。

消息，使我和我全家人非常高兴。象他这样使我爱戴和尊敬的人是不多的。"①

但是，洛帕廷的头上乌云密布。1872年6月，他第二次企图逃跑又遭失败。他在狱中计划第三次越狱。洛帕廷这次选择的逃跑路线要经过几乎是不可逾越的自然障碍：他用双桨划着小船沿安加拉河顺流而下，不止一次地冒生命危险越过石滩。他以大无畏的英雄气概和非同寻常的坚毅精神，乘"独木舟"好不容易到达叶尼塞河，并登上了顿河河汊岸边，复杂地全程漂游了约两千公里。由此再经泰加到达托姆斯克，1872年11月在那里偶然地被辨认出来，又被押回伊尔库茨克监狱。马克思写道："我们亲爱的'共同的朋友'的遭遇使我全家焦急不安。我打算从君士坦丁堡通过外交途径来帮助他。这或许能成功。"②

1873年夏天，被监禁的洛帕廷从伊尔库茨克把一篇通讯寄到《前进》杂志，在这篇通讯中提供了服苦役的流刑犯、车尔尼雪夫斯基和自己的情况。洛帕廷把专制制度向社会隐瞒的许多情况公之于众，并主要描述了一个人的遭遇，这个人在俄国"对连续许多年来社会思想的发展"具有重大影响，他的"智慧、知识、正直和对自己的基本原则的永恒信心，在我国的先进青年中获得了无可争辩的威望"③。洛帕廷蔑视地批评自由主义知识分子界，因为他们口头上愤恨专制制度对车尔尼雪夫斯基的专横，但是，对于减轻车尔尼雪夫斯基的不幸遭遇，却冷眼旁观。洛帕廷在详细描述尼布楚工厂和维柳伊斯克的囚犯服苦役的情景时，揭露了俄国专制制度的横暴和不法行为。

---

① 《马克思恩格斯全集》第1版第33卷第479页。
② 《马克思恩格斯全集》第1版第33卷第548页。
③ 《格·亚·洛帕廷》1922年彼得格勒版第92页。

在《前进》杂志上刊登的伊尔库茨克通讯，引起了密切关心俄国知识界革命斗争的先进活动家的关注，并为马克思所知晓。洛帕廷在伊尔库茨克还写了一篇文章《不是我们》，刊登在《前进》杂志1874年第三卷。他在这篇文章中叙述了自己同几乎不为人所知的教派分子会见的情景，这些教派分子否定宗教、政权、财产、家庭、现行法律和风俗习惯；他们虽然受到沙皇当局的严刑拷问，还是顽强坚持自己的观点。马克思读了这篇通讯，对所讲的教派分子很感兴趣，注意到他们的观点和行为，虽然它们还只是抗议俄国专制制度的不完备的形式。他在信中对拉甫罗夫说道："《不是我们》是杰出的人写的。我猜想，我们的朋友洛帕廷同这篇文章有某种联系。"①

三次尝试失败之后，洛帕廷终于越狱成功，1873年7月22日由伊尔库茨克监狱回到彼得堡，后又很快从该地去到伦敦。这时马克思在曼彻斯特，而洛帕廷则同恩格斯见了面；恩格斯立刻在1873年11月23日的信中把洛帕廷到达伦敦的消息和他们的朋友逃跑的详细经过告诉了马克思。

四

洛帕廷回到伦敦以后，没有放弃营救车尔尼雪夫斯基的想法。他去到瑞士，在该地同各种各样的流亡者商谈成立营救车尔尼雪夫斯基的专门组织，但是他的所有尝试都未取得成功。

当亚历山大二世在为庆祝自己的女儿玛利娅·亚历山大罗芙娜同爱丁堡大公结婚而宣布"大赦"政治犯时，洛帕廷决定揭露亚历山大二

---

① 参看《马克思恩格斯全集》第1版第34卷第118页。

世愚弄社会舆论的手段，他向访问白金汉宫的沙皇提交了公开信。

洛帕廷在致《纽约日报》编辑部和亚历山大二世的信中揭露了帝国"仁慈"的真正内幕。他惋惜在皇帝到达之前没能刊登许多文章来举例说明俄国公正裁判的状况——哪怕只举出被判处阴谋罪的车尔尼雪夫斯基的例子，后者一个人被指摘为主谋兼成员和执行者，从那时起受到闻所未闻的压迫和残酷对待；或者让外国人了解"宽容的俄国君主"的"短命"朝代的其他一些事件。

洛帕廷同马克思和恩格斯保持了密切的联系，把他们看作不仅是天才的学者和伟大的革命家，而且是反对可憎的专制制度的最坚决的同盟者，他认真注视马克思和恩格斯的一切活动。每次新发表的马克思和恩格斯的著作，洛帕廷都详细研究并且确认他们的观点是有道理的。

众所周知，1874年恩格斯在《人民国家报》上部分发表了《流亡者文献》一文，对拉甫罗夫的折中主义及其对巴枯宁主义者采取的调和主义立场进行了致命的批判。洛帕廷虽然同拉甫罗夫保持友谊关系，但是他读了这篇文章后，立即由巴黎写信给恩格斯说："至于我，兴致勃勃地读完这篇文章并必须承认您的论据的正确性。"① 1876—1878年，恩格斯开始在德国社会民主党中央委员会机关报《前进报》上发表文章批判杜林，总的目的在于反对受到杜林体系影响的德国社会民主党的一部分著名领导人。当时，洛帕廷也是站在恩格斯一边。在1878年1月17日寄自瑞士的信中，洛帕廷赞许地评论了这些文章并批评了某些"俄国社会主义者，他们有时竟然把一些毫不相干的事物凑合在一起，并把它们弄成蒲鲁东、马克思和杜林的大杂烩（当然，是非常坚固和非常革命的），理由只是三者都持极端立场，并且他们的著作在俄国不同

---

① 《马克思恩格斯和俄国政治活动家通信集》1947年俄文版第165页。

程度上被禁止并受到追究"。①

洛帕廷不能长期住在国外,他眷恋祖国,1874—1879年几乎每年都秘密回到俄国,以便亲自证实国内发生了什么变化,在同专制制度的斗争中能够采取什么方法。妙不可言的是,在1878年这次回国中,他冒充别人的名字,在莫斯科商业法庭上为停止对著名俄国发明家雅勃洛奇科夫的诉讼进行辩护,并得到了成功,而后者正面临由于破产而将被羁押的危险。

俄国在这个时期发生了重大的经济和社会变化。在70年代民粹主义遭到了失败。民粹派知识分子在自己活动的初期,相信农民具有共产主义的本能,认为只要向他们说明他们所处的地位并向他们描述出未来的前景,他们就能行动起来,摆脱地主和沙皇的压迫并建立村社,从而避免资本主义制度,建立共产主义王国。列宁写道:"社会主义者既然相信农夫具有共产主义本能,自然就要把政治置诸脑后而'到民间去'。"② 但是,民粹派在现实中碰壁后才明白,没有政治权利,没有起码的政治自由,哪怕蒙受巨大牺牲,也不能取得预期的效果。

洛帕廷找到了同专制制度斗争的新形式。他在同马克思多次交谈中不止一次提到俄国。正如所看到的那样,70年代民粹派观点中的出发点——相信农民具有共产主义本能,俄国村社具有特殊作用——已为洛帕廷所不能赞成,他声明在这个问题上同意马克思的看法。他在自己的回忆录中写道:"关于俄国村社能帮助俄国避免资本主义发展阶段的观点,马克思在我面前从来没有断然地或多少肯定地寄以希望。我不认为

---

① 《马克思恩格斯和俄国政治活动家通信集》1947年俄文版第182—183页。
② 《列宁全集》第1版第1卷第254页。

他哪怕是一分钟会相信这一点。"①

1878年通过的"土地和自由"社的纲领，反映了巴枯宁的思想：通过"到民间去"就可以在俄国组织人民革命，这场革命将导致无政府主义和集体主义，也就是建立没有国家的村社社会主义的共同生活。洛帕廷不赞同这个纲领，也不赞同巴枯宁的全部思想和策略。

洛帕廷在分析70年代下半期俄国的情况时发现了民粹主义的危机，并于1878年11月在寄自巴黎的写给恩格斯的信中这样评述国内现存的政治形势："在农民中的社会主义宣传看来几乎停止了。最有毅力的革命者本能地转向纯粹政治斗争的道路，虽然还没有勇气公开承认这一点。固然，这种政治斗争暂时具有非常狭隘的性质，纯粹局限于针对某些个人的报复行为和拯救个别同党的尝试。至于整个社会，逐渐丧失对政府起码的尊重，常常同情极端党派的行动。"② 很明显，洛帕廷拥护政治斗争，不满意民粹派的斗争方式。

"土地和自由"社分裂为"民意党"和"土地平分"社后，洛帕廷哪个组织都未参加。不过，洛帕廷同情新的"民意党"派别，他决定回到俄国，积极参加革命斗争。

当时，由于社会矛盾的尖锐化出现了革命形势，并可以越来越清楚地看到，革命斗争的中心移至俄国。马克思和恩格斯在70年代末作出结论：俄国革命已不需要从外面推动了，相反，俄国革命已成为西欧革命的推动力。他们认为，俄国处于"世界历史危机的前夜"③。

洛帕廷了解马克思和恩格斯的这些观点，感到马克思主义奠基人非

---

① 《往事》1920年第15期第5页。
② 《马克思恩格斯和俄国政治活动家通信集》1947年俄文版第187页。
③ 《马克思恩格斯和俄国政治活动家通信集》1947年俄文版第195页。

常同情俄国人民反对专制制度和农奴制残余的从未间断过的英勇斗争。

马克思和恩格斯竭力劝阻洛帕廷回俄国,因为他是知名人士,已受到严密监视。洛帕廷临行前,在信中对恩格斯说道:"您的劝告或许是明智的和中肯的,看来我不能总是待在国外,而要很快回到祖国,当然要改名换姓。"①

洛帕廷回到彼得堡,不久由于第三厅的巴黎暗探告密而被捕。他在彼得—保罗要塞被关了13个月,因罪证不足按行政处分被解往塔什干,1882年又被转到沃洛格达,受警察监视。

这时在俄国革命运动中发生了几起事件,这些事件全世界都已知晓,也引起了马克思主义奠基人的注意。

1881年3月13(1)日,亚历山大二世被民意党人处死,马克思和恩格斯把这一事件看作俄国革命前夜的征兆——这一事件"最后必然导致俄国公社的建立,虽然要经过漫长而残酷的斗争"②。马克思和恩格斯反对把个人恐怖的策略作为同现存制度进行斗争的手段,然而他们当时设想,在俄国已形成革命形势的情况下,各反对党的积极活动,无论是宫廷阴谋还是"民意党"反对沙皇及其政府的恐怖行动,都能导致革命,或者像恩格斯后来在致查苏利奇的一封信中所表述的那样,"轻轻一撞就能使处于极不稳定的平衡状态(用普列汉诺夫的比喻来说)的整个制度倒塌,只要采取一个本身是无足轻重的行动,就能迸发出一种后来无法控制的爆炸力"③。马克思和恩格斯期望俄国革命能推出自己真正的革命代表人物和群众领袖,并横扫试图代替群众并违反群众意

---

① 《马克思恩格斯和俄国政治活动家通信集》1947年俄文版第188页。
② 《马克思恩格斯和俄国政治活动家通信集》1947年俄文版第209页。
③ 《马克思恩格斯全集》第1版第36卷第301页。

愿而从民意党的英雄和"群氓"立场出发来处理问题的那些人。可见，马克思主义奠基人指望的不是民意党人，而是被西方工人运动看作同盟军的千百万俄国劳动群众。

事变的进程很快表明"民意党"以及它的纲领和策略的破产。恩格斯在1894年曾指出，在他和马克思看来，70年代末沙皇的没落已为期不远，俄国革命应给予欧洲反动派最有力的打击，并会给欧洲的革命运动以新的强有力的推动。可是，恩格斯继续说道，俄国的革命没有发生。沙皇战胜了恐怖主义。"英勇的俄国先进战士"民意党人的单枪匹马的英雄气概无可怀疑。"但是我们完全没有义务去跟他们抱同样的空想。"① 列宁后来谈到马克思和恩格斯于19世纪70—80年代所写的信中对俄国革命表现的急不可待的心情时指出，他们对俄国革命即将到来的期望未能实现，而且看来也不可能实现。马克思和恩格斯所作的革命即将到来，革命即将取得胜利的论断是失误了。②

《民意党》刺死了亚历山大二世，就宣告了自己的穷途末路。历史完全斥责了民意党人同专制制度的单独决斗。亚历山大二世被刺杀后，亚历山大三世又登基了。反动势力在国内到处横行无忌。"民粹派采取这种刺杀个别人物、实行个人恐怖的斗争手段来反对沙皇制度，是错误的、对革命有害的。"③

1883年2月，洛帕廷越狱成功，逃到国外。他想再次见到马克思，并同俄国政治人物取得联系，以确定今后同专制制度进行斗争的任务。

---

① 《马克思恩格斯全集》第1版第22卷第508页。
② 《列宁全集》第1版第12卷第362页。
③ 《联共（布）党史简明教程》，人民出版社1975年版，第11页。

五

洛帕廷越过边境后，得知一个使世界革命运动遭受重大损失的消息——马克思逝世了。他被这一消息所震惊，在巴黎写信给爱琳娜·马克思说："我亲爱的女士杜西：您的父亲逝世的消息使我蒙受多么大的痛苦，并且我对于您的悲伤怀有怎样深切的同情，是无法用语言向您形容的。关于我敬爱的朋友永逝的消息，我是迈进拉甫罗夫的门槛后听到的！马克思逝世那天，正是我越过边境的时刻。这样，几天的耽搁使我失去了人生中又一次的欢乐：我再也不能同我像对待朋友一样所热爱的，像对待师长一样所尊敬的，像对待父亲一样所景仰的人拥抱了。"①

洛帕廷到来的消息很快让恩格斯知道了，关于这一点他在信中对拉甫罗夫说："这个消息对我们大家都是一件令人愉快的意外事。我们希望，他能保持他的勇敢，而把他的疯狂丢在俄国。希望最近能在这里看到他。代我向他热情问好。"②

洛帕廷来到巴黎后同幸免于难的"民意党"原执行委员会委员 M.H.奥沙宁娜和 Л.A.季霍米罗夫（不久成为叛徒）接上了关系。

洛帕廷过去曾对个人恐怖持否定态度，也知道马克思和恩格斯批驳过这种策略，并把自己的策略理论根植于劳动群众组织之中；现在他不顾自己的原来立场，却成为民意党错误的、对革命事业有害的反专制斗争形式的拥护者。这一事实如何解释呢？显而易见，洛帕廷的世界观同决定他活动和世界观的俄国生活的社会政治条件息息相关。

---

① 《马克思恩格斯和俄国政治活动家通信集》1947 年俄文版第 220 页。
② 《马克思恩格斯全集》第 1 版第 36 卷第 4 页。

列宁在自己的名著《怎么办?》中谈到俄国社会民主党"胚胎发育"过程（1884—1894年）及其"儿童和少年"时期（1894—1898年）时对这一时期年轻的社会民主党活动家作了如下说明："他们中间有许多人开始具有革命思想时，是抱着民意党人的那种观点的。他们在少年时代，差不多全都热烈地崇拜过从事恐怖行动的英雄。当时要抛弃这种英雄传统的令人神往的印象，必须进行斗争，必须与那些坚持"民意主义而深受年轻的社会民主党人敬重的人决裂"①。洛帕廷也像当时其他许多革命活动家一样，敬仰"民意党人"的英雄主义。他不能摆脱他们的思想影响，他过高地估计他们行动的力量，意识不到他们给革命事业带来的危害。

革命者在俄国国内的失败和被捕破坏了全部的联系，流亡者小团体不仅不能对遭到破坏后尚残留在俄国的民意党人产生任何重大影响，甚至连那里的组织状况都不能得到如实的了解。尽管"民意党人"处境悲惨，洛帕廷仍然决定回到俄国，企图把组织恢复起来。

洛帕廷认为，只有"民意党人"的恐怖活动才能迫使沙皇召开地方自治会议，重新在国内安排政治社会生活，也就是实行宪制改革。他完全不提人民革命也不是偶然的，而所谈的只是"大骚动"，这种骚动不应成为人民革命的推动力，而只应成为恐吓君主以便让他召开地方自治会议的手段。

洛帕廷临行前见到了恩格斯，在长时间的谈话中阐述了他对俄国局势的看法。洛帕廷着手重建"民意党"时非常重视恩格斯的意见。然而，从他谈及同恩格斯会晤结果的书信来看，他根据自己的意思解释了恩格斯的观点，把恩格斯当成了"民意党人"。

---

① 《列宁全集》第1版第5卷第489页。

同时他在通信中也不得不指出，尽管说得非常含糊，恩格斯对民粹派关于俄国农民似乎具有乐于建立共产主义的天然特性的空想观点持否定态度。洛帕廷写道："他（恩格斯——作者）不相信共产主义或者类似的东西会刹那间实现，而只相信生活和人民心灵中酝酿成熟的东西。他相信人民会找到自己的需要和愿望等的最好的表达者，等等。"①

洛帕廷在俄国遇到艰难局势。专制政府不仅击败了"民意党人"的残余分子，而且还派遣奸细打入尚能活动的残余队伍，进行破坏并制造混乱。原著名的"民意党人"之一，后来成为奸细的C.杰加也夫对核心工作的情报掌握得非常准确，他在彼得堡保卫厅首脑苏杰伊金指挥下，破坏了幸免于难的最后一批老一代民意党领袖的活动能力。1883年春天，他出卖了В.Н.菲格涅尔及其建立的武装组织。杰加也夫看到自己要被揭露，便于1883年5月去到巴黎，并向奥沙宁娜和季霍米洛夫当面承认了自己的变节行为，表示愿意完成任何任务以赎回自己的罪行。他被委派去刺杀苏杰伊金，但这个奸细回到俄国后没履行诺言，继续干自己的卑鄙勾当。洛帕廷在接关系时碰到杰加也夫，很快发觉了他的阳奉阴违的行为，迫使这个奸细供认了全部真情。当时不是"民意党"正式成员的洛帕廷，强使杰加也夫帮助他刺杀苏杰伊金。苏杰伊金终于被杀。1884年初洛帕廷回到巴黎，正式加入"民意党"。

流亡的"民意党人"决定和洛帕廷共同建立"指挥委员会"，其任务是恢复"民意党"组织；洛帕廷承担了这件工作。为此，他拥有相应的权力，于1884年3月回到彼得堡。

按洛帕廷的说法，他面临的任务对于单枪匹马的人来说是庞大的："'重建倒塌的建筑'，区分'香花和毒草'，也就是清除近年来为数不

---

① 《俄国社会革命运动史资料》1893年日内瓦版第98页。

少的政治腐化分子,他们侵入革命队伍,特别是混入了大学生和工人小组,在革命和警察之间玩弄两面派的把戏,然后'从不纯洁的人中间'选拔出'纯洁的人'。"

这是第三厅活动最猖狂的时期。地方上的"民意党"组织幸免于难的成员心情慌乱,许多人等着束手被擒。杰加也夫分子使这个组织遭受严重损失,其手法是煽起地方革命小组对执行委员会抱敌对情绪和不信任态度,从而对"民意党"的代表人物产生和形成了反对立场。年轻的"民意党人"中间响起了要求基层组织在革命活动中发挥自己首创性的呼声。反对派力图修改原"民意党"的纲领和策略原理。

革命青年去寻找同专制制度进行斗争的新方法,结果分出了以 П.Ф.雅库勃维奇为首的"青年"派,这实际上是"民意党"分裂的开始。老"民意党人"主张严格的集中,"青年"派则拥护地方组织的独立。"民意党"执行委员会认为必须继续集中注意力处死专制君主及其大臣,"青年"派则主张接近群众,在农村和工厂搞恐怖活动。

在这种混乱和瓦解的情况下,洛帕廷担负起按着原来的纲领、策略和组织原则重建"民意党"的任务。但是,这不仅对任何一个人来说,哪怕是对像洛帕廷这样卓越的活动家来说,而且就是对许多小组来说,都是无法完成的任务。"民意党"已被俄国革命运动的历史经验推上审判台。

随着资本主义的发展,工业和运输业的进步,俄国工人阶级已经成长起来了。80年代初,工人罢工斗争的加强,引起了亚历山大三世政府的恐慌。第一批马克思主义小组出现了。1883年,普列汉诺夫在国外建立了"劳动解放"社。

几乎与此同时,在俄国成立了社会民主党人布拉哥也夫小组,它在彼得堡组织了15个分组。

这一切都是在洛帕廷身边发生的。他的观点这时反映在他影响下出版的第十期《民意党人》杂志上，该刊确认了"民意党"先前的纲领，并以他的名义写道："在当代的俄国，我们只有作为阴谋家才能进行活动。"①

在该期发表的题为《代国内评论》的文章中，洛帕廷甚至为"民意党人"的观点辩护，并认为专制制度几乎得不到任何社会阶级的支持。洛帕廷在文章中赋予知识分子以特殊地位，把它看作超阶级的独立力量，并过高地评价它在反对专制制度斗争中的作用。

洛帕廷不了解俄国发生的社会政治变化，也没有发现觉醒的俄国无产阶级是革命主要的和决定的力量。斯大林同志写道：在俄国"也有过社会主义者，也有过工人运动，可是两者互不相干，各行其是：社会主义者走向无法实现的空想（'土地与自由'社、'民意党'），而工人运动则是走向自发的骚动。两者在同一时期（70—80年代）活动，可是互不相识。社会主义者在劳动人民中间没有基础，因而他们的活动是脱离实际的，没有根基的。工人则没有领导者，没有组织者，因而他们的运动流为混乱的骚动。这就是社会主义者争取社会主义的英勇斗争仍然没有结果和他们非凡的勇敢精神在专制制度的坚壁上碰得粉碎的主要原因。"②

洛帕廷在《民意党》组织成员对老"民意党"的代表人物不信任并随时都有被捕危险的处境中开始了自己为重建"民意党"而进行的斗争。他克服了重重困难，以冲天的干劲和英雄气概在俄国四处建立联系，以便把分散的力量联合起来，企图刺杀内政大臣托尔斯泰伯爵和

---

① 《民意党》1884年9月6日第10期第6页。
② 《斯大林全集》第1版第1卷第10—11页。

"民意党人"案件的主要公诉人穆拉维约夫检察官。

洛帕廷在各方面进展顺利。几个月来他善于事先防止"民意党人"的分裂,吸收新成员加入组织,但是他非常紧张的活动,1884年10月5日由于喀山桥的意外逮捕而告中断。洛帕廷没来得及销毁"民意党"组织成员名单,因而导致许多人被捕,他顽强地建立起来的组织全都被破坏了。随着洛帕廷被捕,"民意党"组织的许多成员也退出了历史舞台。亚历山大三世对内政大臣关于捕获洛帕廷的报告批示说:"希望这次他别再跑掉。"

在判决前羁押的三年中,洛帕廷竭力搞乱侦讯,以免从他那里缴获的上述名单以外的组织成员被捕。只要有可能,他就竭力把被捕同志的罪行揽到自己身上。1887年6月,公布了以洛帕廷为首的"二十一人"案件。洛帕廷忍受着由于他预防不周而使同志们遭到逮捕的痛苦,对他们说,当时他想把名单吞入腹内,但被暗探捏住咽喉,随后失去了知觉,这样,"民意党"的组织名单便被抢走了。

洛帕廷在法庭上由被告变成了对沙皇暴君及其可恨的专制制度的原告。他在受审时说:"但是,不管怎么说,我进行了活动,可惜的是活动得太少了。我不想请求宽恕,深信我能死得像活着时一样地勇敢。"① 法庭准备尽早判决:将洛帕廷处以死刑。但是,亚历山大三世指示让他慢慢死去,并将死刑改为在什吕谢尔堡要塞服无期徒刑,他断定"这是最严厉的和最受罪的惩治"。

恩格斯关注这位囚犯的命运。"关于我们共同的朋友的命运,这里听到一些好的传闻。您能否告诉我一些新的情况?"② 1885年11月13

---

① 《二十一人案件》1888年日内瓦版第38页。
② 《马克思恩格斯全集》第1版第36卷第347页。

日,恩格斯又询问了洛帕廷的情况。

1886年初,恩格斯听到洛帕廷得到自由的消息后非常高兴,急忙劝说洛帕廷通过丹尼尔逊立即出国,并表示希望同他重新相见。恩格斯写道:"有人建议我们的朋友换换气候,我知道后很高兴,我想,大概会把他送往医生原先让他去过的地方,那里的条件对他的健康显然是相当有利的。不管怎样,在我看来,这证明他的病突然恶化的任何危险现在已经过去了。"①

恩格斯想要得到关于洛帕廷命运的准确消息,写信询问丹尼尔逊、拉甫罗夫及其他俄国政治活动家。遗憾的是,他们不总是得到可靠的消息。例如,在洛帕廷被判决后,丹尼尔逊把关于洛帕廷逝世的讹传告诉了恩格斯。恩格斯想核实这一消息,立即写信询问拉甫罗夫:"从圣彼得堡丹尼尔逊那里得到了关于格·洛帕廷逝世的消息。关于此事,您是否得到了证实?但愿这是误传。"② 恩格斯又多次询问丹尼尔逊;在1888年1月5日和10月15日的信中,他坚决要求提供洛帕廷命运的消息。1889年恩格斯终于得到了确实消息:洛帕廷还活着,被关在彼得—保罗要塞服无期徒刑。

1889年7月4日,恩格斯在信中对丹尼尔逊说:"您把我们共同的朋友的健康告诉给我们,使我们感到很大安慰。这和我们从别的方面听到的完全一致。象他这样体质强壮的人是一定能够战胜疾病的。所以,我们可以希望,有朝一日在这里再见到他时,他将是一个精力充沛和非常健康的人。"③

---

① 《马克思恩格斯全集》第1版第36卷第429页。
② 《马克思恩格斯全集》第1版第36卷第677页。
③ 《马克思恩格斯全集》第1版第37卷第235页。

总之，恩格斯在生前的最后几天相信，还能同这位反对专制制度和农奴制度的英勇战士重逢。

但是，洛帕廷丧失了出"狱"的希望。1890年12月31日，他在题为《迎接1891年》的诗中写道：

> 我已献上我的礼物，
> 从此岂能再见朝霞，
> 辗压在扎格纳特轮①下，
> 恐再难风云叱咤。

六

1905年革命迫使专制制度释放了许多囚犯。尼古拉二世政府非常不乐意地为洛帕廷打开了要塞的大门。但是，尼古拉二世决定不放过洛帕廷。秉承沙皇的旨意，他被发配到西伯利亚，但是"由于通往西伯利亚的这段路程临时发生了障碍"，决定让他临时羁押在维尔诺，后来又改为在彼得堡受监视。

洛帕廷被监禁关押了20年。由于洛帕廷难以注视全世界和俄国发生的变化，所以他不能理解帝国主义时代的特征和沙皇俄国在帝国主义链条中的特殊地位。尽管他知晓马克思和恩格斯关于无产阶级的世界历史作用的学说，但他没意识到在俄国已形成了世界上最革命的工人阶级。

洛帕廷没有看到，继俄国和国外的各种政党之后，刚刚又建立起一

---

① 印度教在举行大祭的日子里，扎格纳特的神像被放在一辆大车上拉着游行。狂热的信徒往往如疯似狂地投身于车轮之下，让它轧死。——译者注

个新型的伟大革命政党,这个政党的创始人和领袖列宁在俄国和国际上展开反对机会主义的斗争,捍卫了马克思主义,并进一步发展了马克思和恩格斯的学说,把它推向新的阶段。洛帕廷甚至也不清楚,布尔什维克党是俄国工人阶级的真正领袖,该党已把工人阶级培养为二月资产阶级民主革命的领导者。因此,由于1905年革命而被释放的洛帕廷,没有在革命斗争中给自己找到位置,1917年以前几乎没有参加这一斗争。当然,他不能把社会革命党当作自己的政党,这个政党冒充"民意党"的继承人,而实际上反映了被资本主义吓得发疯的小资产阶级的利益,它是马克思主义不共戴天的敌人。洛帕廷也不相信孟什维克的"马克思主义"。

1917年二月资产阶级民主革命爆发时,洛帕廷在彼得堡。

洛帕廷在垂暮之年(满71岁)被发生的一些事件所震动,这位原先的勇敢战士好像有所觉醒。他站出来和工人即劳动人民一起同最可恨的敌人——专制制度进行斗争。半失明的洛帕廷由亲人陪伴着来到举行巷战的地方,在那里群众和仍站在专制制度方面的武装力量发生冲突。他认为,推翻专制制度以后,他和几代革命家献出一生最美好时代所争取的事业一定会全部实现,这些人把专制制度看成是有碍于发挥人民创造力并把他们的祖国变成先进国家的主要障碍。

被许多感受所激动的洛帕廷,在革命最初的日子里的一篇日记中写道:"28日,星期二。为了叙述在这个永远难忘的、一生最幸福的一天我所看到过的、经历过的和感受到的一切,需要写整卷整卷的书。当然,我日夜都待在起义的工人和站在他们一边的士兵中间,分享了他们的胜利和失败。咳,我昨天费了好大劲,才找到一个眼睛好的女伴搀着我游荡!要知道,现在我的眼睛很不妙。当然,当我萍水相逢的同志们临时四散跑开时,我仍然站在那里,不止一次遭到步枪和机枪的射击，因为我认为，在这样隆重的日子里年迈人死在子弹之下是一种幸福。"①

1917年3月2日，报刊上发表了尼古拉二世退位后由普斯科夫到达斯塔夫卡的消息。洛帕廷向军政大臣古契科夫提交了抗议书，并把副本送给彼得格勒工兵代表苏维埃。他写道，临时政府"总是把人民蒙在鼓里，使他们无法知道沙皇家族的住所，他们的行动是否受到约束等。由于传出前沙皇前往斯塔夫卡的消息，现在恐慌情绪更加扩大了。这究竟是为了什么呢？"他也对最高司令对尼古拉·尼古拉耶维奇大公的态度表示抗议。

参加二月革命是洛帕廷的英勇革命活动的最后一次表现。要他理解资产阶级民主革命转变为社会主义革命的条件已经具备，这是困难的。他不了解列宁的党关于社会主义革命的天才战略计划。

洛帕廷活到伟大的十月社会主义革命爆发的日子。当时他重病缠身，卧床不起。那时布尔什维克党正全神贯注于完成社会主义革命并巩固革命成果，正为摆脱帝国主义战争、保卫世界和平而进行着顽强的斗争，党不得不在全面破坏的条件下发动人民参加反对帝国主义和国内反革命势力的卫国战争，然而就在这个时候，已被布尔什维克揭露并在群众面前陷于孤立的孟什维克和社会革命党人，却彻底转向了反革命营垒。他们企图把沙皇时代的囚犯拉到自己方面来，要去说服疾病缠身的洛帕廷反对社会主义革命和布尔什维克。虽然洛帕廷远远不能理解眼下发生的历史剧变，但是他并没有出来反对这种变化，没有允许无产阶级革命的敌人孟什维克和社会革命党人滥用自己的名义。

---

① 《格·亚·洛帕廷》1922年彼得格勒版第181页。

洛帕廷在1918年12月16日逝世，享年72岁。苏维埃政权对这位俄国革命运动的宿将表示了敬意。杰出的俄国革命家、爱国者洛帕廷的名字将永远铭记在苏维埃国家各族人民的心中。同马克思和恩格斯保持多年友谊联系的洛帕廷，在同专制制度的斗争中作出了自己的贡献。

(原载苏联《历史问题》1951年第3期第32—52页)

(林沂 译)

恩格斯与同时代著名自然科学家的关系（节译）[*]

〔民主德国〕马丁·科赫　卡尔·海尼格

恩格斯在与马克思一道从事的科学活动中，最重要的任务是要详细阐述唯物辩证法与自然科学的相互关系。这样一来就要求恩格斯深入研究当代的自然科学。那么，恩格斯是通过什么方式掌握自然科学知识，又是通过什么关系与当时著名的自然科学家们建立联系的呢？

恩格斯所处的时代，自然科学的发展呈现一派蓬勃景象。随着18世纪下半叶英国工业革命的兴起，自然科学在推动技术发展方面所具有的重要性日益被人们所认识。制造硫酸的铅室法、制钢新方法、制碱法的采用，蒸汽机的制造以及随之而来的整个工业部门的彻底变革显示了自然科学巨大的生产能力，同时，也从根本上推动了自然科学的进一步发展。恩格斯就是在这种工业和自然科学飞速发展的形势下成长起来的。当时爱北斐特文科中学是普鲁士最好的学校之一，在这里他牢固地掌握了基本的自然科学知识和数学知识。恩格斯第一次比较集中地研究自然科学应该说是从1844年开始的。他当时研究了地质学和古生物学，

---

[*] 本文选自《马列主义研究资料》1987年第1辑。
　　原题注：两位作者在柏林洪堡大学任教，前者是哲学博士，后者是自然科学博士。——译者注

继而研究了化学的发展，研究了德国学者、农业化学创始人之一尤斯图斯·冯·李比希的发现，研读了英国地质学家查理·赖尔的著作和瑞典植物学家卡尔·林耐的著作。在这个学习研究的过程中，他为用辩证唯物主义的观点认识自然科学打下了基础。

1858年，马克思鼓励恩格斯钻研黑格尔哲学、尤其注意把黑格尔哲学与黑格尔逝世以来自然科学研究的进展情况结合起来进行研究。1858年7月，恩格斯要求马克思把黑格尔的《自然哲学》寄给他，他写道："目前我正在研究一点生理学，并且想与此结合起来研究一下比较解剖学。这两门科学中包含着许多从哲学观点来看非常重要的东西，但这全是新近才发现的；我很想知道，所有这些东西老头子（指黑格尔——本文作者）是否一点也没有预见到。毫无疑问，如果他现在要写一本《自然哲学》，那末论据会从四面八方向他飞来。"① 恩格斯同时还谈到了有机化学的成果，细胞学说的创立，以及证明了自然发展过程中的辩证特征的能量守恒定律。在恩格斯写作《自然辩证法》的各个阶段，黑格尔哲学始终是他重要的哲学历史的源泉。

60年代初期，恩格斯在曼彻斯特结识了德国化学家卡尔·肖莱马，这使得他早就对化学的发展产生的兴趣更加浓厚。在以后的日子里，恩格斯与这位比他小十几岁的青年化学家结下了亲密的友谊。后来，马克思也很快认识了肖莱马。肖莱马对简单的碳氢化合物即所谓的脂肪烃进行了深入的研究而且卓有成效。恩格斯曾经指出："我们现在关于脂肪烃所知道的一切，主要应该归功于肖莱马。"② 当时大多数化学家都只注重试验方法和试验结果是否合理，而肖莱马却与众不同。他认为，从

---

① 《马克思恩格斯全集》第1版第29卷第324页。
② 《马克思恩格斯全集》第1版第22卷第364页。

理论上推广化学研究的成果是化学领域内认识进一步深化必不可少的前提。肖莱马研究了黑格尔的辩证法，对黑格尔评价甚高。他经常同恩格斯一起就自然哲学问题交流思想认识，从对自然的研究中他得出结论："新的研究工作迫使我们辩证地对待研究的对象。"①

60年代，肖莱马发表了大量的关于简单的碳氢化合物的论文，这对扩大恩格斯在这一领域的知识起了决定性的作用。此外，从1867年起，恩格斯让肖莱马给他传达了关于历年举行的"德国自然科学家和医生会议"的有关情况。他们两人之间这种科学上的密切合作一直延续到1870年恩格斯脱离商业事务迁居伦敦为止。1873年5月30日，恩格斯写信告诉了正在曼彻斯特治病的马克思关于自己计划写作《自然辩证法》著作的构思，并且对马克思提出请求："由于你那里是自然科学的中心，所以你最有条件判断这里面哪些东西是正确的。"② 马克思把这封信给肖莱马看了，肖莱马也同意恩格斯的看法，对恩格斯关于从哲学的角度来看待化学的观点加了批注，他指出："这是最根本的！"当恩格斯拟定了自然哲学著作具体的框架之后，便着手加强对有关自然科学方面的研究工作，正像1885年他回顾往事时所指出的那样："在数学和自然科学方面来一个彻底的'脱毛'"③，为此，他花费了八年当中的大部分时间。

1882年以前，恩格斯写作《自然辩证法》和《反杜林论》。在这段时间里，他利用了肖莱马研究碳氢化合物取得的成果来论证自然界辩证

---

① 参看卡·肖莱马：《有机化学的起源和发展》1889年不伦瑞克版第154页。
② 《马克思恩格斯全集》第1版第33卷第86页。
③ 《马克思恩格斯全集》第1版第20卷第13页。

法规律的作用。他写道:"但是,黑格尔所发现的自然规律①,是在化学领域中取得了最伟大的胜利。化学可以称为研究物体由于量的构成的变化而发生的质变的科学"②,他进一步具体指出:"在同系列的碳化物、特别是较简单的碳氢化合物中,这一点表现得更加显著。"③ 肖莱马还向恩格斯推荐了伟大的俄国学者门捷列夫的著作。门捷列夫的化学元素周期率从反面进一步令人信服地证明了量到质的转化。门捷列夫在发现未知元素时,不自觉地运用黑格尔的这一法则完成了科学上的一大勋业。

70年代,肖莱马在曼彻斯特讲授有机化学的发展史,这些讲稿就是他1879年英文版《有机化学的起源和发展》一书的基础。这一论著的德文版十年以后才问世,因为肖莱马认为,有些理论问题还需要进一步说明。为此他与恩格斯和马克思进行了无数次讨论,在这部论著的德文版中第一次成功地运用了辩证唯物主义观点。肖莱马在书中试图把有机化学形成和发展的历史理解为"按照辩证法规律不断变化"④ 的理论形成的过程。肖莱马完全系统地掌握了马克思所创立的科学的世界观,所以,后来恩格斯称他"既是一位优秀的共产主义者,又是一位优秀的化学家"⑤。以后,肖莱马对化学史进行了广泛的研究,但这项工作未能完成。恩格斯对肖莱马的研究工作非常熟悉,肖莱马逝世之后,他特别考虑到不要让手稿误入他人之手,为把手稿整理出版,恩格斯和肖莱

---

① 指量到质的转化。
② 《马克思恩格斯全集》第1版第20卷第404页。
③ 《马克思恩格斯全集》第1版第20卷第405页。
④ 卡·肖莱马:《有机化学的起源和发展》1889年不伦瑞克版第112页。
⑤ 《马克思恩格斯全集》第1版第34卷第364页。

马的遗产管理人即化学家路德维希·济博尔德取得了密切的联系。由于肖莱马的手稿只是片断，出书比较困难，恩格斯最后建议将手稿以文章的形式在刊物上发表，但这一设想后来也未能实现。

恩格斯在广泛研究从文艺复兴时期起到他所处的那个时代为止的自然科学史时，对化学史表现出特殊的兴趣。恩格斯所重视的第一个化学理论是燃素说，他认为，有了这个理论，化学才得以从炼金术中解放出来，在一种科学的基础上发展，这一理论同时还提供了实验所用的材料，"借助于这些材料，拉瓦锡才能在普利斯特列制出的氧中发现了幻想的燃素的真实对立物，因而推翻了全部的燃素说"①。在研究化学进一步发展时，恩格斯尤其重视贯彻实施原子理论。并不是拉瓦锡战胜了燃素说，而是道尔顿的定律使化学获得了真正的理论基础。恩格斯毫不含糊地指出："化学中的新时代是随着原子论开始的，所以，近代化学之父不是拉瓦锡，而是道尔顿……"②恩格斯对"拉瓦锡以后，特别是道尔顿以后，化学的惊人的迅速发展"③印象极深。他特别强调指出，维勒成功地通过无机化学的途径制造出有机化合物——尿素。当然，维勒本人并没有意识到自己这一发现在世界观上所产生的结果。相反恩格斯却认为，维勒的发现使人们开始认识到，无机物形成生命可以说是合乎自然规律的过程。肖莱马也抓住了这个问题，并确认，"生命之谜只能通过蛋白体的合成来揭开"④。恩格斯认为综合叙述自然物质对确立辩证唯物主义自然观具有重要意义。恩格斯认为，这是对康德的"自在

---

① 《马克思恩格斯全集》第 1 版第 20 卷第 388 页。
② 《马克思恩格斯全集》第 1 版第 20 卷第 637 页。
③ 《马克思恩格斯全集》第 1 版第 20 卷第 369 页。
④ 卡·肖莱马：《有机化学的起源和发展》1889 年不伦瑞克版第 197 页。

之物"的反驳,他指出:"植物和动物身体中所产生的化学物质,在有机化学把它们一一制造出来以前,一直是这种'自在之物';当有机化学开始把它们制造出来时,'自在之物'就变成为我之物了,例如茜草的色素——茜素,我们已经不再从田地里的茜草根中取得,而是用便宜得多、简单得多的方法从煤焦油里提炼出来了。"①

恩格斯对奥古斯特·凯库勒评价极高,认为他是最著名的德国自然科学家。1877年凯库勒就任波恩大学校长时发表了一次演说,演说同年在《自然》杂志上作过报道,次年出版了单行本,题为《化学的科学目的和成就》。恩格斯深入研究了凯库勒的演说,并在《自然辩证法》中大量引用了其中的段落,比如,科学的分类及讨论生命形成方面的有关论述。

凯库勒和肖莱马一样也坚信理论思想对推动自然科学发展十分重要。他们两位都是坚定的原子论假说的拥护者。凯库勒在他的演说中指出了假说的重要性,恩格斯也认为,"只要自然科学在思维着,它的发展形式就是假说"②,而肖莱马也同样认识到了这一点,他以结构化学为例说明了只有经过提出新的假说,并验证新的假说,方能获得广博的知识。

恩格斯对所谓边缘科学也表现出浓厚的哲学方面的兴趣。因为对这些学科进行研究显然非采用辩证的观察方法不可。除了生物化学之外,恩格斯尤其重视电化学。他认为:"了解了化学作用和电的作用……之间的这种紧密联系,就会在这两个研究领域中获致巨大的成果。""在

---

① 《马克思恩格斯全集》第1版第21卷第317页。
② 《马克思恩格斯全集》第1版第20卷第583页。

化学家中间，洛塔尔·迈耶尔和随后的凯库勒都明白地说过：电化学理论正在以一种新的面目复活。"① 这使我们很容易理解，为什么《自然辩证法》内容最丰富的"电"这一节里，首先讨论的是电化学的问题。为了扼要地了解电学和电化学领域所达到的认识水平，恩格斯研读了德国物理学家古斯塔夫·维德曼的《流电说和电磁说》（1874 年出版）。这是当时为公众所承认并十分流行的一部教科书，到 1885 年已经发行了第三版。恩格斯从书中作了详细的摘录，后来引进了《自然辩证法》中"电"这一节。他指出："在电学的领域中，一个像道尔顿的发现那样能给整个科学创造一个中心并给研究工作打下巩固基础的发现，现在还有待于人们去探求。"②

恩格斯对电学问题的研究一直受到当时物理学一般认识水平的限制。这种认识水平在 80 年代初尚占主导地位，因此，麦克斯韦的电磁场理论的重要性并不为人们所认识。当时恩格斯把维德曼的著作摘抄完毕，打算尽快写完《自然辩证法》，因而一直抽不出时间对法拉第或麦克斯韦的原著进行研究。1883 年马克思逝世之后，恩格斯不得不放下与自然辩证法研究有关的全部工作，因此，他对法拉第—麦克斯韦的电动力学的认识不可能有更大的进展。恩格斯的一大功绩是，对电学范围内尚占统治地位的经验主义思维方式作了原则性的批判。他在研究物理学的其他分支学科时，除了使用教科书而外，还采用了有关学科的经典原著。在研读这些著作时，他不仅能够理解物理学的理论，而且他对这些理论的理解超过了同时代物理学的水平，这在后

---

① 《马克思恩格斯全集》第 1 版第 20 卷第 508 页。
② 《马克思恩格斯全集》第 1 版第 20 卷第 454 页。

来证明是十分重要的。

能量守恒定律被看作是热力学理论的基本前提。恩格斯称这一定律是一个最重要的发现，并把它与达尔文的理论和细胞学说相提并论。他认为，这一定律"是从正面证明了黑格尔所发挥的关于原因、结果、相互作用、力等的思想"[①]。他认为能量的定律从根本上说明了自然辩证的关系，而对这种自然辩证的关系，是应该透彻了解的。为此，他积极参与讨论某些科学和哲学关于定律的结论，还先后研读了英国物理学家威廉·罗伯特·格罗夫的《物理力的相互关系》第三版、德国物理学家尤利乌斯·罗伯特·迈尔的《关于非生物界的各种力的意见》（写于1842年，三年后出版了单行本）、《与新陈代谢联系着的有机运动》以及德国物理学家赫尔姆霍茨的《论力的守恒》（1847年版）。对这些著作的研究，促使恩格斯得出这样的结论：必须谨慎地区别开能量法则量和质这两个方面。能量的"质"能够不断地从一种形式转化成另一种形式。在恩格斯看来，能量的"质"是一种产生于"运动不灭"之中的、必不可少的东西。把这种转化能力理解为能量定律的一项基本内容，这是德国物理学家尤利乌斯·罗伯特·迈尔的一大贡献，至于运动的量保持恒定不变，这是笛卡儿早就在自己的著述中作了充分论证的。

赫尔姆霍茨在对迈尔1847年所做的工作一无所知的情况下，对力学体系的能量定律作了数学上的表述，他的研究成果公布在《论力的守恒》这本小册子中。恩格斯在对迈尔和赫尔姆霍茨的成就进行比较分析时发现："这本著作中并没有什么超过1847年科学水平的新东西"[②]，

[①] 《马克思恩格斯全集》第1版第31卷第472页。

[②] 《马克思恩格斯全集》第1版第20卷第417页。

但他接着又指出:"只有……上面已经提到的那个很有价值的数学上的证明:'力的守恒'和作用于某一体系中各个不同物体之间的各个力的中心作用,只是同一个东西的两种不同的表现,其次是他较为准确地表达了下面这个定律:某一特定的力学体系中的活力和张力的总和是不变的。在其他各方面,赫尔姆霍茨的这本著作都已被迈尔1845年的第二篇论文所超过。在1842年迈尔已经肯定了'力的不灭',而在1845年他又根据自己的新观点,在'自然界中各种过程间的关系'方面说出了比赫尔姆霍茨在1847年所发表的高明得多的东西。"① 恩格斯的这一评价只是部分地指出了赫尔姆霍茨工作的真正意义。其一,赫尔姆霍茨无条件地承认了在发现能量定律方面,迈尔走在他的前面;其二,恩格斯颇有科学预见,他认为很有价值的认识,即力或能守恒的原则和存在于各个物体之间的相互中心作用是完全一致的,对物理学的深入发展有着十分深远的意义。

围绕"宇宙热寂假说"展开的讨论,引起了恩格斯对能量守恒定律质的方面的重视。这一假说由德国理论物理学家鲁道夫·克劳胥斯在自己的论文《关于热力学的第二原理》(1867年)中充分表达出来。这篇文章一发表,恩格斯就对它进行了研究,并认为"宇宙热寂"假说与能量守恒定律,即热力学理论的基础本身相矛盾。他指出:"克劳胥斯的第二原理等,无论以什么形式提出来,都不外乎是说:能消失了,如果不是在量上,那也是在质上消失了。"② 除了研究克劳胥斯的论文以外,他还对提出"宇宙热寂"假说的英国物理学家威廉·汤姆生,

---

① 《马克思恩格斯全集》第1版第20卷第417页。
② 《马克思恩格斯全集》第1版第20卷第378页。

奥地利物理学家、化学家约瑟夫·劳施米特以及英国物理学家詹姆斯·克拉克·麦克斯韦的经典热力学论文作了研讨，并合乎逻辑地断言："放射到太空中去的热一定有可能通过某种途径（指明这一途径，将是以后自然科学的课题）转变为另一种运动形式，在这种运动形式中，它能够重新集结和活动起来。"针对分子范围内循环运动的情况，恩格斯指出："在气体的运动中……物体的运动直接转化为分子运动。因此，在这里就要造成转化。"① 这样，恩格斯从质的角度预见了由奥地利物理学家路德维希·波尔茨曼创立的统计热力学的主要工作成果。而恩格斯从来没有在自己著作中任何一处提到过波尔茨曼所做的工作，或许他对此一无所知。1905年，伟大的现代物理学家阿尔伯特·爱因斯坦和波兰物理学家马里安·斯莫路霍夫斯基根据布朗运动，用实验证实了恩格斯和波尔茨曼假设的分子的循环运动。这一实例，使人们深刻地认识到，辩证唯物主义对自然科学研究具有启迪性的作用。波尔茨曼在对自然科学知识分析研究的过程中形成了自然哲学的观点，这些观点有四点与恩格斯所阐述的自然辩证法思想相吻合。波尔茨曼在一般问题上一贯坚持唯物主义立场，尤其坚持唯物主义的原子论，这样一来，他势必会发展到承认自然辩证法的联系。他对连续性和间断性的辩证法的深刻理解，使他成了统计热力学的创始人。原子论者波尔茨曼和恩格斯一样也是达尔文理论热情的拥护者。之所以这样说，是因为原子论，达尔文主义以及自然科学的唯物主义在19世纪形成了一个不可分割的整体。海尔曼·冯·赫尔姆霍茨以及德国生物学家恩斯特·海克尔也这样认为，因此，恩格斯1888年在信中写道：19世纪是"达尔文、迈尔、焦

---

① 《马克思恩格斯全集》第1版第20卷第378、629页。

耳、克劳胥斯的时代","进化论和能量转换时代"。①

恩格斯对热力学理论的研究也对他的哲学研究工作大有裨益。在研究热力学理论的基础上,他阐述了《自然辩证法》的基本思想之一,即物质的各种不同的运动形式及科学之间的相互联系。"运动形式"这一术语,克劳胥斯在1857年的论著里就以"热是一种运动"来表达了它的意思,后来由恩格斯把它推而广之,最后囊括了机械运动、物理运动、化学反应以及有机生命。同时,恩格斯认为力学运动是物质的运动,物理运动是分子的运动,而化学反应则是原子的运动。他认为生命是蛋白体存在的一种形式。这也与其他同时代著名自然科学家的观点一致。比如,肖莱马就曾写道:"作为原子科学的化学是物理学或者分子科学繁衍出来,并在力学或物质的科学之基础上创立起来的。"② 恩格斯还指出:"当我把物理学叫做分子的力学,把化学叫做原子的物理学,并进而把生物学叫做蛋白质的化学的时候,我想借此表示这些科学中的一门向另一门的过渡,从而既表示出两者的联系和连续性,也表示出它们的差异和非连续性。更进一步把化学也叫做力学的一种,这在我看来是不容许的。"③ 恩格斯这是针对有的自然科学家弄不清量和质的辩证法而言的。物质从一种运动形式过渡到另一种运动形式往往是出现飞跃,一种辩证的否定,其结果是产生一种具有自己特有规律性的,从质的角度看来新的结构层次,而原有的规律依然起作用。

总而言之,恩格斯在研究自然科学的过程中,重视对基本问题的探讨,并推动了这些问题的解决。他指出的自然过程的辩证特点,有助于

---

① 《马克思恩格斯全集》第1版第37卷第106页。
② 卡·肖莱马:《有机化学的起源和发展》1889年不伦瑞克版第2页。
③ 《马克思恩格斯全集》第1版第20卷第595页。

自然科学家们完成从自发辩证的自然观点到自觉辩证的自然观点的过渡。他针对物理学和化学所作的论证同样也适合于其他自然科学。《自然辩证法》现在是而且永远是解决自然科学中哲学问题的一部经典著作。

(原载民主德国《德意志哲学杂志》1986年第1期第69—76页)

(王栋华 译)

爱琳娜·马克思*

〔德〕威廉·李卜克内西

  我对马克思的孩子们十分钟爱,就像对自己的孩子一样,而在她们当中我最亲近的要算是爱琳娜。她的乳名叫杜西,朋友们总是这样称呼她。她的多灾多难的母亲颠沛流离,饱尝痛苦。烦恼在她如此明亮的前额上留下了暗影;穷困和死亡经常光顾第恩街上流亡者的这所拥挤的贫苦住宅。为生计操心,为生长在伦敦的这个贫困的世界里的幼苗们操心,因为,正如早在700年前《神曲》的作者所说的,流浪就是贫困!她们难道会像多灾多难的母亲在伦敦生下的其他三个孩子一样枯萎吗?

  那是1855年,哪一天我记不清了。可以肯定地说,是一个明朗的日子,一个盼望已久的婴儿出世了。这是一个女孩,一个壮实的女孩。从1850年起就当马克思的家庭医生、也是他家常客和朋友的艾伦大夫宣布,如果喂养精心,她一定会长得很好,这时母亲会心地笑了。但是她小的时候只有母乳可食。为了喂养她,进行过长时间的商讨,我也参

---

* 本文选自《马列主义研究资料》1985年第4辑。
  原题注:这篇文章是威·李卜克内西为爱琳娜·马克思写的悼文,第一次发表在1899年汉堡出版的《1899年带插图的新世界日历》上。苏联《回忆马克思恩格斯》一书收入这篇文章时作了某些删节。——译者注

加了，因为我非常热心于研究用天然药物治病的学说。你看，母乳创造了奇迹，婴儿发育很好：水灵灵的、红扑扑的小胖脸蛋，她是双亲、姐姐和我们大家的快乐；她十个月便能走了。她成长着，身心都很健康。她像二姐那样活泼和开朗，和母亲一模一样，同时，她深沉、富于幻想、善于思考，又像父亲的掌上明珠大姐燕妮似的，是马克思的女性化身。她的求知欲非常强，活泼伶俐，她也非常好奇和聪明，有时就她的年纪来说甚至过于聪明了……

总之，我不到马克思家去，日子就没法过。杜西出生后不久，马克思家便从狭窄的第恩街迁到百万人大城市北部的有些绿色的地区。① 汉普斯泰特那个地方有充足的空气和地方，孩子们可以在那里玩耍。我当时已成家并成为家长，但一有空，我也跟他们到那里去。我只要有时间就参加他们的游戏，而对我们这些流亡者来说，很难找到时间。我们尤其缺少硬币。一种虚伪的和夸大的说法"时间就是金钱"把硬币变成时代的特性、产物和等价物。杜西没完没了地向我提出各种问题，当然，有些问题她的姐姐已能回答了！为了把我已经十次和常常稍加改动地讲给姐妹们听的"故事"编得天衣无缝，使这些爱嘲笑者一时难以识破，我绞尽了脑汁。

我的相簿上保存有她多年的照片。我本来完全忘记了她……当时她才五六岁。她穿一件短连衣裙，直挺地站着，手扶着椅子背，生气地紧闭着嘴巴，因为她正在作淘气的游戏（越淘气越好）时被拉来照相；当然，打搅她是很遗憾的，尽管"噘着嘴"，但是在她的脸上还可以看出勉强掩藏的微笑，而在含笑的、快活的眼神里潜藏着某种严肃的、沉

---

① 马克思家1856年搬到伦敦哈佛斯托克小山梅特兰公园格拉弗顿坊9号。——译者注

思的、像她大姐的神情。她大姐有一双又大又黑的眼睛，无法看到它们的深处，而她活泼漂亮的二姐——马克思的孩子当中唯一健在的拉法格夫人——的调皮的深棕色的眼睛让某些人觉得非常深邃。

1862年我离开伦敦的时候，杜西六岁。好久没有见面，但没有忘怀。母亲和女孩子们经常在信中告诉我家里的一切事情，而这些事情在父亲的信中只是一笔带过。信中谈到1864年国际工人协会的成立给家庭生活带来了革命；谈到马克思十年前已经好不容易挣脱出政治漩涡之后如何又卷入了这个漩涡；谈到他千方百计想把一部分负担推到别人身上，但失算了，因为这样困难的任务看来只有他的肩膀才承担得起；谈到国际工人协会如何成为全世界有阶级觉悟的无产阶级的共同意愿的表达者，而马克思的家成为所有这些意愿的中心和大本营。在这个家里，除了马克思本人——他被所有的人看成终审官——，还有一位智慧过人的、思想高尚的、始终镇定自若的女主人和母亲。她在他的伟大事业中是他的助手，她以母性的关怀和照料努力把家人联合在一起和维持家庭生活。同时，在这个大本营里还有三个女儿，她们从母亲的乳汁中吸收了革命的社会主义；她们在成长，她们和革命的社会主义结下不解之缘，她们热爱时间的车床上织出的事业，只要有可能，她们就参加这个事业。我在异地同她们一起经历了这一切。

60年代末，斗争的回音传到了这个大本营，这个家庭。共和主义法国开始反对腐朽的帝国的斗争。又拥来了一批流亡者。流亡者来来去去。在他们当中，有个年轻英俊的弗路朗斯①，他是四方漂泊的革命骑士，参加过克里特岛的革命斗争。他像流星一样，一闪现便消失了，但

---

① 古斯达夫·弗路朗斯（1838—1871）是法国革命者。他1866—1867年参加克里特岛上希腊居民反对土耳其异族压迫的起义。——译者注

却在14岁的杜西的思想上和心灵里留下了深刻的痕迹。然后是战争的"可怕的一年",这场战争带来了惊心动魄的动乱。法国流亡者赶紧返回法国,以便进行反对拿破仑的革命斗争。色当,麦茨——德国反动派取得了胜利;巴黎的共和国,在硝烟弥漫和血腥屠杀中,在俾斯麦胜利之师的铁围中,它能够挺得住吗?这场战争史上最可怕的和最具有毁灭性的战争给文化珍品造成可怕的破坏,然后好像有了一线希望。公社在战争的可怕的黑夜中升起,驱散了黑暗,把人们的目光从战争灾难中吸引过来,向全世界显示了伟大的榜样。

希望破灭了。可怕的战争吞没了伟大的榜样。这个榜样化为泡影。弗路朗斯成为第一批牺牲者之一,人们无耻地从后面用马刀砍杀这个手无寸铁的人,这给在伦敦少女的心中留下双重的创伤。这颗纯洁的心充满诗意般的初恋,为他而跳动。

一场浩劫在"血腥的五月的一周"中发生了[①],接着,公社的流亡者纷纷逃亡伦敦。所有在伦敦知名的人,以及许多不知名的人都往马克思家里奔。流亡者的这种自发的纷至沓来标志着一场新的、更大的家庭革命,与它相比,国际工人协会的成立成为和平的田园诗,它推翻了整个以往的家庭生活方式。不管马克思夫人怎样以自我牺牲的精神努力来对付这次洪水,但都无济于事,洪水照样冲进了这个家庭,冲散了这个家庭,夺去了两个大女儿。燕妮成为龙格的妻子,劳拉成为拉法格的妻子。幸运的是,杜西逃避了也嫁给一个公社社员[②]的命运,留在家里,

---

[①] 1871年5月21—28日,法国梯也尔政府的反革命军队屠杀了大约三万巴黎公社参加者。——译者注

[②] 指普罗斯佩·奥利维耶·利沙加勒(1838—1901),法国新闻工作者和历史学家,巴黎公社的参加者;公社失败后流亡英国。——译者注

成为家庭的支柱。她是母亲的助手,父亲的助手,他们两人的助手,与这个家庭里善良的灵魂"忠实的琳蘅"相竞争,尽可能地分担她的操劳。

爱琳娜不仅了解伟大的政治解放斗争,而且也了解细小的、琐碎的、狡诈的、无情的生存斗争。她不愿意成为双亲的负担。这不过是一句戏言。实际上她多年来一直为支持她的父母付出了努力和智慧。她属于这样一种类型的人:沉重的劳动压在她身上,别人不理会,因为沉重的东西在她那里显得很轻。不论家务事,还是一切与政治和宣传有关的工作,她都能得心应手。因为她事事在行,既精于党的通讯工作,又巧于厨房劳动,所以成为父亲和母亲不可代替的助手。但这对她来说还算不上什么。她愿意成为一个独立的人,这不是出于自私的目的,不是为了逃避应尽的义务,而是出于自我牺牲的考虑,是为了更好地履行自己的义务和给别人做更多的事情。

在双亲的住宅里,在这个国际性的"正义避难所"里,她除了德语以及英语(她英语讲得总是特别流利,而且写得出一手好文章)之外,基本掌握了法语,她还学习了其他几种适用的语言。她现在利用这些语言进行语言教学,后来利用这些语言有效地为党工作。另外,她学会了打字,当时打字已经流行。她就是这样孜孜不倦地靠劳动谋生,从一种工作转到另一种工作,而且这丝毫不影响她对父母的照料。

1874年秋天,马克思从卡尔斯巴德返回途中到莱比锡看望我们。在根据医生指示安排的这次旅行中,杜西第一次担负起看护士的职责,陪伴她的父亲。当时她19岁。她显得健康,并且具有一种令人鼓舞的魅力,这也是一种最高级的和最持久的美。从一般标准来看,爱琳娜·马克思不算是美人。脸盘儿不够协调,嘴巴和鼻子的轮廓过于坚挺,有点男性特点,但是,她有一头蓝黑色的秀发,乌黑的眼睛是那样深沉和真挚，她的脸色犹如白雪公主，可以称得上是白里透红。更有甚者，她身上女性的令人陶醉的馨香是一切美的东西的充分体现——她是美的。这种美是永不凋谢的美，好像是对时间的嘲笑。从那时起，她在我们眼睛里始终是那个时候的杜西。甚至躺在灵柩里——我们的一位女友莫特勒太太从伦敦来信所说的——杜西还是双腮红晕和充满生气。

在莱比锡这是美好的季节；秋天既有秋季的魅力，又有夏日的美好；经过休养的马克思显得十分幽默和轻松。而杜西童心不改，非常喜欢我的大女儿①，当初杜西见到她时她才三岁，而现在再见到她时，她已是15岁的姑娘了。杜西喜欢我们家庭新添的人丁，不论是男的，还是女的。去年，她还笑得眼含泪花，向我讲述，我的两个孩子——其中的一个她特别关切，因为他差一点成为某些工人的爱国主义尚武精神的牺牲品——为了恶作剧做了最不可设想的事情，例如，他们四肢爬着跟我家的狗争着舔狗食盆里的东西。

倍倍尔——由于莱比锡法庭判处他犯有"叛国"罪，坐了整整两年监狱——当时以侮辱陛下的罪名还被关在茨维考，因此，很遗憾，他不在我们中间。

当时的话题涉及许多非常重大的问题。杜西的言谈说明，她有能力处理最重大的和复杂的问题并掌握了这些问题。在三个姐妹当中，杜西是个地道的政治活动家，她在运动中诞生，与运动很有缘分，她是父亲的思想和意志优秀的执行人。她对他父亲最了解不过了。

我们讨论的重大问题还包括她母亲的健康状况。在她母亲身上已经有了折磨人的慢性病的明显征兆。这种病把她母亲送进了坟墓。

---

① 阿利萨·李卜克内西（生于1857年）。——译者注

莱比锡会见之后，再也没有这样长的间隔时间了。在这之后不久，解救被流放的公社社员的计划促使我前往伦敦，从这时起，这样的会面定期举行，至少两年一次。两个姐姐的婚姻很美满，燕妮生了好几个孩子。杜西似乎拒绝结婚。她把自己的时间分配给了家庭、挣钱的工作和党。的确，不久家庭就要求她给予更多的照顾。母亲的病情已经严重，无法治愈——幸好，这一点不是马上就意识到了，而父亲又是按老习惯行事，无节制地开夜车，顽固的肝病又复发了。双亲需要家里有人照顾，如果有几个富余钱，他们要出城或到海滨去。

家务和照料工作落到了杜西和琳蘅的身上。简直难以想象，她是怎样工作的。我在另外的场合已经写过，自我牺牲和劳动是她的生命。她从不考虑自己；她的思想、感情和事业——这一切都是为了别人，为了每一个人，为了整个人类。她所追求的就是在行动中实现父亲的学说。为服务于人类的父亲服务——这就是她的天职。为人类服务，把人类从贫困、疾病和无知这三重奴役中解放出来。三重奴役的唯一根源就是人剥削人。只有把这个根源——现在称作资本主义——加以铲除和彻底消灭，人类才能解放。

这种解放人类、拯救人类的事业，只有无产阶级才能够完成。因此，她把她非凡的工作能力、自己无穷的自我牺牲精神服务于无产阶级、国际工人运动。

不幸的日子来临了：母亲与世长辞了。杜西像忠实的安提戈涅①一样陪伴父亲进行最后一次外出疗养，但父亲无法忍受失去勇敢的忠实的生活伴侣的痛苦。这时，大女儿也猝然故去，父亲最后一根维持生命的

---

① 安提戈涅是希腊神话中奥狄浦斯王的女儿，自愿随父流浪。一些剧作家把她作为孝敬父母和自我牺牲的化身。——译者注

神经同她一起断了。她父亲身体本来异常壮实,但伤身的夜间工作、操心和烦恼把他搞垮了。马克思于1883年3月14日逝世。从那时起,只有爱琳娜属于党,只有爱琳娜是对父亲的纪念。

(原载《回忆马克思和恩格斯》1983年莫斯科版第1卷第290—297页)

(艾思嘉 译)

卡尔·马克思的女儿爱琳娜[*]

〔英〕艾伦·罗斯伯利

我第一次会见爱琳娜·马克思—艾威林是在1891年。那时,我曾同一些俄国流亡者一起参加伦敦东头的一个新的运动,它是由巴枯宁和克鲁泡特金控制的一翼。我作为该组织的书记写信给她。她在回信中表示对我们这个"争取明确的社会民主的新运动"极感兴趣,并邀我去见她。于是,我便访问了她的那座离法学协会不远的寓所,当时在法学协会里住着一些律师和作家。我的同事对于我能荣幸地见到爱琳娜深为嫉妒,他们扬言说,在我任期结束时就要撤换我的书记职务。由于种种原因,我怀着敬畏而疑虑的心情去见这位久闻大名的人物。快到她家的时候,我嘴里背诵着那个令人肃然起敬的称呼,想象着一幢有女佣伫立迎候、十分雅致的宅邸。在我敲门时,我已经把领带整理了七次。开门的是爱琳娜,她微笑着叫着我的名字,热情地同我握手,很快就使我感到无拘无束了。她的寓所又小又暗,陈设简陋,显得十分贫寒,并不那

---

[*] 本文选自《马列主义研究资料》1983年第4辑。

原题注:艾伦·罗斯伯利(1867—1934)的这篇回忆文章写于1927年,文稿一直由他的儿子西奥多·罗斯伯利保存,1973年发表于美国社会主义者杂志《每月评论》1月号第29—49页。——译者注

么雅致。她一定发现了我的惊异神情,指着一把旧椅子对我说:"不要拘礼,同志。把大衣脱下,就像在家里一样,"说着便离开了我。过了足足一分钟,她端着一盘茶具和香仁饼回来了。按通常的英国社交礼节,她要我和她一同进食。"瞧",她一边倒茶一边说:"我继承了我父母的家庭习惯。"她还说她常常用这种方式招待同志们,可惜她没有很多钱——这就是说,艾威林一家当时经常入不敷出,勉强度日。

她花了一个多小时听我汇报这个新组织的情况、它的活动以及将来的计划,对我们的目标和方法表示由衷的赞同。她接受了我的邀请,到我们的会议室来讲一次话,尽管会议室里连站带坐也只能容纳300人。"听众少些好",她说:"这样会觉得和听众的心贴得更近。"我要求她用简单的德语演讲,并希望她当场回答提问。她很高兴地同意了。

爱琳娜第一次来讲演时,我在屋外迎接她,陪她一同走上讲台。她很欣赏地看了一眼挂在墙上的马克思和拉萨尔的巨幅画像,在一片响亮的掌声中穿过了挤满人群的大厅。她对提问者的答复,措词巧妙,富有说服力。会议开得很成功。由于她的讲演,我们的协会赢得了许多拥护者。

爱琳娜非常真挚地要我不必把她当作外人,我也照她说的那样,每个月去看她一次,每次总是在上午11时左右,因为我知道她工作了一个上午,这时正在休息。我对于这样的会见是迫不及待的。爱德华常常借口剧场有事,很少在家,虽然那时大家都知道他对妻子不忠。爱琳娜总是以种种理由为爱德华开脱,以此来掩盖她的痛苦。在公开场合,她那坚毅的脸上看不出一点伤心的痕迹。对于别人的那些冷言冷语,她不屑一顾,也不计较别人对她的怠慢。她很喜欢同有接受能力的人交朋友,她能以她的渊博知识影响某些人。我一到,她总要沏茶,替爱德华的外出找一个借口,然后听我汇报我们组织的工作情况,话题慢慢展开，逐渐变得热烈而友好。我深深地感到我是一个无知的工厂工人，所以我总是少说多听。

她对我有了进一步的了解，有一次她问我："你有时写些东西吗？你的信写得简明扼要，显然你是有诀窍的。"我感激地点点头。她便开始教我如何写得更明晰。那时我根本没有想到要写文章发表。爱琳娜对我百般鼓励。她劝我，"对你来说最重要的是表达清晰，至于其他方面只要多写就行了。"她告诉我如何避免语句重复，如何在修改的过程中去芜存菁，如何选用精练的词句。由于她的教诲和鼓励，我成了《犹太人编年史报》的工人通讯员，几年后，我找到了一个正式职位，当了三年英国犹太人领土组织联盟的秘书，该组织是伊斯雷尔·赞格威尔的犹太人领土组织的一部分。

爱琳娜是卡尔·马克思的小女儿，她是他的宠儿。她和蔼可亲，热情洋溢，在生活上完全不拘习俗。她同爱德华·艾威林博士一起生活了15年。在她的朋友看来，她是"艾威林夫人"，但是他在她看来始终是"爱德华"，而不是"丈夫"。她的结局是很悲惨的。

她具有她双亲的许多气质。她的迷人风采像她母亲，在她的母亲燕妮·冯·威斯特华伦的血系中有一部分是属于英国阿盖尔贵族的。她的推理能力和语言才能像她父母，她的父亲是一位著名德国犹太人律师的儿子。卡尔和燕妮的结合显然是很美满的，尽管多年来一直十分贫困，但他们在将近40年的共同生活中，并没有过一次龃龉不和。

他们的日子过得非常贫困，特别是1850—1860年在伦敦这段时期。那时全家人几乎食不果腹，孩子病的病，死的死。燕妮在给一个朋友的信中写道，卡尔"在这里被日常生活的琐事压得几乎喘不过气来。"卡尔在1851年给弗里德里希·恩格斯的信中写道："这种情形再延续下去，将把我的妻子带入坟墓……从早到晚，（她）不得不忍受最令人忧郁的贫困。"在很长一段时间里,他们靠面包和土豆过活,有时甚至连这些东西也弄不到。两个孩子诞生在狭窄的房间里,三个夭折。饥饿的婴儿紧紧地吸吮着母亲的乳头,直到它们渗出了血。次女劳拉·拉法格在给马克思的第一个英文传记作者约翰·斯帕戈的信中写道:

> 我母亲是一个美丽的女人,身体颀长而又苗条……我至今仍记得,当我们还是孩子时,(马克思)常同她在房间里踱来踱去。他的手臂挽着她的腰……吟诵着歌德的《五月之歌》:
>
> 万人的胸中
> 快乐高兴。
> 啊,大地!太阳!
> 幸福,欢欣!
> 哦,爱啊,爱啊,
> 灿烂如金,
> 像早晨的云
> 飘浮山顶。

1855年爱琳娜降生了,她瘦小细弱,发育不良,连医生也认为她活不长久。据说,按照医生的嘱咐,在五年时间里只给她喂牛奶,另外五年也是以牛奶为主。结果她后来还是出落得丰满健康,成为全家的宝贝。在学校里,她表现出了出众的才能,特别是在历史和艺术方面。爱德华·伯恩施坦在《我的流亡岁月》中写道:

> 24岁的爱琳娜·马克思是一个令人艳羡的姑娘……像她父亲一样长着一双黑眼睛……异乎寻常的活泼愉快……她满怀激情地参加我们党务方面的讨论……爱琳娜献身于社会主义运动,但是她还有另一个一直念念不忘的念头,那就是戏剧。爱琳娜·马克思一心想演剧,在这方面她颇有灵感。

她有很高的表演天赋，显然在盼望舞台生涯，看来，她母亲的死以及她同艾威林博士的会面才使她没有走上这条道路。或许是因为她对舞台的思慕同她为社会主义运动服务的愿望发生了冲突。伯恩施坦间接地提到过这一冲突。她的父亲看来并不反对她献身舞台，但对她的这种抱负也并不表示热情支持。她决定当一个业余演员，"为了运动的利益"，同艾威林一起参加业余演出。

1887年，爱琳娜同威廉·李卜克内西和艾威林一起访问了美国，并在纽约和其他一些地方的集会上发表了讲话。《犹太人每日前进报》编辑阿伯拉罕·卡恩在他的依地语版的《我的生活片断》中说，她那富有思想的滔滔雄辩给人以极深的印象。她身穿"古希腊式的绿色天鹅绒外衣……嗓音清脆悦耳，有火一般的热情，讲一口漂亮的英语。"四年之后，卡恩在英国再一次见到她，她同样给他留下深刻印象。虽然爱琳娜在学识和论证技巧方面远不如她的父亲，但是她比她父亲更有口才。然而，一个伟大父亲的这么一个多才多艺的女儿，甚至在维多利亚时代后期，也得不到她所交往的激进同伴的同情。人们不能原谅她与一个离开自己妻子的已婚男人同居。

在会见爱琳娜之前，我曾听过她几次讲演。我记得有一次在海德公园，有5000人听她讲演。听到她那悦耳的声音和感人的逻辑力量，我也觉得十分高兴。她讲话从来不带讲稿。她那时35岁，有一头浓密发亮的黑发，一双具有洞察力的黑眼睛，她的脸色正如李卜克内西所说的"像牛奶一样白嫩，像鲜血一样红润"。她体态丰满，具有女性的魅力，在讲台上颇有风度。她在讲话时，抬头挥手，的确是一个演说家，一个能使听众入迷的演说家。她经常应一些工人组织的要求去演说，有时自己付车钱，她这样做是心甘情愿的，像她的父母一样，她很快就同那些没有文化、胼手胝足的工人交上了朋友。她总是虚怀若谷，在我的记忆中，她从来不像她的那群人中某些风头人物那样夸夸其谈，架子十足。

在这段时期，艾威林夫妇的生活显然入不敷出，他们背了一些债，常常感到手头拮据。在1895年恩格斯逝世以前，他们靠不固定的稿费收入为生。爱德华和爱琳娜都是能从事翻译的，他们有时单独地、有时联名出版书籍和小册子。在最初快乐的岁月里，他们常常互相合作。艾威林翻译了一些俄语作品，在赛米尔·穆尔的帮助下，他根据德文原文翻译了马克思的《资本论》，此外，还写了一些社会主义的和不可知论的通俗短文。在美国旅行以后，他们以两个人的名义发表了《美国的工人阶级运动》，艾威林单独以自己的名字出版了《美国之行》。艾威林还担任了好几年《进步》月刊的编辑，爱琳娜曾为它撰过稿。

爱琳娜单独翻译了挪威作家易卜生的大部分戏剧，后来由威廉·阿切尔编辑成书。她还翻译了法国福楼拜的《包法利夫人》、普·奥·利沙加勒的《一八七一年公社史》、她父亲的《德国的革命和反革命》、格奥尔格·普列汉诺夫的《无政府主义与社会主义》。此外她还编辑了她父亲的一些短篇文章。她做这样的工作觉得十分高兴。在工人运动中，这样的工作并无报酬，只有各地专职书记才领薪水，其他的一些管理人员、演讲的人和作家都是自愿尽义务的。爱琳娜带头这样做。汤姆·曼在他的《回忆录》中曾谈到爱琳娜在1889年的码头工人罢工时的表现：

> 这些可贵的志愿办事人员中，有一位是爱琳娜·马克思-艾威林，一位能力极强的妇女。她精通经济学，无论是在交谈时或者在群众讲台上，她比别人毫不逊色。不仅如此，她对那些琐碎的工作也是很认真的。

在那些日子里，运动分成了几个敌对的派别，因为有些人为了一些特殊的目标偶尔走到了一起。这里有政治活动家、保守的工联分子和红色革命分子。著名领袖人物在费边社中有乔治·肖伯纳和悉尼·维伯，在战斗的社会主义者中有亨·迈·海德门，在基督教社会主义者中有斯图亚特·黑德勒姆牧师，在反议会派中有艺术家兼诗人威廉·莫利斯。老的工联组织有钱有势，安于现状；一些新的非熟练工人工会则积极鼓动，敢作敢为，并推举一些著名的人物，例如詹姆斯·凯尔·哈第、乔治·兰斯布利和威廉·梭恩作为首领。爱琳娜主要是为后者服务的；她和艾威林都有煤气工人和总劳工同盟的会员证，该组织不仅接纳体力劳动者，也接纳"脑力劳动者"。

爱琳娜把她的一生献给了社会主义运动，但是有一些领导人对她同艾威林的联姻颇不以为然，幸亏她得到坚定支持她的工人和基层领导人的友谊。那时，许多有知识的激进分子大谈对人生的科学态度，但是几乎没有一个人能容忍像爱琳娜这样一位先进的妇女，亨·迈·海德门就是一个例子。有一次我曾亲自要求他，在被邀请的人中应当包括爱琳娜与艾威林。

海德门体格健壮，深褐色胡子从不修剪，一双灰色的眼睛炯炯有神，看上去像一个族长。他声音洪亮，说话生硬，大家都知道他说话直率而尊敬他。但那些和他意见相左的人也常因受到他的人身攻击而害怕他，厌恶他，这也就使他只能影响一小部分英国劳工运动。我们的组织曾邀请运动所有派别的领导人来参加我们常设的俱乐部的开幕式。爱琳娜和艾威林博士一口答应，但海德门却迟迟不作答复。在一次代表会议上，我走到他身边，由于我参加运动不久，又不知道领导人的爱憎，我脱口说出了艾威林夫妇的名字。海德门皱着眉头说道："我不愿同那个家伙在同一个讲台上讲话。"我争辩说艾威林夫人是我们不可缺少的人物。几个人站着听我们争论，把我这个伦敦东头的移民代表看作是英国激进派的怪物。

"爱琳娜·马克思工作做得不错。"海德门承认:"如果她第二次不是选择那个爱尔兰人,在我们看来,她本来可以继承她父亲的衣钵。她要是第一次就选定那个法国人就好了!"这指的是在爱琳娜遇到艾威林之前曾经追求过她的利沙加勒。一个旁听者说,爱琳娜具有男人的智力和女人的心肠,她的选择,即便是一个大错误,也是她不可剥夺的权利。看来这句话说服了海德门,他立刻答道:"那我就去参加,但愿艾威林与我不要打起来。"我不了解艾威林,那句话当然使我感到很奇怪。不管怎样,海德门还是来参加了我们的庆祝会,发表了一篇动人的讲话,讲完后立刻就走了。

过了几个月,我对艾威林稍有了解,这才懂得为什么他让人从心底感到憎恶。在我们俱乐部庆祝典礼后的那个春天——我记得在一个星期日的早晨,在有运动各派代表出席的五一节会议上——我看到了爱琳娜与艾威林在一起。当我们三人漫步时,爱琳娜说我是一个头脑灵活的学生。艾威林表示赞同,但他很快转换了话题,提议我们一起去喝点什么,并带头走进了一家小酒馆。他把我们引进了"绅士雅座",接着叫了一种最便宜的饮料——淡啤酒,那时我还没有学会如何品尝这种酒。他在讲台上是一个很好的演说者,可是他私下的谈话却十分平庸陈腐。在他以为没有人能听到他的话时,他硬要我借给他半个金镑硬币,这在当时是一笔很可观的数目。爱琳娜显然十分难受。但是,在她还没来得及用目光向我发出警告以前,我已经把金币给了他,并说明这是俱乐部基金的一部分。他答应在一个星期内归还,又说如果他不能归还,"杜西"会还的。在此以前我从未听到过爱琳娜的这个绰号。艾威林先生发这个音时咧着嘴做了一副怪相,我觉得他有些不怀好意。爱琳娜的脸一下子红了起来,强作欢笑地解释说这是她父母给她起的名字。接着他们之间讲了一些很不自然的玩笑话,把这件事当作笑料岔开了话题。爱琳娜显然受到了伤害，而艾威林看来却无动于衷。

我知道他们那时生活拮据，收入仅够糊口，而当时他们手头的现款主要是由爱琳娜挣来的。她勤奋工作，任劳任怨，她写文章甚至能让别人署名。尽管如此，他们仍然钱不够用。艾威林作为一个赡养者越来越懒散，但作为一个消费者一直是大手大脚的。爱德华·伯恩施坦写道："他总是要有最好的东西……无耻地借钱享乐，哪怕向最穷的朋友借几分钱也好。他这个人天生就会迷惑天真无邪的人，特别是妇女，为了利用她们，他故作多情，搔首弄姿，调情卖俏。"听说他还有一些更糟糕的事：从一些丢人的丑事到能够把他关进监狱的行为。这时，爱琳娜已经认识了艾威林的腐化堕落，她不能使他回心转意，但是还保持着关系，相信她还有能力感化他。

小酒馆中的那幕场景是令人痛苦的，但我知道对爱琳娜来说痛苦更甚。于是几天后，我给她写了一张纸条，央求她忘了这件事，并向她保证（当然我这也并不是出自内心），这笔钱我并不急等着用，"等你手头富裕时再说"。我还说我珍视她的友谊，她给我的教导远非金钱所能买到。在寄出那张纸条后，我在周末之前又去拜访了她。她替爱德华向我道歉：

"你知道，已经有许多人知道了我们的情况。爱德华不该连累你。我们并不急需用钱，我们多少还有些存款，到了一号我就能拿到一笔整数。"

看来她极力想使我放心，而我也想知道她手头紧张究竟到了何等程度。我只好说：

"唷！艾威林夫人！这十个先令我不在乎，情况也不会那么难堪。我在邮政储金会有一小笔备用款，俱乐部的基金是不会少的。你要是缺钱用，请告诉我。当你有钱时……我对你还欠着债。"

"不，你不欠，给你上课是我的一件乐事。"爱琳娜看了一眼我的黑色外衣和发亮的领带。她一定以为这两件东西穿在当时我这个穷移民的身上质料是太好了。我看出了她目光的用意，就解释道："其实这件外衣和领带是北明翰的一个阔佬不想要了才给了我的，那时我在北明翰的一家灯泡厂工作，因为我向他正确地指出了他要我鉴别的一些圣经经文的章节，他就赏给了我这些东西。"

"看上去还挺新。"爱琳娜还有些不大相信。

"1888年后它们一直是属于我的，我只是在盛大的场合才穿。"

"已经五年了！今天也是盛大的场合？"

这回轮到我发窘了。爱琳娜向我会心地微笑。这时我很高兴地发现她的桌上有一本劳伦斯·格朗隆德的《合作国家简介》，它帮我转移了话题。

"这是我读过的关于社会主义的最早著作。"我结结巴巴地说，又恢复了镇静。

"真是一本好书。对我来说没什么新东西，但是值得一读。再说，你并不迟钝，那些圣经经文和丝绸领带显然令人生疑。我想要调查一番。Cherchez la femme。"

"你说的好像是法语，"我茫然地凝视着，冒冒失失地说道。

"对，意思是'追求女郎'。"我当时一定是脸红了。

"你这么快就猜出来了，艾威林夫人。"我辩解道："她是一个很有钱的爱尔兰女人，领悟能力较差……我想知道我是否还能学法语。看不懂布克尔[①]《英国文明史》中的法语注释可真恼人。"

[①] 亨利·托马斯·布克尔（Henry Thomas Buckle 1821—1862）是英国历史学家。——译者注

"看来你不想让我打听这件秘事。你读过布克尔的书,是吗?"

"是的,我花了两个月的时间读了第一卷,有些段落读了三遍,还作了好几本摘录。"

"这么说你只是故意装作不懂了。我是否还要给你上几节初级法语?"

"那就太感谢了,我值得你教吗?"

"别胡说了,你下次来的时候我们就开始。今天下午你必须陪我去看场戏。不管怎样,我想最好是你来陪我去。"

"太好了。"我热切地应声附和。但是我说的时候显然流露出这样一个担心:我手头上钱不够。她立即又说:"不必惊慌,花不了几个钱,我有戏票。爱德华这时同一帮闲人到城外什么地方去玩了,这帮讨厌的家伙。"我听到她一声轻微的叹息。

我已经记不清那家戏院了,或许是德鲁利戏院,或许是"欢乐戏院",但我记得看的是《唐人街一游》。当我们出来走到门廊时,爱琳娜称它是"一出美妙的音乐喜剧"。我向她道了谢。

"应当道谢的是我,因为是你陪我来看戏的,"她说,"要是一个人我就不会来看了,只好坐在毫无生气的房间里闷闷不乐了。我答应今晚在戏迷俱乐部讲话,你的确提高了我的兴致。你应当同我一起去那儿。你见过爱德华·伯恩施坦吗?我希望他也在那里。"伯恩施坦当时是德国社会民主党在英国的正式代表。

我已经看出爱琳娜不喜欢我向她表示感激或敬意。但我还是又一次感谢她给我提供这样一个极好的机会,并告诉她我多么珍视她的友谊。她回答说,有人指责她寻求友谊,似乎这是一个弱点,"而骄傲和虚荣倒似乎成了美德。在我们这个时代,许多事情不就是这样被颠倒的吗?"她看来想说,人们不允许一个女人去寻求男人的友谊。我无法安慰她这种孤寂的心情。但是她自己是一向能排忧解愁的。

"我们还有足足两个小时，"她说，"我不想回家，去喝点茶，沿着河边散散步，好吗？"

夜晚，寒冷而宁静，地面上细雾迷蒙，而苍穹却清澈明净，繁星闪烁，当我们沿着泰晤士河堤岸漫步时，爱琳娜谈到了她双亲的家庭生活。她有时沉浸在回忆中，情绪激动，说个没完。下面就是我后来回忆起来的要点。

"我的父亲从不到教堂去，那些'有成就的'人才去教堂。他们要感谢上帝，因为他们发了财，剥削了交租者和工人。资产阶级意义上的成就，我父亲是没有的。这种成就他是蔑视的。可是谁能说他的生活不幸福，谁能说他有对不起人的地方？他在晚年也承认他的一些预言和结论或许会被人误解。如果他能完成他的工作，他肯定是会作一些必要的修正的。疾病时常使他暴躁易怒，但是父亲和母亲秉性高尚，他们认为爱护和同情别人是最重要的。在我家里经常有一些穿工装的人同我们一起吃饭，母亲待他们热忱备至。"

我告诉她，有一天晚上在我们的俱乐部里有人说卡尔·马克思有反对犹太人的言论，也有人对此表示异议，我问她是否确有其事。她说对此表示异议是对的。

"他说的话，没有一个真正的犹太人不承认是真的，这也就是先知们为此遭到石击并为此殉难的真理。今天，以赛亚①一定会被有钱人看作是反闪米特人的。我自己是一个犹太女人，虽然我不信教。这并不在于你相信什么或信奉什么，而是取决于你的行动，不是吗？"

我同意她的话，我说，犹太教与其说是一种习俗和礼仪，不如说是

---

① 以赛亚，《圣经》中的先知。——译者注

一种主义。

"说得对",她答道,"我的父母就代表着一种主义。我父亲穷,那又怎么样?他的英名将照耀千秋万代;他的巨著《资本论》没给他挣来一点钱,那又怎么样呢?他并不是为了钱才写的。"

我说,听说约翰·密尔顿写《失乐园》才只得了五英镑,后来又得了一点。

"我父亲常说,《资本论》的稿费甚至还不够他在写作时买烟的钱。但是直到新时代来临之前,它将继续受到世人的纷纷议论。"

我说,我曾以为生长在这种令人激奋的环境里,真是太好了。她赞同地说,她的孩提时代尽管贫穷,但是过得很有意思。"我的父亲喜爱诗歌和戏剧。我和我姐姐能整段地背诵莎士比亚和彭斯的作品。"卡尔·马克思爱读的是菲尔丁、大仲马、塞万提斯、巴尔扎克的作品。他最喜爱埃斯库罗斯、但丁和歌德。他具有一种特殊的语言才能,阅读了许多原版的欧洲杂志。50多岁时,他开始学俄语,在六个月时间里,阅读和欣赏了普希金和果戈理的作品。"在我们的藏书室里有1000多本书。"

在我看来,她在艾威林身上虚掷了自己的年华。如果这位天才的妇女要是有一个更志同道合的男人那就好了……当时我想必是叹了一口气。

"你在想什么?"

"伟大的智者就应该受这么多的罪,"我愤愤不平地说,"乔治·梅雷迪斯①不是一度只靠燕麦片和清水过活吗?"

---

① 乔治·梅雷迪斯(George Meredith 1828—1909)是英国的小说家、诗人。——译者注

她说，一些伟大的人物并不富有，除了他们的思想。"然而我父亲有时却很快乐。他特别喜欢孩子。在紧张的工作后，他要休息、游玩、娱乐。他常常同在散步时遇到的学童交朋友，同他们谈他们的课程。孩子们热爱他。我和我姐姐经常盼望着星期天，那天我们全家人，包括那些来访者，都要到汉普斯泰特荒阜去野餐。我们常同他嬉闹，叫他'摩尔'，要他给我们讲神话故事，他知道很多神话。"

她停了一下，吸了一口气："还有我们的朋友弗里德里希·恩格斯——一个多么和蔼可亲的老人家！哪天晚上我一定要带你去见见他。"

这时，我们来到了戏迷俱乐部，爱琳娜因沉浸在回忆中而兴奋得脸色通红。她挽着我的手臂走进了俱乐部。爱德华·伯恩施坦已等在那儿了，她把我介绍给他。

爱琳娜作了演讲，题目是《现代戏剧中的自然主义》。看来听众已被她的音质、优美的语言和演讲的内容所陶醉，伯恩施坦无疑也对她推崇不已。我听见坐在我前面的一个妇女对她的邻座低声说道："一个女诗人，艺术家。"在讨论时有人反对她的先进思想，但是在一些全盘否定她的人中，还是有人对她优美的语言表示赞赏。

有一位美国教授，名叫加赛德，当时正在非熟练工人队伍中煽动不和，而爱琳娜在这些工人中是很有影响的。加赛德在纽约曾干过不可告人的勾当，也曾被怀疑是奸细，当我得悉这一情况后，有一天早晨我去拜访爱琳娜，催促她对他采取行动。我到她家时，她显然刚同艾威林吵过架，好像刚哭过。我不知说什么好，正打算离开，她叫住了我，解释说，艾威林拿走了她最后一个便士，甚至连茶叶和饼干也不给她留下。她要我陪她到附近的餐馆去吃午饭："今天你身边的钱够吗？"

幸好我的钱够用，我很高兴有机会作东答谢她多次的款待："足够!"我记得我说了这样一句妙语:"当天的银子就够人花的了"①。她正要去做准备,听了这句话笑了起来。她说:"看来在每个场合,你都有一句《圣经》经文。"

我太同情她的境遇了,趁她不在的时候,我把一些银币塞进她的手套,试图强迫她收下,为此我们几乎吵起来了。我嘟嘟哝哝地说我还欠她的法语课的钱,这一说使事情更糟。然而,她还是很有礼貌地接受了我的道歉,她对我说,她有戏票,可以去看奥斯卡·王尔德写的剧,然后我们还要去拜访弗里德里希·恩格斯。

她把我带进林肯法学协会广场的一家普通的小餐馆,它看上去就像是职员或店员的住家。我们没花几个钱就吃到一顿很好的便饭。加赛德的事早已忘记了,她吃得津津有味,我想和她谈谈自从上次见到她以后我已读完的王尔德的文章《社会主义制度下的人的灵魂》,她也不回答,显然她已经是饿坏了。我们离开小餐馆,在一条没有车马喧闹的僻静的后街上漫步,这时她才说:

"现在我有兴致来谈王尔德了。我认为,他的外表令人憎恶,但是他的思想是崇高的。就像威廉·莫利斯一样,他也是一个个人主义无政府主义者。正如他在文章中所说的,许多艺术家和作家都是如此。老实说,我不能不同意他的看法。王尔德和莫利斯认为在过渡时期后,存在着一个很长的社会主义社会阶段。在这个阶段,人人安居乐业,工作井然有序。我们这些社会民主主义者都是为这个过渡准备基础的铲土工。艺术家们根据他们头脑中的明确的观念,使他们的绘画、戏剧或小说,不管是自然地描绘,还是寓意于文字,都符合这一目标。但是生活本身

---

① 有句谚语说:"当天的烦恼就够人受的了。"意思是指别再为未来担心。作者在此稍加修改。——译者注

是复杂的、难以捉摸的。预言未来的事,即使有些武断,这也没有什么了不起。何况甚至连我也不能确信我们是否是在朝着更好的方向前进。就目前情况而论,有些事情肯定是不合理的。这是应该指出的主要一点。"

戏院散场后,我们在恩格斯住的菲茨罗伊广场附近散步,这时爱琳娜还在滔滔不绝地谈论,最后又提到了她的父亲:"有人批评他,说他固执武断,狂热盲信,我倒想知道哪一个有真知灼见的人不是这样?他至多不过是像达尔文、斯宾塞和黑格尔那样坚持己见、直言不讳而已,何况他有一部分话说的就是人为了贪欲而害人。他的预测或许有错,但是他的批评肯定没有错。"

众所周知,卡尔·马克思和弗里德里希·恩格斯之间的终身友谊是无与伦比的。1850—1869年,恩格斯一次又一次地用自己的工资支持马克思的家庭。1869年恩格斯从他父亲在曼彻斯特的商行里退职时得到一笔钱,他替马克思偿付了200多英镑的债,为了使他的朋友能继续工作,每年给他支付350英镑。马克思逝世后,恩格斯将他的友谊集中到马克思两个还活着的女儿爱琳娜·艾威林和劳拉·拉法格的身上。

恩格斯的家是来访的外国社会主义者的天堂。几乎每天晚上他都要招待一些志同道合的朋友。对于英国和法国的来访者,他的话题总是比较严肃的,但是德国来的客人使他感到轻松欢乐。爱琳娜和我有幸在一天晚上看到他只同德国朋友在一起,他兴致勃勃,妙趣横生。

"老人家今天晚上情绪真高。"爱琳娜在介绍我的时候轻声地对我说。"你可别喝醉了!"他们让她喝一些酒,然后一起唱歌,唱的是威廉·莫利斯写的一曲流行小调,歌词是:

他不会在碰杯时倒在死人中!

倒在死人中！
让他躺下吧！

恩格斯在唱歌时显得十分快活，他精神矍铄，络腮胡子已呈灰色，他表情丰富，一双眼睛带着微笑和睿智。我喝了两杯酒以后，他把我叫到一边，我们谈了一些正经的事情。那天我比平时更健谈，爱琳娜听到了几句，后来她告诉我，说我讲得很有意思。

歌声还在荡漾。一首旋律活泼的饮酒歌还留在我的记忆中，但是确切的歌词我记不清了。后来我在伯恩施坦的《我的流亡生活》中发现了这首歌的歌词。恩格斯亲自把这首古老的英国歌曲翻译成德语，歌中唱的是三个快活的邮差坐在"天龙酒馆"里，喝了一壶又一壶的酒，其中有一段是：

好酒在手，
枉自空杯，
秋风枯叶，
落地无为。

叠唱词：

酒馆老板快掌酒，
斟满杯子任它流。
今朝有酒今朝醉（三遍），
明日无酒水为友。

由于职业的变化，我不能像以往那样经常可以见到爱琳娜，也不能去拜访她。在18个月中，我只是在公众集会上见过她四次。1895年春，她写信叫我去，我就在一个休假日去看她了。

她的经济状况已大为好转，她很想帮助我。我不是还在学法语吗？不是还在坚持阅读杂志上的重要文章吗？爱琳娜听说我的俱乐部的几个同事到美国去了，我是不是也想走？这件事我确实考虑过，因为在英国进行斗争太难了。我的话使她深受震动，至于她为什么会有这样的感觉，我就不得而知了。我知道她同艾威林的生活可能有了什么变化，似乎已经越来越糟了。在激进派的报纸上登载了一些尖刻的文章。谴责艾威林不道德的行为。尽管未点名，但无疑指的是他。他被新建立的工党的一个支部开除了。在恩格斯的家里，客人只要一见到有他在场，总是掉头就走。

那天，我要爱琳娜给我谈谈她生活中的详情细节，使我能写完那篇我一直在写的关于她的纪事。她同意了，但有一个条件，在她活着的时候不要公之于世。她的话以及随之而来的一声叹息使我大吃一惊。她笑起来了，似乎是为了消除我的疑虑。但是她也承认有时她对生活感到厌倦了，尤其是在运动看来已不再需要她的时候。她的悲观使我如此惊愕，她不得不赶忙对我说她事实上是有理智的，不是随便动感情的。"你听我说，我的好朋友，我对于生活目的的看法是与别人不同的。运动已经成了我的生命，现在我只能有两个选择了。我要是不能很快地调和这两个选择……"

显然，她指的是运动和艾威林，她要设法抓住这两者。她觉得，如果两者缺一，她就不能进入一种新的生活。她的困境要牵涉到她的社会活动，因而她是难以忍受的。

"如果你要走，"她继续说道，"那就走吧！我猜，对爱德华的攻击一定使你感到困惑了。唉！他们说的都是事实。但是我已经同他一起生活了12年……我的朋友们都很担心，但他们对这件事大都是睁一只眼，闭一只眼。为数不多的人理解这一切，你也是一个。一个选择就是离开爱德华，自己独立生活。我不能这样做，这会促使他毁灭，实际上对我也没有什么好处。我的朋友，我这个人怪得很。我父亲常说我不像一个女孩子，倒像一个男孩。是爱德华使我觉得我是一个女性，我无法抗拒地被他吸引了。他曾就读于大学学院，毕业时他的哲学和自然科学成绩优异。我们情趣相投，关于达尔文和进化论，他比我懂得多。他讲不可知论，很受听众欢迎。我们都赞同社会主义，都喜爱戏剧，都不计较金钱。我父亲喜欢他。我们在一起工作是能有成效的。"

爱琳娜把我带到一个大书橱前，指给我看他俩合写的著作和小册子。

"如果说我牺牲了什么，"她接着说，"那也只不过像我母亲所做的那样。我从小在一种友爱和正直的气氛中长大，学会了蔑视陈规俗套。当我遇到爱德华的时候，我在一所寄宿学校里有一个很好的职位，在那里我备受尊敬和爱戴。当时我必须抉择，或者是隐瞒我同爱德华的自由接触，或者是丢掉职位。我宁愿做一个诚实的人，我把我的选择告诉了校长，这样我就立即被解职了。如果我选择了另一条道路，过一种口是心非的生活，同我双亲的传统一刀两断，那么任何豪门大院的门都会对我敞开。虽然最近几年的生活并不愉快，但我切实感到，正如我的双亲一样，我是忠于自己的信念的，并未屈服于伪善。我那时并不知道爱德华后来会背弃我。即便如此，现在离开他，是向绝望屈服。我对他还抱有希望。让那些异教徒去胡说八道吧，我问心无愧。"

我应当尽一切力量来帮助爱琳娜，我想，她也知道这一点；但是任何人也帮不了忙。怀有世俗偏见的人至多不过认为她是一个傻瓜；教徒们则谴责她邪恶可怕。许多过去崇拜过她的人也开始离开了她。看来她已领悟了我的想法。

"你是知道的，精神贵族也是这样对待我父亲的。在他的晚年，运动不理他了，还切断了所有的个人联系。英国的激进分子在内心里仍然是一些清教徒。但在其他国家并不是这样。在你打算去美国之前，还是先等待明年伦敦召开的伟大的社会主义工人代表大会吧！代表们来自世界各文明国家。我相信这将是一个划时代的事件。"

爱琳娜又活跃了。"来吧，振作起来！"她说："让我们忘掉这个世界上的羞耻和虚伪吧！我们去吃点东西，再到戏院去，当然这不是最后一次！"

我记得在哪儿读到过这样一句话："当'有'这个动词脱离了自觉的中心，生活就不再有铜臭味，而成了一种艺术。"爱琳娜·马克思直到1895年还一直是遵循这一准则的。那时她靠茶和香仁饼过活，借工作来埋葬痛苦。她能忍受贫困，不理睬同事和邻居们对她的冷落。但是爱德华有增无减的不忠，慢慢地磨灭了她的勇敢精神。1895年，她突然有了钱。那年8月，恩格斯逝世了，留给她和她姐姐劳拉每人8000英镑遗产。艾威林夫妇一度前景光明。爱德华变得温驯了，爱琳娜重新燃起了改造他的希望。他们在伦敦东南区的悉登楠路买下了一幢很大的房屋，周围还有草坪和树木。由于1896年的伦敦代表大会即将召开，我有机会去拜访他们。看到他俩愉快地在为大会做准备工作，我很高兴。他们的语言知识对国际性的秘书工作是非常宝贵的。爱琳娜那时41岁，脸上一直挂着微笑，看来诸事称心，也显得很年轻。

随后，作为大会的代表，我每天在皇后厅举行的会议上（会议于1896年7月27日开始）看到他们两人。这次代表大会给人留下了深刻的印象。会上发生了大辩论，分裂不和的现象也是令人难忘的。在800名代表中，有德国的奥古斯特·倍倍尔、威廉·李卜克内西和罗莎·卢森堡，法国的饶勒斯和米勒兰，比利时的王德威尔得，英国的詹姆斯·拉姆齐·麦克唐纳（他与其说是一个积极的参加者，不如说是一名年轻的观察员）等这样一批著名人物。爱琳娜是正式的英语翻译。我发现她在讲台上似乎是很内行的。

为了庆祝李卜克内西的70寿辰，爱琳娜在悉登楠路的"家里"举办了一次露天聚会。来了数百名代表，主要是英国和德国的代表。那是八月的一个风和日丽的下午，西沉的太阳照亮了每个客人的脸。摆满饮料的长方形桌子在宽阔的草坪上围成了一个半圆。代表们两两三三地随便漫步。我至今清楚地记得李卜克内西斜靠在一张躺椅上，对他周围的人讲他35年前他常同马克思的孩子一起嬉闹的情景，她们给他起了一个绰号，叫"图书馆"。我还记得身材魁梧高大的威廉·梭恩（他那时是煤气工人，后来成了议员）吃了许多火腿三明治和啤酒。另一个客人是俄国代表维拉·查苏利奇，大家知道，她在1878年曾枪击特列波夫将军，为的是替一个不愿对这位将军脱帽敬礼而遭鞭挞的年轻犯人报仇。维拉接连不断地抽烟，说起话来手舞足蹈。

这是爱琳娜最后一次在重要的国际性的集会上露面。我记得，她像一个女主人一样，兴致勃勃地从这堆人群走到那堆人群。当时爱德华不在那儿。他故态复萌，挥霍恩格斯的遗产；也许他还算顾全大局，没有使这次集会大煞风景。

1897年是更糟糕的一年。当我见到爱琳娜时，她又是那样忧心忡忡，心绪紊乱了。除了少数几个人，如乔治·兰斯布利、威廉·梭恩和爱德华·伯恩施坦，其余的朋友再次抛弃了他们。一些著名的社会主义者也对他们十分冷淡。这年年底，艾威林一度接连几个星期不见人影。1898年初，遗产已经差不多被花光，剩下的部分他也瞒着爱琳娜变卖了。他的结发妻子已经去世，他背着爱琳娜娶了一位年轻演员。爱琳娜已经束手无策。打官司毫无用处，只会使难堪的丑闻更加外扬。不过，她依然替他开脱。1898年2月5日她在给一个朋友的信中说：

"有些人缺乏某种道德感，同样，还有一些人缺乏听力、视力或因其他缺陷而备受折磨……责备这些人有这种毛病，正如责备那些人有那种毛病一样，都是不公平的。"

两天后，她写道：

"法国有一句谚语：'理解就是宽恕。'无尽的痛苦教会了我理解……我不必去宽恕。我只能爱……"

这真是一种过分的利他主义，艾威林深知如何利用它而自享其乐。1898年3月31日，爱琳娜极度灰心，服毒自杀了。她在遗书上写道："这些年的生活是多么悲惨啊！"在接受验尸官的询问时，艾威林说，爱琳娜一向沉郁乖僻，经常说到自杀。她的一些朋友对她的死感到十分震惊，他们很不满意这种辩解。但是世俗世界却非常乐意接受这种辩解。她的一生与这个世界格格不入，这个在她活着的时候不能理解她的世界，自然很容易曲解她的死。

艾威林自己或许由于爱琳娜的自杀而深有所感，或许他感到自己罪责难逃，也在那一年死了。

安葬时没有举行仪式。在遗体火化之前，爱琳娜的朋友们肃穆地低头默哀。威廉·梭恩讲了话，他那深沉有力的声音不时为颤抖的啜泣声打断。至今我还能想见他脸颊上挂的泪水，我们大家都以无言的沉默来表达我们的极度悲痛。

圣保罗教堂的教长觉得有必要对爱琳娜的死举行一次布道。他把这场悲剧同她自由的生活方式联系起来；然而在他的思想中，他对爱琳娜将一生献给一个崇高的目标，献给她所热爱并为之献身的理想，仍然表示了敬意。

[原载《每月评论》(*Monthly Review*) 1973年1月号第29—49页]

(竺乾威 译　孙家衡 校)

马克思一家的朋友——卡洛琳·舍勒尔[*]

1867年秋,马克思把刚出版的《资本论》第一卷赠给丽娜一本,书上题着"赠给我的朋友丽娜·舍勒尔"。关于马克思一家和丽娜的友谊,很少为人所知。

她(又名卡洛琳·舍勒尔,1819—1891)出身于科隆的一个律师家庭,曾受过良好的教育,主要靠当家庭教师维持生活。1845年她同燕妮的弟弟埃德加尔·冯·威斯特华伦秘密订婚,这一关系虽未得到承认,但结识了燕妮和马克思,并成了好友。1855年丽娜迁居英国,在马克思家住了两个月。丽娜经常失业,处于困境,马克思一家热情地帮助她。马克思家庭生活窘迫时,她也多次解囊相助。1881年初夏,燕妮身患重病,她前来看望,住了将近一个月。这使燕妮感到莫大欣慰。6月17日恩格斯在给燕妮·龙格的信中说:"丽娜·舍勒尔来得正好,现在住你们家,她还像往常那样活跃和厚道……她来了,使你妈妈很高兴。"

丽娜还是马克思政治观点的拥护者。1849年7月她受燕妮之托,帮助马克思把一封给陪审官荣克的重要信件转寄出去。科隆共产党人案件期间她为被告人,特别是为罗兰特·丹尼尔斯及其妻子出庭作证。

---

[*] 本文选自《马列著作编译资料》1980年第11辑。

1855年底马克思通过她了解到一些关于该案件的新的细节。马克思在同普鲁士警察和司法部门的斗争中，很可能得到过她的帮助。她至少曾把自己的地址提供给马克思用于革命。

燕妮和马克思逝世后，她继续同劳拉、爱琳娜以及恩格斯保持通信关系。80年代她给劳拉的13封信、给爱琳娜的一封信和恩格斯的四封信被保存下来，其中一封信是为祝贺恩格斯70岁寿辰而写的。

(原载《马克思恩格斯年鉴》柏林迪茨出版社版第2卷第241—250页)

(英丽 编译)

遗物与故居

马克思的怀表——130 年的历程[*]

〔德〕海因里希·格姆科夫

大约两年前,一位日本朋友——"社会主义协会"的志同道合的同行,向我提出了一个未曾想到的问题。说一位日本钟表收藏家想了解卡尔·马克思怀表的下落,或者说是否还存在。这个看似普通的问题却把我难住了。我思来想去不知如何回答。查阅各种有关马克思的回忆录也均无所获;专业的传记文献也没有任何记载;我向柏林的同行询问也毫无结果。幸好还有俄罗斯的专家们给予帮助。

我请教了俄罗斯现代史文献收藏研究中心(以下简称俄罗斯中心)的基里尔·M.安德森教授、博士和斯维特兰娜·M.科托娃博士以及前苏共中央马列主义研究院的鲍里斯·M.鲁基亚克博士,他们给了我很大帮助,从而使我得出了初步的结论,即马克思的怀表不仅保存了下来,而且于1983年马克思逝世100周年时还在莫斯科马克思恩格斯博物馆展出了。我们在俄罗斯中心作了进一步查考,并同马克思已故曾外孙,巴黎的罗伯尔–让·龙格的遗孀克里斯蒂娜·龙格夫人恢复了中断多年的联系,结果又有进一步的收获。最后,我们重新阅读了马克思恩

---

[*] 本文选自《马克思恩格斯列宁斯大林研究》1999 年第 3 辑。

格斯之间的通信①，翻阅马克思忌年即1983年的东德报刊②，特别是龙格夫人亲切地答应1997年年中访问柏林时展示这件珍贵纪念品③，至此，这事终于有了眉目。下面可以说就是马克思怀表直至今日的整个"变迁过程"。

可以很有把握地说，现在由克里斯蒂娜·龙格夫人保存的马克思的怀表就是马克思从1864年5月9日在曼彻斯特逝世的常年挚友和战友威廉·沃尔弗那里继承下来的那块银色怀表（三年后马克思把《资本论》第一卷献给了他）。威廉·沃尔弗在德国1848—1849年革命失败后成为政治流亡者，在曼彻斯特任家庭教师，他在遗嘱中指定伦敦的马克思为其积蓄和微薄财产的继承人。

当时在曼彻斯特经商的恩格斯为朋友办理了遗产继承事务④，并于1864年11月7日向马克思索要法庭要求的威廉·沃尔弗遗产的详细清单⑤。11月18日，马克思寄来了威廉·沃尔弗的遗产清单，并且标明了每件物品的价值。清单中开列的主要是书籍。但在第一行写着"银

---

① 在这里我要感谢瓦尔特·施米特的大力相助。

② S.李希特尔：《〈论坛报〉记者对卡尔，马克思曾外孙罗伯尔－让·龙格的专访》，载于1983年10月14日《论坛报》（柏林）；G.莱奥：《一位曾外孙对其伟大先辈的回忆——巴黎的罗伯尔－让·龙格访问记》，载于1975年8月16—17日《新德意志报》（柏林）。

③ 在此我向她及上述俄国专家表示衷心感谢。

④ 恩格斯1864年11月2、7日给马克思的信，载于《马克思恩格斯全集》第1版第31卷第6、19—20页。

⑤ 恩格斯1864年11月7日给马克思的信，载于《马克思恩格斯全集》第1版第31卷第19页。

表，2英镑"①。正如马克思总是把父亲的那张照片带在身边一样②，他从此可能也随身携带着他最亲密的朋友（除恩格斯外）的这块怀表了。

马克思1883年3月14日中午时分逝世时，为其送终的是他们家多年的女管家和朋友海伦·德穆特。她"看护"马克思"要胜过任何母亲照顾自己的孩子"③。恩格斯和当时住在伦敦的马克思的小女儿爱琳娜·马克思－艾威林肯定把死者这块怀表作为纪念品和礼物交给了她，因为她的名字刻在了表的内壳里面，是在马克思之后的第二位。

海伦·德穆特，人称琳蘅，1883—1890年住在恩格斯家（伦敦，瑞琴特公园路122号）。她1845年就已认识恩格斯，1883—1890年间又为他料理家务，并且成了他可信赖的人。1890年11月4日，她在恩格斯家中去世（享年70岁）。她在留下的遗嘱中说："我把自己的全部钱、物和其他财产留给弗雷德里克·刘易斯·德穆特，他住在哈格尼区东部伦敦路格兰桑道25号。"④然而这块马克思或者说沃尔弗遗下的怀表却没有到达弗雷德里克·刘·德穆特的手中，而是由恩格斯留下了。

恩格斯于1895年8月5日去世。他留下了一份于1893年7月29日立下的在法律上无可争议的遗嘱，此外还有他1894年11月14日写下的给他的三个遗嘱执行人的说明和指示以及1895年7月26日对遗嘱所

---

① 马克思1864年11月7日给恩格斯的信，载于《马克思恩格斯全集》第1版第31卷第28页。

② 爱·马克思－艾威林：《关于青年马克思的一封信》，载于《摩尔和将军》人民出版社1982年版第142页。

③ 恩格斯1883年3月15日给阿·左尔格的信，载于《马克思恩格斯全集》第1版第35卷第459页。

④ 恩格斯1890年11月12日给阿·里弗尔的信，载于《马列主义研究资料》1985年第2期第2页。

作的补充。① 这些文献对这块一度属于马克思的怀表只字未提。恩格斯对留下的书籍、书信和手稿以及财产作了详细而具体的安排，而把"全部动产和去世之前为我家购置或已定购的其他物品"② 遗赠给他的女秘书、女管家和亲密的朋友路易莎·弗赖贝格尔。然而弗赖贝格尔夫妇没有得到马克思的怀表，它到了马克思的长外孙让·洛朗·弗雷德里克·龙格的手中，他成了它的下一个所有者。

马克思亲昵地称之为琼尼的让·龙格生于1876年，是龙格四个孩子中最大的一个，当时是巴黎大学的学生。他是参加8月10日恩格斯葬礼的龙格家的唯一成员。他是爱琳娜·马克思－艾威林最喜欢的外甥，所以他在她伦敦的家中住了几周，一直待到1895年9月底。③ 显然，马克思的怀表当时是由爱琳娜交给让·龙格的，他是名字被刻在表内壳的第四人。

让·龙格20岁时就已经成为巴黎社会主义大学生小组的领导人，曾以法国工人党代表的身份出席1896年第二国际的伦敦代表大会。他的职业是律师，但作为法国工人党的马克思主义领袖，主要从事政治和政论方面的活动。第一次世界大战期间，他从原来祖国的卫士转变为一名积极的和平主义者，坚决反对凡尔赛和约和法国对苏联的武装干涉。1920年工人党分裂后，他加入了社会党。他在1895或1896—1932年间一直带着马克思的这块怀表。不知什么时候，他让工匠用艺术体在怀表的内壳刻上了如下文字：

---

① 《马克思恩格斯全集》第1版第39卷第483—489页。
② 《马克思恩格斯全集》第1版第39卷第483页。
③ 见劳·拉法格1895年8月27日给爱·马克思－艾威林的信和爱·马克思－艾威林1895年9月4日给劳·拉法格的信，载于《马克思的女儿们——未发表的信札》，人民出版社1985年版，第279—280页。

卡尔·马克思
1883年3月14日
海伦·德穆特，1890年11月4日
弗里德里希·恩格斯，1895年8月5日
让·龙格

在怀表的外盖内侧还有其他的文字：

罗伯尔－让·龙格，1932年

这几个字是用某种利器刻在金属上的，一看就是外行人——很有可能就是罗伯尔－让·龙格本人刻上去的。字体是一般的手写体。我们从在莫斯科保存的文献和克里斯蒂娜·龙格的口述中还了解了刻上这段文字的前因后果。也就是说罗伯尔－让·龙格是在1932年从其父亲手中得到马克思这块怀表的。他像父亲，祖父，曾祖父一样是法学家，也很早就是积极的社会主义政论家和政治家，虽然没有加入任何党派。六年后他的父亲去世。1983年罗伯尔·让在携夫人访问莫斯科时作的记录中，回忆了他父亲赠表时说的话："我看你是忠于家庭传统的。马克思主编了《莱茵报》并出版了《德法年鉴》。你的祖父沙尔·龙格在巴黎出版了《教育报》和《左派报》。我本人是《社会运动》编辑部的秘书、《人道报》和《亲亚美尼亚》杂志的撰稿人。而你创办了《马格里布评论》。"[①]

事实上，罗伯尔－让·龙格这时已经是著名的政论家，他在法国和平运动的反殖民主义斗争中的表现尤其突出。龙格在上述访问莫斯科时

[①] 俄罗斯现代史文献收藏研究中心第654卷宗，马克思恩格斯博物馆原件档案。

的记录中还谈到过,他从1932年起就小心地把怀表装在贴身的口袋里,随身携带。他由于新闻工作和政治工作的需要,也凭着其政治案件辩护律师的身份,于30年代曾去过许多国家:非洲、近东、正在进行反弗朗哥法西斯斗争的西班牙共和国和法西斯德国,也曾多次前往英国。不管走到哪里,总带着这块怀表。1939年作为政治流亡者被迫流亡美国时也带着它。他在动荡不安的甚至是穷困潦倒的条件下为了生存而挣扎。他在记录中写道,我"有时感到极度绝望","外加没有工作,非常害怕丢失这件珍贵的纪念品,这时安尼娅·迈斯基介绍我去找苏联大使乌曼斯基。我……希望,它(指怀表——作者注)成为马列主义研究院现存马克思家庭纪念品中的一件"[①]。但这次谈判没有取得双方都能接受的结果。1946年罗伯尔-让·龙格返回法国,这件珍贵的纪念品一直在他身边。

1983年,莫斯科马克思恩格斯博物馆为纪念马克思逝世100周年而举办一个专门的展览时,龙格把这块怀表借给了博物馆展出,直到展览结束。同时允许依样复制一块。1984年龙格收回原表,而复制的怀表一直陈列在马克思恩格斯博物馆供人观赏,直到1991年博物馆关闭为止。

以上就是这块原属威廉·沃尔弗,后归马克思的怀表的经历。它反映了这个家庭以及国际工人运动的一段万花筒般的历史。

最后还需描述一下这块怀表本身。它的直径约4.5厘米,厚约1.4厘米。在表上有一个椭圆的圆环可以系表链,表盘上的罗马数字表示小时,阿拉伯数字表示分钟。表盘有两条裂缝。三个指针是完好的。背盖

[①] 俄罗斯现代史文献收藏研究中心第654卷宗,马克思恩格斯博物馆原件档案。

外面有波纹装饰，里面有一个可惜已无法辨识的制造者的压印。在其下方有一串数字：可能是11552或41552。内壳内侧除了刻上的名字和日期外还有两个用于上弦的钥匙孔，可惜钥匙没有被保存下来。

(原载德国《德国工人运动史论丛》1998年第4期)

(袁冰 译)

轰动一时的发现

——20余件马克思、恩格斯珍贵文献的传奇式经历*

王栋华

1982年,巴黎附近的蒙特勒伊历史博物馆因清理内部的文献、书籍和刊物而暂时闭馆,但这里很快就成了引人注目的中心。因为在清理这些东西时,意外地发现楼房阁楼上有一个木箱。木箱里装有20多件绝大多数不为人知的马克思和恩格斯的手稿、书信和马克思的亲属亲笔写的东西。而在这之前的几十年中,这个木箱似乎一直无人问津,里面保存的这些东西从未启封,完好无损。

在这批珍贵的文献中,有字迹很难辨认的马克思的信件和笔记。其中有马克思1874年5月写给《资本论》法文版的出版者莫里斯·拉沙特尔的一封信。从这封用地道的法文写成的信中,我们可以获知,当时马克思健康状况不佳,以及《资本论》手稿写作的进展情况;此外,还可以了解到关于俾斯麦在圣塞瓦斯田的阴谋,伦敦国际工人协会的领导者们的详细情况等。30年来,从事马克思研究的学者们一直认为,这封没有标上日期的信是马克思写给他在伦敦的法国战友勒·穆修的,在此之前,没有任何人看到过。还有一封信是恩格斯1889年6月11日写给法国共产党领袖茹尔·盖得的。除信件外,有一篇马克思写于

---

* 本文选自《马列主义研究资料》1987年第2辑。

1852年，发表在盖得负责的报纸《社会主义者报》上的文章《路易·波拿巴的雾月十八日》。

一直不为人知的还有：1848年4月马克思和恩格斯离开巴黎前往德国参加革命的文献。关于马克思和恩格斯以及他们的战友沙佩尔、鲍威尔、莫尔和沃尔弗拒绝参与海尔维格和伯恩施太德的武装"军团"冒险计划的文献，马克思、恩格斯合写的《共产党在德国的要求》一文的法译文，译文附有为法国读者所作的一系列注解。马克思领导下的德国革命者曾打算把这些文献刊登在法国空想共产主义者埃蒂耶纳·卡贝的《1841年人民报》上，但此事未能办成。

文献中夹有一张路德维希·冯·威斯特华伦寄给自己女儿燕妮·冯·威斯特华伦的汇款条，上面写道："汇去100塔勒作为亲爱的燕妮过生日时赴巴黎或瑞士旅行之用。"1832年2月2日，燕妮·冯·威斯特华伦刚好满18周岁。

此外，两封小劳拉和小燕妮的信是写给她们的父亲的，马克思当时离开了伦敦。信的原文是英文，字里行间流露出女儿们对父亲的深切感情。小劳拉的信写得挺简洁。信中写道："我亲爱的摩尔，我们的饭菜好极了，有煎牛排，豌豆和新鲜土豆。真的，好吃极了！一遍又一遍地亲吻你，我的好爸爸！你的劳拉。"

比劳拉大一岁零四个月的小燕妮用了马克思的另一个外号"恰理"给自己的父亲写信。他告诉马克思："妈妈和劳拉刚才去给房东付了房租。我想，明天我们又要去我们的隐蔽所了。劳拉过生日时，妈妈非常慷慨地花钱买了葡萄、蛋糕、一块烤肉和许多棒糖。小杜西真可爱，总是爬来爬去，爬上爬下。那个矮个子粮食商人一来，她简直高兴得不得了。我想，这个小矮个儿是她最喜欢的人。我们发现一个有好多架秋千的地方，我们在那儿玩得真开心，我们刚把衣服穿好要去那儿玩。再见,我亲爱的恰理,你不在家,我们觉得冷冷清清。我们希望你快点回来,希望你在医院里过得快活。你的燕妮。"小燕妮在信上写的日期是12月28日,她没有写年代,但当时正好是劳拉过生日后不久。因此,可以推断,这封信写于1857年。当时,劳拉刚好11岁,燕妮12岁半。

这批珍贵的材料是如何被装进箱子里的呢?据博物馆馆长、青年历史学家让-吕克·巴雷说,1939年战争初期,历史协会主席、博物馆前馆长雅克·杜克洛让人把文献全部装箱,并把这批箱子找个安全的地方藏起来。这些颇有价值的历史材料据说是抢在警方采取行动,即查禁法国共产党的前夕就被转移走了。战后,这批箱子又被送回博物馆。谁也说不清楚这只装有马克思恩格斯文献的箱子为什么在此之前一直未被打开过。

已故的工人运动领袖、前博物馆馆长雅克·杜克洛的遗孀吉尔贝特·杜克洛对文献疏散转移一事知道得多一些。她说:"我的丈夫当时委托他的私人秘书莫里斯·肖梅隆保护好博物馆的这批文献。一切都是在非常秘密的情况下进行的,只有肖梅隆同志能提供这方面的详细情况。"

87岁的肖梅隆至今依然健在。他回忆了当时的情况,说:"党被查禁前夕,杜克洛同志委托我把这批珍贵材料从博物馆里抢救出去。"

莫里斯·肖梅隆在蒙特伊勒市政府找到了这40口箱子。箱子非常结实,里边装了不少第二次世界大战初期被保存下来的市民们使用的防毒面具,全部文献用防水纸包着。两部载重卡车将这些箱子运走,但是,卡车的行驶方向却与约好要去的地方方向不同。半路上,这些箱子又被卸下来装到另外两部卡车上。前两部卡车的两位司机都不知道这些箱子应该运往何处,后两部卡车的两位司机对这批箱子的来路也不闻不问。目的地终于到了,原来是一个靠近尚帕涅森林的偏僻村落。

农民莱昂·布歇从建党开始就是法国共产党党员。肖梅隆说:"我知道,我完全可以信赖布歇同志和他的妻子。他们把40口箱子很好地隐蔽在棚屋里的柴火堆里。"

杜克洛在全国被占领期间从事党的地下工作,他对布歇下了严肃的命令,要他在参加抵抗活动中不要出任何差错,而肖梅隆当时却另有重任。

肖梅隆从前是一个木刻工人,在被占领的四年期间,他经历了艰苦的地下斗争生活。他在塞纳—马恩省领导党的活动,曾于1942年被捕,被判处监禁三年。他在党的帮助下越狱,隐藏在一位德籍妇女家里。这位妇女的丈夫是一位法国人,过去一直是巴黎党的负责人之一。

那么,藏在柴火堆里的箱子当时怎么样呢?肖梅隆另有重任顾不上这批箱子,而他的母亲正好住在离布歇居住的村子不远的地方,她常常去尚帕涅森林采蘑菇,于是肖梅隆便委托自己的母亲定期去布歇家看看。找到布歇时,老太太只提一个事先约定好的问题:"小猪崽们怎么样啊?",布歇则回答:"小猪崽们好着呢!"这是两句经过一番周折才传达给雅克·杜克洛的暗语。战后,博物馆再度开放时,布歇夫人曾被雅克·杜克洛作为贵宾请到蒙特勒伊。当时,报纸上曾作过报道。而莱昂·布歇本人则因病势严重未与夫人一同前往。这两位曾经冒着生命危险保护这些珍贵文献的同志已于50年代去世。

这就是这批文献在战争期间艰难曲折的经历。但是,仍有一点令人不解:马克思、恩格斯的这些遗物最初是通过什么途径到了蒙特勒伊博物馆的?

据现馆长让-吕克·巴雷说,他们对此也一无所知。但是,可以肯定,当时填写博物馆捐赠人员表格时十分马虎,这主要是为了应付警察以及后来的盖世太保。

据马克思的曾外孙罗贝尔-让·龙格回忆说，马克思和恩格斯的手稿一直在马克思的女儿燕妮和她的丈夫沙尔·龙格手中，1903年，龙格去世后分别由他们的四个孩子：沙尔、亨利、埃德加尔和让（罗贝尔-让·龙格的父亲）掌管。埃德加尔对社会党深感失望，1938年让去世后便加入了共产党。当时，他把马克思和恩格斯遗物中的文献全部交给了雅克·杜克洛，赠给了新的博物馆。

这段历史和事件使得这批珍贵手稿公开的时间延缓了40余年。

(根据1984年1月7/8日《新德意志报》第11版，驻巴黎记者格尔哈德·莱奥的一篇报导改写)

马克思和恩格斯的俄文藏书*

梁 明

马克思和恩格斯对于俄国始终抱有浓厚的兴趣,特别是在1861年俄国废除农奴制以后,他们更加密切注视着俄国情况和俄国革命运动的发展。马克思恩格斯同俄国进步学者和革命家有着广泛的联系并且经常从他们那里获得俄国的书籍、报刊、小册子等各类资料。马克思和恩格斯所收集的俄文图书异常丰富,这批书籍是他们整个藏书的重要组成部分。这批书籍几乎包括了改革后的俄国社会经济和政治问题的全部重要文献和资料。马克思藏书中的俄国地方文献相当齐全,据说,有的书甚至连当时的不列颠博物馆也没有。

马克思和恩格斯相继逝世以后,在近百年的漫长岁月中他们的珍贵遗物并没有被很好地保存、研究和利用,而是被变卖、散失或遭法西斯匪徒掠夺破坏,虽经长期多方查找,许多书籍至今仍下落不明。马克思恩格斯俄文藏书的命运也同他们整个的藏书一样,辗转流散失落,历尽劫难。

早在20年代,苏共马恩研究院就开始了寻找马克思恩格斯藏书的工作。第二次世界大战以后特别是70年代以来,苏共马列主义研究院

---

* 本文选自《马列主义研究资料》1985年第6辑。

在民主德国马列主义研究院和荷兰国际社会史研究所的配合下更深入细致地进行了马恩藏书的查找和考证。1977年编印出版的《马克思和恩格斯的俄文藏书》一书就是这项工作的一个重要成果。

这本书实际上是一部马克思恩格斯的俄文藏书目录，收有出版物364种，包括书籍、小册子、传单和期刊共526册（件）。正文前有苏共研究院的编者序言和马克思在逝世前一年所写的一份书目《我的藏书中的俄国书籍》（已编入《马克思恩格斯全集》第五十卷）手稿。藏书目录正文除基本著录项目外，还有编者根据考证所写的详细注释。注解说明每种书刊是属于马克思还是恩格斯的、何时从何人处得到以及马克思和恩格斯在书刊上所作的批注和标记的情况等。本书还同时发表了保存在苏共研究院中央党务档案馆的马克思和恩格斯阅读俄文图书所作的摘录和札记的目录。书末附文简要叙述这批珍贵的俄文图书的命运和寻找它们的经过，并有引用书目和索引等。这本书对于马克思恩格斯思想的形成和发展的研究，特别是他们关于俄国和俄国革命思想的研究有重要价值。

马克思和恩格斯故居参观记*

周亮勋

1982年9月26日至10月17日，中央编译局三人代表团应西德弗里德里希·艾伯特基金会及其下属机构马克思故居的邀请，访问了特利尔、乌培塔尔等城市，受到了东道主友好热情的接待。对于我们这些长期从事马克思恩格斯著作的翻译和研究的人来说，能有机会访问世界无产阶级革命导师的故乡，当然是一件非常令人激动和兴奋的事情。

马克思的诞生地特利尔位于德国西南部摩塞尔河畔，现属莱茵兰—法尔茨州。它风景十分秀丽，又是德国最古老的城市。它在公元前15年就已经建立了，1984年将是它的建城2000周年。目前全城正在大力整顿市容，到处进行粉饰，准备迎接后年的盛大庆祝活动。城内还留下一些古罗马的遗址，如公元二世纪下半叶开始建设的城门（黑门，Porta Nigra）、四世纪修建的教堂、有两万座位的露天剧场、古罗马皇帝的浴室等遗址。这里还有不同时代建立的各种式样的大小教堂，不同风格的古老建筑物。人们可以通过特利尔具体地了解欧洲的历史。因此，它成为一个旅游胜地，各种肤色的游客常年络绎不绝。

---

* 本文选自《马列主义研究资料》1983年第2辑。

但是特利尔吸引我们的，不是它的悠久的历史，也不是它的宜人的景色，而是因为它与科学共产主义创始人的名字联在一起。这里留下了马克思的许多足迹，他的儿童和少年时代就是在这座具有古老文明的城市里度过的。这里有马克思家的两所住处，马克思读书的中学，他常常去玩耍的马尔库斯山，燕妮·马克思家的住宅……

马克思出生的那所房子，坐落在布吕肯街10号（原为布吕肯巷664号），现在成了马克思故居博物馆。1818年马克思出生前一个多月，他的父亲租下了这幢1727年建造的楼房。马克思逝世后，很长时期人们弄不清他是在哪座房子里出世的。1904年，一个名叫弗·施纳特的社会民主党印刷工人根据马克思父亲在一份报纸上刊登的迁入新居的启事，查清了这所房子。1928年德国社会民主党用了93739金马克从彼得·弗利斯的遗孀手中买下了马克思家原来的住宅及其后院的房子①，又花了20万马克加以整修，原定于1931年5月5日这位马克思主义创始人123年诞辰日作为他的故居正式开放，但由于政治和经济上的原因，没有成功。1933年3月3日，纳粹冲锋队占领了这所房子。原来准备在马克思故居的马克思恩格斯展览会上陈列的各种物品和珍贵的资料文献大多被破坏和烧毁。整个住宅成了法西斯地方报纸《国民报》的编辑部和印刷所。第二次世界大战结束前，特利尔的社会民主党人就要求归还马克思故居。德国社会民主党发表通告信，要求为重建故居捐款。这一号召在国外也得到了响应，在巴黎成立了"重建特利尔的马克思故居和马克思博物馆国际委员会"。1947年5月5日这所房子作为马

---

① 马克思故居博物馆包括两幢房子，前面那幢楼房是原来马克思一家1818年5月至1819年9月住的，后面那幢是后来建造的。两边用廊连接，中间是一个院子。

克思故居揭幕。60年代中期,德国社会民主党委托艾伯特基金会的研究所扩建博物馆并成立具有专业图书馆的研究机构。1981年离马克思故居只有几分钟路程的"马克思故居研究中心"建成,同年6月15日正式成立。

为了纪念这位伟大革命家和理论家逝世100周年,目前马克思故居正在按原样重新整修,展览会也准备重新布置。根据馆长汉斯·佩尔格的介绍,展览会主要包括如下部分:马克思的生平;他的理论活动,特别展示《共产党宣言》和《资本论》的创作活动和各种版本;他的实践活动,如创建共产主义者同盟和第一国际等。这次修建将利用一些先进技术。譬如在最后一间陈列室将添置录像设备,备有这位伟人生平活动的文献资料等20多种磁带,观众可按照自己的愿望选看。马克思故居自开放以来,参观人数不断增加,目前每年有两万多人,不少人来自世界各国。在一个人口不足十万的城市,每年有那么多人来瞻仰,就足以证明马克思影响之大了。

研究中心的图书馆专门收藏马克思和恩格斯各种版本的著作和有关文献资料。图书馆的一项重要工作是收集马克思、恩格斯的藏书。图书馆的工作人员根据两位科学社会主义创始人的著作及其通信中提到的书籍作成卡片,编成书目,现在已作了10000多种卡片,据此搜集这些书籍。要收集他们原来使用、阅读和收藏的原书,几乎已不可能。现在的目的是收集同一版本的书。目前已收集到2000多本。这件工作做好了,对于研究马克思和恩格斯的思想发展和创作活动将提供极为宝贵的资料。

故居研究中心还出版丛书,已出版了20多种。有些著作是研究中心自己的成果,但大部分是国内外其他学者编写的,或是研究中心与他们合作编辑出版的。

在特利尔有马克思家两个住处。现在成为马克思博物馆的房子，马克思一家只住了一年半的时间。1819年10月1日，他们搬到了西梅昂巷1070号（现在是西梅昂街8号）。这所房子是马克思父亲购买的。马克思在这里一直住到1835年去波恩上大学为止。现在这里是一家眼镜铺，为了纪念这位伟人，墙上挂了一块纪念牌。

燕妮·马克思家的一所住宅也保存着。它坐落在新街83号（原为新巷389号）。她家在这里住到1837年，现是人民银行所在地。1981年12月2日纪念燕妮逝世100周年忌辰时，有人建议在那所住宅的墙上挂一块纪念牌。现在牌子已经制作好了，上面写着："燕妮·冯·威斯特华伦，1814—1881，卡尔·马克思的妻子。她父母的房子。"1982年12月2日将正式举行挂牌仪式。

关于马克思和燕妮两家在特利尔的住处，不少有关马克思的传记以讹传讹，有一些不符合事实的说法。比如有的传记作者说，他们两家是邻居，马克思家的孩子在邻居家的大花园玩耍。"由于孩子之间的友谊也就产生了父亲（指马克思的父亲和燕妮的父亲）之间的友谊。"①其实，燕妮家在1844年以后才搬入马克思家原来住宅旁边的那所房子（即布吕肯巷663号）。那时不仅马克思家早已搬走，而且马克思和燕妮已经结婚，离开德国，住在巴黎了。

马克思1830—1835年读书的特利尔中学也还存在，现在是神学院。我们参观了马克思取得毕业文凭的礼堂以及图书馆等其他设施。

---

① 参看鲍·尼古拉耶夫斯基、奥·梅辛－黑尔芬：《卡尔·马克思》1963年汉诺威狄兹版第25—26页。又见尼·拉宾：《马克思的青年时代》，三联书店1982年版，第23页。奥·科尔纽：《马克思恩格斯传》，三联书店1988年版，第1卷第58、64页。顺便指出，第58页中文译为马克思家"在市内最好的布留肯施特拉斯基区"是不正确的，应为："在市内最好的区的布吕肯街"。

当他们问到马克思在中学的其他情况时,接待人员什么也说不上来。当然,信仰上帝研究圣经的人,对马克思这样的彻底无神论者、把宗教看成是"人民的鸦片"的人不感兴趣,就不足为奇了。通过访问,我们了解到,很多谈到马克思生平的著作把马克思求学时的特利尔中学叫作弗里德里希·威廉中学也是不准确的。这所中学只是在马克思逝世十几年后,于1896年才被命名为弗里德里希·威廉中学的。这个错误甚至连《马克思恩格斯全集》国际版也未能避免(见第1部分第1卷第1185页)。①

马克思在特利尔住过的地方还有威尼斯旅馆。马克思1842年中因近亲死亡、1863年12月因母亲去世,回到特利尔在这里住过。这个旅馆正位于马克思故居研究中心的对面,底层现在是一家药房,墙上仍保留着"威尼斯"的字样。

乌培塔尔市位于德国西部,是由巴门和爱北斐特两个城市于1930年合并而成的,现属于北莱茵——威斯特法伦州。它是马克思亲密战友恩格斯的家乡,恩格斯1820年就是在巴门出生的。现在它有40万人口,为恩格斯出世时的十倍,在西德,这是一个较大的城市了。乌培河(Wupper)流经这个城市,塔尔(Tal)是"河谷"的意思,所以也译作乌培河谷。

恩格斯家是巴门颇有名望的大资本家。他的曾祖父约翰·卡斯帕尔·恩格斯1747年在乌培河岸创办了漂白工场。他的祖父(也叫约翰·卡斯帕尔·恩格斯)就已经是该城市当时有声望的人物,曾为下巴门的基督教团体捐款,兴建教堂。恩格斯的父亲积累了更多的财富,又

---

① 类似错误也见之于海·格姆科夫的《马克思传》(三联书店1978年版第4页)、卡·福尔兰德尔的《卡尔·马克思传》(1929年莱比锡版第8—9页)。

创办了一些工厂。

恩格斯家在巴门占了很大一片土地，布各赫广场周围的房子全是这个家族的。有的是厂房，有的是工人住房，有的是恩格斯家族的住宅。广场很大，是晾晒漂白的棉纱用的。由于城市的扩建、改建，铁路的修筑，加上战火的洗礼，广场周围原来的房子几乎被拆毁一空，广场也不复存在了。恩格斯家的住宅还留有两幢没有被毁于战争，一座现用作恩格斯故居，或更确切些说，恩格斯纪念馆。

恩格斯故居位于恩格斯街10号。和特利尔的马克思故居不同，它不是恩格斯出生的房子，而是他父亲诞生的住宅。这幢漂亮的三层楼房（不包括阁楼）是恩格斯祖父约翰·卡斯帕尔·恩格斯于1775年兴建的。1962年乌培塔尔市政府购买了这幢楼房，经过彻底翻修，于1970年11月28日为纪念恩格斯诞生150周年和逝世75周年作为恩格斯故居正式开放。

恩格斯出生的那幢楼房（原址是布鲁件赫尔·罗特800号）1943年5月底毁于英国的空袭。在离恩格斯纪念馆100米的灌木丛中竖着一块纪念碑，上面写着："这里原是我们城市的伟大儿子出生的房子。他是科学社会主义创始人之一。"

恩格斯故居陈列了有关恩格斯生平活动的文献资料和图片。故居也收藏这位革命导师的一些手稿。例如恩格斯1890年12月9日给德国社会主义者莫尔亨的信的手稿就保存在这里。恩格斯故居的领导人米歇尔·克尼利姆拿起手稿向我们朗读了这封信。在这封信里，恩格斯希望他度过童年和少年时代的住宅能变成社会民主党的印刷厂，使它为革命作出贡献。"这件事……真要成了就太好了。"当我们在恩格斯的故居听到恩格斯的这段话时，更深切地感到革命导师一心向着革命的无私胸怀。可惜这所房子毁于战火之中。

恩格斯故居只有两名科学研究工作者，也就是正副馆长米·克尼利姆和海尔伯特·波克特。十几年来，他们作了不少工作。其中恩格斯青年时期写的歌剧《科拉·迪·里恩齐》就是克尼利姆发现并于1974年整理出版的。当我们告诉他，这出歌剧已被译成中文，收在《马克思恩格斯全集》第四十一卷而且不久即可问世时，他非常高兴。目前他们正在收集有关恩格斯的回忆文章，准备分册陆续编辑出版。

馆长特别强调要加强对青年恩格斯的研究，特别是恩格斯1838—1839年的思想发展。他说，这一段时间是研究工作的空白，而弄清楚这位伟人在这段时间的思想状况，对了解这位资本家的儿子怎么能接受社会主义思想具有很大的意义。

故居当前的另一项任务是建立一个新的博物馆。房子已经有了，它在故居的后面，现正进行布置。博物馆将具体生动地再现19世纪初乌培河谷一带工业的发展、工人艰苦劳动的场面和他们的生活状况。馆长亲自陪同我们参观这个正在布置的博物馆，并向我们解释建立这样一个博物馆的意图。他说，现在一些年轻人读了恩格斯描述工人阶级状况的著作，如《英国工人阶级状况》，很不理解，因为现在工人的劳动条件和生活状况与那时已不可同日而语了。博物馆将通过具体而形象的陈列，使人们获得有关知识并受到教育。这也可以说是一种回忆对比吧。

恩格斯故居似乎不像马克思故居那样为人们所熟知，但每年也有两万多人来瞻仰。列宁说过："恩格斯的名字和生平，是每个工人都应该知道的。"① 随着科学社会主义越来越深入人心，这里也定将成为越来越多的人向往的中心。

---

① 《列宁全集》第1版第2卷第2页。

恩格斯故居简介[*]

卢晓萍

恩格斯故居坐落在下巴门的低洼地带。1775年，恩格斯的祖先巴门的纺织厂主约翰·卡斯帕尔·恩格斯（1715—1787）承请建筑师埃伯哈德·哈尔曼设计建造了这座住宅。它的形式和色彩都具有典型的多山地区晚期巴洛克式的风格。这座居所于1962年归乌培河谷市所有。

为了纪念科学社会主义的共同创始人弗里德里希·恩格斯（1820—1895年）诞辰150周年，这座故居于1970年11月28日向公众开放。在故居中陈列着恩格斯生平及事业展览，其中有一部分是很珍贵的原始文献，这个展览使人们清楚地看到恩格斯从一个企业主的儿子到成为年轻气盛的文学家，成为《共产党宣言》的共同撰稿人；从1848—1849年革命的参加者到在国际工人运动中起领导作用的生活道路。这里展出的文献在国际上很受重视。

在恩格斯故居中还珍藏着有关乌培河谷其他重要人物如埃尔泽·拉斯克尔－许列尔、拜尔、冯·海特、多尔普费尔德、骚尔布鲁赫等人的资料。可以说，故居也是乌培河谷市历史名人的博物馆和纪念馆。除此之外，故居内设有公共开架阅览室，有版画收藏及照片资料收藏，因而

---

[*] 本文选自《马克思恩格斯研究》1995年总第22辑。

它还是研究社会主义产生史、研究乌培河谷市早期工业及其城市史的场所。市政府常在这里进行官方的送往迎来，在这里举行各种会议及代表大会。

这座恩格斯故居并不是恩格斯出生的房子。他的出生居所位于距恩格斯公园的100米处。1943年乌培河谷—巴门遭轰炸时，这所房子被炸毁。现在，在它的遗址上竖立着一座纪念碑，人们永远纪念乌培河谷市的伟大儿子，科学社会主义的共同创立者——恩格斯。

关于新编的回忆马克思恩格斯文集[*]

胡尧之

1983年3月14日是国际无产阶级的伟大导师马克思逝世100周年的日子。为了缅怀这位革命导师的业绩，中共中央马克思恩格斯列宁斯大林著作编译局新编译了一套"回忆马克思恩格斯"文集（共四册），作为对马克思和恩格斯的深切纪念。

这套文集的作者有马克思和恩格斯的亲属、他们当年的战友和学生、国际工人运动活动家以及一些与他们有过交往的同时代人。这些回忆文章既记述了两位伟大的无产阶级革命家的光辉业绩，也描写了他们的家庭日常生活以及与同志们的战斗友谊，为我们提供了研究他们两人的生平事迹的珍贵资料。

新编文集共分四册，每册都根据内容有一单独的书名。第一册：《摩尔和将军》，收录了马克思恩格斯的父亲早年的书信以及马克思亲属的回忆文章。第二册：《我景仰的人》，是威廉·李卜克内西对马克思恩格斯的回忆。第三册：《人间的普罗米修斯》，主要内容是同时代人对马克思的回忆。第四册：《智慧的明灯》，收集的是同时代人对恩格斯的回忆。

---

[*] 本文选自《马列主义研究资料》1983年第2辑。

1957年，中共中央编译局曾根据苏联国家政治书籍出版局出版的俄文版《回忆马克思恩格斯》翻译出版过中文本。该书编者显然考虑到作者的政治态度和一些别的原因，对某些人的文章未予收录，即使收入，也删去不少章节。这次新编的中文版没有采取"因人废文"的态度，凡是能收集到的作品，只要有参考价值，都尽量收录，对过去被删节的地方，也尽量做了增补。

新编文集第一册《摩尔和将军》中收入了马克思的父亲给大学生时代的马克思的一些书信，还有马克思的母亲和姊妹的附笔，信中谈到马克思和燕妮的恋爱以及马克思的志愿等；同时还收入了恩格斯的父亲给恩格斯母亲的一封信，信中谈到恩格斯少年时期的一些情况。马克思夫人燕妮写的《动荡生活简记》过去也有删节，这次均已补全。其他几篇也都或多或少地做了增补，补得特别多的有爱琳娜·马克思的《关于青年马克思的一封信》和埃德加尔·龙格的《外祖父的家庭生活的几个片断》。完全新译的有爱琳娜·马克思的《我的父亲》和《伦敦的早年生活》。本册附录中所收的马克思家谱和恩格斯家谱以及有关的说明，是参考了许多文献后编写的，其中有不少新的材料，相信对读者会有所帮助。

第二册《我景仰的人》全部为威·李卜克内西的著作。为纪念马克思而写的部分，过去发表时已被删节过半，仅留四万字左右，此次根据原文已补译完整，包括序言在内，共计九万字左右，即增补一倍以上。同册还收录了作者回忆恩格斯的三篇文章。《这里有我景仰的一个人》是从1976年柏林狄茨出版社版《一个革命士兵的回忆》一书中选译的，《在恩格斯的灵柩前》一文过去虽然发表过，但未说明作者是谁，此次据1971年柏林狄茨出版社版《我欣然回忆……》重校，并加上了作者的名字。

第三册《人间的普罗米修斯》共收录回忆文章20篇,其中七篇是过去未曾发表过的。《回忆卡尔·马克思》一文的作者柯瓦列夫斯基是马克思"学术上的朋友",回忆录中描述的马克思的严谨治学精神,永远值得后人学习。弗·库格曼的《伟大的马克思二三事》对马克思在她家作客的经历有极为细腻的描写。这篇回忆录过去删节不少,此次已按1970年柏林狄茨出版社出版的《摩尔和将军》补全,使读者对作为普通人的马克思有更多的了解,同时也明白了马克思和作者的父亲路·库格曼断交的原因。本册还收入了英国女作家玛丽安·科明的《我对卡尔·马克思的回忆》,作者是马克思的幼女爱琳娜的密友。她的回忆录对马克思晚年的家庭生活有生动的描述。本文最初发表于《十九世纪和十九世纪以后》1922年1月第539期,中文为首次发表。倍倍尔的《伦敦的卡诺萨之行》这次有较大的增补。此外,从伯恩施坦的《我的流亡岁月》中也选译了一些片断,这对了解两位革命导师的生活和斗争有一定的参考价值。布洛斯的两篇文章是新译的,其中都谈到马克思认为应该原谅对人民的事业有过功绩的诗人海尔维格。赫斯致友人的信是新从1929年国际版《马克思恩格斯全集》摘译的,作者认为马克思那时虽然只有23岁,但是卢梭、伏尔泰、霍尔巴赫、莱辛、海涅和黑格尔在他一个人身上结合起来了。第三册还收入了美国记者约·斯温顿的《海滨漫步》和《马克思谈〈资本论〉的翻译》,前一篇文章谈到马克思在兰兹格特海滨曾亲自和作者说过:"人生的最高法则就是'斗争'",这和马克思在《自白》中的回答是一致的。后一篇文章更为马克思花了不少心血修订过鲁瓦的《资本论》法译本提供了旁证。

文集第四册《智慧的明灯》的内容主要是马克思恩格斯的同时代人回忆恩格斯的文章。收入的24篇文章中有半数是首次翻译发表的,其他半数过去虽然发表过,但也多有删节,这次都尽可能地补齐了。这些作者曾亲聆恩格斯的教诲，其中有些人后来虽背叛了马克思主义，但他们的文章记述了恩格斯的革命活动和其他一些情况，也还有一定的参考价值。例如，伯恩施坦在《第二次伦敦之行》中描写了安葬恩格斯骨灰的伊斯特勃恩海岸比契角的景色，在过去发表的材料中，还未见到如此详细的描绘。作者曾参加执行恩格斯的遗嘱——将骨灰沉入比契角外的海面，这些资料无疑是珍贵的。考茨基的回忆文章也提供了一些过去很少有人知道的新材料。梅林写的回忆过去也是受到重视的，但由于内容涉及对拉萨尔的评价，过去发表他的回忆时，曾将有关部分删去，新编文集也都增补发表，相信读者能用批判的眼光加以对待。

第四册中还收入了我国过去没有发表过的拉波波特、施坦哈德、格尔拉赫、王德威尔得、阿德勒等人的文章，作者有的后来虽然成为机会主义者，但文章从不同角度记述了恩格斯的革命活动和生活情况，因而也还有一定的参考价值。

1957年按俄文翻译的《回忆马克思恩格斯》删除的章节，这次已尽可能照原文译出补全。以下举几个较为重要的例子：

柯瓦列夫斯基的《回忆卡尔·马克思》一文有这样一段："如果提出有关波兰独立这样的问题，那毫不奇怪会受到马克思的有力支持，他完全不考虑那种流行的说法，说什么波兰问题是一个贵族、小贵族和外来的平民之间的社会不和问题。1848年的革命者把俄国只看作是所有反动势力的堡垒，所有民主派和自由派暴动的扼杀者，马克思对俄国的看法也与这种见解没有本质的差别……"（《人间的普罗米修斯》第55页）读者从中可以看到马克思同情波兰人民，把沙皇俄国看作反动势力的堡垒。其次是对拉萨尔的评价，李卜克内西直至1896年写回忆录时还认为1875年爱森纳赫派和拉萨尔派的合并没有牺牲原则（《我景仰的人》第54、55页）。梅林在回忆恩格斯时也赞扬过拉萨尔（《智慧的明灯》第204—206页），这些章节过去没有收集。甚至回忆录的作者偶尔提到一些宗教人物，俄文版的编者也一律加以删除，不予保留。马克思恩格斯的老战友弗·列斯纳在《一八四八年前后》和《一个工人对卡尔·马克思的回忆》中，两次提到马克思"常说，《圣经》中的基督热爱儿童，这是他最喜欢的"（《人间的普罗米修斯》第25、33页），以前就没有一处保存。

  以上指出的一些地方，新编文集中均已补译，以便读者能了解文章的全貌，其他增补的地方还很多，这里就不一一细述了。

《摩尔和将军》一书简介[*]

淡 水

《摩尔和将军》（*Mohr und General*）是由德国统一社会党中央马列主义研究院于1965年编辑出版的。这本回忆录有以下几个特点，因而引起人们注意。

第一，它是目前我们看到的篇幅最大的一本回忆马克思和恩格斯的文章汇集。全书40多万字，比1956年苏共马列主义研究院出版的《回忆马克思恩格斯》（1957年已由我局译出）多出七八万字。

第二，书中的每篇回忆录收的都是全文，而在苏共马列主义研究院的《回忆马克思恩格斯》里每篇几乎都有删节或删改。最明显的是威廉·李卜克内西的《忆马克思》一文，全文共约12万字，苏共马列主义研究院却删去了八万字。这篇回忆录早在40年代就有了中译本，在中国读者中流传很广。直到《摩尔和将军》一书出版，我们才了解到，中译本同样也是被删去的节本。

我们在这一足本中，首次读到马克思怎样批评李卜克内西的政治观点，而后者产生怎样的思想抵触等详细情节。此外，李卜克内西还描写

---

[*] 本文选自《马列著作编译资料》1979年第3辑。

了马克思在伦敦生活中的许多情形,其中好几十页也被苏共马列主义研究院删去。

又如,《在恩格斯的灵柩前》一文详细记载参加葬礼的人们在灵柩前的排列位置。也许是其中有考茨基等人的缘故,也被苏共马列主义研究院全部删去,而《摩尔和将军》一书则原原本本地收录进去。

第三,《摩尔和将军》还收有伯恩施坦、考茨基、维·阿德勒、威廉·布洛斯等人的回忆录,这些在《回忆马克思恩格斯》一书是没有的。这些人的回忆录大部分是叙述他们跟马克思和恩格斯的会见或接触的情况,不少是他们还没有变修以前的早期作品。

第四,《摩尔和将军》一书是在德国出版的,它并没有收入俄国人的回忆录。而苏共马列主义研究院的《回忆马克思恩格斯》却有七八篇俄国人的文章。看来,这两部回忆录可以相辅相成。

《摩尔和将军》一书,内容丰富,叙述生动,是研究马克思恩格斯生平和国际共运史很有价值的资料。

图书在版编目（CIP）数据

马克思恩格斯列宁生平与事业研究Ⅳ／马京鹏
主编．—北京：中央编译出版社，2015.11
（马克思主义研究资料／杨金海主编；34）

ISBN 978-7-5117-2860-9

Ⅰ．①马… Ⅱ．①马… Ⅲ．①马克思，K.(1818~1883)
-生平事迹 ②恩格斯，F.(1820~1895)-生平事迹
③列宁，V.I.(1870~1924)-生平事迹 ④马克思列宁
主义-研究 Ⅳ．①A7 ②A8

中国版本图书馆 CIP 数据核字(2015)第 280506 号

马克思恩格斯列宁生平与事业研究Ⅳ

出 版 人：	刘明清
责任编辑：	杜永明
责任印制：	尹　珺
装帧设计：	田晗工作室
排版制作：	北京吉浪世纪制版科技有限公司
出版发行：	中央编译出版社
地　　址：	北京西城区车公庄大街乙5号鸿儒大厦B座（100044）
电　　话：	(010)52612345（总编室）　　　(010)52612342（编辑室）
	(010)52612316（发行部）　　　(010)52612317（网络销售）
	(010)52612346（馆配部）　　　(010)55626985（读者服务部）
传　　真：	(010)66515838
经　　销：	全国新华书店
印　　刷：	山东鸿君杰文化发展有限公司
开　　本：	787 毫米×1092 毫米　1/16
字　　数：	394 千字
印　　张：	31.75
版　　次：	2015 年 11 月第 1 版第 1 次印刷
定　　价：	195.00 元
网　　址：	www.cctphome.com　　邮　箱：cctp@cctphome.com
新浪微博：	@中央编译出版社　　微　信：中央编译出版社（ID：cctphome）
淘宝店铺：	中央编译出版社直销店(http://shop108367160.taobao.com)　(010)52612349

本社常年法律顾问：北京嘉润律师事务所律师　李敬伟　问小牛
凡有印装质量问题，本社负责调换。电话：(010)55626985